Notes historiques

SUR

SAUGUES

(HAUTE-LOIRE)

PAR

L'abbé François FABRE

OUVRAGE ILLUSTRÉ DE 20 GRAVURES

SAINT-FLOUR
IMPRIMERIE H. BOUBOUNELLE, PLACE D'ARMES

1899

SAUGUES

Notes historiques

SUR

SAUGUES

(HAUTE-LOIRE)

PAR

L'abbé F^ois FABRE

SAINT-FLOUR
IMPRIMERIE H. BOUBOUNELLE, PLACE D'ARMES
—
1899

PRÉFACE

Ce n'est point une histoire de Saugues que nous présentons au lecteur.

Notre but est simplement de publier, quoiqu'incomplètes, les notes trouvées au cours de nos recherches.

Nous n'avons pu puiser à toutes les sources, ni vu s'ouvrir toutes les portes, nous n'avons pu, à raison de l'éloignement et du manque de ressources, mettre à contribution ce dépôt précieux que sont les Archives Nationales ; toutefois, à cause de leur nombre et de leur importance, nous avons cru devoir produire au jour ces documents divers, afin que les curieux et les érudits de l'avenir puissent en tirer quelque profit. L'histoire, en effet, même d'une petite ville, demande, pour être complète, le travail et les investigations de plus d'une génération.

Ainsi publiées, ces notes auront moins à redouter le danger d'être perdues ou détruites, et pourront éviter le sort fatal qui est souvent l'apanage des manuscrits.

Que si, dans ces documents, l'élément religieux prédomine, c'est que, aux siècles passés, la société religieuse a fait plus, pour l'histoire locale, que les pouvoirs civils et laissé des traces, et des souvenirs plus durables de son existence.

C'est pourquoi nous avons fait la part un peu large à la Communauté de Saint-Médard. Ce sont ses Archives, conservées en l'église paroissiale de Saugues (1) qui ont fourni les renseignements les plus nombreux, les plus précis et les plus intéressants : nous y renvoyons ceux de nos lecteurs désireux de contrôler l'exactitude des faits énoncés, ou d'en connaître davantage.

Comme cette Communauté, surtout avant la Charte d'affranchissement, était l'un des éléments constitutifs de cette cité, il eut été malaisé de l'étudier à part et de lui donner, à la fin de l'ouvrage, une place particulière, ainsi qu'il a été fait pour les autres institutions, sans s'exposer à de monotones répétitions. Aussi les faits qui la concernent ont été simplement disposés suivant l'ordre chronologique adopté pour la rédaction de ces notes, et mis en la place que leur assignait leur date respective.

De ces documents, quelques-uns, comme

(1) L'accès de ces Archives nous a été rendu facile par l'obligeante complaisance de M. l'abbé Trévis, curé-archiprêtre de Saugues.

certains hommages et diverses reconnaissances, pourront paraître longs et fastidieux à une partie de nos lecteurs, mais les érudits et les chercheurs ne les liront pas sans utilité : c'est pour eux seuls qu'ils ont été insérés.

Nous remercions cordialement les personnes qui ont bien voulu nous ouvrir leurs archives et nous faire tenir les renseignements qu'elles possédaient, et, en particulier, M. l'abbé Mercier, pour les recherches persévérantes faites à notre intention, ou les nombreux documents dont nous lui devons communication.

CHAPITRE PREMIER

Période celtique et gallo-romaine

Ce qui forme aujourd'hui le territoire de Saugues, autrefois faisait partie du pays de *GABALUM*, c'est-à-dire du GÉVAUDAN. Ses habitants, les GABALES, indomptables et fiers, d'une bravoure mélangée de férocité, vivaient épars dans les forêts épaisses qui hérissaient la contrée presque tout entière.

De cette époque obscure l'on sait peu de chose : les documents ne parlent point de ces temps reculés, dont quelques rares vestiges ont à peine survécu jusqu'à nous.

Parmi ces vestiges méritent d'être signalées des haches grossières, formées d'un silex aiguisé, spéciales à cette période, que des témoignages autorisés affirment avoir été trouvées dans la contrée.

On montre sur les bords de l'Allier, surtout au village de l'Eclusel, des grottes profondes ayant jadis servi d'habitation. Ces demeures, à une courte distance de Monistrol-d'Allier, creusées profondément, soit par la nature, soit par la main de l'homme, dans un sol d'origine volcanique, s'appelaient autrefois « *los clusels* » et étaient encore utilisées, il n'y a pas un demi-siècle, après avoir subi toutefois les modifications que comportaient les exigences de la civilisation moderne.

Le plus important vestige de l'époque celtique est l'existence de monuments druidiques signalés dans les auteurs les plus dignes de foi.

« Le génie druidique, dit PROUZET, (*Hist. du Gévaudan*,
« t. I. p. 63), avait profondément sillonné nos montagnes de
« ses mystères et de ses ruines, et couvert la contrée de
« pierres branlantes et de menhirs. »

« Chanaleilles, ajoute un autre auteur (1), est un lieu
« très ancien, surtout célèbre par ses autels druidiques. »

---

(1) Manuscrit de Chambron : Généalogies diverses de Gévaudan et de Vivarais, cité par Poplimont dans la généalogie de la maison de Chanaleilles.

De ces autels, un seul survit dans son intégrité, une pierre branlante que les rares touristes de passage en ces lieux vont quelquefois visiter.

Elle se dresse au sud-ouest de Chanaleilles, dans le terroir de la Chazette, sur un monticule qui, d'après un vieux plan (1), porte la dénomination de « Ranc du Chastel » parce que, sur la croupe de ce mamelon rocheux, s'élevait jadis le manoir des sires de Chanaleilles.

Cette pierre branlante n'est autre chose qu'une roche granitique, brute, aplatie, d'un ovale irrégulier, mesurant 2 m. 80 de long sur 2 m. 20 de large ; sa plus grande épaisseur est de 0,80 centimèt. Sa base inférieure repose sur la pointe extrême de deux rochers émergeant de quelques décimètres au-dessus du sol, et séparés l'un de l'autre par une fissure profonde, large de quelques centimètres seulement. Elle est superposée avec une telle précision d'équilibre qu'un enfant peut la faire osciller. L'oscillation décrit un arc de cercle d'environ 15 centimètres. Çà et là sur les bases se remarquent certains creux peu profonds assez correctement tracés. Il est difficile de dire si la fissure et les creux sont de main d'homme ou l'œuvre de la nature, tant ils sont rongés de mousses et de lichens.

Les croyances populaires conservent encore la mémoire des Druidesses « *Fatuæ* », sorte de prêtresses, qui, au dire de Prouzet, (*H. du G.* t. I.) vivaient dans la profondeur des bois et portaient une tunique noire attachée au milieu du corps par une ceinture d'airain. De là ces légendes bizarres et fantastiques des « *fatchinières* » (*fatuæ nigræ*), du Villeret, de ces femmes noires et mystérieuses, qui font, la nuit venue, leur sabbat au sein des forêts et dont les bonnes grand'mères ne manquent jamais de raconter l'histoire à leurs petits-enfants.

Peut-être encore pourrait-on faire dériver de cette époque certaines dénominations, certains noms de villages de la localité signalés en des documents fort anciens, comme Runhac (Rognac) ; Rocos (Recoux) ; Rocolas (Recoules) ; Pozas (Pouzas) ; Montbort, Luchador, Estor, Andrueïols (Andreuges) ; Ventcïols (Venteuges) ; Sueïols (la Seuge) ; Pontaiou, Coblelas (Cabelles) ; Coblesolas (Cabizolles) ; Montru, etc...

De la période gallo romaine l'on sait également fort peu de chose.

(1) Ce plan était jadis en la possession de feu M. le Marquis Sosthènes de Chanaleilles.

« Au temps de César, les Gabales étaient sous la dépendance des Arvernes, et par suite leur histoire se confond avec celle des Arvernes dont ils partagèrent les succès et les revers jusqu'à l'occupation romaine. » (*Pagus Gabalicus*, p. M. André, Soc. d'A. de la Lozère, p. 379-386)

L'an 50 av. J.-C. « César vint camper dans la plaine de Montbel, près Mercoire, puis à Thermes, près St-Chély-d'Apcher, et, quelque temps après la conquête, des colonies romaines envoyèrent des ramifications qui s'étendirent jusque dans notre contrée ». (Prouzet, II, p. 95.)

On lit dans le *Guide de la Haute-Loire* (Malègue, p. 257), « Condatæ, le village gallo-romain, ne fut-il pas à Monistrol-d'Allier, au confluent de l'*Ance* et de l'*Allier*, même à Saugues ? »

Le même auteur donne comme probable le passage par Monistrol-d'Allier et par Saugues, de la Bolène, voie romaine qui conduisait de Ruessium (St Paulien), à Anderitum (Javols).

Prouzet (I, p. 63) est plus explicite : « Les anciens itinéraires parlent d'un lieu appelé *Condatæ*. On est généralement d'avis que *Condatæ* ne pouvait être que Monistrol-d'Allier (1) lui-même, qui perdit son nom primitif lorsqu'un monastère y fut établi à une époque reculée. »

« Des travaux de défoncement faits à diverses époques dans le Gévaudan, aux environs de Javoulx, de la Besseyre-St-Mary, près Saugues, ont amené la découverte d'une grande quantité d'objets romains en fer, poteries, tuiles antiques, briques à rebords, urnes cinéraires remplies de cendres, médailles, etc., etc.; tout cela nous autorise à penser que ces localités avaient possédé autrefois des établissements gallo-romains assez considérables. » (Id. p. 64.)

Les Romains se connaissaient en bons sites : que s'ils ont pu coloniser la Besseyre et Monistrol-d'Allier, il n'est pas probable qu'ils aient délaissé l'emplacement où se trouve Saugues aujourd'hui.

On connait d'ailleurs cette tradition si répandue à Saugues, d'après laquelle, aux temps anciens, des habitations auraient été construites sur le mont Péchamp. Ces édifices, dans la suite, auraient été détruits par un incendie ou par les ravages des bandes dévastatrices qui ont tant de fois passé dans ces régions. L'habitude qu'avaient les Romains de bâtir sur des éminences, l'aspect des lieux dont il s'agit, la découverte en ce même endroit de monnaies

---

(1) Cette opinion est aujourd'hui très contestée.

antiques et de débris céramiques que les connaisseurs ont reconnus pour des « poteries samiennes », ne sont point faits pour démentir cette croyance.

Près de Croisances se trouve le pont appelé « *Pont de la Romaine* », et, au treizième siècle, l'on constatait, plus au loin, l'existence d'un village dénommé Frayce-l'Estrada, d'où l'on pourrait inférer qu'une voie romaine, *une estrade,* passait dans cette région.

Quelle est l'origine du nom de Saugues ?

Il est malaisé de donner à cette question une réponse catégorique ; sans nous arrêter à des étymologies fantaisistes qui souvent n'ont de réalité que dans le cerveau de leurs auteurs, nous constatons que cette cité, dans les chartes latines ou françaises d'autrefois, se dénommait « *Salguacum* » ou plus souvent « *Salgue* ». Le mot qui se rapproche le plus de celui-là est le nom de la *Seuge*, qui en latin s'appelait « *Suega aqua* » et en patois se dénommait « *la Soghia* ».

« Poncius Falco dat in emphyteosim Ytherio, sabaterio, de Salgue, campos, prata... et omnes alias terras quas habet in manso del Vilaret, quæ sita sunt ultra aquam *vulgariter appellatam* « *Soghia* » *1305* (†).

Ce mot Salgue est écrit assez souvent avec un S à la fin (Salgues). Vers le commencement du 17ᵐᵉ siècle on en a fait Saulgues, et enfin Saugues. Le lecteur pourra suivre, à mesure qu'elles se produiront, ces transformations successives.

Enfin nous citons, pour mémoire seulement, et sans en rien inférer, ce fait que l'idiome local renferme une foule de mots de la plus pure latinité, comme :

l'hort de *hortus*, jardin ;
la parie — *paries*, muraille ;
la cane — *canis*, la chienne ;
lis claveï — *clavi*, clous ;
la nebla — *nebula*, nuage ou nuée ;
la ligne — *lignum*, bois ;
etc., etc., etc.

---

(1) Pons Falcon (de Villeret) donne en emphytéose à Ytier, sabotier, de Salgue, ses champs, prés et autres terres qu'il possède au mas de Villeret, situés au-delà de la rivière vulgairement appelée « Soghia ». (Archiv. paroiss. de St-Médard de Saug. n° 74.)

CHAPITRE II

Invasions. Les Maures. Les Sires de Salgue. Les Croisades, Bernard de Chanaleilles, Pons de Douchanès, Armand de Salgue, prieur de Monistrol. Reconnaissances diverses.

Après la chute de l'Empire romain, le pays de Salgue partagea le sort du Gévaudan, et comme lui passa successivement sous la domination des Wisigoths et des Francs, fut donné au roi d'Austrasie après la mort de Clotaire Ier et enfin échut en partage à Sigebert, l'un de ses fils, en 561.

« Sous les Mérovingiens, le Gévaudan fut gouverné par des comtes... qui avaient des viguiers chargés d'administrer la justice dans leur district ou viguerie. Cette division en viguerie paraît avoir eu pour base, du moins en Gévaudan, les principales vallées du territoire. La petite ville du Malzieu qui relevait du duché de Mercœur pouvait avoir été le chef-lieu d'une viguerie. Il en a été peut-être ainsi de la ville de Saugues qui faisait partie du même duché » (1).

Ce fut en cette période (636) « que des moines venus de
« St-Gilles ou d'Agen, (d'autres disent de St-Chaffre) com-
« mencèrent à défricher les Cévennes qu'ils disposèrent
« pour la culture, élevèrent des temples et formèrent des
« paroisses. »

« Il n'est pas rare de trouver sur les montagnes du
« Gévaudan des vestiges d'anciens monastères : à Grandrieu,
« à Langogne, au Malzieu, à Monistrol-d'Allier furent
« jadis des couvents que les révolutions du temps ont fini
« par faire disparaître (2) ».

Ces disparitions s'expliquent par les incursions que les Sarrasins ou Maures d'Espagne firent en notre pays de 725 à 730.

« Les Sarrasins incendièrent Gabalum, capitale du
« Gévaudan. Ils exercèrent particulièrement leurs ravages

---

(1) *Pagus Gabalicus*, p. F. ANDRÉ, Soc. d'Agr. de la Lozère, p. 339.
(2) PROUZET, I, p, 62.

« sur tous les monastères de ce pays. Ceux de la Canourgue,
« de Monistrol-d'Allier furent ruinés (1) ».

Il existe, dans la partie de la ville qui avoisine Péchamp, une rue détournée qu'on appelle la rue des Maures, « *la vié di Maüre* »; de vieux terriers nous signalent, à côté de cette même rue, le puits et le pré des Maures. Le puits aujourd'hui n'existe plus, et le pré ne garde cette appellation que sur d'anciennes reconnaissances, dont les unes remontent à l'an 1317.

Faut-il attribuer au passage des Sarrasins l'origine de cette dénomination? Ce serait téméraire, en l'absence d'indications plus précises, et l'on ne peut sur ce point formuler autre chose que de simples conjectures.

C'est au siècle suivant qu'il est fait mention pour la première fois de la noble lignée des sires de Salgue.

Car Saugues, ou plutôt Salgue, puisque c'est l'appellation par laquelle on désignait cette terre — et c'est celle dont nous nous servirons, — Salgue possédait des seigneurs de son nom.

L'existence de cette famille est incontestable, et se trouve irréfragablement constatée dans les documents des archives de St-Médard, et dans nombre d'actes publics de nature diverse et d'origine différente qui seront cités en leur lieu. Ses membres se qualifiaient de « nobles, chevaliers, damoiseaux (*nobilis, miles, domicellus*) », toutefois ils relevaient eux-mêmes, au moins à dater du 14e siècle, du seigneur suzerain du mandement de Salgue, dont il sera bientôt fait mention. Leur trace se perd dans la seconde moitié du quinzième siècle, et l'on ne sait si cette famille s'est éteinte ou si elle a émigré sous d'autres cieux. Les titres qui la concernent se retrouveront, après trois siècles écoulés, entre les mains du procureur de Mgr le comte d'Artois, seigneur et maître du mandement de Salgue (1778).

Dans une charte de delimitation des diocèses de Gévaudan et de Velay, sont signales, entr'autres témoins, Roswin de Salgue, Renauld de Thoras, Froard des Plantats, Aldefroy de Chanaleilles et Berthold du Malzieu (811). Roswin était beau-frère du seigneur de Julliangcs (en Gévaudan) et parent de celui de Chanaleilles (Mss. de Chambron (2).

« Chanaleilles, est-il ajouté, est un lieu très ancien,

(1) Prouzet, I, p. 82 et 359.
(2) Cité dans la Généalogie de Chanaleilles, 49e volume des annales historiques et nobiliaires de MM. Tisseron père et fils.

situé sur la frontière du Gévaudan, du Vivarais et du Velay et célèbre par ses autels druidiques. Il possédait déjà une église matrice, c'est-à-dire une cure ou paroisse avec son cimetière, un château antique et ses seigneurs particuliers, dès le commencement du neuvième siècle, dès l'an 811. (Id.) »

Cette localité était loin d'avoir l'étendue qu'elle a aujourd'hui ; Salgue lui-même n'était sans doute qu'un modeste village et ne possédait point encore ces murs et ces remparts qui plus tard feront sa gloire et serviront à sa défense.

Vers cette époque vivait Robert de Salgue, mentionné dans les circonstances suivantes : « Dame Yvonne et son époux Arnauld Ier, sire de Chanaleilles, firent reconstruire leur manoir et l'église paroissiale de leur village récemment brûlée par les pillards. L'acte de fondation et de consécration fut dressé par Druon, prêtre de Mende, le 3 des calendes de mai, l'an 1006, en présence de Robert de Salgue et Guy de Monestrol. » (Généalogie de Chanaleilles.)

Après Robert est signalé Guillaume de Salgue, seigneur de Bugeac, Domezon, la Roche et Recoules. Trois siècles après, suivant une reconnaissance faite (1348) à messire Hugues de Salgue, ces mêmes terres appartiennent encore à cette famille.

Quelques années plus tard eut lieu, dans toute la France, l'appel à la foi et au courage des chevaliers chrétiens pour arracher aux mains des infidèles le tombeau du Sauveur. Le Gévaudan ne fut pas le dernier à répondre à la voix de Pierre l'Ermite et d'Urbain II.

Le pays de Salgue se vit-il représenté dans les déserts de Palestine et sous les murs de Jérusalem ?

L'on sait seulement que Guillaume de Chanaleilles fit route vers la Terre-Sainte, « avec Adhémar de Monteil, « évêque du Puy et légat du Pape, son frère Roger et « Eustache d'Agrain dont il avait épousé la sœur. » (Généalogie de Chanaleilles).

« Guillaume et son frère Roger moururent d'une épidémie vers l'an 1098. »

En 1270, Bernard de Chanaleilles partit à son tour pour la Palestine.

« Le samedi après la Toussaint (1270), il donne à Pierre Michel et à Pierre Barbe, quittance de 666 livres tournois, pour son passage d'outremer, de 200 livres pour l'achat de son coursier, et soixante livres pour ses vêtements. Ces sommes diverses lui ayant été fournies par le roi de

France, Philippe. Daté du camp devant Carthage (1). »

Aucun document local ne signale la présence aux croisades des sires de Salgue.

Pons de Douchanès (2), le 13 mai 1217, fait donation aux frères de l'Hospice de la B. V. Marie du Puy, de sa maison « *dels Salvatges* », sise dans le diocèse de Mende, avec ses droits, tènements et appartenances. Les témoins étaient Philippe de Sainte-Eulalie, prêtre, Guillaume Alamand, Pons de Saint-Jean, Guillaume de Saint-Didier, Bertrand de Chambarliac, Pierre de Villeneuve, Jean del Poi, prêtre... W. de la Porte, Bompar, Alazais, Julien de Fressac, Mathieu de Varennes, dame Béatrice, dame Berauda d'Ajalès, Saura, Wᵃ de Bouzols, Ermenjarda, sœurs dudit hospice. »

« Le 12 juillet de la même année (1217), Philippa, épouse dudit Pons de Douchanès, et Armand, son fils, ratifient cette donation. L'acte en fut dressé à Monistrol « *en riba d'Aler* », sur la rive d'Allier, en présence de Pierre de Pozans (Pouzas), prêtre, S. de Pissis, Pons Sabatier..., Mathieu de Monistrol et Raimonda... (3) ».

Cette donation fut approuvée par Guillaume (de Peyre), alors évêque de Mende.

L'hospice du Puy, durant de longs siècles (jusqu'en 1816) conserva la possession de cette terre éloignée, dite « le Sauvage » sise sur les sommets extrêmes de la Margeride, sur les confins des paroisses de Chanaleilles et de Thoras (3).

(1) Bibl. nation. mss. lat. 17.803, t. III, B, n° 105.

(2) Douchanès *(Duos canes)*, seigneurie sise dans la paroisse de Monistrol-d'Allier.

(3) Archiv. de l'hôpital du Puy. (Communic. de M. l'abbé Mercier).

En l'an 1299, la population batailleuse de Thoras se jette sur le Sauvage, y maltraite les clercs, serviteurs, gens et donats de l'hôpital du Puy. Plainte est dressée et information faite, mais en ces temps, l'exercice de la justice, comme aussi la répression des délits n'étaient point chose aisée, et l'on ne sait pas ce qui advint ensuite. (Archiv. de la Lozère, G, 890.)

Plus tard, en 1454, Julien Sauvage, lieutenant du bailli de Salgue, reconnaîtra aux officiers de l'Hôtel-Dieu du Puy, le droit de faire proclamer des édits de pénalité au Sauvage, le jour de saint Jacques.

En 1501, Ant. de Peyre, seigneur de Thoras, conteste à l'Hôtel-Dieu la possession de ce domaine du Sauvage. Mais une sentence d'Antoine de Telis, seigneur de l'Espinasse, bailli du Velay, rejette ses prétentions et confirme l'Hôtel-Dieu dans ses droits de possession.

Le prieur de Chanaleilles, Jacques Roget de la Fagète, soutenait avoir certains droits de dîmes et redevances sur le Sauvage et l'Hospi-

Dans une donation de cette importance, faite à la Vierge Marie, en l'année précise où s'ouvrait la 5° croisade, n'y a-t-il point une présomption en faveur du départ de Pons de Douchanès pour la Palestine? D'ailleurs l'érection, sur ses propres terres, de cette chapelle des Tours que la tradition attribue à un chevalier à son retour des lieux saints, ne vient-elle pas corroborer encore cette présomption?

Toutefois des renseignements plus probants n'ont pu être découverts dans les documents locaux.

Ces mêmes documents signalent fréquemment à cette époque quelques-uns des membres de la famille de Salgue.

Vers 1140, Robert de Salgue est témoin dans une cession que fait Pons de Pérusse à l'abbaye de Pébrac (1).

Vers l'an 1200, Frastra de Salgue est témoin dans un accord entre l'abbé de Pébrac et Dalmace de Pérusse au sujet de 400 sols (2).

En 1208, Willhelmus (Guillaume) de Salgue, chanoine de Pébrac, assiste à l'acquisition que fait le chanoine Guarismes d'une vigne vendue par Astorge de Pébrac, chevalier. Il assiste également à la donation que fait à l'église de Pébrac le chanoine Bompars, en 1224.

Noble sire Bermundus de Salgue est garant d'une concession faite à l'abbaye de Pébrac par Blavius de la Roche, le contrat est passé à Salgue au mois de mai 1235.

Ce même Bermundus de Salgue vend et concède à à l'abbaye de Pébrac deux setiers seigle et un d'avoine et sept sols qu'il perçoit annuellement à Solrecoux (3) pour la somme de 400 sols... Fait à Pébrac, l'an 1233, aux environs de la fête de la Purification.

En ce même cartulaire sont signalés Guillaume de Montchauvet et S. Itier (seigneur de la Clause), 1233-1235, dont les descendants se retrouveront maintes fois dans le cours des événements.

talet. Mais, dans une transaction du 5 mai 1523, l'Hôtel-Dieu et ses fermiers sont exonérés de cette charge.

Enfin on trouve un bail à ferme de la métairie du Sauvage à Bertrand Meyronnenc de la Veysseire en 1616, et un second à noble Jean de Langlade, seigneur du Villaret, en 1664. Ce dernier devait payer 940 livres annuellement. (Communications de M. l'abbé Mercier.)

(1) Cartul. de Pébrac, *Tabl. du Vel.*, t. V, p. 162. Ab. Payrard.

(2) Id., p. 181.

(3) Le moulin Solrecoux, autrement dit le moulin Coston, paroisse de Cubelles.

Cette maison de Salgue avait des représentants dans le clergé local. L'un d'eux, Bertrand de Salgue, membre de la communauté des prêtres et clercs de Saint-Médard, est délégué, avec plusieurs autres, à l'effet de statuer sur les réformes à faire à l'office du chœur, le dimanche 24 mars 1281, veille de l'Annonciation. (Archives de Saint-Médard de Saugues.)

Un autre était prieur de l'église conventuelle de Monistrol-d'Allier : « Armand de Salgue, prieur du prieuré de Monistrol, diocèse de Mende, présente à l'évêque de Mende, pour la cure de Monistrol, actuellement vacante, Vital Bastide... et demande qu'on lui confie cette cure avec ses profits et ses charges. Donné au Puy, le mercredi après le dimanche où l'on chante : *Invocavit me*, l'an du Seigneur 1293. »

Guillaume (1) évêque des Gabales, accepte la présentation de Vital Bastide pour ladite cure. Donné à Balsièges, le 3 des calendes de novembre, l'an du Seigneur 1294. (Tablett. du Velay, t. V, p. 219-220. A. Lascombe.)

Armand de Salgue, prieur de Monistrol, est encore témoin dans une transaction entre Pons de Douchanès, seigneur de Thoras et religieux homme Pierre, prieur de Chanteuges (*Chantoidi*), diocèse de Clermont. Dans cet accord, les arbitres choisis font les conventions suivantes :

Ledit prieur, à raison de ses droits sur l'église de Thoras, pourra percevoir la dîme directe sur les blés de ladite paroisse, à l'exception du mas de Crose, dans lequel il ne pourra percevoir qu'un seul setier.

Ledit prieur percevra également la dîme sur la laine, et une galline (poule), sur tout homme qui aura un ou plusieurs champs de raves.

Ledit prieur continuera de jouir et posséder les édifices qu'il possède jouxtant la porte et le mur du château-fort de Thoras.

Ledit prieur concède audit Pons toute justice, sur la paroisse, ainsi que sur les mas de Chasla, Fraico, Morrèse, Colmicete, Ventaïol (2), Védrines, Vachas, Croset, Saviniac, Raynaldès, le Bouschet et Pont-al-Maynil.

Pour les crimes punis d'amende, l'amende sera partagée entre ledit Pons et ledit prieur.

(1) Guillaume Durand, év. de Mende, 1285-1296.

(2) Ventajol, village dans la paroisse de Thoras, qu'il ne faut pas confondre avec Ventciols (Venteuges).

Dans les fautes entraînant confiscation de biens, les immeubles appartiendront audit Pons, et les meubles au prieur.

Fait à Monistrol-d'Allier, diocèse de Mende, dans l'étage inférieur de la tour du château, le samedi 13 février 1277, en présence d'Armand de Salgue, prieur de Monistrol, Préjet de Thoras, Bertrand de Valda, chapelain, Guillaume de Tilio, chevalier, Pons de Montauri, damoiseau, et de Pons Rouvière, notaire dudit seigneur de Douchanès (1).

En 1280, le vendredi qui suit la fête de Saint Privat, Jehan de Salgue est témoin dans un hommage et une nommée faite par Pons de Douchanès, seigneur d'Alps et de Thoras, à noble seigneur Béraud de Mercœur, représenté par son procureur Guillaume de Verdesun, chevalier. Pons fait hommage de diverses terres qu'il possède aux lieux de Donazaguet, le Bouschet, Raynaldès, Saviniac, Colongas, Croset, Vachas, Védrinas, Ventajol, Bos major, Fagoleta, Sobeyrane, Tallieyres, Thorasset, les Combettes, le Sauvage, Madreyres, Ribagènes, Morrèse, Frayce-l'Estrade, Vilar, la Brugeire, le Maynil, Chaussinesche, Chasla, Colmicete, et Rocolas. Il y est question du Vilaret, de Babonès, des Plantats, la Clause, Vazeilhes, Monclaus, la Fage, la Fagète (de Thoras), Salesse, Rocheronde, la Fajole, etc...

Parmi les témoins figurent Gérard de Rocoux, Bertrand Richard, Jehan de Mundo, Bertrand et Raymond Itier, chevaliers, Pons de Mundo, Jean de Crose, Guillaume Montagnac, clercs, Hugues Bermon, Guillaume Moret, curé de Saint-Baudilius, Guillaume de Montchauvet, Guigon Roget, Bernard de Pontajou,... Raymond de Mirabelle, Guillaume Bergonhos, Jehan de Salgue et Guillaume de Longavalle, notaire épiscopal de la ville et diocèse de Mende (2).

Des localités déjà citées, quelques-unes n'existent plus aujourd'hui, ainsi que nombre d'autres qui seront plus loin signalées, ce qui nous induit à croire que si autrefois les bourgs étaient moins compacts et les agglomérations moins considérables, les habitations éparses, les mas (*mansus*), étaient en retour plus nombreux que de nos jours.

Un autre sire de Salgue, Guillaume, clerc, assiste au contrat suivant : Dalmace de Jegonzac avait vendu à la

---

(1) Chartrier du Thiolent, (M. le baron O. de Veyrac). Nous devons ce document et les suivants, puisés à la même source, à l'obligeance de M. l'abbé Mercier.

(2) Id., folio 9.

communauté des prêtres et clercs de Saint-Médard de Salgue, le mas de l'Hermet, paroisse de Saint-Christophe. Cette terre se trouvant en partie sous la juridiction de noble Héracle de Montlaur, celui-ci, moyennant trois cents sols du Puy, ratifie la vente faite à ladite communauté. La veille des calendes de février, l'an 1269 (1).

Enfin, l'existence de noble Hugues de Salgue sera signalée dans une reconnaissance et divers actes cités plus loin (2).

Ce sont ces hommages et ces nommées qui ont conservé, plus que leurs faits d'armes, le nom et le souvenir des seigneurs vivant à cette époque.

« Le 28 juillet 1259, Tornèse, fille de feu Bertrand des Tours, fait hommage à Mre Pons de Douchanès, pour son château des Tours, son domaine d'Andreujols, paroisse de Salgue, pour ses appartenances au Maynil, à Montauri, dans le mandement du château de Monistrol, et pour sa maison des Chazes. L'acte est dressé au château de Verdun (paroisse de St-Préjet), en présence de Guillaume Robert, clerc, Lambert la Roche, Raymond de Chanalcilles, Armand de la Fagète, et Robert Roux, notaire public de noble sire Randon de Châteauneuf » (3).

En cette même année, 12 juin 1259, Pons de Douchanès reçoit l'hommage de Raymond Dentil, pour le mas du Bouchet, paroisse de Thoras, et de Vital de Lescure, pour ce que celui-ci possède au camp « dels Torns », de Prades, et du Maynil, paroisse de Salgue.

Le 29 oct. 1281, Pons de Douchanès, seigneur d'Alps et de Thoras, fait donation à Astorge de Peyre et à Aldebert de Peyre (4), précenteur (préchantre), de Mende, frères, ses parents, de son château et terre de Thoras, et de tout ce qu'il possède dans les châtellenies des Chazes, St Arcons et St-Romain, pour appartenir par indivis, deux tiers à Astorge et un tiers à Aldebert (5).

C'est là l'origine de la possession de la seigneurie de Thoras, par la famille de Peyre, et comme le mandement des Tours dépendait de Thoras, c'est là aussi l'origine des droits qu'avait Aldebert, précenteur de Mende, et, après lui,

(1) Archives paroissiales de St-Médard de Saugues, n° XVI.
(2) Catherine de Salgue, qui avait épousé le seigneur de St-Didier, était décédée avant le 1er juin 1301.
(3) Chartrier du Thiolent.
(4) Il devint plus tard évêque de Vivarais.
(5) Chartrier du Thiolent.

les seigneurs de Peyre, au patronage de la chapellenie de Notre-Dame des Tours (1).

C'est pourquoi on voit renouveler aux seigneurs de Peyre les hommages rendus jadis à Pons de Douchanès.

« En 1294, noble Roget, fils de Guigon Roget, damoiseau, d'Andruéjols, au nom de son épouse Tornèse, fait hommage à noble et vénérable seigneur Aldebert de Peyre, préchantre de Mende et seigneur de Marchastel, stipulant pour lui et pour son frère Astorge, de tous les biens et droits apportés en dot par son épouse Tornèse et possédés par elle sur le territoire de Lauriel (2), le mandement des Tours et la paroisse de Salgue. L'acte est fait dans la maison de Guigon Roget, à Andreujols, en présence de Hugues de Salgue, Guill. Gérald, bailli de Verdun, et P. Salamand, notaire » (3).

De ces seigneurs, quelques-uns vivaient entr'eux dans un état de mésintelligence ouverte que renouvelaient de sanglantes querelles et de fréquentes hostilités. Le poids de ces rivalités retombait surtout sur les petits et les faibles, c'est-à-dire sur les vassaux des parties belligérantes. Aussi Etienne II, évêque de Mende (4), « se montra très énergique dans la répression des vexations que certains seigneurs faisaient subir aux habitants des campagnes. Pour dompter leur orgueil, il leva un certain nombre de cavaliers et deux cents hommes d'armes, qui, sous la conduite du seigneur de Mercœur, (seigneur de Salgue), combattirent Randon de Châteauneuf et taillèrent en pièces le seigneur de Douchanès » (5).

(1) La possession de cette terre de Thoras et les droits qui en découlaient restèrent entre les mains de la famille de Peyre jusque vers le milieu du 16º siècle. A dater de cette époque, ils passent aux d'Apchier.

(2) Le territoire de Lauriel est près d'Andreujols, par. de Salgue.

(3) Docum. particuliers. Communication de M. l'abbé Mercier.

(4) Etienne d'Arrabagme, év. de Mende, 1223-1249.

(5) *Gallia christiana*, I, p. 91-92.

CHAPITRE III

Contrats. Guérin d'Apchier, Dona Gastellosa de Meyronne, 1265. Méfaits commis à Pouzas par quelques habitants de Salgue, 1284. Le bailli Guillaume de Montchauvet. Les seigneurs de Mercœur suzerains de Salgue. Questions de justice. Paroisses diverses, 1294-1298.

Les seigneurs Astorge de Peyre, chevalier, et Aldebert de Peyre, évêque de Vivarais, avaient jadis fait donation à messire Odilon de Mercœur, doyen de Brioude et seigneur de Salgue, de tous les fiefs et appartenances qu'ils possédaient dans la paroisse de Grèzes, confrontant les mas de la Balme, de la Fajole, et de Falzet. Béraud de Mercœur, chevalier, neveu et héritier universel dudit Odilon de Mercœur, retrocède à son tour aux susdits Astorge et Aldebert de Peyre son fief du mas de Tallieyres, confrontant avec le mas du Crozet, avec le mas de Ventajol, et celui de Thorasset, possédé autrefois par Raymond Itier, chevalier, aujourd'hui par son frère, Guillaume Itier, chanoine de Brioude.

L'acte est fait à Salgue, en présence de vénérables et nobles hommes, seigneur Pons de Polignac, doyen de Brioude, messire Garin de Châteauneuf, seigneur d'Apchier, Hugues de Vissac, Guillaume de Talhac, Maurinus de Châteauneuf, Drogon de Asseriis, Hugues de Salgue, Pierre de Sinzelles, Robert de Farra, Guillaume de Tourette, chevaliers, et messire Benoit Chauvet, chanoine de Brioude, maitre Bertrand de Chazelles, clerc, et Barthelemy, son frère, professeur ès-lois, le samedi après la fête de saint Barthélemy, apôtre, l'an 1301. (Ch. du Thiolent Com. de M. de Veyrac. Fol. 35-36.)

Ce messire Guérin de Châteauneuf, seigneur d'Apchier, témoin cité par ce document, était-il ce trouvère du Gévaudan que nous signalent les histoires locales ?

« Garin ou Guérin d'Apchier, gentil châtelain du Gé« vaudan, vaillant et bon guerrier, libéral et bon trouvère,
« beau chevalier et savant en galanterie, fut le premier à

« composer le *Descort*, genre de poésie du moyen-âge. Cette
« famille qui possédait des domaines considérables dans le
« pays de Salgue lui appartient dans une certaine mesure. »
(F. MANDET, anc. Velay, p 30.)

Le même auteur rapporte que le comte d'Apchier, petit fils de Guérin, avait conservé pour les œuvres de son aïeul une si grande vénération qu'il en avait fait transcrire jusqu'à six exemplaires sur riche velin. Plusieurs auteurs ont fait mention de ce troubadour et de ses poëmes ou sirventes.

« L'histoire, dit PROUZET, (t. II, p. 95), nous apprend
« que vers ce temps-là (1265) vivait Dona Gastellosa. »

« Cette dame qui se distingua parmi les troubadours du treizième siècle, était, dit-on, originaire d'Espagne. Elle épousa Tru ou Truan de Meyronne (1), château situé dans

(1) Le village de Meyronne, dans la paroisse de Venteuges, se trouve dans la direction et proche de l'abbaye de Pébrac, ce qui explique les relations de ces seigneurs avec ladite abbaye.

Ce nom s'est diversement orthographié : il s'écrit *Mairone* dans le cartulaire de Pébrac, *Mayrone* dans les titres de St-Médard de Salgue, et enfin *Meyronne* dans les actes contemporains.

Le cartulaire de Pébrac signale Bernard de Mairone et ses frères faisant à l'abbaye de Ste-Marie de Pébrac, un don dans l'église de Dége et ses appartenances, où fut enseveli Pierre de Mairone. (*Tablettes du Velay*, V, p. 173.)

« Foulques de Mairone, fait chanoine, donne à ladite abbaye un mas auprès d'Arlat. »

En 1142, Drogon de Mairone est témoin dans une concession faite par Bernard de Langeac à ladite abbaye.

« Après la mort de Drogon de Mairone, son épouse Trucha, ses fils Pierre, Bertrand et Truchetz donnèrent à Dieu, à la B. Marie et à l'Eglise et aux clercs de Pébrac pour son âme et pour celle de Drogon, son fils, chanoine dudit lieu, tout ce qu'ils possédaient au terroir de Chadornac. Les témoins sont Guill. de Tauliac, Eblo, prieur de Pébrac, S. de Vilaret, Palezmus de Grèzes » (*Id.* p. 176).

Ce prénom de Truc est généralement porté par l'un des membres de cette famille.

En 1280, Truc de Mayrone épouse Béatrix de Lempdes. En 1284, Hugues Dauphin délaisse à ladite Béatrix de Lempdes, veuve de feu Truc de Mayrone, la justice de la terre de Lempdes qui relevait de son château de Léothoing (BALUZE, p. 171).

En 1292, le 8 des calendes de février Falcon de Vileret, ayant vendu aux prêtres de Salgue sa terre de Salzet (Sauzet, près Venteuges), s'engage à faire approuver et ratifier ladite vente par noble homme Truc, damoiseau, seigneur de Mayrone, de qui il tient lesdits mas et terre en franc-fief. (Arch. de St-Médard, n° 66.)

« L'an 1302, le 6 des calendes d'octobre, noble Trucs, seigneur de

les dépendances de Venteujols (Venteuges), près Salgue, en Gévaudan, ce qui ne l'empêcha pas d'aimer Armand de Biron ou de Bréon qui fut l'objet de ses poésies et à qui elle adressa les trois chansons qu'elle a laissées. »

Elle est au nombre des dames qui assistèrent à une cour d'amour tenue à Romanin, en Provence ; elle assiste encore à une cour d'amour tenue au Puy en 1265, et à laquelle se trouvaient aussi la vicomtesse de Polignac, les deux baronnes d'Allègre et de Mercœur, Béatrix de Mercœur, les seigneurs Aimeri de Beauvoir du Roure, Louis de Randon, le comte d'Apchier et plusieurs autres. »

Le fait suivant nous donne une idée de la sauvagerie de nos ancêtres à cette époque

Le lendemain de la saint Martin, (12 nov. 1284), messire Gervais de Verfeuil, bailli pour le roi à Marvéjols, fait une enquête au sujet de méfaits commis par des habitants de Salgue.

Mayrone, approuve la donation faite du mas de Coltis, paroisse de St-J.-B. de Ventuéjols, par Pons Falcon, aux prêtres de Salgue. Lesdits prêtres tiendront de lui en franc-fief ledit mas et payeront 60 sols tournois. Fait à Salgue, en présence des clercs Guill. Clair, de Langeac et Girard Martin, cellérier, Vital Chapel, du lieu de Mayrone et Vital del Rover, notaire. (Id. n° 109).

En 1311, Trycho ou Truc de Mayrone renouvelle à la communauté de St-Médard de Salgue la cession de sa terre de Salzet (Sauzet).

Guy de Mayrone en 1340 est abbé du monastère de Pébrac qu'il gouverne pendant 22 ans. Il fait construire le château de Ganillon (dans les appartenances de Pébrac). Sur son sceau, l'on voit un aigle aux ailes éployées (*Gall. christ.*, II, p. 463).

Berchaire de Mayrone fait partie de la communauté de St-Médard de Salgue, en 1344.

Eustache de Mayrone est fordoyen du noble chapitre de Brioude, l'an 1348 (*Spicil. Briv.*, p. 325).

En 1380, Truan de Mayrone prend part à l'expédition faite pour chasser les Anglais (les Routiers) du château du Besset, près la Besseyre-Saint-Mary.

Au 15° siècle, une branche des Talhac, seigneurs de Margeride, entre en possession de la seigneurie de Meyrone, qui plus tard est entre les mains de dame de Villatte de la Jonchère et d'Ant. de Dorette.

Celui-ci fait dresser un terrier de cette seigneurie en 1571.

L'héritière des Dorette épouse Mre de Chavagnac (Sual). L'un des membres de cette famille, Louis de Chavagnac de Meyronne, en 1664, est doyen du chapitre de Brioude.

En 1723, Marie-Louise de Chavagnac de Meyronne avait déjà épousé Maximilien de Roche-Monteix, seigneur de Laroche et Vernassal. Leur héritière apporta en dot la terre de Meyronne à Thomas de Domangeville, qui en fut le dernier seigneur.

« Guillaume Chassapore, Itier et Pons de Michel, Grosset, les fils de Combal et plusieurs autres habitants de Salgue. poussés par une féroce méchanceté, s'étaient armés de bâtons, de lances, de faux, de haches et autres armes comme on en porte à la guerre, et malgré les conventions et les édits de paix émanés du roi, avaient envahi le village de Pouzas, actuellement sous la juridiction de nobles seigneurs Astorge et Aldebert de Peyre, sous la sauvegarde du roi lui-même, et qui, naguère, faisait partie des terres du seigneur Pons de Douchanès. »

Ruines de Meyronne

« Ils entrèrent dans le village vociférant tous ensemble : « A mort, à mort ». Saisis de terreur et d'effroi à la vue de ces armes, les hommes et les femmes se réfugient dans leurs demeures dont ils barricadent vigoureusement les issues. Les agresseurs s'approchent avec leurs haches, leurs faulx et leurs autres armes, et nonobstant la protestation énergique des habitants, attaquent les portes, les brisent entièrement et s'emparent des meubles qui étaient dans les maisons et des animaux que renfermaient les étables. Les bœufs qui étaient occupés au labour, et les troupeaux retardés dans les pâturages furent ramenés à grands coups de bâtons, tandis que les gardiens eux-mêmes n'étaient pas épargnés. Et comme ces malfaiteurs se disposent à emporter leur butin et à conduire à Salgue leur proie, quelques habitants de Pouzas, avec le plus de douceur qu'ils peuvent, les supplient de ne point ainsi les dépouiller, mais ces prières ne font que les irriter davantage, car les voleurs se jettent sur eux, frappent et blessent mortellement Etienne d'Ombret, habitant audit lieu, d'un coup de couteau au bras, au côté et à la main. Ils assomment d'un coup d'épée sur la tête Pierre de Nai, dont l'état est désespéré, et le frappent ensuite à coups redoublés avec un bâton. Ils blessent à mort Raymond d'Ombret avec une lance, et battent sans merci, à coups de pierres et de projectiles de toute sorte, les hommes et les femmes du village.

« Ces méfaits accomplis, ils se retirent à Salgue, emportant leur butin, conduisant et maltraitant les animaux captivés. Sur la route, d'un commun accord, ils placent en embuscade, en des endroits cachés, quelques-uns d'entr'eux, pour surveiller si quelque habitant de ce village, quelque étranger ou quelqu'un de ces nobles déjà cités ne vient à Salgue pour se plaindre. Dans ce cas, les sentinelles ainsi placées doivent se mettre à leur poursuite, les faire prisonniers si elles peuvent, et les mettre à mort sans pitié (1). »

On a vu aussi comment les habitants de Thoras étaient allés au territoire du Sauvage maltraiter les gens de l'Hôpital du Puy.

Ces excès regrettables et ces exploits de la force brutale n'étaient point chose rare, en ces époques primitives, où la religion, pas plus que la civilisation, n'avaient eu le temps de policer et d'adoucir les mœurs des habitants.

D'ailleurs, les nobles eux-mêmes donnaient quelquefois aux vilains l'exemple facilement suivi de ces méfaits condamnables, ainsi qu'on le verra dans la suite des faits.

Aldebert de Peyre, seigneur de Marchastel, et son frère (Astorge), seigneur de Monistrol, Verdezun et autres terres, déposent à la Cour commune de Gévaudan une plainte contre le bailli de Salgue qui avait dressé des fourches patibulaires près du château de Monistrol, pour y pendre

(1) Archiv. de la Lozère, G. 813.

un homme, malgré les protestations de messire de Peyre (1286) (1).

Cette même Cour commune instruit une longue procédure contre Guillaume de Montchalvet (Montchauvet), seigneur de Servières, bailli de Salgue. D'après les dépositions des témoins, cet officier se serait rendu au mas de la Panouse, qui relevait du monastère des Chambons, et était sous la sauvegarde de la Cour commune de Gévaudan, et aurait fait conduire en prison un donat de ce monastère qui aurait même reçu diverses blessures (1336) (2).

De plus, le sieur de Montchalvet aurait encore, le jour de saint Laurent, tué un homme du Chayla d'Ance, appelé Marinet, surnommé Ranc. L'accusé était accompagné de vingt-cinq hommes armés, pour percevoir, disait-il, la moitié de la leude qui se levait dans ce village, le jour de saint Laurent (1336-1337) (3)

Par sentence de la Cour commune, le sire de Montchalvet fut, de ce chef, condamné à la question. Il fit appel de ce jugement au juge d'appel de la même cour qui confirma simplement le premier jugement.

Sur ces entrefaites, le sire de Montchalvet maltraita de la belle façon les sergents de la Cour commune venus à Salgue pour lui donner assignation. De là, nouvelles procédures, nouveaux arrêts et nouveaux appels (1337).

Le sire de Montchalvet était bailli de Salgue pour le seigneur de Mercœur. Qu'était donc ce seigneur de Mercœur ?

On sait qu'avant la Révolution, les habitants d'une localité, comme aussi les possesseurs de petits fiefs, relevaient d'un seigneur plus puissant qu'eux, baron, comte ou duc, qui lui même relevait du roi. Ce seigneur était leur suzerain.

Or le suzerain du mandement et ville de Salgue, était le baron de Mercœur. Les mandements de Salgue (4) et du

(1) Archiv. de la Lozère, G. 814.

(2) et (3) Id., G. 815-816.

(4) Le mandement de Salgue comprenait les paroisses suivantes : Prades (en partie), Cubelles, Monistrol-d'Allier, Vabres, St-Préjet, St-Symphorien, la Panouse, Thoras-Vazeilles, Chanaleilles, les Plantats, Grèzes-la-Clauze, Venteuges jusqu'à la Dège et Salgue. A Croisances, (terre de l'Evêque), il avait la moitié de la rivière. Il englobait les monts suivants : « La pelade de Montchauvet, Montrocos, Montbort, où étaient les fourches du mandement, le bois de Pompeyrenc, des Tralhades, la forêt et terroir du Sauvage et de la Chazette. » (Archiv. de la Lozère, énumération faite en 1327, G. 98)

Malzieu faisaient partie de la baronnie de Mercœur, qui tirait son nom du château de Mercœur, près d'Ardes, en Auvergne.

Le Seigneur de Salgue et du Malzieu, à cause de ses deux mandements sis en Gévaudan, avait droit d'entrer par tour, — les huit barons de Gévaudan avaient chacun leur tour — aux Etats de Languedoc, et d'assister également aux Etats de Gévaudan.

Il avait, sur la localité haute, basse et moyenne justice, avec faculté de lever les taxes et les péages usités, droits de lods, leyde, etc. Il portait le titre de seigneur du lieu, recevait l'hommage des petits seigneurs dont les terres étaient sises en ce mandement, faisait graver ses armes sur les monuments publics, et avait à l'église sa chapelle particulière avec porte d'entrée spéciale. La justice était rendue, la police faite, et le bon ordre maintenu par son représentant, appelé, on l'a déjà vu, le bailli du seigneur.

Ce bailli, au nom de celui qu'il représentait, validait les transactions, recevait les hommages et les reconnaissances, gérait les intérêts de la communauté, jusqu'à l'époque où la ville, une fois affranchie, put s'occuper elle-même de ce qui la concernait.

Le seigneur de Salgue possédait, en propre, dès le quatorzième siècle, le château fort (la tour actuelle), les remparts, les censives sur la majeure partie des habitations et des terres, le grand pâtus, les moulins bâtis sur la Seuge, et divers mas aujourd'hui presque tous disparus

Cette maison de Mercœur, dont le premier membre connu est Itier, sire de Mercœur, vers l'an 8.5, se continue par une série de successeurs appelés Béraud, jusqu'à ce que par extinction la terre de Mercœur passe aux mains des Dauphins d'Auvergne qui portent également le nom de Béraud.

Toutefois Salgue fut souvent détaché pour former l'apanage d'un fils puiné de cette maison. Celui ci mort, Salgue faisait retour à la terre de Mercœur.

Le premier que les documents nous signalent comme seigneur et maitre de Salgue est Odilon de Mercœur, d'abord doyen du chapitre de Brioude, puis évêque de Mende vers 1249. Dans un accord passé entre le roi saint Louis et Odilon de Mercœur, évêque de Mende, il est dit :

« Le roi nous a cédé à perpétuité, à nous et à nos succes-
« seurs, le fief de Douchanès, le fief de Vabres et la grange
« de Bertrand Itier, appelée la Clause (p. Salgue), qui est

« de notre patrimoine 1265. » (G. DE BURDIN, *Doc. sur le Gév*, I, p. 368.)

Le second seigneur signalé est encore un Odilon de Mercœur, également prévôt de Brioude (1). Le n° 50 des Archives de Saint-Médard commence ainsi : « *Nos Odilo de Mercorio, prepositus Brivatensis ecclesie, domini castri de Salgue, ratione patrimonii nostri, 1288.* »

En 1289, le jeudi après la fête de sainte Agnès secundo, Odilon de Mercœur, prévôt de Brioude, seigneur du château de Salgue, investit Guillaume du Moulin, du moulin appelé Rodier. (Arch. de St-Médard, n° 20.)

A sa mort, sa succession échut à son neveu Béraud, connétable de Champagne et chef de la maison de Mercœur. Celui-ci est signalé dans l'investiture de Pons Falcon, à Ythier, sabotier, (1305), et dans la donation de Pons de Douchanès aux seigneurs de Peyre (1301) comme neveu et héritier universel d'Odilon de Mercœur.

Ce connétable, Béraud de Mercœur, était cousin germain de Jeanne de Joigny, fille de Marie de Mercœur. En 1314, pour aider à établir avantageusement sa cousine, Jeanne de Joigny, qui fut mariée à Charles, comte d'Alençon, frère du roi Philippe de Valois, il lui donna par contrat de mariage les châteaux de Salgue et de Murs, et 3.000 livres de rente annuelle (BALUZE, p. 335, t. II).

L'historien des Dauphins d'Auvergne (t. II, p. 339) affirme que la terre de Mercœur était regardée comme relevant directement du Pape lui-même, et que Béraud de Mercœur, connétable de Champagne, déclarait tenir son fief du Pape seul et ne voulait faire hommage à d'autre qu'à lui.

Cette assertion semble contestable, car on lit dans un mémoire sur le Paréage (entre Odilon, évêque de Mende, et Saint Louis) : « *Item de castro de Salgue, dicunt alicui ex testi-
« bus predictis quod tenetur a domino rege. Et tamen in recogni-
« tione domini de Mercorio, cujus est dictum castrum, dicitur
« quod quicquid ipse habet vel tenent alii ab eo in Gabalitano,
« totum tenet, et debet tenere ab episcopo in feudum. Unde dic-
« tum castrum episcopo est commissum.* »

Le prince Charles de Valois, en qualité de seigneur de Salgue, met en arrêt messire d'Apchier, 1335. (Archiv.

---

(1) Le chapitre de Brioude compta parmi ses membres quatre Odilon de Mercœur. Odilon I, neveu de S. Odilon, doyen puis prévôt 1100-1136. Odilon II, doyen en 1190. Odilon III, doyen en 1244, puis évêque de Mende vers 1249 ou 1250. Enfin Odilon IV, doyen en 1272, et prévôt cinq ans après. (BOUILLET, t. VII, p. 393.)

de Mende, G. 885). Il meurt bientôt après, ne laissant point d'héritier.

La baronnie de Mercœur fut adjugée par sentence du 12 juin 1339, à Béraud Ier, Dauphin d'Auvergne et comte de Clermont (1), qui commence la seconde maison de Mercœur.

Comme cette baronnie de Mercœur était partiellement sise en Auvergne, lesdits barons firent régir les terres qu'ils avaient en Gévaudan suivant les coutumes de cette même province d'Auvergne, jusqu'en 1312. (Prouzet, II. p. 278.) Ce n'était pas le compte des habitants de Salgue, qui, englobés dans le Gévaudan, appartenaient à la sénéchaussée de Beaucaire depuis 1229.

Or les lois romaines étaient les seules observées dans le Languedoc, et le roi S. Louis, en 1254, avait confirmé dans l'usage du droit romain les deux sénéchaussées de Beaucaire et de Carcassonne.

C'était donc une anomalie frappante ; la ville de Salgue, dépendante de la sénéchaussée de Beaucaire, en Languedoc, n'était point jugée suivant le droit reconnu dans cette province.

« Aussi, en 1312, eut lieu, à l'occasion de Salgue et
« Grèze, Malzieu et Verdezun, un grand démêlé entre
« Guillaume Durant, évêque de Mende, conjointement avec
« la cour commune de Gévaudan, contre le seigneur de
« Mercœur, connétable de Champagne et ses gens, sur ce
« que ce seigneur faisait régir les terres qu'il avait en Gé-
« vaudan, suivant les coutumes d'Auvergne, tandis que ce
« pays qui dépendait de la sénéchaussée de Beaucaire était
« gouverné par le droit écrit. Enfin les parties convinrent
« d'un accord, par l'entremise de leurs amis communs, à la
« fin de septembre, 1312. Il fut dit, à ce traité, qui fut passé
« à Saint-Cirgues près de La Voûte, que toutes les terres
« que le seigneur de Mercœur possédait médiatement ou
« immédiatement dans l'évêché de Mende, seraient régies
« à l'avenir par le droit écrit. Le roi Philippe-le-Bel confir-
« ma cet acte deux ans après (2). »

Dans cette exception furent encore compris les bourgs de Vazeilhes-Thoras, la Clause, Ancelpont, Monistrol et le Sauvage. Cet état de choses fut plus tard maintes fois modifié.

---

(1) Son aïeul Robert III, comte Dauphin d'Auvergne, avait épousé Alixent de Mercœur, tante du connétable de Champagne, Béraud de Mercœur. De là ses droits sur la terre de Mercœur.

(2) Prouzet, *Hist. du Gév.*, II, p. 131-142.

Depuis longtemps déjà, vers le milieu du onzième siècle, l'élément monastique était venu, une seconde fois, s'établir dans notre région et y renouveler la face de la terre.

« Robert, après avoir fondé le monastère de la Chaise-Dieu, vers l'an 1043, envoya plusieurs de ses religieux vers le Haut-Gévaudan, et surtout du côté de la montagne de Margeride, qui était alors couverte de forêts immenses. Ces saints solitaires y jetèrent les fondements de plusieurs communautés religieuses qui plus tard devinrent des paroisses plus ou moins considérables, réparèrent d'anciens monastères et d'anciennes églises que les Révolutions avaient détruits, et finirent par civiliser les habitants demi-sauvages de ces montagnes. »

« Pierre de Chabanon, fondateur du monastère de Pébrac (1062), étant mort le 8 septembre 1080, ses moines fondèrent plusieurs paroisses dans le Haut-Gévaudan, surtout aux environs de Salgue et du Malzieu (1). »

C'est ce qui explique pourquoi la plupart des paroisses du Haut Gévaudan dépendaient des abbayes d'Auvergne.

Ainsi la cure de St-Jean-Baptiste de Thoras (2) relevait de l'abbaye de Chanteuges.

Le prieuré de Monistrol-d'Allier dépendait de la Chaise-Dieu et le prieur de Monistrol nommait à la cure dudit lieu.

Le prieuré de St-Pierre de Grèzes, depuis 1299, appartenait à l'abbaye de Pébrac, par suite d'un échange fait entre l'abbé de Pébrac et Guill Durand, év. de Gévaudan. Celui-ci cédait le prieuré de St-Pierre de Grèzes et recevait en retour celui de St-Jean de Mende *extra muros* (*Gallia christiana*, dioc. de Mende, p. 96). Aussi, « le 16 août 1300, frère Armand (d'Ussel), abbé de Pébrac, présente à Guill. Durand, év. de Mende, pour la cure St-Pierre de Grèzes, le frère S. de Gozeta, chanoine dudit Pébrac » (3).

La cure de Cubelles, celle de Venteuges étaient à la nomination de l'abbaye bénédictine des Chazes qui en possédait également les prieurés (4).

(1) Prouzet, *Hist. du Gév.*, I, p. 172 et 183.
(2) L'église de Vazeilles n'était qu'une simple annexe de Thoras. L'on disait : Thoras-Vazeilles. En 1238, Etienne d'Arrabagme, év. de Mende, exempte la chapelle de Vazeilles du droit de procuration. L'église de Vazeilles, est-il dit, de droit paroissial appartient a celle de Thoras, toutefois elle est exempte de tous droits, sauf de trois sols qu'elle doit payer annuellement (*Spicileg. Brivat.*, p. 34).
(3) Archiv. de la Loz. Chapell., *Tabl. du Vel.*, p. 223. A. Lascombe.
(4) G. de Burdin. II. *Pouillés*, p. 414.

« En 1298, Marguerite d'Alègre, abbesse des Chazes, présente Vital Armand, pour la cure de Venteuges, actuellement vacante par le décès de Jean Ferri. Cette présentation est faite avec le consentement de dame Léone, prieure de Venteuges (1). »

La cure de Croisances avait été érigée en 1294, par Guillaume Durand, évêque de Mende (2).

Le prieuré de Chanaleilles appartenait à l'abbaye de Saint-Chaffre du Monastier. « En 1291, le 11 des calendes d'avril, Jordan de Châteauneuf, moine de Saint-Chaffre, prieur de Chanaleilles, diocèse de Mende, confère à Pierre Privat la chapellenie de Saint-Pierre-de-Vilaret, sise dans ladite paroisse de Chanaleilles, et dont la collation lui appartient (3). »

Enfin, le prieuré comme aussi la cure de Saint-Médard de Salgue étaient à la nomination de l'abbaye bénédictine de la Volte (Lavoûte), diocèse de Saint-Flour.

Les droits possédés par ces religieux prouvent bien qu'ils ne furent pas étrangers à la fondation de ces paroisses diverses, et qu'ils étaient venus dans ces contrées perdues arracher, par la culture, ces terres à l'état sauvage, et jeter, par la lueur de l'enseignement chrétien, les premiers germes de civilisation parmi ces habitants à demi barbares. Ils justifient également les appréciations impartiales de l'historien Taine sur le rôle glorieux et bienfaisant des moines de cette époque, dans la constitution primitive de la Nation française.

(1) *Tabl. du Vel.* V. p. 222. A. Lascombe.

(2) Arch. de la Loz. G. 2083.

(3) *Tabl. du Vel.* p. 218, id.

CHAPITRE IV

La Communauté des prêtres et clercs de St-Médard-de-Salgue, 1255. Ses membres en 1311. Les prieurs.

L'existence de la communauté des prêtres et clercs de Saint-Médard-de-Salgue est constatée, pour la première fois (1), dans la vente du mas Maynil, au terroir de Lescure, à elle faite par Ponsonelle, femme de Delmas Guerre, en 1255 (2).

Il est malaisé de remonter à l'origine de cette communauté.

Un auteur affirme « que l'on trouvait jadis à Salgue un « couvent où quarante religieux, sous l'autorité d'un prieur « titulaire, vivaient en commun, et suivaient la règle de « S. Benoît. »

« Ces religieux auraient plus tard jeté la clôture au vent, et se seraient érigés en communauté de prêtres séculiers (3). »

Aucun titre n'est venu confirmer cette assertion, fort possible d'ailleurs ; il est regrettable qu'elle n'ait point été appuyée de preuves documentaires, comme il convient en matière d'histoire.

Le *Gallia Christiana* ne cite, au diocèse de Mende, aucun monastère bénédictin portant le nom de Salgue.

Ce que nous savons de positif, c'est que : « L'église de Saint-Médard de Salgue, depuis un temps immémorial, est composée d'un prieur bénédictin, d'un vicaire perpétuel, (ou curé) qui a le soin des âmes, d'un sacristain, clerc du prieur, de deux moines claustraux, de l'ordre de Cluny, vivant avec le prieur, et de plusieurs autres prêtres et clercs, pour le service de l'église, dont le nombre autrefois s'élevait à

---

(1) Cette constatation ne prouve pas que cette communauté ne soit point antérieure à cette époque.
(2) Archives paroissiales de St-Médard de Saugues, n° XXIV. Quelques documents de ces archives, plus importants ou plus anciens, sont cotés en chiffres romains. Ils étaient conservés à part, dans ce qu'on appelait « *la boëtte de fer blanc*. »
(3) *Soc. d'Agr. du Puy*, t. XIV, p. 157 et suiv. Notes sur Saugues par M. DE LABRETOIGNE.

quarante environ. (Mém. sur l'égl. de Salgue. Archives de Saint-Médard) (1).

Le nombre de ces prêtres et clercs varia avec les époques. D'après les dénombrements retrouvés, de 1255 à 1430, il ne fut pas inférieur à quarante, non compris le prieur et ses deux moines claustraux.

En 1430, à cause de la pénurie et des malheurs des temps, ils furent réduits à seize. Vingt-deux ans après, en 1452, ils furent définitivement ramenés à vingt-cinq, et ce nombre a été maintenu jusqu'à la Révolution.

En 1311, la communauté était composée des membres suivants :

> Guillaume de Châteauneuf, prieur,
> Jean des Claustres, curé,
> Pons de Bergougnoux,

(1) Une enquête postérieure au mémoire précité (1452), s'exprime ainsi : « *In ecclesia beati Medardi Salguiaci est unus prior, monachus cluniacensis ordinis ac unus vicarius perpetuus pro regimine animarum institutus, qui quidem prior duos monachos claustrales predicti ordinis et unum clericum sacristam secum habet in dicta ecclesia. Necnon in illa ecclesia, ultra predictos sunt alie persone ecclesiastice seculares tam presbiteri quam clerici... quorum numerus antiquitus erat amplior quasi numero triginta vel quadraginta... Que quidem persone ecclesiastice seculares solent esse ac temporibus retroactis fuerunt, prout ac nunc sunt de perrochia ipsius ecclesie oriunde et in fontibus baptizalibus ejusdem ecclesie baptizati.* »

« *Item est verum quod predicte persone faciunt unum collegium, et habent archam communem, et res communes sicut collegium solet habere, et sicut unum collegium tenentur et reputantur et reputati fuerunt retroactis temporibus et ut collegium se gubernant et se gubernaverunt recipientes cothidianas distributiones sic tum debitas quando intersunt missis et canonicis horis ibidem in dicta ecclesia dicti consuetis. Que quidem distributiones proveniunt ex recenutis ac redditibus ac emolumentis ex pia errogatione dicto Collegio beati Medardi datis distribui solitis per duos bacilos qui quolibet anno in festo beati Michaelis ordinantur per ipsum collegium et universitatem, prout ad unumquemque ipsarum pertinet et spectat illos recipere secundum statuta ecclesie et secundum servicium in horis canonicis impensum et missis impensum...* »

« *... Item est verum quod ad dictum collegium institutio, electio nominatio collatio atque omnimoda dispositio personarum ecclesiasticorum tam presbiterorum quam clericarum pertinent ac spectant dum tamen introducatur et instituatur presbyter clericus seu chorarius qui sit de perrochia ipsius ecclesie oriundus et ydoneus, prout acthenus fuit observatum juxta tenorem statutorum diu observatis.* »
(P. verbal d'inf. de L. Escharne, chan. du Puy, 1452.)

Vital Coste,
Pierre Darnes,
Pierre Nègre,
Dominique Marchés,
Jean de Crose,
Jean Crouzet,
Hugues de Pouzas,
Julien de Giberges,
Guillaume Chapat,
Pons des Plantats, prêtres.

Benoit Ythier	Hugues des Plantats
Guill. Ythier, son neveu	C. Fraycenet
Jourdan Roget	Etienne de Pouzas
Hugues Matfrès	Raymond de Crose
Etienne Ronat	Guillaume del Montavit
Guillaume Pinet	Guillaume Violet
Jean de Longeval	Bertrand Teyssier
Jean Fabre	Hugues Fazet
Bertrand Boschet	Pierre Chassapore
Hugues Mazère	Noël Sedas
Pierre Encontres	Jean Chiros,
Pons Englès	Raymond Morrèze
Jean Vernet	J. Pagès-Lobet
Bertrand de Giberges	Pons Coste
Jean Grasset	Pons Garnier
Jacques Clauson	Hugues Roget
.... Ytairet	Hugues Arvey del Rover

Clercs de Saint-Médard de Salgue (1).

Ces quarante-sept membres ne formaient point l'entière communauté de Saint-Médard, car les deux claustriers n'y sont point signalés, et il est dit en outre, dans le document cité, que les membres énumérés, « *pour eux et les autres prêtres et clercs absents* », donnent procuration à messire Guillaume Chapat et Pons des Plantats, aux fins en suite désignées.

En 1344, ils étaient au nombre de quarante, (non compris le prieur et ses deux moines), dont vingt-deux prêtres et dix-huit clercs promus seulement aux ordres inférieurs de la cléricature. Il semble résulter, que, dans cette communauté, le nombre de ses membres promus au sacerdoce n'était point exactement limité, et pouvait varier avec les époques.

(1) Archives de Saint-Médard, n° 73.

Le prieur, de l'ordre de St-Benoit, avait avec lui deux moines appelés « moines claustraux ». La nomination soit du prieur, soit des claustraux appartenait au prieur de la Volte (Lavoûte), ce qui reste des archives de la communauté de St-Médard en donne des preuves irrécusables. Le prieur de Salgue n'était pas toujours prêtre : en 1732, dom Bacheloz est sous diacre, et dom Joseph Whittel est seulement diacre profès de St-Benoit.

Les documents nous ont conservé le nom de quelques-uns des prieurs de St-Médard :

Dom Etienne Bermen	en 1293
Dom Guillaume de Châteauneuf	1311
Dom Guy d'Anglars	1344
Dom Bernard de Oratorio (d'Ouradour)	1373
Dom Norlando	1378
Dom Voluyn	1410
Dom Gérald de Léotoing	1449
Dom Jean d'Alzon	1452
Dom J. Auzerand	1490
Dom J Lecourt	1495
Dom Tristan de Langhac	1558
Dom d'Apchier	......
Dom Auzerand	1596
Dom Claude de Screys	1608
Dom Vissac	1609
Dom A. de Molette de Morangiès d'Ombret	1615
Dom J. de l'Oratoyre (d'Ouradour ?)	1631
Dom Antoine Symonnot	1680
Dom Thomas Brunning	1718
Dom Clément Parton	1720
Dom Guillaume Heulet	1726
Dom Bacheloz, sous-diacre	1732
Dom Jos. Whittel, diacre profès	1738
Dom Edmond Duket	1764

(Archiv. de St Méd. *passim*.)

Une maison, près de l'église St-Médard, logeait le prieur et ses deux moines claustraux ; elle a laissé à la place voisine le nom qu'elle porte ; « Place du Prioret ».

« Au prieur, disait une transaction (1344), appartient la
« direction et le gouvernement de l'église de Salgue, c'est-à-
« dire la garde des clefs, des reliques, le droit de sonner les
« cloches et tout ce qui concerne la célébration des heures

« canoniales et de l'office divin, ainsi que la nomination du
« lecteur (celui qui était chargé de l'enseignement des clercs)
« et du curé, avec cette clause que les prêtres pourront dans
« la célébration de l'office suivre le curé. »

(Archiv. de St-Méd. n° 139).

Plus tard, Mre J. Dumas, vic. général de Mende, le siège épiscopal vacant, nomma des procureurs pour soutenir à Paris, devant le Prevôt au Châtelet, le droit des évêques de Mende à la nomination du curé de Salgue (1628) (1). Mais on ne voit pas que cette tentative ait été suivie d'un heureux succès, car les prieurs furent maintenus en possession de leur droit dont ils jouissaient encore en 1728.

« Le prieur pouvait assister à l'admission d'un prêtre
« nouveau dans le chœur, et de son gré donner un rang
« supérieur à celui des clercs qui méritait cet honneur, avec
« le consentement toutefois du reste du clergé. »

« Il devait être admis à tous les actes communs de la communauté, occupant la première place, et opinant en premier lieu ; pour cela il devait être tenu, comme tout autre membre, de prêter le serment ordinaire »

« Le prieur et ses moines participaient à la distribution des revenus de la Communauté, le prieur comme les prêtres ; les claustraux, s'ils n'étaient que simples clercs, ne recevaient que la prébende des clercs. »

Ils étaient tenus comme les autres membres à l'office du chœur. Ils tentèrent de se soustraire à cette obligation, mais un arrêt du Parlement de Toulouse, du 13 sept 1495, maintint cette condition, s'ils voulaient participer aux revenus.

« Le prieur, ajoute la transaction déjà citée, ne sera
« point obligé de donner désormais à dîner à la Commu-
« nauté, le jour de la fête de Saint-Médard, nonobstant les
« réclamations du baile ou procureur. »

« Le calice donné jadis par Guilhem Gérald, de Marvéjols,
« sera mis à la disposition des prêtres pour célébrer la
« messe, à la charge par eux de rendre au prieur la somme
« déboursée pour le rachat dudit calice »

« Le prieur, pour lui et ses successeurs, le baile et le curé s'engagent à observer lesdites conventions à peine de vingt livres d'amende (2). »

(1) Archiv. de la Lozère, G. 2062.

(2) Dans cette transaction, toutes les questions litigieuses n'avaient point été prévues.

« De plus, le prieur se charge de faire approuver le présent traité par le Révérend abbé de Cluni, et par le vénérable prieur de la Volte, tandis que noble Guillaume Itier de la Clause, baile de la Communauté, obtiendra la ratification de l'Evêque de Mende. »

Ce traité se termine, en effet, par la ratification d'Albert, évêque de Mende, (A. Lordet, év. 1331-1361); par l'assentiment de frère Itier, humble Supérieur de Cluni, et par l'approbation de frère Hugues de Chayte, humble prieur de la Volte, diocèse de Saint Flour, et de l'ordre de Cluni (1).

Cet acte fut fait à Salgue, dans la maison commune de la communauté, le 13 septembre 1344. (Arch. St Méd. 139.)

Rien n'a pu être découvert de l'époque où ces trois prébendes claustrales furent rattachées au monastère de la Volte. Ni la savante publication des chartes bénédictines de M. A. BRUEL, ni les auteurs en renom qui racontent l'histoire des monastères de France, ne donnent quelque renseignement sur ce sujet.

Les seigneurs de Mercœur, Béraud, frère de St Odilon; Etienne de Mercœur, son neveu, évêque du Puy, et enfin Odilon, prévôt de Brioude, avaient fondé jadis, puis doté successivement, le monastère de la Volte, sur les rives de l'Allier, dans leur terre patrimoniale. Or ces sires de Mer-

---

Le jour de la Toussaint 1374, le prieur, Bernard d'Ouradour, voulut célébrer la grand'messe solennelle au grand autel avec ses deux claustraux, Jean Bodet pour diacre, et Rigaud de la Roche pour sous-diacre. Grand émoi dans toute la communauté : c'était contre tous les usages et ce fait n'avait point de précédent. Le prieur soutenait que c'était son droit, et que, ce faisant, il n'entreprenait point sur les privilèges de la communauté. Il dut pourtant surseoir à l'exécution de son dessein, et le 21 du même mois il fut convenu que le prieur s'abstiendrait aux jours de fête de célébrer la messe solennelle avec diacre et sous-diacre, jusqu'à ce que les docteurs et les clercs compétents eussent statué sur ce cas.

(Archiv. de St-Méd. Rôles des sindics, 1374.)

(1) Vers la fin du XVIIe siècle, les prieurs de Salgue, quoique nommés par le prieur de la Voûte, furent choisis dans le couvent bénédictin anglais de St-Edouard, à Paris. « Ce fut en 1615 que des moines « anglais de l'obédience espagnole (c'est-à-dire des Anglais qui avaient « fait profession dans la Congrégation de Valladolid) se fixèrent à Paris, « grâce à la protection de l'abbesse de Chelles, d'abord dans le faubourg « St-Jacques, puis, après diverses migrations, en 1642, dans la rue St-« Jacques. Reconnu par le roi, en 1650, le monastère vit les lettres pa-« tentes enregistrées le 17 avril 1651. Supprimé en 1793, le monastère « survit dans la communauté du prieuré de St-Edmond, à Douai. »

(Note communiq. par le R. P. dom Ursmer Berlière, religieux de St-Benoît, à Maredsous (Belgique).

cœur étaient seigneurs de Salgue, il est donc probable que pour favoriser la prospérité et le développement du monastère qui était leur œuvre de prédilection, ils fondèrent, en faveur de celui-ci, les trois prébendes claustrales en question.

Peut-être même ne furent-ils pas étrangers à l'érection de cette communauté de St-Médard.

Odilon de Mercœur, év. de Mende (1249), et Odilon, prévôt de Brioude, riches et généreux, faisaient volontiers de larges libéralités et de pieuses fondations. En ce pays de Salgue, qui était leur propre patrimoine, pouvaient-ils ne pas faire sentir l'action de leur main bienfaisante et frustrer de leur générosité cette terre qui se recommandait d'autant plus à leur bienveillance qu'elle était par ailleurs plus déshéritée?

De plus, dans la suite des temps, leurs successeurs à la seigneurie de Salgue prodiguèrent à cette communauté les faveurs et les bienfaits, comme si, par tradition, cette famille de Mercœur semblait intéressée à sa prospérité.

Quant à l'origine du vocable de St-Médard, l'on sait que jadis l'usage était de mettre sous le patronage d'un saint toute église nouvellement instituée. Ceux donc qui jetèrent les premiers fondements de l'église de Salgue lui donnèrent St-Médard pour patron, et, plus tard, les prêtres et les clercs établis en cette église paroissiale prirent la dénomination de Communauté de prêtres et clercs de St-Médard.

Des associations similaires, mais de moindre importance, existaient au XIVe siècle et aux époques postérieures dans les paroisses voisines.

Un testament de Cécile de Montchauvet, veuve d'Armand de la Fagette, 14 sept. 1344, fait diverses donations à la communauté des prêtres et clercs de Venteuges, et à chacun d'eux respectivement.

Le 26 sept. 1382, Vidalette Cubière donne un florin d'or pour un obit à la communauté des prêtres et clercs de Venteuges, un autre florin à celle de St-Pierre de Grèzes.

Cubelles même avait la sienne dont l'existence n'est constatée que plus tard.

Ces communautés diverses étaient évidemment proportionnées à l'étendue et à la population de leur paroisse respective : Venteuges comptait d'abord cinq ou six prêtres et clercs, plus tard réduits à un nombre moindre. (Voy. *Notice sur Venteuges*. Impr. Prades. FREYDIER 1899.)

Cubelles comptait 3 prêtres et 2 quelquefois, les registres de paroisse n'en accusent jamais un plus grand nombre.

Il n'est peut-être pas téméraire de chercher l'origine de ces petites associations dans la multiplicité des fondations faites en ces époques de foi vive, qui nécessitaient, pour être acquittées, la présence simultanée d'un certain nombre de prêtres.

D'autre part, « un concile de 1059 prescrivit aux ecclésiastiques de mettre en commun les offrandes faites par les fidèles » (1).

Dès lors, dans nombre de paroisses, une sorte de régime de communauté relative s'organisa, au regard des fondations et des sources de revenus constitués au profit des prêtres qui desservaient la paroisse.

Ce régime, toutefois, ne semble point s'être étendu aux revenus après leur distribution une fois faite, car chacun de ces membres pouvait disposer à son gré de la part qui lui était attribuée.

(1) *St Amable (de Riom)*, par M. Bernet-Rollande, p. 46.

CHAPITRE V

Organisation de cette communauté : les syndics, mode de subsistance, recrutement, enseignement et formation de ses membres.

Les prêtres et clercs de Saint-Médard ne formaient entr'eux qu'un seul corps pour la possession des biens attachés à la communauté. « *Prædictæ personæ ecclesiasticæ faciunt unum collegium et habent archam communem et res communes, sicut collegium solet habere.* » (Proc. verbal de L. Escharne, 1452, archiv. de St-Méd.)

Pour la gestion des intérêts matériels, l'on nommait, chaque année, de la St Michel à la St-Michel, deux bailes ou syndics chargés de supputer les revenus, les rentes et les censives, de percevoir le casuel, et d'assigner (1) à chacun ce qui lui revenait, suivant l'assiduité de son assistance à l'office récité dans le chœur. En toutes choses, dans les contrats comme devant les tribunaux, ils représentaient la Communauté, et agissaient validement en son nom et d'une manière irrévocable. Ils tenaient un registre de recettes et de dépenses, et au jour venu, rendaient compte de leur gestion et la faisaient approuver par les prêtres ou par l'un d'eux délégué à cet effet. Les archives de St-Médard conservent encore un certain nombre de ces registres où se trouvent relatés de curieux détails de « *receptes et dépances.* »

L'élection des syndics se faisait à la pluralité des suffrages : une fois élus, ils prêtaient serment et entraient en fonctions. C'est devant le prieur, agissant au nom de la Communauté, que ce serment était prêté, ou devant son délégué, s'il ne pouvait le recevoir lui-même.

Un bâtiment vaste et spacieux « jouxtant le prieuré », leur servait d'habitation commune ; de cette demeure il est souvent fait mention, soit dans les registres des syndics, soit dans les reconnaissances au seigneur de Salgue.

(1) Les membres de la Communauté faisaient rentrer eux-mêmes la part respective qui leur était assignée sur les censives. Cet usage, à cause des inconvénients qui en étaient inséparables, fut aboli en 1756, où les revenus furent cédés à un fermier.

Nonobstant cette maison commune, tout semble indiquer que, pour le reste, leur vie ne se passait point en commun. D'ailleurs cette communauté d'habitation ne fut pas elle-même de longue durée.

Ils avaient, en outre, à côté de leur demeure, d'autres bâtiments qui, occupés par divers membres de la Communauté, donnaient lieu à une indemnité qui se payait au syndic (1).

Quelles étaient les ressources et les moyens de subsistances de la Communauté des prêtres et clercs de Saint-Médard ?

Les ressources étaient multiples, et provenaient d'origines diverses, suivant leur nature.

Les unes étaient variables et éventuelles, les autres fixes et assurées.

En premier lieu un revenu fixe et annuel était produit par les domaines, les terres diverses acquises par la Communauté, ou à elle données par les seigneurs du lieu et les âmes pieuses, et dont il sera parlé en un chapitre spécial.

D'autre part, un très grand nombre de fondations avaient été faites dans l'église St-Médard, ou dans les chapelles de la ville, en faveur des prêtres qui les desservaient (2).

Il y avait les messes en « *hault* », avec diacre et sous-diacre, et les messes à voix basse.

Des messes à voix basses, les unes étaient pour tous les jours de l'année, comme celle « *de l'aube* » fondée par le seigneur de Mercœur, et celle de « *la Clause* » chaque jour

---

(1) On lit dans les comptes de Benoit Rigaud, de l'année 1475 :

« J'ai reçu de Mre Laurent Trémolière, curé de Salgue, pour l'appar-
« tement qu'il tient dudit collège, au-dessous de la cour, 27 sols, 6 deniers.

« J'ai reçu de moi-même, Benoit Rigaud, pour l'appartement que
« je tiens dud. collège, 2 livres. »

« J'ai reçu de Mre Antoine Tardieu, prêtre, pour l'appartement qu'il
« occupe auprès du puits neuf, 22 sols, 6 deniers. » (Arch. de St-Méd.)

(2) Ces fondations étaient pour ainsi dire de deux sortes : les unes, et c'était le plus grand nombre, ne devaient point être exclusivement acquittées par un titulaire spécialement déterminé.

Les autres appelées « *vicairies* » fondées soit dans l'église paroissiale, soit encore dans les chapelles diverses, constituaient un véritable bénéfice de revenus peu élevés, attribué à un titulaire spécialement désigné par le fondateur ou par ses héritiers, et qui seul avait le droit de les acquitter. Telles sont les fondations que l'on verra plus tard instituer dans les chapelles du St-Esprit et de St F^ois Régis, en l'église paroissiale de St-Médard.

au grand-autel, « *entour l'Ave Maria* », et fondée par le seigneur de la Clause ; les autres, pour chaque dimanche, chaque lundi, ou pour tout autre jour.

Les messes « *en hault* » étaient assignées pour chaque semaine, chaque mois, ou à la fête de tel ou tel saint qui parfois avait plusieurs messes consécutivement chantées en son honneur, et fondées par des personnes diverses.

De plus, il y avait des fondations perpétuelles de prières liturgiques de « *Stabat, d'Inviolata, d'oraisons du St-Sacrement,* » de processions avec Litanies, d'Offices chantés ou récités, et surtout d'Absoutes sur les tombeaux et à la mémoire des défunts.

Il y avait enfin, et le même fait se reproduit dans la paroisse de Venteuges, des fondations également perpétuelles de repas communs donnés à toute la Communauté.

On relève dans les registres de 1369 des repas fondés aux jours et fêtes suivantes :

Les Saints-Innocents,	Le dimanche de *Lætare*,
Saint Jean-Baptiste,	id. de la Passion,
Saint Pierre et Sant Paul,	id. des Rameaux,
Sainte Magdeleine,	Le 1ᵉʳ dimanche de Juin,
Saint Michel,	La Fête *Corporis Christi*,
Le 25 Mars, etc.	

La redevance pour ces repas, assez minime d'ailleurs, se payait souvent en seigle, et parfois partie en nature, partie en numéraire (1).

La dotation de ces fondations avait été constituée soit par un capital une fois versé, soit par une rente ou une redevance annuelle assignée tantôt sur certaines terres, tantôt sur certains particuliers qui, à leur décès, la passaient à leurs héritiers, de sorte que ceux-ci leur succédaient dans la charge comme dans l'héritage.

C'est là l'origine de ces censives diverses que, dans le cours de son existence, la Communauté de Saint-Médard percevait annuellement sur nombre de terres de la paroisse et des contrées avoisinantes.

Les ressources éventuelles provenaient du casuel ordinaire des sépultures, des offices consécutifs, et des libéralités faites soit par testament, soit à l'occasion d'un événement survenu dans les familles. Il était rare que le service

---

(1) Le numéraire était rare, aussi les fondations étaient assez souvent établies à l'aide de rentes en nature.

funèbre ou « *l'Obit,* » suivant l'expression usitée, de quelque personnage notable ne fut point suivi de distribution de pain et de vin (1), ou de numéraire, faite à chaque membre de la Communauté. De ces distributions les unes étaient temporaires, les autres perpétuelles. Ainsi, à chaque anniversaire de la fondation de la chapelle de Sainte-Magdeleine, avait lieu une distribution de six deniers par prêtre, donnés par le seigneur de Mercœur.

La répartition des revenus s'effectuait de la manière suivante.

Comme l'office se chantait en commun dans le chœur de l'Eglise, chaque membre avait aux revenus une part proportionnée à son assistance audit office.

Cette part était déterminée par un « *poincteur* » qui notait soigneusement les présences et les absences, et d'après elles réglait ce qui revenait à chacun. Le « *poincteur* » transmettait sa note aux bailes de l'année courante qui remplissaient l'office de trésoriers, et assignaient à chaque membre de la Communauté son « *gaigné* » et ses honoraires, déduction faite de sa quote-part des charges subies par le corps commun des prêtres et clercs de St-Médard.

De plus, chaque année, aux jours de fêtes et aux grandes solennités, se faisaient, sur les biens communs, des distributions extraordinaires

Ainsi, il était distribué à chaque prêtre dix-huit deniers à la Nativité de N.-S., au jour de l'an, à l'Epiphanie, la Purification de la B. V. M., la Résurrection, l'Ascension de N.-S., la Pentecôte, la Fête « *Corporis Christi* », l'Assomption et la Nativité de la S. V. M.

Au jour de S. Médard, patron de la Communauté, la distribution était de trois sols par tête.

Le Vendredi Saint, chaque prêtre recevait 6 deniers, et un pain le Jeudi-Saint, après le lavement des pieds. *(Computa B. Rigaldi,* Archiv. de St Médard.)

A ces distributions étaient admis tous les prêtres, comme aussi tous les clercs faisant partie de la Communauté, avec cette différence que leur part n'était point égale, les prêtres recevant plus que les simples clercs.

On a vu comment le prieur était assimilé aux prêtres, et les claustraux, s'ils n'étaient que clercs, assimilés aux clercs.

Comment se recrutaient les prêtres et clercs de Saint-

---

(1) A la mort d'un prêtre, la distribution de pain et de vin aux autres membres était faite aux frais de la Communauté

Médard ? Cette communauté avait le droit de choisir et de nommer ses membres ; une condition était pourtant mise à son choix, c'est que ceux-là seuls devaient être admis qui étaient nés dans la paroisse, ou avaient reçu le baptême sur les fonts baptismaux de l'Eglise Saint-Medard. (1).

« *Quæ quidem personæ ecclesiasticæ sœculares solent esse ac temporibus retroactis fuerunt, prout et nunc sunt de perrochiâ ipsius ecclesiæ oriundæ, et in fontibus baptismalibus ejusdem Ecclesiæ baptizatæ.* » (Proc.-verb. de L. Escharne. Archiv. de St-Méd.)

Cette condition fut renouvelée par le cardinal d'Estouteville dans l'acte de fulmination de la Bulle de Nicolas V, donnant à la communauté le droit d'augmenter le nombre de ses membres, précédemment réduits à seize : « *decernentes ad id nullos præter patriotas et in fontibus baptismalibus dictæ ecclesiæ baptizatos debere admitti.* » 1452.

Cette règle ne souffrit dans le cours des âges que de rares exceptions. En 1778, dans l'élection de Jean..., la

(1) Dans quelques paroisses voisines, on ne trouve également, comme curés ou comme sociétaires, que des prêtres originaires de la paroisse elle-même.

A Venteuges, les curés semblent tous indigènes, et le nom des autres membres de la Communauté se retrouve parmi ceux des familles inscrits sur le registre de rentes et de fondations.

A Cubelles, tous les curés, depuis 1400, appartiennent à la paroisse. Bien plus, pendant près d'un siècle, les titulaires de la cure sont pris dans la même famille, les Médard, qui d'oncle à neveu se succèdent pendant une longue période.

Enfin à Servières, dans l'acte de fondation de l'Eglise, il est nettement stipulé que le sgr. J. de Chastel, qui se réserve le patronage, devra conférer avant tout ce bénéfice à un prêtre originaire du lieu, s'il s'en trouve. (25 Oct. 1485)

Toutefois les pratiques admises ne permettent pas de conclure rigoureusement, en l'absence de toute autre indication, à l'existence, dans ces paroisses, de la règle restrictive en vigueur dans la Communauté de St-Médard.

A Vabres et à Chanaleilles nous voyons, au contraire, la cure conférée à des prêtres étrangers à la paroisse.

Médard Médard, décédé en 1728, était curé de Vabres et originaire de Cubelles. (Reg. de Cubelles.)

J. Rougeyron, de Venteuges, était titulaire de la cure de Chanaleilles au 18me siècle.

Enfin, dans la collégiale de St-Hippolyte du Malzieu, la même prohibition n'existait pas, car, en 1663, Claude de Fontunie, originaire des Salettes, paroisse de Salgue, et chanoine de St-Médard, avait résigné sa prébende pour devenir membre d'abord, puis doyen des collégiés du Malzieu. Avant lui, son oncle, Pierre de Fontunie, était déjà doyen de la même collégiale.

communauté déroge à cette clause. Ce candidat, né et baptisé à une lieue de la ville, fut néanmoins admis parce que ses parents habitaient ordinairement la paroisse, sa naissance n'ayant eu lieu au-dehors que par suite de circonstances accidentelles. Le procès-verbal de cette élection conclut en disant que, dans certains cas particuliers, il a été quelquefois dérogé à la condition mentionnée.

De plus, dans le cas où la Communauté ne pouvait s'entendre sur le choix du nouveau sujet, la nomination, par droit de dévolution, revenait à Mgr l'Évêque de Mende (1).

Comment s'élevaient et se formaient les prêtres et clercs de Saint-Médard ?

Dans cette Communauté, l'enseignement se donnait à deux degrés.

D'abord, parmi les enfants de la paroisse, tant nobles que roturiers, une sélection était faite de ceux que leur intelligence, leurs aptitudes ou la volonté des parents désignaient pour la cléricature. Une fois admis, ils recevaient, des clercs probablement, l'instruction et les connaissances indispensables pour commencer ensuite leurs études cléricales (2). La Communauté déléguait elle-même deux ou quatre de ses membres pour choisir ceux que l'on devait admettre à l'école. En 1311, Guill. Chapat et Pons des Plantats, prêtres, sont délégués pour choisir ceux qui, en cette même année, doivent être acceptés (Arch. de St Méd., n° 73).

Plus tard, en 1630, une ordonnance de Mgr de Marcillac, évêque de Mende, défendra aux prêtres de Saugues d'ac-

---

(1) « Nous, Gabriel-François (de Choiseul-Beaupré), év. de Mende,
« à Hilaire Bernard, salut dans le Seigneur
 « Comme une prébende est vacante de fait et de droit dans la Col-
« légiale de St-Médard, bien que la nomination appartienne à la Com-
« munauté, comme elle n'a pu s'entendre et que, dans ce cas, le droit de
« nomination nous appartient par *dévolution*, nous vous conférons cette
« prébende avec ses droits et ses bénéfices » (26 octobre 1745).

(Ces expressions de Collégiale et de prébende sont toujours employées par les évêques de Mende, dans leurs ordonnances à cette Communauté, à partir de 1452).

On retrouve une seconde collation, dans la même forme, par l'évêque de Mende en faveur de J.-B. Lèbre, prêtre de Saugues, en date du 6 mai 1750. (Archiv. de St-Médard).

(2) Une clause des conciles de Latran et de Trente, renouvelée par le concile d'Orléans en 1561, ordonnait qu'une prébende dite préceptoriale serait affectée dans chaque chapitre pour l'instruction gratuite des enfants. La Communauté de St-Médard était peut-être, sur ce point, assimilée à un chapitre.

cepter des enfants qui n'auraient point douze ans accomplis, et ne leur permettra d'avoir part aux revenus de leur place que lorsqu'ils seront capables de servir la communauté, et de chanter dans le chœur.

Parvenus à un certain âge, ceux de ces enfants qui voulaient persévérer entraient dans la cléricature et faisaient partie de la Communauté de Saint-Médard.

A cette période décisive, le futur clerc avant d'être accepté passait avec la Communauté, par devant notaire, un contrat dont celui d'André Pastret est le modèle le plus usité :

« Le 19 juin 1375. André Pastret de Salgue avec l'autorisation et sous la garantie de Jean Pastret, son père, s'engage à remplir les emplois et offices qui lui seront confiés, a procurer le bien de la communauté, dans la mesure de ses forces, à verser certaines sommes lorsqu'il en sera requis (1), enfin il prend surtout l'engagement d'étudier à ses frais et dépens, pendant cinq années révolues, consécutives et sans interruption, *soit à l'école de Salgue,* soit ailleurs s'il lui plaît. » (Rôle des syndics.)

Beaucoup se contentaient de faire leurs études à l'école de Salgue. Celui qui était chargé de leur enseignement, « le lecteur, » on l'a déjà vu, était choisi et nommé par le prieur. C'était probablement l'un des prêtres de St-Médard qui leur donnait cet enseignement, et, avec le concours des autres prêtres, veillait à leur formation. Puis cette formation et les études terminées, chacun de ces clercs était reçu graduellement aux divers ordres qui précèdent le sacerdoce, et enfin au sacerdoce lui-même.

« Le prieur était juge et avait la libre disposition de l'avancement de chacun des clercs dans les divers ordres de la Cléricature, avec le consentement toutefois de la Communauté, mais celle-ci avait seule le droit de statuer sur l'admission d'un clerc nouveau dans ses rangs ; *ut ipsi possint et posse habeant nomine ipsorum ordinandi et tractandi de illis clericis qui de nouvo debent introduci in choro ecclesiæ de Salgue.* » (N° 311).

Enfin, avant d'être admis, le nouvel élu prêtait le serment ordinaire (2).

(1) Les sommes que payait le nouveau membre étaient une componende appelée « *borsatorium* », une indemnité pour le droit aux chapes, aux ornements sacrés, et divers prélèvements exigés au diaconat et à la prêtrise.

(2) Formule du serment inscrite en tête du règlement de 1554 :

— 48 —

Cet état de choses, dans son ensemble, subsista jusqu'à la réduction faite en 1430, et subit dans la suite de nombreuses modifications de détail.

L'ordination de ces clercs et de ces prêtres se faisait ordinairement à Mende, le chef-lieu du diocèse.

Toutefois, sans préjuger ce qui put se passer aux époques antérieures, nous savons qu'à la suite des guerres civiles, au mois de juillet 1600, une triple ordination eut lieu dans l'église paroissiale de Salgue, à laquelle prirent part 31 clercs (1). Comme terme de comparaison, l'ordination faite dans le palais épiscopal de Mende, le 25 sept. 1629, ne comptait que 16 tonsurés seulement.

Ceux de ces clercs qui, plus fortunés ou mieux patronnés, ne voulaient point faire à Salgue leurs études, allaient dans les villes en renom, comme Paris ou Montpellier, suivre les cours et prendre leurs grades. Quelques-uns se livraient même à l'étude des connaissances profanes; Antoine Langlade, clerc, de Salgue, est pourvu, le 9 mai 1598, par Adam (1), évêque de Mende, d'une place au collège de médecine de Montpellier.

D'autres étudiaient le droit, revenaient avec le titre de « *jurisperitus* » et remplissaient l'office de notaire au mandement de Salgue. Au quatorzième siècle et au commencement du quinzième, un grand rôle est joué par cinq d'entr'eux : Guillaume Itier de la Clause, Jean Mascot,

« *Ego N. canonicus prebendatus hujus ecclesie beati Medardi juro*
« *ad hæc sancta Dei Evangelia manu mea dextra sponte contacta*
« *quod ego secreta Capituli ejusdem Ecclesiæ non revelabo, nec non*
« *quod statuta et consuetudines laudatas et approbatas ipsius Eccle-*
« *siæ pro posse firmiter observabo et quod ejus bona, res et jura per*
« *titulum incorporata eidem Ecclesiæ conservabo et defendam eorum-*
« *que alienationi indebitæ non consentiam, sed alienata revocari,*
« *procurabo pro posse, et quod credo me esse de legitimo matrimonio*
« *procreatum, ita me Deus adjuvet et hæc sancta Dei Evangelia.* »
(Arch. de St-Médard.)

(1) Arch. de la Lozère, G. 2174. Inventaire.

(1) Adam de Heurtelou, év., 1586-1608.
« Adam, év. de Mende, à Antoine Langlade, clerc de Salgue, salut. N. S. Père Urbain V, pape et jadis évêque de Mende, ayant fondé, en la ville de Montpellier, un collège de médecine en faveur d'étudiants originaires de notre diocèse, comme une place est vacante dans ce collège, suivant l'intention du fondateur, nous vous la conférons avec tous ses droits et privilèges.... 9 may 1598. »
(Archiv. de la Loz., G. 2110.)

Guillaume Planchette, Guillaume Salgueti et Blaise Bompar, prêtres de St-Médard. qui ont rédigé tous les actes de cette période. Rien ne se faisait sans eux : actes publics, actes privés, registres et transactions étaient par eux dressés, les supp'iques rédigées, les arrêts de justice consignés en leur lieu. Leur main partout se retrouve, les documents de cette époque, nettement écrits et soigneusement dressés, sont leur œuvre, et, par suite, c'est d'eux seuls que nous tenons tout ce que l'on sait de ces temps écoulés.

CHAPITRE VI

Le service paroissial de l'église Saint-Médard de Salgue

Le service de la paroisse, c'est-à-dire l'administration des Sacrements et la charge des âmes, incombait au curé et à son vicaire.

La collation et l'institution du curé appartenaient à l'évêque de Mende, la nomination au prieur (1); celle-ci une fois faite, le prieur n'avait en rien le droit de s'ingérer dans le ministère paroissial.

Les autres prêtres n'avaient point, non plus, le droit d'y participer sans autorisation : le rôle de la Communauté se bornant au chant de l'office, à l'exécution des charges imposées par les fondations, et au service des obits qui lui appartenait avec les émoluments qui en découlaient.

Cette charge de curé était lourde, et ce n'était pas trop d'un vicaire pour le suppléer, à raison du grand nombre de villages qui composaient la paroisse et de l'éloignement considérable de quelques-uns d'entr'eux (2).

(1) Rien n'est venu, dans les documents locaux, jeter quelque lumière sur l'origine de ce droit du prieur à la nomination du curé de Salgue. Autrefois, quand existait l'église de Mercœur, près d'Ardes, le monastère de la Volte avait reçu du seigneur de Mercœur, son fondateur, le droit de nommer à ce bénéfice. Peut-être aussi, à Salgue, le prieur avait-il ainsi reçu de ce même seigneur de Mercœur, le droit de nommer le curé ?

(2) La paroisse comprenait les villages et hameaux suivants au XIVᵉ siècle :

Salgue,
Bergougnoux,
Bénistant,
le Montalhet,
le Moulin Rodier
le Moulin Neuf,
le Vilaret-Falcon
Andrueïols,
Andrueïoletz,
le Mas Maynil,
Luchadou,
La Rodde,
Villeneuve,
Viallevielle,

Vachelleries,
Pouzas,
les Roziers,
le Vernet,
Rognac,
Ombret,
Recoux,
Fraissinet,
Les Salles vieilles
  id. jeunes,
Les Sallettes,
Le Cros,
Moulin Chardon,
Lescure,

les Plantats et
  les Biasses,
Brangeirès,
Longeval,
le Pinet,
la Rouveyre,
la Roche,
Recoules,
la Vialle,
Plombeyres,
Beauregard,
le Moulin Saint-
  Haon ou Na-
  varron,

Domezon et les
  moulins Paga-
  nes,
Giberges,
le Rouve,
Bigorrette (Cha-
  banette),
Mezères,
Servières,
la Vaisseyre,
Mourènes,
la Ribeyre,
Montchauvet.

Vers la fin du quinzième siècle, la création de deux chapelles annexes, les Plantats et Servières, diminua légèrement ces difficultés.

On voit, par diverses allusions faites dans les titres, que dans certains cas, pour les confessions, par exemple, le curé trouvait dans les autres prêtres de St-Médard des auxiliaires empressés.

Ce titre de curé comportait certains avantages réels et des droits honorifiques.

En l'absence du prieur, il était regardé comme le premier membre de la Communauté. A raison de son titre de pasteur, il avait la première place au chœur et à la procession, au-dessus de tous les prêtres, et même du plus ancien d'entr'eux. D'après le règlement, il pouvait, à toute heure, sortir librement du chœur, ce qui n'était point loisible aux autres choriers, et si ses absences étaient motivées par le service paroissial, il était tenu comme présent aux offices.

Des conventions établies le dispensaient de faire à son tour diacre et sous-diacre, comme aussi de dire la messe de l'Aube, et de la Clause : toutefois, il renonçait à sa part de bénéfice dans ces deux fondations.

Dans certains cas, les émoluments qui lui provenaient de son assistance étaient doublés, de par la volonté des fondateurs, comme aussi, à certaines heures ou à certaines fêtes, les offrandes faites en l'église St-Médard lui appartenaient intégralement.

Comme les simples membres de la Communauté, le curé devait être originaire de la paroisse et avoir été baptisé sur les fonts baptismaux de St Médard.

Une fois nommé, il pouvait, au moins à dater de 1452, résigner sa cure et aller occuper ailleurs un bénéfice plus honorifique ou plus important. Ce cas s'est souvent présenté dans le cours des années.

On constate, par les nominations faites, que presque tous les curés de St-Médard, avant la Révolution, se qualifiaient du titre de « docteur en théologie » ou « bachelier ès décrets. »

On retrouve le nom de quelques-uns d'entr'eux :

Géraud Paschasius...,	1293.
Jean des Claustres,	1311.
Giraud,	1320.
Jean Bayle,	1390.
Pierre Planchette,	1412.

Laurent Trémolière,	1450.
Antoine Trémolière,	1490.
Claude Anthier,	1540.
Claude Julien,	1552.
P. Amargier,	1596.
Jacques Langlade,	1610.
Antoine Chantal,	1620
Julien de Lobérie,	1626.
Jean de Langlade,	1627.
Jacques Acassat,	1640.
Pierre Acassat,	1647.
Lamie (1),	1681.
Mazaudier,	1694.
F^ois de la Bretoigne,	1709...
F^ois Gérenton,	1730.
Pierre Valette.	1733.
Etienne Bout de Boissette (2),	1743.
Guillaume Vissac,	1753.
Acassat,	1758.
Prolhac (Ant. Annet.)	1760-1789.

Vers la fin du dix-septième siècle ou au commencement du dix-huitième, un second vicaire fut adjoint au premier, ce que l'on constate par les signatures des actes de catholicité, signés tantôt par le curé lui-même, tantôt par l'un ou l'autre des vicaires seulement.

Le diocèse de Mende se divisait en quatre archiprêtrés, dont les titulaires, en outre de certains droits honorifiques, avaient la charge de faire la visite des paroisses qui leur étaient attribuées, dans des conditions prévues par les canons de l'Eglise.

1° *L'archiprêtré des Cévennes* contenait 12 lieues d'étendue, 42 paroisses, et 3 385 familles, non compris les pauvres.

2° *Celui de Barjac*, 10 lieues d'étendue, 42 paroisses, et 4 110 familles.

3° *Celui de Salgue*, 12 lieues, 57 paroisses et 5.665 familles, les pauvres exceptés (3).

4° *Celui de Javoulx (Javols)*, 8 lieues, 57 paroisses, 4 937 familles.

(1) Le 10 juin 1692, a été enterré Mre P. Lamie, doct. en théol., curé de la ville de Saugues. (Registr. de Catholicité.)

(2) Etienne Bout de Boissette eut la cure en 1742. Il fut exilé par lettre de cachet, et obligé de résigner au sieur Vissac.

(3) L'archiprêtré de Salgue comprenait les paroisses suivantes :

Dans cette énumération ne sont point comprises les nombreuses chapelles non paroissiales, desservies par un simple chapelain, comme celles de Notre-Dame des Tours, St-Etienne de Douchanès, de Rocheblave de Cubelles, de Meyronne, du Villaret d'Apchier, de Beauregard, de St-Jacques et St-Roch à l'Hospitalet, etc...

La nomination simple, ou plutôt la présentation, à ces chapelles diverses qui existaient avec droit de patronage, appartenait tantôt à des laïques, tantôt à des communautés religieuses, ou enfin au titulaire de la paroisse de qui elles dépendaient. La collation et l'institution étaient invariablement réservées à l'évêque de Mende

Ce titre d'archiprêtre n'était point exclusivement attribué au curé de Salgue : il se donnait parfois au titulaire de l'une des paroisses de l'archiprêtré En 1650, il est porté par François du Puy, curé de Thoras, qui, en cette qualité, fait la visite des paroisses de sa circonscription (août 1650).

1. Badaroux,
2. Le Born,
3. La Rouvière,
4. Ste-Hélène,
5. Le Bleymard (prieuré-cure),
6. Chandenet,
7. St-Julien du Tournel,
8. Bagnols (prieuré-cure),
9. Allene,
10. Cubières,
11. Cubiérettes, prieuré simple,
12. Altier,
13. Planchamp (prieuré-cure),
14. St-Jean de Chazornes (id)
15. Puylaurans, (id.)
16. Prévenchères prieuré simple,
17. Chasserades,
18. St-Frézal-d'Albuges,
19. Luc, prieuré simple,
20. Langogne, (id)
21. St-Flour de Mercoire,
22. Rocles, (prieuré-cure),
23. Fontanes (id)
24. Naussac,
25. Auroux,
26. Ste-Colombe-de-Montauroux,
27. St-Jean-la-Fouillouse,
28. Pierrefitte,
29. Chastanier,
30. Châteauneuf-Randon,
31. Arzenc-de-Randon,
32. St-Sauveur-de-Ginestous,
33. La Panouse,
34. Grandrieu,
35. Laval-Atger, (prieuré-cure),
36. St-Bonnet-de-Montauroux, id.
37. St-Christophe, (pr. simple),
38. St-Vénérand, (id)
39. Vereyrolles, (id)
40. Vabres,
41. Croisances,
42. St-Préjet-d'Allier, (id.)
43. Monistrol-d'Allier, (id)
44. Cubelles,
45. Ventuéjols (Ventouges),
46. La Bessière-St-Mary,
47. Salgue et ses annexes,
48. Servières,
49. Les Plantats,
50. Grèzes-la-Clauze,
51. Chanaleilles,
52. Vazeilles,
53. Thoras,
54. St-Symphorien,
55. St-Paul-le-Froid,
56. Prades-près-l'Allier,
57. Chaldeyrac.

(PROUZET, IV, p. 394.)

CHAPITRE VII

Règlements et statuts divers de la Communauté des prêtres et clercs de St-Médard

Le dimanche veille de l'Annonciation, 24 mars 1281, la Communauté de St-Médard, réunie au son de la cloche, délègue Guill. Moret, Pierre Gros, Pierre de Villeneuve, prêtres; Jacques Darne, Pierre Pagane, Pierre Pagès, Bertrand de Salgue et Pierre de Bergougnoux, clercs, pour modifier les règles déjà en vigueur et en formuler de nouvelles.

En 1311, elle délègue Guill. Chapat, Pons des Plantats, prêtres, Hugues Roget et Hugues d'Arvey, clercs, pour statuer sur ce qui touche au bon ordre et à la décence dans le chœur de l'église St-Médard. (Archives de St-Méd, n° 73.)

Enfin, en 1313, le lundi après les Rameaux, nouvelle réunion et nouvelle délégation dans le même but.

Des statuts élaborés en ces diverses circonstances, quelques fragments ont survécu :

Articles de 1281 : « Aucun clerc, de la ville ou de la paroisse, ne doit entrer dans l'église de St-Médard pendant qu'on chante les heures canoniales dans le chœur. »

« Ils n'oseront entrer ni s'arrêter dans un endroit de l'église où l'on puisse les apercevoir du chœur, si l'on chante l'office en surplis. »

« De même ils ne se montreront en aucun lieu où l'on puisse les apercevoir de la procession lorsqu'elle se fait. »

« Une amende sera infligée à ceux qui violeront ce point et cette amende se répétera autant de fois que le délit; les délinquants ne pourront prendre part aux distributions du jour. »

« Les prêtres et les clercs qui entreront au chœur avec le surplis, de St-Michel à Pâques devront porter un camail avec son capuce, à moins qu'ils ne soient infirmes ou débiles. De Pâques à St-Michel ils pourront porter ou laisser le camail. En toutes choses, ils se tiendront à la disposition de celui qui régente le chœur. Les contraventions seront punies de la peine déjà citée. »

« Aucun prêtre, ni aucun clerc, à l'exception du curé, de son vicaire, et de ceux qui ont soin de l'autel et du chœur, ne doit entrer dans le chœur, pour le chant de Matines, après le premier Nocturne, de même, une fois entrés, ils ne pourront, sans cause raisonnable, sortir avant la septième leçon ; alors ils pourront sortir et revenir jusqu'au premier psaume de Laudes. Le curé et son vicaire, les serviteurs de l'autel, à cause des besoins du peuple, pourront sortir lorsque la nécessité l'exigera. »

« Les prêtres et les clercs qui auront voulu assister à la messe jusqu'à l'Epitre, ne pourront sortir à l'Offertoire »

« S'ils veulent assister à la récitation des heures, il leur est permis d'entrer jusqu'à la fin du premier psaume. Ce délai expiré, on n'en doit admettre aucun dans le chœur. »

« Les laïques, s'ils ne sont point nobles, ou s'ils n'appartiennent pas à la maison du Seigneur du mandement de Salgue, ou de l'Evêque de Mende, ne seront point reçus au chœur pendant la célébration de l'office. »

« L'on n'admettra point au chœur, ni aux distributions communes, ni aux autres aumônes, à moins d'avis contraire de la part des donateurs, ceux des prêtres et des clercs qui, n'appartenant pas au chœur de l'Eglise de St-Médard, auront dans la ville de Salgue, des chapellenies fondées pour le repos des âmes du Purgatoire. »

Articles de 1311 : « Aux fêtes de la Purification, de l'Ascension, de la Pentecôte, du Saint-Sacrement, de saint Médard, de saint Jean, de saint Privat (1), de la Sainte-Trinité et de tous les saints, il y aura procession générale avec les chapes, et deux chantres avec leurs bâtons dirigeront la marche. »

« Aux fêtes susdites, et de plus aux jours de Noël, de la Circoncision, de l'Epiphanie, de Pâques, de saint Pierre et de saint Paul, de sainte Madeleine et des autres fêtes de la B. V. Marie, de saint Michel, de la Dédicace de l'Eglise, de saint Médard, sainte Catherine, saint Nicolas, et des quatre Docteurs (2), aux Matines, à la Messe et aux Vêpres, quatre chantres au-dessus du chœur et quatre au-dessous si les autres ne suffisent point, dirigeront le chœur, et avec la chape, chanteront les Répons et les Versets. »

« Quand l'office se chantera, les prêtres et les clercs ne pourront se changer de côté et d'autre, ni pour parler, ni

(1) Patron du diocèse de Mende.
(2) Saint Augustin, saint Jérôme, saint Ambroise et saint Grégoire-le-Grand.

pour tout autre motif que ce soit, à moins qu'ils n'en reçoivent l'ordre de celui qui régente le chœur. Ils se tiendront convenablement et modestement, se conformant à l'usage établi. »…..

….. « Les prêtres et les clercs devront se joindre à la procession dans l'église, au moins avant la petite porte (1) (*posterlam*), quand la croix vient à sortir ; au dehors, ils ne seront point reçus à la procession Ils sortent deux à deux en suivant la croix et rentrent de la même façon. »

« Qu'aucun d'eux ne s'avise de porter des habits blancs ou tout autre vêtement peu décent à l'intérieur du chœur où ils doivent entrer avec ordre, gravité, décence et modestie »

« Tous les prêtres et clercs sans distinction doivent assister à la messe et à la procession ; ceux qui s'absenteront seront privés de leur *canole* (2) à la distribution, à moins qu'ils ne donnent de leur absence une excuse raisonnable auprès des bailes. »

« Les clercs qui sont au dessous du chœur ne pourront, de Pâques à St Michel, rien porter sur la tête ; dans le cas de faiblesse et avec permission, ils pourront se couvrir d'une calotte, petite, ronde et de forme décente. »

« Qu'aucun d'eux ne s'avise de prendre une chape sans l'autorisation des bailes ou de celui qui en a la direction : les bailes les donneront à chacun suivant sa condition. »

« Celui qui, dans le chœur, au chant de l'office, commencera l'hymne, doit aussi commencer le psaume jusqu'aux points, et nul autre ne doit reprendre le chant avant que le premier qui vient d'entonner ne soit arrivé aux points indiqués. »

. . . .

« Les prêtres et les clercs, à l'office, au chœur, à table et en tous lieux où décemment ils ont coutume de se trouver, se conduiront avec déférence les uns à l'égard des autres, de façon à augmenter en faveur du clergé le respect et la vénération des populations »

« Les bailes du chœur feront jurer à tous obéissance aux présents statuts, dont ils assureront l'exécution en punissant les délinquants ; la punition sera doublée en cas de récidive ; il ne sera fait grâce à personne. La peine n'est autre que celle précédemment énoncée, et si dans la journée où aura été commis le délit il n'y a pas de distribution, l'amende se reportera sur la distribution suivante. »

(1) Cette porte aujourd'hui n'existe plus.
(2) Terme usité signifiant : leur part virile à la distribution.

« Les bailes nouvellement promus devront jurer sur les Saints Evangiles d'observer et de faire observer et de faire observer lesdits statuts, de gérer fidèlement les intérêts de la Communauté, et avant d'entrer en charge devront donner une bonne caution de leur administration et faire un inventaire des chapes et de tous les ornements qui appartiennent aux clercs de St-Médard. »

« Dès qu'un clerc aura été promu au sous-diaconat, il devra verser quarante sols tournois pour les chapes. » . . . .

« Les clercs porteront une tonsure ou couronne de grandeur proportionnée à l'ordre de chacun. Ils ne porteront point une barbe longue ni une trop longue chevelure. Les contrevenants seront privés de distribution. »

Transaction de 1344 : . . . . . « Les prêtres et les clercs pourront chanter et officier dans les églises de Salgue, et célébrer des messes à haute voix, tout en sauvegardant les droits du prieur et du curé. »

« Aux messes des morts, ou aux messes du matin, avant la procession de la grand'messe, le dimanche, le lundi et les jours de fêtes, le célébrant retiendra sur les offrandes deux deniers pour son compte, et partagera le reste en deux parts égales, dont l'une revient au curé, l'autre demeure au célébrant »

« Les oblations de cire et de toute autre nature pourvu qu'elles ne soient pas en numéraire, appartiennent de plein droit au prieur de Salgue. »

. . . . . « Les clercs ne pourront porter les grandes chapes sans l'assentiment du prieur. »

« Les clercs nouvellement promus au sacerdoce, ne pourront célébrer leur première messe au maitre-autel de St-Médard, qu'après en avoir demandé la permission au prieur. »

« A cette messe, le nouveau prêtre pourra retenir les offrandes faites par les fidèles ; pourtant le prieur pourra prélever sur icelles une somme égale à l'offrande du dimanche précédent. »

Articles ajoutés en 1554 : . . . . . « Avant de commencer l'office, ils se rendront tous au chœur, la tête découverte, et à l'heure sonnante, ils commenceront à chanter les louanges de Dieu, sans hâte ni précipitation, avec une pause au milieu du verset, et faisant une différence convenable entre l'office des solennités et celui de chaque jour. »

. . . . « Quiconque aura refusé de lire ou psalmodier les leçons, réponses ou autres parties de l'office diurne ou nocturne, sur les injonctions de l'hebdomadier, sera privé de la distribution du jour. Chacun devra prévoir avec diligence, lire distinctement les leçons, épitres et évangiles, et s'acquitter ponctuellement du ministère dont il aura été chargé. »

« Avant la fin de la sonnerie, l'hebdomadier qui est tenu de commencer la récitation de chaque heure, devra tout préparer pour le service divin ou se faire suppléer par quelqu'un. S'il lui arrive, en ne le faisant pas, d'être l'occasion de quelque scandale, il sera puni au gré des syndics. »

« En temps d'été, pour demander à Dieu d'écarter la grêle menaçante, au son de la cloche qui appelle aux processions et aux réunions de la communauté, tous les preires et clercs se hâteront de venir à l'église, et là feront des prières pour la conservation des fruits de la terre. Ceux qui négligeraient ou refuseraient de s'y rendre seront réprimandés par les syndics. »

« Il est interdit de vendre ou d'acheter à d'autres les *behus* (jetons) (1) donnés aux distributions ou après la récitation des heures, de crainte d'engendrer le mépris pour les choses sacrées et d'affaiblir le respect pour le culte divin. Le violateur sera privé de distributions pendant quinze jours ou même sera plus sévèrement puni suivant la gravité du délit. »

« Si quelqu'un des membres de la communauté est sous le coup d'une sentence d'excommunication ou d'interdit, il sera regardé comme absent. »

« Les fondations faites seront ponctuellement acquittées à l'époque et dans le lieu indiqués. Les syndics veilleront à leur exécution, et puniront les contrevenants suivant la gravité du délit et la sévérité qui a toujours régné sur ce point dans notre église. »

« Lorsqu'il sera nécessaire ou utile de traiter des matières ecclésiastiques ou des intérêts de la communauté, tous les membres devront, au son de la cloche, venir en diligence dans la salle capitulaire. Ceux qui s'y refuseront seront privés des revenus d'une semaine. » (Archiv. de St-Médard de Saugues.)

A ces statuts, une ordonnance (2) de Mgr de Marcillac, évêque de Mende, ajouta les suivants : (1630).

« Les statuts de ladicte église, tant anciens que modernes, seront punctuellement observez sur les peines portées par

(1) Voir au chapitre X la création des BEHUS par Etienne Blanchon.
(2) Publiée par M. Lascombe. *Tablettes du Velay.*

iceux. Ils seront lus quatre fois l'an, et escrits dans une table qui sera toujours pendante dans quelque endroit du chœur ou de la sacristie. »

« Les assemblées capitulaires se tiendront du moins de quinze en quinze jours pour traiter premièrement des choses spirituelles qui regardent la célébration du divin service, et ensuite des affaires temporelles de la communauté. Dans lesdictes assemblées, ils s'abstiendront de contentions passionnées et de toutes paroles aigres et fascheuses ; que chacun y dira son advis selon son rang, soubs peine d'estre privés de la distribution du jour, et d'estre punis de plus fort revenu, si le cas le demande. »

« La poincte sera soigneusement et exactement entretenue et que tout ce qui proviendra des distributions des absents sera simplement employé et distribué aux présents sans pouvoir être diverti ailleurs ni en faire grâce. »

« Chacun des ecclésiastiques sera assis dans le chœur selon le rang de sa réception. »

. . . . « Nul ne pourra entrer dans le chœur, n'estant revêtu de la soutane et de son surpelis, lequel nous leur enjoignons de le porter toujours net et de le faire blanchir du moins de quinze jours en quinze jours. »

« Que tous marcheront en habit décent, portant l'habit long et la tonsure et ne seront vestuz que de couleur noire. »

« Il est défendu très expressément à tous les ecclésiastiques de ladicte église d'avoir aulcune suspecte communication avec femmes, ni d'en avoir aulcunes dans leurs maisons, même leurs parentes, qui pourraient donner un juste soupçon à raison de leur âge, et quiconque contreviendrait en ce point à nostre présente ordonnance, qu'il soit premièrement adverti de renvoyer lesdites femmes, et ne tenant aulcun compte de ces advertissements, qu'il soit privé de la distribution de trois mois, et ensuite qu'il soit dénoncé pour estre procédé contre lui par censures et aultres peines que de droict. »

« Semblablement avons défendu à tous les ecclésiastiques de ladicte église de fréquenter les tavernes et les cabarets, ny d'y aller manger et boire pour quelque occasion ou prétexte que ce soit, ny de jouer publiquement à jeux défendus, qui pussent porter scandale, soubz peine à tous contrevenans d'estre punis pour la première fois de trente sols, de trois livres pour la seconde, applicables aux réparations de l'église, et de suspension *a divinis* pour la troisième. »

« Que les droits d'entrée seront par préférence à toutes aultres choses employez à l'achapt des ornements nécessaires et que l'emploi ne s'en pourra faire que de l'advis et consentement de la communauté, ou de la plus grande partie d'icelle, soubz peine à ceux qui en useront au contraire d'en estre comptables et restituables en leur propre et privé nom, à laquelle restitution ils seront contraincts même par censure ecclésiastique. »

« Que nul ne pourra estre receu qu'il n'ait doutze ans complet, et ne pourra jouir des revenus de sa place qu'il ne soit capable de servir la communauté et de chanter dans le chœur. »

« Et d'autant que pour le service de ladicte église, ils ont besoin de deux enfants de chœur, comme de tous temps ils les ont eus, sans que pourtant ils aient jamais pourveu à leur entretenement, ce qui pourrait à la longue causer qu'ils ne trouveraient plus personne pour les servir, nous avons ordonné qu'il y aura une place affectée à l'entretenement de deux enfants de chœur, et que la première vacante sera employée à cela. »

« Que matines seront commencées toutes les bonnes festes et dimanches à cinq heures du matin » . . . .

Enfin un dernier remaniement des statuts de St-Médard fait en 1756, par l'autorité diocésaine, nous offre les particularités suivantes :

. . . . « Ils ne paraîtront dans le chœur sans avoir l'habit d'église qu'on est dans l'usage de porter, suivant les saisons, c'est-à-dire le surplis, le bonnet carré et l'aumusse, depuis l'office de Complies du samedy-sainct jusqu'aux premières vêpres de la fête de la Toussaint exclusivement, et depuis ce jour-là jusqu'à l'office des complies du samedy-sainct, le rochet, la chappe et le capuchon noir bordé autour de la tête de peaux de la même espèce que celle des aumusses. Qui y contreviendra sera privé des distributions »

« On ne pourra entrer dans le chœur ny en sortir pendent qu'on chante le verset « *Gloria Patri* » et les oraisons à quelque heure de l'office que ce soit ; le verset « *Venite adoremus, et procidamus ante Deum* » le *Te Deum* et le *Benedictus* tout entier ; la dernière strophe de chaque hymne, les premières du *Veni Creator* et de l'*Ave Maris Stella*, celle *O crux ave spes unica* ; ny à Prime pendant le symbole *Quicumque* ; ny pendant qu'on chante à la messe le *Gloria in excelsis*, le verset « *Veni sancte Spiritus* », l'Évangile, le *Credo*, la Préface, ny à vêpres pendant qu'on chante le *Magnificat* tout entier ;

ny à complies pendant qu'on récite le *Confiteor*, le *Nunc dimittis*, l'une des quatre antiennes de la Vierge selon le tems, le *Pater*, l'*Ave*, et le *Credo* qui se dit ensuite. Le bénéficier qui sera entré dans le chœur ou qui aura quitté sa place pour en sortir, s'arrêtera à l'endroit où il se trouvera, lorsqu'on commence les prières cy-dessus, et la face tournée vers l'autel il attendra pour sortir ou pour aller prendre sa place que ces prières soient finies sous peine de la privation de la distribution de l'heure. »

« Le chapitre (1) chargera quelqu'un du corps de fayre chaque samedy une table sur laquelle il escrira exactement les noms de l'hebdomadier qui sera de tour pour faire l'office, de ceux qui devront régir le chœur, faire diacre ou sous-diacre, dire quelque leçon ou chanter quelque répons, ou faire quelque fonction appartenant à l'office divin. Cette table sera expozée dans un lieu commode où chacun puisse la lire et prévoir ce qu'il aura à faire pendant le cours de la semaine. ». . . .

« Il sera chanté, à perpétuité, au maître autel, chaque jour de l'année une messe canoniale avec diacre et sous-diacre à dix heures du matin excepté les jours de dimanche seulement qu'on la dira d'abord après Matines et Laudes, afin qu'elle ne concoure pas avec la messe de paroisse qui se dit à dix heures On pourra néanmoins retarder ou avancer l'heure de la grand messe pour quelque cause raisonnable et dans des cas extraordinaires. Elle sera célébrée par le chanoine qui sera en tour de semaine..... Le chapitre s'oblige dès à présent de ne se charger à l'advenir d'aucune fondation incompatible avec l'acquit de cette messe. »

« La prière pour les morts estant une sainte et salutaire pratique de tous temps en usage dans l'Eglise qui nous unit avec les fidelles de tous les siècles décédés dans la paix du Seigneur avec lesquels nous espérons d'entrer un jour, les chanoines et les autres ecclésiastiques s'en acquitteront aux tems marqués avec beaucoup de piété et de dévoction en assistant aux obis anniversaires et autres fondations dont ils peuvent estre chargés ou aux autres prières qu'on a coutume de faire pour les morts, se souvenant que les fidelles n'ont laissé leurs biens à l'église que dans l'intention

---

(1) Cette dénomination de « chapitre » ainsi que celle de « collégiale », à tort ou à raison, est fréquemment employée dans les documents des prêtres et clercs de St-Médard, longtemps avant l'époque où ce nouveau règlement leur fut donné.

de racheter leurs péchés et de se rendre Dieu propice par l'entremise de ses ministres. Il est donc de la justice que ceux qui jouissent de ces biens remplissent les condictions auxquelles ils leur ont esté donnés et exécutent la volonté de leurs bienfaiteurs. »

« C'est une obligation de justice pour les chapitres de prier Dieu pour leurs fondateurs et bienfaiteurs, c'en est une au moins de charité pour des chanoines et des bénéficiers de prier Dieu pour leurs confrères décédés ; ils ne pourraient y manquer sans scandale; c'est pour quoy, dès qu'un confrère sera décédé, on fera sonner une cloche pour en avertir, afin que l'on prie Dieu pour le repos de son âme ; on pourra donner ce signal depuis l'heure de l'*Angelus* du matin jusqu'à celluy du soir, et jamais pendant la nuit. Au premier office qui se faira dans l'église collégiale, l'hebdomadier, avant que de le commancer entonnera l'antienne *Subvenite*, etc., qui sera chantée par le chœur avec les versets et oraison. Lhorsque l'heure du convoict sera venue, les chanoines s'assembleront dans le chœur pour y aller en procession, psalmodiant pour le défunt et observant tout ce qui a esté prescrit touchant les processions. De retour à l'églize et le corps déposé au milieu du chœur, l'office se fera avec la solennité et les cérémonies accoutumées, de même que l'enterrement, et l'hebdomadier pendant la neuvaine fera chaque jour mémoire du défunt au *Memento* de la messe canonialle et y ajouttera une collecte particuière pour luy quelque jour que ce soit. »

« Quant aux enterrements où le chapitre est appelé, on s'en tiendra aux anciens usages et on n'exigera rien au-delà de ce qu'on a coutume de donner au chapitre en corps ou à chaque chanoine en particulier suivant les différentes classes desd. enterrements. »

« Il est deffendu à tous les prêtres de célébrer la messe dans la collégiale pendant la procession, le sermon, le prône ou quelqu'autre instruction publique. Il leur est aussy deffendu d'en dire en particulier au grand autel, lorsqu'on chante au chœur l'office divin ; sy quelqu'un la disait à cette même heure dans des chapelles voisines du chœur, il aura attention de ne pas trop élever la voix afin de n'en être pas entendu, ny de ne pas en troubler l'ordre. »

« Les trois messes, appelées communément de l'aube, de la Clause et de la dernière, se diront à l'advenir, tous les jours par le chanoine en tour, au tems fixé invariable pour la commodité du publicq, scavoir la messe de l'aube à la pointe du jour, celle de la Clause immédiatement après prime ou après la grandmesse s'il y en a quelqu'une après cet office et celle appelée la dernière quon dit seullement les dimanches et les festes se dira à midy. Les chanoines en tour pour ces trois messes pourront en retirer l'honoraire sur le pied de dix solz comme des votives de la sainte Vierge et de saint Médard ; mais toutes les fois que quelquun deux arrivera tropt tard pour pouvoir commancer à l heure prescrite il perdra vingt solz chaque fois quyl se trouvera en faute. Celui qui dira la première messe de laube sera exempt ce jourlà de l'assistance à matines et y sera tenu présant. »

« Toutes les messes de dévotion que les fidelles donneront au chapitre seront mises dans le tronc. Celluy qui sera comis pour en recevoir et distribuer lhonnoraire tiendra deux registres ou cahiers, dans lun il escrira exactement jour par jour le nombre et la qualité des messes pourquelles soient dites ymmédiatement et pour que ceux qui les acquittent puissent se conformer à l'intention et à la dévotion des fidelles. . . . . »

« Il est enjoint à tous les chanoines qui ne sont pas prêtres de communier à la messe canonialle une fois le mois et aux principalles festes de Notre-Seigneur, de la Ste Vierge et du patron de l'église collégialle à moins d'un empêchement légitime. Ils ne seront pas censés avoir satisfait à cette obligation en communiant à une messe basse et privée, parce qu'ils doivent édifier leurs confrères et le public par la régularité de leur conduite et la fréquentation des sacrements. Si quelqu'un, (ce qu'à Dieu ne plaise) laissait passer un tems considérable sans saprocher de la sainte table, le chapitre lavertira et sil persévère dans sa négligence il le fera pointer et pourra même luy interdire lentrée du chœur jusquà ce quil se soit disposé à participer aux saints mystères. »

« L'heure de matines est fixée à six heures du matin de chaque jour de l'année, excepté la nuit de Nohel, les festes de Pâques et de la Pentecote quon les dira à cinq heures du matin, excepté encore depuis la Toussaint jusqu'au dimanche des Rameaux quon les dira à sept heures à cause de la rigueur du tems. On chantera l'office entier les festes principales et solennelles et les festes de la Sainte Vierge qui sont de précepte et celle de saint Privat, patron du diocèze, et durant le reste de l'année on chantera seullement les laudes, les messes canonialles et celles *pro defunctis et bene-*

factoribus et les vêpres, et on dira en les psalmodiant matines et les petites heures. »

« Aucun chanoine n'entreprendra de reprendre publiquement dans le chœur pendant l'office divin ceux qui auraient fait quelque faute dans le chant, dans la lecture, dans la prononciation, dans les cérémonies, et autres semblables fautes, excepté le président du chœur et celluy que le chapitre aurait estably, soubs peine contre les contrevenants destre poinctés. »

« Pour sçavoir ce qui devra être délivré à chaque chanoine après l'arreste de la poincte de trois en trois mois, il est nécessaire de fixer ce que chacun doit perdre pour chaque partie de l'office à laquelle il n'aura pas assisté sans une dispense ou excuse légitime. Le chapitre règle et détermine cette perte à deux sols pour chacune des trois heures principalles, c'est-à-dire pour matines et laudes, pour la messe canoniale et pour vêpres, et à trois deniers pour chacune des petites heures. »

« Le chapitre s'assemblera une fois chaque mois, le premier vendredy, ou si le vendredy estoit feste, le jour précédent à l'issue de primes et après le signal qui sera donné par le son de la cloche dans le lieu destiné à ses assemblées pour délibérer sur ses affaires spirituelles et temporelles, sur les moyens de maintenir la discipline et le bon ordre, réformer les abus, réprimander les délinquants et les punir suivant l'exigence des cas. Les chanoines dans les ordres sacrés résidant à Saugues, qui s'absenteront sans avoir fait avertir le président ou le syndic de l'excuse légitime perdront chacun pour chaque fois deux sols six deniers.»

« La coutume qu'on a laissé introduire d'assigner et de déléguer tous les ans à chaque chanoine la portion de fruits qui doit lui revenir à prendre et à lever sur différents censitaires et autres débiteurs du chapitre est un abus manifeste et une source intarissable de soins, d'inquietudes et de dissipation... de peines et de rebuts à essuyer... le chapitre a statué unanimement qu'à l'advenir tous ses biens seront mis à ferme ou en régie entre les mains de personnes solvables par le chapitre en corps qui authorisera suffisamment son syndic pour retirer les payements des fermiers ou régisseurs, lequel syndic distribuera à chaque chanoine quatre fois l'année, de trois en trois mois, la part et portion qu'il aura gagnée, tant des gros fruits que des distributions suivant l'arreste de la pointe. »

(Archiv. de St-Méd. *Statuts anciens et nouveaux,* 1ᵉ sac, liasse 4.)

CHAPITRE VIII

Contrats de la Communauté de St-Médard. Fondations. Noms de quelques seigneurs qui ont fait des fondations.

Les contrats révèlent les rapports de la Communauté avec le reste des habitants, comme aussi les fondations sont un reflet des mœurs de l'époque : c'est pourquoi, bien que l'énumération en puisse paraître monotone, les principaux d'entr'eux doivent être cités ici, sans longueur et sans commentaires.

« *1255*. Ponsonelle, femme de Delmas Guerre, vend à la communauté des prêtres de Salgue un fief du Mas du Maynil, au terroir de Lescure. » (Invent. des titres de St-Médard de Saugues, n° XXIV.)

« *1265*. Dalmace de Jegonzac, de Recoules, cède à la Communauté des prêtres de St-Médard, le Mas de l'Hermet, avec toute sa seigneurie utile et directe et avec toutes ses appartenances. » (*Ibid.* n° 328.)

« *1273*. Vente faite par Hugues Dentil et Guilhaumette de St-Haond, son épouse, aux prêtres de Salgue, du Mas de Freydefon. » (n° 229.)

« *1288, le jour des cendres*. Vente faite par Guillaume de Montchauvet aux procureurs des clercs séculiers de Saint-Médard de Salgue, Guill. de Plombières et Vital Armand, prêtres, de six deniers argent, deux setiers et émine de seigle et une émine d'avoine, mesure de Salgue, sur le Mas du Mont, en cette paroisse.

Les témoins sont : Bernard Chauvet, recteur de l'église de Grandrieu, Hugues de Giberges, clerc, Bertrand de la Roche et Pons de Peyrusse. Odilon de Mercœur, prévôt de Brioude était alors seigneur de Salgue « *ratione patrimonii sui.* » (n° 50.)

1289, le jeudi après la fête de sainte Agnès *secundo*, Odilon de Mercœur, prévôt de Brioude et seigneur du mandement de Salgue, investit Guillaume du Moulin, prêtre, agissant au nom de ses neveux, Guillaume et Jean, d'un moulin appelé Moulin Roder, dans lequel sont deux meules, et de certains prés contigus. Il se réserve le domaine direct et le cens de sa chapelle « de Cornuda » (1). Ce cens est de six setiers seigle, et deux sols six deniers tournois. Il reconnait avoir reçu, pour droit de lods, 70 sols tournois. L'acte est fait à Salgue dans la maison ou fournel de Guill. Moret, en présence de Pons de Polignac, chanoine du Puy, Béraud Chauvet, recteur de l'église de Grandrieu, Bertrand Itier, chevalier, Etienne (Bermen), prieur de Salgue, Pons des Plantatz, clerc. Béraud Bonifas, Dalmace Golferre, Guill. Chassapore. (n° 20.)

« Le 3 mars *1289*. Ratification par messire de Peyre, en faveur des prêtres de Salgue, d'achats faits par eux tant sur le lieu de Cubelles que sur celui de Douchanès » (n° 114.)

1293, le 12 des calendes de février (21 janv.) Foulques de Villaret ayant vendu aux prêtres de Salgue son fief du mas de Salzet, et lesdits prêtres craignant d'être évincés par Aygline et Saurette, filles dudit Foulques, à raison de la dot de leur mère Aygline, posée sur ce fief, le vendeur, pour que ses filles cèdent leurs droits engage tous les fruits et revenus qu'il possède sur les mas de Chazals et de Servilanges, dans le mandement de Salgue. L'acte est dressé à Salgue dans l'église Saint-Jean (2), en présence de dom Etienne Bermen, prieur de Salgue, Géraud Paschasius, chapelain (curé) dudit lieu, Jean de Crose, Vital de Fraycinet, prêtres, Guillaume de Montchauvet, avec Pons de Longeval, notaire gabalitain. (n° 108.)

1294. Nouvelle vente faite par Guill. de Montchauvet aux prêtres de Salgue, de diverses censives au terroir de Viallevieille. » (n° 59.)

1304, 7 décembre. La communauté achète au prix de quarante livres tournois, de Vital Peirolle, un pré appelé « Prat des Branches », terroir de Salgue, confrontant d'une part le chemin de Salgue à Cubelles, d'autre part les terres de Besseget et celles d'André de Cubisolles. » (n° 46.)

« *1311*, le lundi après le dimanche où l'on chante *Judica me*, G. de Tailhac, procureur du seigneur de Mercœur, concède à Pons de Longeval, syndic de la Communauté de St-Médard, le droit de prendre, sous le moulin appelé Moulin Rodier, les eaux de la rivière pour arroser leurs prés situés

---

(1) Nous n'avons pu découvrir aucun renseignement sur cette chapelle.

(2) L'église de St-Jean aujourd'hui n'existe plus ; il en est reparlé dans un chapitre postérieur. (Ch. XII).

sur la rive, à condition de construire un aqueduc pour la conduite des eaux, afin que l'on puisse, comme par le passé, y marcher sans péril pour les hommes comme pour les animaux. Les pierres, pour cet aqueduc, pourront être tirées de la carrière qui appartenait jadis à Guillaume des Salles. Ledit G. de Tailhac concède encore la place située devant la *maison commune* de la Communauté. En retour celle-ci promet de payer trois sols tournois chaque année, et quatre livres tournois payables une seule fois. »

« Fait à Salgue, présents Hugues de Salgue,... N... de Fô, etc...

« *1311*. Le mardi après le dimanche des Rameaux, Guill. de Châteauneuf, prieur de Salgue, Jean des Claustres, curé chapelain de Salgue, et les membres de la Communauté de St-Médard, élisent Guill. Chapat et Pons des Plantats, prêtres, Hugues Roget et Hugues Arvey, clercs, et leur donnent procuration pour choisir ceux qui devront suivre les écoles, pour faire un inventaire des chapes et autres ornements, en un mot, pour statuer sur tout ce qui concerne l'honneur et l'intérêt de la Communauté, ainsi que la décence et la dignité du chœur. » (n° 73.)

1315, 4 mars. La Communauté fait hommage aux seigneurs Astorge et Aldebert de Peyre de tout ce qu'elle possède aux lieux de Fô, de Montebort, du mas de Coblesolas (Cubizolles), confrontant avec la Lobeyre et la rivière de Sojha (la Seuge), de ce qu'elle tient dans la penderie d'Andruïoletz, du mas Maynil au-dessus de Lescure, de ce qu'elle a au mas et territoire de Montauri, avec les droits et jouissances qu'y possédait jadis l'hôpital de Paulhac ; enfin de tout ce qu'elle a de censives sur le territoire de Douchanès » (n° 111.)

1343, 30 novembre. Messire Hugues de Salgue (1), chevalier de cette ville, a promis et juré, sous l'obligation de tous ses biens, de payer à Guill. Itier de la Clause, procureur de la Communauté de St-Médard, deux setiers seigle et trente sols annuellement à la fête des apôtres saint Pierre et saint Paul, pour un repas donné à la Communauté. A ce repas ledit Hugues de Salgue et son héritier pourront pren-

---

(1) Au dos du document est écrit : « Pour messire d'Umbret ». Cette addition est postérieure à la date du contrat. Dans les comptes de Benoît Rigaud, syndic en 1476, on lit cette note : « J'ai dépensé au jour des Saints Apôtres Pierre et Paul, pour le repas fondé jadis par les prédécesseurs des seigneurs d'Umbret,... II livres, XI sols, VI deniers.

(Archives de St-Médard.)

dre part avec le compagnon qu'ils choisiront, et sa femme avec la compagne qu'elle voudra. L'acte est fait à Salgue, en présence de Guy d'Anglars, prieur; Bertrand Andraud, curé de Salgue ; Etienne Armand, prêtre, et Guill. Itier de la Clause, notaire. (n° 172.)

1332. Noble Jourdan Roget, d'Andrueïols, fait, par testament, une semblable fondation pour le dimanche de la Passion. (n° 450.)

Un membre de cette famille, Antoinette de Versizac, donne au collège de Salgue 20 escus d'or pour sa sépulture dans le tombeau de la maison d'Andreuïols, à charge par lesdits prêtres de payer les honneurs funèbres. (n° 451.)

1374, 24 septembre. Noble et puissant seigneur Raymond Itier, de Salgue, seigneur de la Clause, donne par testament aux prêtres de St-Médard, huit livres censuelles, avec le droit de se faire investir du mas des Salles jeunes, de Ronhac et des moulins Paganes (1), par noble Béraud, dauphin d'Auvergne, son héritier universel suivant la coutume du pays, (Raymond ne laissait pas d'héritier direct.)

Entre la messe de l'aube (2) et la grand'messe, ladite communauté sera tenue de de célébrer chaque jour une messe, à l'issue de laquelle devront être, à la longue, distribués aux prêtres qui y auront assisté trois cents florins d'or, de bon poids et de bon aloi, qu'il leur lègue par ce même testament. Le prieur et le curé de Salgue, aux dimanches et grandes fêtes, percevront double distribution : en ces jours-là, la messe sera chantée, les autres jours elle sera dite à voix basse, mais au maitre-autel.

La communauté, à la procession qui se fait après Tierce, au cimetière, sera tenue de chanter un ou plusieurs versets avec les répons pour les défunts, et le curé ou vicaire fera sur sa tombe l'absoute, ainsi que l'on a coutume de faire pour les morts (3). (N° 257.)

(1) Les moulins Paganes, sis à Domezon, étaient ainsi dénommés parce qu'ils appartenaient à la famille Pagane, de Védrines.

(2) La messe de l'*aube*, qui se célébrait au point du jour, était une messe basse, quotidienne, fondée par le seigneur de Mercœur dans la chapelle St-Jacques.

(3) Raymond Itier était seigneur de la Clause, château-fort dans la paroisse de Grèzes, à deux lieues environ de Salgues.

Sa famille, fort ancienne, semblait résider à Salgue même : elle y avait son tombeau et l'un de ses membres faisait partie de la Communauté de St-Médard.

1348, 10 sept. Guill. Sauret de Domezon, fonde pour deux années consécutives, et pour le lendemain du jour de son décès, un office funèbre et un repas, (autrement dit « noal »), dans la maison commune des prêtres et clercs de Saint Médard, où seront invités, outre ceux-ci, ses amis et d'autres personnes.

L'acte en est dressé près des moulins, dans la demeure de Vital Pagane, et en présence de Jean Pons et Pierre Pagane de Védrines. (N° 167.)

« Paule Carlesse fonde une livraison d'une pinte de vin et de trois pains, payables à chaque prêtre qui assistera à la messe matutinale et à la procession le jour de saint Barthélemy, assignée sur un pré aux appartenances de Salgue, appelé le Prat del Pon de Pombleires (1). » (N° 423.)

« André Jourdan, marchand de Salgue, fait une livraison d'un pinte de vin de Vivarais et de deux pains à chaque prêtre, le jour de la croix de May, (3 mai). »

Bertrand Itier est signalé dans le cartulaire de Pébrac, vers 1233 et 1235, ainsi que dans l'accord déjà cité entre St Louis et Odilon de Mercœur, évêque de Mende et seigneur de Salgue ; « Le roi nous a cédé à perpétuité le fief de Vabres et la grange de Bertrand Itier, appelée la Clause, qui est de notre patrimoine. » 1265.

Bertrand et Raymond Itier, chevaliers, sont témoins dans un hommage de Pons de Douchanès à Béraud de Mercœur, 1281. En 1301, Guillaume Itier est chanoine de Brioude. Un autre Guillaume Itier de la Clause fait partie de la Communauté de St-Médard. En 1340, il fait hommage aux seigneurs de Peyre, au nom d'icelle. En qualité de notaire, il rédige une grande partie des contrats des prêtres de Salgue dans la première moitié du 14º siècle. Dans son testament, il fait héritiers par égales portions, Philippa, sa sœur, et les prêtres de Salgue, à la condition pour ceux-ci de célébrer, chaque premier dimanche de chaque mois, une messe du St-Esprit.

Enfin le dernier cité est Raymond Itier de la Clause, qui disparaît de la scène en 1374. Ses biens passent au seigneur suzerain, le baron de Mercœur.

Sa femme, Bonafoce Jordan, ne laissant pas d'enfants, institue les pauvres de Salgue ses héritiers, en 1377.

Une branche collatérale qui, habitant Arzenc (en Gévaudan), avait néanmoins des intérêts au pays de Salgue, nous présente noble Hugues Itier, capitaine de la garnison, Guy Itier, 1376, et enfin Foulques Itier.

En 1564, le château de la Clause appartenait à Jacques de Léothoing, seigneur de Corin et de Montgon.

Enfin, en 1756, il était passé aux mains de m^{re} de Randon de Châteauneuf d'Apchier, baron de Thoras, seigneur de la Clause, la Pause, Clavière, Charaix et autres places.

(1) Ce numéro et le suivant ne portent pas de date dans l'inventaire.

« J. Pellicier et Laurent Costel de Salgue, font, en 1421, une semblable fondation, l'un pour le jour de saint Mathieu, l'autre pour la fête de sainte Magdelaine. » (Nos 127 et 189.)

1399, 3 mai. Vital Pomier, par testament reçu Guill. Planchette, donne à la communauté de St-Médard, pour un obit annuel, le jour de sa sépulture, deux francs d'or pour une fois seulement, plus cinquante livres pour messes, plus pour un obit le jour de la Conception de la Vierge, quarante livres : il sera donné une chopine et deux pains blancs à chaque prêtre ledit jour. » (N° 101.)

1402, 17 janvier. Pierre Pasche, prêtre de St-Médard, lègue tous ses biens à la communauté à la condition suivante : celle-ci sera expressément tenue de donner auxdits prêtres et clercs de cette église, un repas ou réfection suffisante, à laquelle pourront prendre part ses amis, ses parents, et autres personnes notables, ainsi que les pauvres de l'endroit, si la Communauté le juge à propos.

« Messire Antoine Tremoulière, religieux et curé de Pébrac, donne à l'église St-Médard de Salgue quatre-vingt-seize livres pour célébrer 500 messes dans ladite église, pour chacune desquelles il sera distribué à chaque prêtre, 15 deniers. » (N° 431.)

« 14 nov. 1447. Donation faite par messire Robert Dauphin, évesque d'Albi, seigneur de Mercœur, à la communauté des prêtres de Salgue, de deux setiers, émine et quarteron de seigle, une émine froment, quinze ras et demi avoine, un journal et demi de focheur (sic) (1), trois sols d'argent de censive annuelle sur les lieux de la Roche, de Cubelles, de Prades et St-Berain, à raison de la fondation de la chapelle de sainte Madeleine, par acte reçu Charbonnel, notaire. » (N° 25.)

En 1463, Louys de Bourbon, comte de Monpensier, seigneur de Mercœur, donne au collège de Salgue les cens à lui dûs sur la moitié du four banal, et cens livres de capital payables en cinq payemens de 20 chacun pour en tirer par ledict collège 5 livres de revenu, à la charge par lesdits prêtres de dire chaque jour à perpétuité une messe basse à la chapelle de sainte Magdeleine à six heures du matin, le dimanche à l'honneur de la Trinité ; le lundi, des morts ; le mardi, du St-Esprit ; le mercredy, de S. Sébastien ; le jeudi, du S. Sacrement ; le vendredy, de la Croix ; le samedy, de la Vierge ; lad donation portant amortissement et enregistrement à la cour des comptes. » (N° 290)

(1) Nous n'avons pu savoir ce que ce mot signifiait.

1484, 7 juin. Hugues et Joachim Amargier, père et fils, bourgeois de Salgue, fondent une messe à diacre et sous-diacre le jour de St-Médard, et à chaque semaine une messe basse à pareil jour que tombe St-Médard, moyennant huit sols tournois, un setier blé seigle, une émine avoine de censive annuelle, attachés sur le terroir de Bujac et de Montholon. (N° 163.)

Il serait trop long, à cause de leur nombre, de citer toutes les fondations de messes, quelques-unes seulement seront signalées (1).

« Dimanche et fêtes, messe basse après Matines, fondée par Pierre Tamisier, au grand autel. »

Tous les lundis, messe des « trespassez » fondée à la chapelle S. Blaise par noble Jacques du Fau.

Autre messe, à basse voix, fondée le même jour, à l'honneur de Notre-Dame, par sire Benoist Bonhomme, bourgeois de Salgue. (Sans date)

Tous les premiers samedis du mois, messe avec diacre et sous-diacre et le *Stabat* à la fin, fondée à la chapelle dite de Beauregard par damoiselle Francoyse d'Apchier, veuve de noble Claude Amargier.

« *21 julhet*. S. Victor. Messe avec diacre et sous-diacre avec l'*estabat* à la fin d'icelle fondée à la chapelle S. Jacques par Médard Julien, notaire royal, et aussy la procession après vespres fondée par ledit Julien à la croix du pré du Seigneur, où se dira l'Hymne « *Laudat mater ecclesia* » avec l'antienne et l'oraison de Ste Magdelaine. »

« Messe fondée par les habitants et les consuls de la ville de Salgue, le jour de S Sébastien. En 1476, Jean Chambon, notaire, Guillaume de Prat, et Jean Ravel, consuls, payent à Benoit Rigaud, bayle de St-Médard, pour cette messe, 20 sols. »

« *S. Jacobus*. Messe des morts avec diacre et sous-diacre fondée à la chapelle S. Jacques par maistre Jacques Planchette. »

« *10 nov*. Dimanche devant St-Martin, messe avec diacre et sous-diacre fondée par messire Jean de Flaghac, abbé de Pébrac. »

(1) Nous constatons un usage liturgique particulier dans la fondation suivante : « 1414, 7 juin. Pons Sarasins, de Lisac, paroisse de St-Bonnet (Gévaudan), a fondé une messe des morts à haute voix, avec chapes et ornements noirs, le 2me dimanche de l'Avent, suivie d'une visite processionnelle au tombeau de ses ancêtres, dans le cimetière de l'église St-Médard. » (N° 24.)

« *15 nov. Reliquia ecclesiæ beati Medardi.* Messe des morts avec diacre et sous-diacre, fondée par damoyselle Claude de la Tour, dite de Bains, veuve à feu J.-B. de Clastrevieillés. »

« *1665, 3 juillet.* Fondation par d^{lle} Catherine Favy, veuve de Me Estienne Julien, notaire royal, d'une procession le jour de Ste-Barbe, 4 décembre, alentour du cimetière de St-Médard. »

« *Inviolata* fondé après vêpres, tous les dimanches de l'Avent par Mre Vitalis, chanoine de Salgue, *19 oct. 1674.*

VUE DES SALETTES

Noble Jean de Fontunie, seigneur des Salettes. près Salgue, a fondé (1) l'oraison du St-Sacrement tous les jeudis

---

(1) Dans les autres fondations non citées ici, on relève les noms suivants :

Mre Claude de Bretonnie (la Bretoigne), fondation d'une messe diacre et sous-diacre, le jour de S. Claude.

J.-F^{ois} de Bénistant.

Mre Ant. Sauvaige, chanoine, fondation de la messe et vigiles des Morts, le jour de S. Martin, 1560.

de l'Avent et du Carême. (L'exécution de cette fondation s'est continuée jusqu'à l'époque actuelle.)

Le même a fondé les Vigiles des Morts le premier dimanche de Carême.

Louys de Langlade, seigneur de Lavalette, chanoyne.
Noble Ant. de Rochefort, époux de Marguerite Amargier.
Damoyselle Louise de Fō, veuve à capitaine Saint-Just.
Guillaume et Anthoine du Pré.
Pierre d'Andrejoux. Damoyselle de Talade.
Pierre Auzerand, sieur du Fraisse.
Noble F^{ois} de Molette de Morangiès, seigneur d'Ombret, six messes diacre et sous-diacre en sa chapelle d'Ombret, dite de l'Annonciation, dans l'église St-Médard, avec le *Stabat* à la fin.
M^{ro} de Raillac.
Noble Laurent de Montsalat, sieur de la Vernède.
Catherine de Montgros.
Messire de la Mudat.
Damoyselles Toinette et Clère de la Rode.
Marguerite du Mas.
Mre Julien, archidiacre d'Uzès.
Jeanne de Fontunie des Salettes.
Claude de la Fagette, épouse de M^{ro} de Raillac.
Jeanne de la Fagette, épouse d'Anthoine de Restaix.
M^{ro} Médard Barrande, prieur de Cabrières.
D^{lle} Ysabeau de Roziers, épouse de noble Annet de la Roue.
Noble Jacques du Fau, sgr. de Champagnat.
Damoyselle Catherine de Rassis.
Noble Pierre de Langlade sg^r. de la Vialle.
M^{ro} de Lescure, sgr. du Cros.
M^{ro} de la Rode.
La veuve de M^{ro} de la Laupilière, (Jacques de Langlade.)
D^{lle} Marie de Chrestien, veuve de Pierre de Langlade.
M^{ro} de Sauvangh.
D^{lle} le Tellier, femme de M^{ro} de Domezon.
M^{ro} de Courrejon, (A. de Langlade de Beauregard).
M^{ro} de la Fage de Ribes, sgr. d'Esplantas, époux de Marie de Langlade.

(Reg. des fondat. Archiv. de St-Méd. Des fondations inscrites sur ce registre, un certain nombre ne portent pas de date.)

CHAPITRE IX

Châteaux-forts autour de Salgue. Siège de la ville par les Routiers, 1362. Le monument vulgairement appelé « Tombeau du Général Anglais ». Lettre de de l'Evêque de Mende. Le grenier de Thoras. Lettres de rémission accordées à Foulques Itier par le roi Charles VI.

Le quatorzième siècle vit peser sur la France des calamités sans précédent qui la menèrent à deux doigts de sa ruine. Il vit aussi le pays de Salgue subir, dans le sort commun, sa part des désastres et des misères qui laissèrent dans cette contrée des traces ineffaçables et un douloureux souvenir.

La guerre de Cent ans depuis longtemps était ouverte, et les batailles désastreuses de Crécy et de Poitiers, comme aussi l'invasion de la Guyenne presqu'entière, avaient jeté l'effroi dans tous les cœurs : les Anglais étaient aux portes du Gévaudan.

Aussitôt les habitants des campagnes, exposés à la merci des envahisseurs, viennent se réfugier au sein des cités, ou s'agglomèrent autour d'un château-fort qu'ils fortifient encore. Les consuls des villes et les habitants des bourgades essayent d'organiser la résistance, travaillent avec ardeur à réparer les murs et creuser les fossés, et veulent mettre entr'eux et l'Anglais de solides fortifications et une large épaisseur de remparts. C'est partie à la féodalité, partie à cette circonstance que l'on doit cet aspect menaçant donné aux châteaux-forts que l'on rencontrait autour de Salgue, vers 1360, et dont Prouzet et le P. Louvreleul, (*Mém. hist. sur le Gév.*) nous ont donné le dénombrement :

Le château de Beauregard, Fô,
Brangeretz, Estours,
Chanalcilles, Giberges,
la Clause, le Luchadou,
Combret, Meyronne,
Croisance, Ombret,
la Fagette, Salgue,

Le château des Plantats,
    Prades,
    la Roche,
    la Rode,
    la Rebeire,
    les Salettes,
    Servières de Salgue,
    Servilanges,
    Thoyras,
    Vazeilhes,
    Verdun,
    le Villaret d'Apchier,
    le Villaret près Salgue.

La plupart de ces châteaux n'étaient autre chose que des tours massives, hissées sur une roche escarpée, ou d'épaisses habitations lourdement construites sur un plan de défense, qui, en ces temps d'artillerie rudimentaire, mettait à l'abri d'un coup de main ceux qu'elles protégeaient. C'est ce que semblent démontrer les derniers vestiges qui ont survécu jusqu'à nous.

On sait qu'après le traité de Brétigny (1360), les troupes mercenaires de France et d'Angleterre, éparses dans la province de Languedoc avaient été licenciées. Au lieu de se retirer, elles s'organisèrent en divers corps, et, sous la conduite de plusieurs chefs, continuèrent pour leur compte le pillage commencé à la solde d'autrui. Ces aventuriers que l'histoire appelle les « Routiers » étaient alors désignés sous le nom d' « Anglais, *Englici, societates Englicorum, inimici regis* ».

Ils pénétrèrent en Gévaudan, vers 1361, par le Limousin, l'Auvergne et le Rouergue, marchant sur trois ou quatre colonnes commandées par Robert Kanolle, Seguin de Badefol, Bertugat d'Albret et Jean Sandoz. Ils ne se maintenaient pas longtemps dans le pays, mais s'y présentaient par intervalles, le rançonnaient et le dévastaient.

« Ils s'emparèrent du Monastier St-Chaffre, dont ils ne purent être délogés qu'après 45 jours de siège. 7 mars 1361. »

« Presque toutes les places fortes du Gévaudan tombèrent en leur pouvoir, et en peu de temps ils se rendirent maîtres de tous les châteaux forts de notre pays, Thoras, Grandrieu, la Besseyre etc., etc., et parvinrent même à s'emparer de la ville de Salgue. » (Prouzet, t. III.)

« Les Routiers surprirent dans le même temps le châ-
« teau de Salgue, dans le Gévaudan. . . . .
« . . . . . . Salgue, au pouvoir d'un capitaine appelé
« Pacimbourg, opposait une telle résistance, qu'il ne fallut
« rien moins pour s'en rendre maître, que l'intervention du
« maréchal d'Audeneham, lieutenant du roi en Languedoc.

« Le siège ne fut pas aussi long que l'avait été celui du
« Monastier, parce que les assaillants y étaient en plus
« grand nombre, toutefois il dura plusieurs jours. » (1) (*Hist.
du Languedoc,* par Dom VAISSETTE, t. IV, p. 311.)

L'auteur rapporte qu'à cette occasion, Armand VI de Polignac, Guill. de Chalencon, Eustache de Langeac et quelques autres seigneurs qui venaient de contribuer à l'expulsion de l'ennemi, sollicitèrent comme récompense de faire exhumer les restes de Robert Dauphin, qui reposaient en terre profane. Le maréchal signa l'ordre demandé ; les lettres de grâce sont datées du camp devant Salgue, mars 1362.

Une note de la dernière édition de l'*Histoire du Languedoc* (Edit. Privat, t 9, p. 732.), s'exprime ainsi :

« Il est possible de compléter et rectifier, sur certains
« points, le texte de dom Vaissette, sur cette affaire de
« Saugues. En premier lieu, c'est par erreur qu'il appelle
« Pacimbourg le routier qui s'empara de la place, son vrai
« nom était Perrin Boias. La noblesse de Velay et d'Au-
« vergne se réunit sous les ordres d'Armand de Polignac, et
« vint mettre le siège devant la place au commencement de
« Mars. La ville étant forte et la résistance vigoureuse, le
« vicomte appela à son secours le maréchal d'Audrehem
« qui s'empressa d'accourir. Le 9 Mars, Audrehem est au
« Puy, le 12, il est devant Saugues et dirige les opérations.
« Le 23 Mars, le maréchal est encore au camp devant Sau-
« gues, le 25, la place fut évacuée, grâce à un accord avec
« les assiégés....... Perrin Boias et ses compagnons n'avaient
« rendu le lieu de Saugues que pour aller rejoindre le gros

(1) Une histoire manuscrite de la maison de Polignac, par CHABRON, raconte le même fait en ces termes : « Les Routiers prirent plusieurs
« villes ou forts, et parmi les autres en ce païs, la ville de Saulgues,
« située aux limites d'Auvergne, du Gévaudan et du Velay, laquelle fut
« surprise par un capitaine nommé Pacimbourg, insigne voleur qui
« donnait de si grands domages à tous ces païs, que le roy y envoya
« une armée conduite par Raoul de Deneham, lors gouverneur de
« Languedoc, assisté du comte de Tratimare, espagnol nommé Henry,
« bâtard d'Alphonse, roy de Castille, depuis roy de la même Castille. »

« A ce siège, notre jeune vicomte, mena six vingts hommes d'armes, et mille soldats de ses sujets et ses vasseaux, qu'il défraya de ses moyens tant que ce siège dura, ainsi que se appert par les lettres qui furent expédiées par le sieur Maréchal, le 3 mars 1362, et confirmées par autres lettres du dauphin Charles, régent. Les deux rendent un fort honorable témoignage de la valeur, fidélité, grandeur et puissance de ce vicomte.» (*Hist. de la mais. de Polignac*, p. 93, ms. Biblioth. du Puy).

« des compagnies qui poursuivies à outrance, en Auvergne
« et en Velay, par le comte de Tancarville, cherchaient à se
« concentrer pour frapper un grand coup... (E. Molinier.
« Arnould d'Audrehem. p. 99-102....) »

« Ce siège de Salgue, qui prit fin le 25 mars 1362, par la
« capitulation des assiégés, avait duré environ trois semai-
« nes. » (P. Thalamus, p. 373.)

Les routiers durant leur séjour dans la ville, n'avaient pas manqué de se livrer au pillage, leur exercice favori, et chez les particuliers, chez les prêtres comme dans les églises, avaient fait main basse sur tout ce qui excitait leur convoitise et tentait leur cupidité, jusques aux livres dont les clercs se servaient à l'école. Dans les conditions faites avec les assiégeants au sujet de la reddition de la place, ils se réservèrent le droit d'emporter leur butin. Aussi quelques années après (1367), Guillaume Itier, le procureur de la communauté de St-Médard, rachetait d'entre les mains de ces bandits, le livre à l'usage des clercs qui avait été jadis par eux dérobé, et ce moyennant la somme de vingt sols. (Registre des syndics, année 1367, Archiv. de St-Méd.)

De ces diverses données, l'on peut, à bon droit, conjecturer que Salgue était un point stratégique d'assez haute importance, situé qu'il était aux limites de l'Auvergne, du Gévaudan et du Velay. L'on peut aussi se faire une haute idée du bon état de ses murailles, de l'excellence de sa position et de ses remparts, puisqu'il n'était point aisé de s'en emparer de vive force, une surprise ayant pu seule le faire tomber aux mains des Routiers.

D'autre part, si Pacimbourg, ou Perrin Boias, put opposer aux assaillants une vive résistance, s'il put tenir en brèche pendant trois semaines les milliers de soudards qu'avaient à leur solde, les Audeneham, les Polignac et les Chalencon, s'il put, à la fois, faire face aux habitants de Salgue qui n'étaient point tournés en sa faveur, et tenir tête aux assiegeants, c'est que les remparts et les fossés pouvaient arrêter une attaque, braver un assaut et ne se laissaient point prendre à tout venant.

L'on peut encore conclure que, dans ce siège, l'action fut chaude et la victoire vaillamment disputée : de part et d'autre, il y eut de beaux et bons horions reçus et donnés, des prouesses et de glorieux faits d'armes, avec mort d'hommes, mort de manants, et mort de nobles gentilshommes.

On lit, en effet, dans le manuscrit déjà cité : « J'ai
« trouvé dans l'église des Cordeliers du Puy, le monument

« d'un gentilhomme qui fut tué au siège de Saulgues, repré-
« senté dans un tableau, à cheval, et armé de toutes pièces,
« l'épée en main, avec cette inscription : « *Hic jacet Petrus*
« *Troys de Hostamente, qui obiit infra portam castri de Salgue,*
« *in servitio Domini regis Franciæ, et fuit sepultum XV mensis*
« *Martii, anno Domini MCCCL.* »

(Ci-gît Pierre Troys de Hostamente (1), qui périt devant la porte de la place forte de Salgue, au service du roi de France et fut enseveli le quinze du mois de mars 1361) (2). (*Hist. de la maison de Polignac*, ms. p. 93).

Ce court récit de Chabron vient rectifier la tradition locale, accréditée depuis un temps immémorial, au sujet de la croix dite « de l'Anglais » et du monument vulgairement appelé « le tombeau du général anglais ».

La croix, en fer ouvré, se dresse sur un modeste piédestal en granit, à quinze pas environ au dessous de la porte du Mas, en dehors du rempart, au point d'intersection de ce que l'on appelle aujourd'hui la rue des Tours-Neuves et la rue des Fossés. On l'appelle « la Croix de l'Anglais ».

L'autre monument, environ deux cents mètres plus loin, au nord de la ville, est aujourd'hui enclos dans le cimetière de la paroisse. On le désigne vulgairement sous le nom de « tombeau du chef ou général anglais », parce que, dit la tradition, là repose le corps du chef anglais tué jadis au siège de Salgue.

Ce monument s'élève sur un pavé de pierres grossièrement taillées et se compose de quatre colonnes cylindriques distantes de deux mètres et portées chacune sur une base cubique d'environ deux tiers de mètre d'épaisseur. La hauteur des colonnes est de quatre mètres, leur circonférence en a presque deux. Elles soutiennent un toit en ogive formé au dessus de pierres plus larges et soigneusement taillées. L'architecture en est correcte et régulière, et le style ogival semble appartenir à la fin du 14me siècle (3).

Des fouilles ont été faites, à diverses reprises, et l'on a trouvé la roche vive immédiatement au-dessous du pavé.

(1) M. Chassaing (*Spicileg. Brivatense.* p. 389) opine qu'il faut lire peut-être « Petrus Croyi de Hostamente, Pierre de Croy d'Ostevent (Flandre).

(2) Ce manuscrit, copié à plusieurs reprises, renferme nombre d'erreurs dues au copiste : la vraie date est 1362.

(3) La clef de voûte porte un écusson sur lequel sont gravés deux P séparés par une croix : **P. † P.**

Monument vulgairement appelé « Tombeau du Général Anglais »

C'est donc simplement un monument commémoratif, un cénotaphe, dans lequel personne n'a été enterré.

La tradition s'égare donc lorsqu'elle en fait un tombeau.

Elle s'égare encore lorsqu'elle attribue ce monument et la croix de la porte du Mas, à la mémoire d'un Anglais.

Comme si ceux-ci avaient cure ou souci de la mort de leurs chefs que frappait le sort des combats. Comme si l'on a jamais ouï dire que ces aventuriers aient construit ou fait construire une œuvre d'art : s'ils les connaissaient, ce n'était que pour les piller ou les détruire.

D'ailleurs, les habitants de Salgue exaspérés par ces incessantes incursions, n'étaient point assez bénévoles pour laisser debout ce souvenir odieux des bandes dévastatrices qui désolaient la contrée. Les Routiers une fois vaincus et chassés de Salgue, on aurait eu bientôt fait de jeter à bas ce trophée d'un ennemi exécré.

Comme si les Anglais, ou plutôt les Routiers, puisque c'est leur vraie dénomination, avaient pu, dans leurs courses rapides, trouver le temps d'élever cet édifice qui demandait quelques jours de labeur, et des connaissances architectoniques peu communes chez des gens d'armes de cette sorte.

Il est donc aisé de rectifier ici les traditions égarées, soit au sujet de la croix et du monument, soit à l'endroit des tours et des castels qui avoisinent Salgue. Ni ces tours, ni ces châteaux, ni la croix, ni le monument ne sont l'œuvre des Routiers ou des Anglais.

Cela posé, ne semble-t-il pas naturel d'attribuer à la mémoire de Pierre Troys de Hostamente la croix et le monument dont il s'agit puisque ce gentilhomme suivant l'expression de Chabron, fut frappé au dessous de la porte de Salgue, et que c'est précisément au-dessous de la porte du Mas que s'élève la croix ? Cette croix d'ailleurs ainsi que le monument, d'après la tradition, concernent un seul et même personnage mort devant Salgue, et aucun autre n'est signalé qui soit dans les conditions indiquées. Toutefois, à défaut de document plus précis, cette opinion ne doit être considérée que comme une simple hypothèse.

Ce siège vigoureusement mené, ces attaques et ces assauts divers avaient eu pour résultat inévitable d'entamer et d'abattre une partie des remparts de la ville. Au prix de quelles ressources, et comment les habitants de Salgue purent-ils les rétablir ? cela nous est raconté par la lettre suivante que leur adressait l'Evêque de Mende :

« Guillaume, (G. Lordet, év. de Mende, 1362-1366) évê-
« que de Mende et comte de Gévaudan, au curé chapelain
« de l'Eglise de Salgue, salut dans le Seigneur.

« Des habitants de la place forte de Salgue sont venus
« vers nous, et nous ont exposé que cette cité, ses habitants
« et leurs biens ont été dévastés et incendiés par les compa-
« gnies d'Anglais, les ennemis de notre roi qui ont couru
« et séjourné dans ce lieu et en plusieurs autres de notre
« diocèse, et qu'une grande partie des remparts de la dite
« place a été détruite et renversée par ces mêmes ennemis.
« Lesdits habitants pour sauvegarder et protéger leurs
« personnes et leurs biens veulent réparer cette partie des
« remparts. Mais pour continuer et mener à bonne fin cette
« réparation ils sont absolument sans ressources, tellement
« ils ont été appauvris par les subsides et les contributions
« fournies au roi, et sont plus encore épuisés chaque jour
« par les Anglais qui les harcèlent, les emprisonnent et
« leur causent mille dommages. C'est pourquoi ils nous ont
« humblement supplié de vouloir bien leur permettre
« d'affecter et de dépenser à ladite réparation les biens que
« Bertrand Pagès et Jean Sardaybol ont laissés en héritage
« aux pauvres du Christ, avec le consentement toutefois
« des pauvres et de tous les autres habitants de la paroisse.
« De la sorte, tous les pauvres et les autres habitants de la
« cité pourront résister aux efforts et se soustraire aux
« cruautés des Anglais qui, même encore, ne cessent de
« parcourir et de ravager le diocèse. Mais comme nous ne
« savons si la volonté des pauvres est que les biens désignés
« soient détournés à cet usage, nous vous enjoignons de
« procéder de la manière suivante : un jour de dimanche
« ou de fête, pendant la solennité de l'office divin, alors
« que la plus grande partie des paroissiens assistera au
« saint sacrifice, vous exposerez l'état de choses, et devant
« tous, vous demanderez aux pauvres susdits s'ils consen-
« tent à employer les biens à eux donnés, au profit de la
« réparation dont il s'agit. S'ils consentent à ce change-
« ment de destination, vous en dresserez acte sur le modèle
« écrit au dos des présentes, et dès lors vous pourrez agir
« librement et en toute sûreté de conscience. »

« Donné à Mende, l'avant-dernier jour du mois d'octo-
« bre, l'an du Seigneur 1362. » (Archiv. de la Lozère, G.
960. Communiq. par M. André.)

Ces biens donnés ne devaient point suffire à l'entière
réfection du rempart : durant les années suivantes, un

impôt fut régulièrement levé dans la cité pour contribuer à cette réparation. La quotité était plus ou moins considérable et variait suivant les circonstances.

En 1396, le syndic de la communauté paye à Médard Sartret, collecteur de la taille, deux francs d'or pour la réfection des murs; en 1377, il donne, pour cette même cause, 4 francs d'or à Etienne Borrian. Cet impôt, dans les exercices suivants, varie de deux à quatre francs d'or (1).

De plus, en ces temps de troubles et d'assauts journellement redoutés, il y avait dans la cité une garnison plus forte qui donnait lieu, à raison de son entretien, à une taille supplémentaire, répartie sur tous les habitants (2). Cette taille variait aussi avec les années ; le syndic paie, au nom de la Communauté, 4 livres 3 sols en 1369, et 55 sols en 1370.

Ceux-là étaient surtout à plaindre qui habitaient en des villages ouverts à tout venant, et qu'aucune place, aucun château-fort ne défendait contre la rapacité des pillards. Les Routiers eux-mêmes, pour se mettre à l'abri des sorties meurtrières faites contre eux, une fois en possession de quelque place forte, y établissaient leur repaire et de là rayonnaient à la ronde, faisant des prisonniers, et pillant les vivres nécessaires à leur subsistance.

Aussi prenait-on les mesures les plus rigoureuses pour qu'aucun château ne pût tomber entre leurs mains.

L'abbaye de la Chaise-Dieu possédait, joignant la courtine du château du Thoras, un grenier qui pouvait donner accès audit château. Le duc d'Anjou, lieutenant du roi en Languedoc, écrivit à ce sujet au bailli de Marvéjols :

« Nous avons appris que l'abbé de la Chaise-Dieu pos-
« sédait, contigu à la courtine du château de Thoras, de
« noble homme Astorge de Peyre, notre chambellan, un
« grenier rempli de grain. Ce grenier, par sa proximité,
« pourrait donner accès audit château, en faciliter la prise
« par les ennemis du roi, et causer par là des dommages
« irréparables pour notre pays, d'autant plus que Thoras

(1) Rôles des syndics.
(2) L'homme d'armes qui commandait cette garnison était :
en 1367 : Bérenger de Buiacé,
en 1368 : Rancon de Rochefort,
en 1370 : Hugues d'Andruïeols,
en 1376 : Jean Robin,
en 1377 : Raymond Achard,
en 1379 : Hugues Itier,

(Rôles des syndics.)

« est sur la frontière du duché d'Aquitaine ; comme aussi
« le grain qu'il renferme pourrait aider à la subsistance des
« pillards. C'est pourquoi, pour parer à cette périlleuse
« éventualité, après avoir pris conseil d'hommes probes et
« experts, s'il vous semble dangereux pour le château de
« laisser subsister ce grenier, nous vous enjoignons au nom
« du roi de contraindre ledit abbé de la Chaise-Dieu à dé-
« molir ce grenier et enlever le grain, et s'il néglige de le
« faire, ou s'il tarde plus que de raison, nous vous donnons
« plein pouvoir pour le détruire vous-mêmes, nonobstant
« toute opposition ou toute réclamation, car il faut avant
« tout veiller à la sécurité publique. Donné à Montpellier
« le 17 avril 1379. »

(Chartrier du Thiolent. M. de Veyrac ; communic. de M. l'abbé Mercier.)

De guerre lasse, on dut traiter avec les Routiers. Déjà le 4 avril 1364, des négociations avaient été entamées d'après lesquelles Seguin de Badefol devait avec sa bande évacuer le pays et cesser les hostilités dans les montagnes d'Auvergne, de Velay, et la partie du Gévaudan qui relevait du Dauphin d'Auvergne, c'est à-dire Salgue et le Malzieu. Mais la sécurité n'était pas de longue durée, les trêves n'étaient pas exactement observées, ou encore un second chef survenait avec de nouvelles bandes et il fallait traiter à nouveau et l'éloigner à prix d'or.

Dans une lettre adressée par Charles VI, roi de France, en juin 1391, à Foulques Itier, habitant de Salgue, en Gévaudan, on voit comment les Routiers observaient les trêves conclues :

« En oultre, comme il fust commune voix et renommée
« au païs que le conte d'Armignac, par le traictié des déli-
« vrances des forteresses détenues par lesdiz Anglais, esdiz
« païs, avoient (sic) faict proroguier les trêves du païs qui
« lors pendoient, du premier jour du moys de juillet de l'an
« quatre vins et huict à un moys ensuivant, ledict exposant
« (F. Itier) eust ce oy dire à plusieurs gens dudict conte ou
« autre, dist et afferma aux bonnes gens de Salgue qu'il ne
« les convenoit point doubter, quar les trêves que lesdiz
« conte et Anglais avoient faict paravant ensemble estoient
« prorogées à un moys ensuyvant, comme dict est. Et
« quant vint sur le tart dudict derrier jour de juing, ledict
« exposant doubtant que lesdiz Anglois feissent aucun
« domaige au païs, fist sonner la trompette par manière
« d'effroy comme l'en faisoit audict païs quant les Anglois

« couroient affin que les bonnes gens se retraissent avec
« leurs bestes et biens et qu'ils se gardassent le landemain
« premier jour de susdict jusqu'à ce que l'on feust plus
« asseuré desdictes trêves, mais les aucunes desdictes genz
« qui estoient sur le païs tant de ladicte ville de Salgue,
« comme d'autres plusieurs villes voisines qui faisoient
« leurs labourages et besongnes, ne tindrent compte dudit
« effroy, eulx confiens des paroles que ledict exposant leur
« avoit dictes par quoy la greigneur partye de bonnes genz
« qui ne se retrairent furent ledict premier jour de juillet
« prins et robez et les aulcuns décimez de touz leurs biens
« par une grosse course que firent lesdicts Anglois en la
« dicte paroisse de Salgue et au païs d'environ aud. pre-
« mier jour (1). »

Il y est encore raconté comment les Anglais, lorsqu'ils occupaient Arzenc, avaient fait prisonnier Raymond de Pierrebesse avec sa mère, sa femme et ses enfants, et le détenaient « en grant povreté et misère dedens une fosse « audit lieu d'Arzenc. » Ledit Foulques Itier le racheta par un cheval chargé de pain et de vin, et « par-devant le lieu de Salgue comme ailleurs », il racheta également « bestes « grosses et menues, chevaux et jumens quant lesdiz An- « glois les emmenoient hors de leur garnison et dedans au « prouffit de lui et des bonnes gens à qui ilz estoient. »

Le seigneur de Salgue, le comte Dauphin d'Auvergne, si l'on en croit les rôles des syndics de St-Médard, avait été fait prisonnier ou gardé en otage par les Anglais, car le jour de S. Géraud, le procureur de la Communauté donnait 12 francs d'or, pour aider à payer sa rançon stipulée avec le roi d'Angleterre, 1370 (2).

Pour en finir avec les pillards, l'on eut recours au plus grand capitaine de l'époque, à Bertrand Duguesclin. Le connétable les pourchassa victorieusement de la plupart des places fortes qu'ils occupaient, et vint les assiéger dans leur repaire, à Châteauneuf-Randon dans l'archiprêtré de Salgue.

On sait comment il tomba malade et mourut avant que la place se fût rendue, le 13 juillet 1380, et comment aussi les clefs de la ville furent apportées sur son cercueil, suivant

(1) Communic de M. Féjat-Itier. Archiv. Nation. J. J. 140, n° 283.
(2) « *Item die sancti Geraldi domino nostro comiti dalphino pro
« financia redemptionis sue facta cum rege Anglie, sibi de speciali
« gracia, duodecim francos auri.* » (Rôles des syndics, 1370.)

la promesse faite par le chef qui occupait la citadelle. Le corps de Duguesclin fut transporté au Puy, et ses viscères reposent dans l'église St-Laurent.

C'est, avec Pierre Troys de Hostamente, le second personnage mort dans l'archiprêtré de Salgue, en guerroyant contre les Routiers, de qui les églises du Puy Notre-Dame ont gardé le souvenir.

A ce siège de Châteauneuf-Randon combattait Pons de Chanaleilles qui s'était déjà illustré avec son frère Valentin, par ses exploits contre les Anglais. Pons fut blessé mortellement devant la citadelle, le jour même de la mort du connétable. (Généal. de Chanaleilles.)

Parmi les chefs redoutés de ces bandes d'aventuriers, avec Seguin de Badefol, on cite Aimerigot Marcel et Pierre de Galard. Le nom de ce dernier a été donné naguère à l'une des rues de la ville, celle qui passe au pied de la grande tour.

Cette époque sinistre où tant de misères vinrent écraser le peuple, où tant de fléaux pesèrent ensemble sur la contrée, où tant de personnes trouvèrent les unes une mort misérable, les autres un mode d'existence plus précaire et plus misérable encore, cette époque, de longtemps ne s'effaça de la mémoire de nos aïeux.

Les principaux faits d'armes, les sièges et les combats, les calamités qui avaient fait à cette période une lugubre illustration, se perpétuèrent d'âge en âge dans les récits émouvants des longues veillées d'hiver. Mais, ainsi qu'il arrive aux faits de cette nature, après plusieurs siècles écoulés, ces traditions revêtent le caractère de la légende, et tendent à se transformer, à s'altérer de telle sorte qu'on ne distingue plus qu'avec peine l'erreur de la vérité. De là ces assertions erronées, que nous avons déjà signalées, à l'endroit des tours et des châteaux-forts, de la croix et du monument; la critique, à l'aide des documents historiques, a bientôt fait de ramener à l'exacte vérité ces traditions égarées.

CHAPITRE X

Conséquences du passage des Routiers. Création des Behus. Dépopulation et disparition d'habitations. Hugues et Armand de Salgue. Lettre d'amortissement en patois.

Ces incursions intermittentes qui, pendant près de vingt ans, désolèrent le pays de Salgue, ainsi que tout le Gévaudan, eurent pour conséquence inévitable une misère profonde, la pénurie du numéraire et une effrayante dépopulation.

En effet, les habitants des campagnes, à qui les villes et les châteaux-forts avaient offert un abri, délaissaient une partie de leurs terres, déjà si maigres et si ingrates par elles-mêmes sous ce ciel inclément. Les champs n'étant plus régulièrement ensemencés, le grain manquait fréquemment. Le peu que l'on cultivait était souvent surpris et ravagé par l'ennemi au moment où l'on s'y attendait le moins. Les bêtes de somme et de labour ou bien étaient insuffisamment nourries, ou bien capturées au passage par les colonnes volantes. L'existence était devenue si précaire et les ressources si peu abondantes que les habitants adressaient au bailli de Gévaudan une lettre dans laquelle ils lui exposaient « que le pays a été moult grevé par les « ennemis de Monseigneur, et a eu si grans stérilité de biens « que ils n'ont de présant de quoy vivre. » (*Invas. anglaise en Gévaudan*, par M. ANDRÉ, p. 42.)

Une tradition locale raconte qu'en ces jours de misère, les habitants de Salgue, réduits à la dernière nécessité, faisaient servir à leur nourriture une sorte de tubercule appelé, dans le patois du pays « lou gnisso », qui croît surabondamment dans les champs pierreux de la localité.

Cette plante, le « *Bunium Bulbocastanum* », de la famille des Ombellifères, se multiplie d'autant plus facilement que les terres restent en friche et sans culture.

Les sources de production étant taries avec les récoltes, le numéraire vint à manquer également. Les impôts et les contributions royales d'une part, de l'autre les exactions et les rançons impitoyables des Routiers, épuisèrent, au dire d'un auteur, jusqu'au dernier sol.

Les choses en étaient venues à ce point que, en 1369, le bayle de la Communauté des prêtres de Saint-Médard, Etienne Blanchon, n'ayant point en mains le numéraire nécessaire pour la distribution de chaque jour, imagina un moyen qui lui permit de parer à la nécessité. « Il fit faire « des marques de plomb et d'étain, portant d'un côté l'image « d'un évêque, de l'autre une crosse, une étoile et une fleur « de lys, chacune valant un denier, qu'il promit de racheter « dès qu'il aurait de l'argent (1). »

Cette pénurie de numéraire ne se limita point au Gévaudan, mais s'étendit encore dans les provinces du Midi, et fut cause que les populations exaspérées, n'ayant pas de quoi payer l'impôt, se mirent en révolte ouverte contre l'autorité du roi. L'histoire du Languedoc, (t IV) et Prouzet, (H. du Gév. p. 259) racontent comment eut lieu dans tout le Languedoc, en 1382, la rébellion des Tuchins, et comment toute la province fut frappée d'amende à cause de cette révolte.

« Mais les trois Etats de Gévaudan firent remontrer qu'ils « n'avaient eu aucune part avec les Tuchins rebelles et « désobéissants. »

« Sur ces représentations, le duc de Berry les dispensa « de contribuer au paiement de cette amende jusqu'au « nombre de neuf cents feux taillables, et il les comprit dans « les cinq mille feux de la langue d'oc qui, à cause de leur « fidélité, ne devaient rien payer de cette somme. La ville de « Mende avec la terre propre de l'Evêque, le lieu et commu-« nauté de Salgue assignés au comte Dauphin d'Auvergne, « ne furent pas de ces neuf cents feux. » (Prouzet, p 259.)

Enfin, ces longues guerres et le fer des Routiers avaient

(1) Invent. des titres de la Commun. de St-Médard.
Cette sorte de jeton sur lequel était gravée l'image de S. Médard, s'appela par la suite « los Behus », et servit aux distributions jusqu'aux approches de la Révolution. Ce nom de « los Behus » est signalé dans un arrêt rendu par le Parlement de Toulouse, entre le prieur et les prêtres de St-Médard, du 13 sept. 1495 : « *Pecunia vulgariter dicta* « *los behus* » *in qua beati Medardi imago sculpta habebatur uti* « *solitum est.*»
Ces jetons quelquefois étaient aussi appelés « Nodes » *(notulas)*, par analogie avec les Nodes du Puy Notre-Dame, sorte de monnaie qui avait cours dans cette ville.
Ces behus aujourd'hui sont introuvables : leur nom n'a plus cours dans la langue vulgaire, on en a perdu même le souvenir.

produit un certain vide dans la population. Vers l'an 1372, un recensement fut fait dans tout le Gévaudan, et au lieu des 13.370 feux qui contribuaient à l'impôt, il ne s'en trouva plus que 4.710. Parmi ceux qui ne payaient pas l'impôt, la diminution avait eu lieu dans les mêmes proportions. Des villages entiers furent abandonnés, des hameaux longtemps restèrent inhabités, quelques-uns même ont été délaissés à tout jamais. C'est ainsi qu'on ne retrouve plus nombre d'habitations autrefois mentionnées, comme le mas Berald, près de Cubelles, le Maynil au-dessus de Lescure, les mas Pranier, Peyret, le Rochas, le Vilaret Jalet, la Nos, Costeseiche le Poiet, la Combe et la Combette, le mas de Michabene et dels Borrels, près de Rosiers, etc... (1)

La fin de ce siècle vit également disparaitre la noble lignée des sires de Salgue.

Les deux derniers membres de cette famille sont Hugues et Armand de Salgue.

Hugues, qui avait épousé Marguerite de Saint-Quentin, jouait dans la cité un rôle important. BALUZE (*Hist. des Dauphins d'Auvergne*, t. II, p. 88), le signale comme mandataire de Beraud, dauphin d'Auvergne et seigneur de Mercœur. Il assiste comme témoin à deux contrats passés entre Guill. de Tailhac et les prêtres de St-Médard, 1310-1311. On a vu comment, le 30 nov. 1343, il fondait un repas commun, à perpétuité, pour le jour de S. Pierre et S. Paul, en faveur de la Communauté de St-Médard.

Le 21 novembre 1358, son fils Armand de Salgue, chevalier, demande au bailli du seigneur de Mercœur, au mandement de Salgue, le renouvellement du titre des reconnaissances faites jadis à son père Hugues, pour les terres concédées en emphytéose à divers particuliers. Ce document donne l'énumération des biens qu'il possédait (2).

(1) Il y avait dans les campagnes si peu de sécurité qu'aucune des religieuses des Chases ne voulait venir occuper les prieurés de Cubelles et de Venteuges. C'est pourquoi Béatrix de Vergezac, qui avait été elle-même prieure de Venteuges, une fois élue abbesse, fit unir ces deux prieurés au monastère des Chases, en 1492.

(2) Il avait 98 tenanciers dont les principaux étaient Vital d'Umbret, Raymond de la Valette, Jean de Fò, Brunet de la Muda, et Drogon du Pinet.

Ses possessions étaient disséminées dans les villages de la Rode, Vachalarias, Umbret (Ombret), la Valette, Andruiolez, Runhac (Rognac), Fò, la Roche, le Vilaret Jalet, le Pinet, Rocolas, les Salettes, Cubelles, la Pinède, la Ribeire, Domezon et Salgue (Doc. part. de feue Mlle Hébrard.)

Armand est le dernier sire de Salgue mentionné dans les documents locaux qui, d'ores en avant, sont muets à l'endroit de cette famille.

Toutefois, on l'a déjà vu, il y eut une certaine relation entre les sires de Salgue et les seigneurs d'Ombret, car ceux-ci avaient hérité des charges et acquittaient les fondations des premiers.

En ces jours-là, le seigneur et maitre du mandement et ville de Salgue était Amédée, fils du comte de Clermont, seigneur de Mercœur.

« Nous donnons en héritage à notre cher fils Amédée
« les places, châtellenies et mandements de Malzieu, Verde-
« zun, Salgue, les Plantats et Dues, avec leurs édifices et
« leurs forts, etc. »

(Baluze, t. II, p. 314. *Hist. des Dauph. d'Auvergne.*)

En 1358, Béraud II, dauphin d'Auvergne et comte de Clermont, avait succédé à Amédée. A cette date, Hugues Assety de Salgue reconnait tenir en franc fief le mas Bérald et ses dépendances dans la penderie de Coblelas, vers la Seuge, de haut et puissant comte Béraud, dauphin d'Auvergne et seigneur de Mercœur, à raison de son mandement de Salgue. (Archiv. de St-Médard.)

Ce même Béraud II, comte de Clermont, dauphin d'Auvergne et sire de Mercœur, par lettres du roi Charles V, datées de juillet 1364, est autorisé à asseoir au profit du vicomte de Polignac et du seigneur de Chalencon, pour les dots de leurs femmes, 300 livres de rente, sur les châtellenies des Plantats et de Salgue, qui relevaient en fief immédiat de la couronne.

(*Spicilegium Brivat.* M. Chassaing. p. 381.)

Enfin c'est encore un Béraud, probablement Béraud III, qui est signalé comme seigneur de Saigue par la lettre suivante, en patois vulgaire, adressée à la communauté de Saint-Médard :

« Nos, (1) Berauld, dalphins d'Alvernhe, conte de Cler-
« mont et senhors de la terra de Merqueur saber fazens à
« tots cels que aquestas presentas lettras verant an auzirant
« que nos avens recebede la humal supliation et requeste
« del college dels prestres et clercs de la gleyse de saint
« Mezart de Salgue en levesquat de Mende en Gavalda et
« que contenet come lodit college agha acquiert et achapta

(1) Nous citons cette lettre à titre de spécimen du patois de l'époque.

« per titre de venta alors fayta perpetual dels vindors pre-
« sens et à venir..... so es saber una emina de segal, VIII
« cartous d'avene, naou sols tournois..... et aysso de Ymbert
« de Laur, lo quals ho ama, acoustumat de prenne en man-
« dament et chastellia de Salgue, en ma halte, basse et
« meghana juridicion.... Item coma Philippa Vievra del luoc
« de Salgue agha assignat et transportat per titre de dona-
« tion perdurable aldit college quatre sestiers de segal et
« detze sols tournois censuals..... Et aysso pour itan accort
« fayt entre ladite Philippa et lodit collège pre los dreyts
« que lodit collège podio aver dels dreyts et héritatges de
« Guill. Ytier son frayre per so que ama fayt lodit collège
« son héritier en partida..... Item coma mos Hugues Joys,
« prêtre de ladite gleyse, agha donat en son testament dar-
« neyr volunta aldit collège pre remède de de sa âme et lo
« divial office fase dire en ladite gleysa..... una carta de
« segal..... au mont del Mazel et detze sols censuals au mas
« del Pinet en mandament et chastellia de Salgue..... Et plus
« aysso lodit collège et son preteno si seran trayt emos nos
« en dizens que lodit collège has tre grand bezong de mas
« almoznas et amda de las bonas gens pre soque es paoure
« et no ha, sino so que y es donat et si y donat pre
« Dieu et aysso si las almoznas de las bonas gens no
« auriant de que y vicoure et lo divial office en la gleysa y
« dire.....

« Plus nos fayt tres humalement suppliar que nos pla-
« zes pre Dieu et pre las almoznas de fayre ma gratia et
« almozna de me dreyt que nos appartennent à cause dels
« luocs et vestizos coma dayte lasditas rendas amortir en
« tant coma nos tocha et pouot appartenir.....

« En daysso nos considerad las chauzas desdits à nos
« explicadas, attendut aussy que chastuts es tengut de fare
« que sis legats et donations se tenent, et lo divial office se
« disc nos nulmant à lor humal requesta et supliation vo-
« lens amdar aldit collège et los sostenir pre los presens et
« avenir consider aussy plusiors autres chauzas que nos
« indusent ad aysso fayre lasditas rendas et legats donats
« et layssas dedclarats avens agradables et stables et volens
« aldit collège que els et loi presents que tenent et jauzis-
« tent de lasditas decları́adas leuds. Et en tant come a nos
« tocha et pot apartener, amortizens pre testas presentas
« letras..... et pre la tenor de las presentas mandent et
« commandent a me baille de Salgue que es et sero et à
« tots mes officiers presens et a vener que lodit college et

« loi pretens fassent usar et jauzir dor en avant et perdura-
« blement de lasdas declaradas vendas sans genation.
« . . . .

« Donat à Ardes soubz me scel lo promier jor d'octobre,
« l'an mil III^{en} IIII^{xx} et setze » (1396).

(Archives de Saint-Médard, n° 162 Publiée par M. DE LABRETOIGNE dans les *Annales de la Société Académique du Puy,* tome 14.)

CHAPITRE XI

Coutumes et choses diverses au XIVme siècle

A cette époque, toutes les classes de la société étaient pénétrées d'une foi vive qui se traduisait par des œuvres de piété sincère et de fraternelle charité.

Les pauvres du Christ en éprouvaient le premier effet, et des testaments retrouvés, il n'en est, pour ainsi dire, aucun, où il ne leur soit fait quelques largesses ou tout au moins quelque pieuse libéralité.

Le 14 sep. 1344, Cécile de Monchauvet, femme d'Armand, sgr. de la Fagette, paroisse de Ventouges, par son testament dudit jour, veut, qu'à sa sépulture, l'on fasse moudre six setiers blé seigle, pour les distribuer aux pauvres du Christ.

Elle donne également à trois pauvres filles, pour les aider à se marier, une émine de seigle à chacune (1).

Dans son testament (1377), noble dame Bonafoce Jordan, dame de la Clause et veuve de Raymond Itier, de son vivant, sgr. de la Clause, institue ses héritiers les pauvres de la ville de Salgue, et nomme pour exécuteurs testamentaires Jean Bayle, curé de Salgue et Mre Aymond de la Roche Moeyra, sgr. du Besset (2).

Antoinette de Versizac veut qu'à son enterrement il y ait treize pauvres et qu'à chacun d'eux il soit donné une aune de drap et un cierge de demi-livre (3).

Ce n'est point dans les hautes classes seulement, mais encore dans le peuple lui-même, que se retrouvent de pareils sentiments de charité. Dans son testament du 29 sept. 1357, Raymonde Galhiard, de Salgue, lègue six deniers à tous les pauvres de la ville, et de plus, le jour de son enterrement, une distribution de pain à ceux qui ont coutume d'aller mendier, et deux deniers à ceux qui n'ont point cette habitude (4).

(1) Archiv. de M. de Vinols. Fonds des Chastels.
(2) *Inventaire des archiv. commun. de Mende*, p. 6.
(3) Archiv. de St-Médard, n° 270.
(4) *Id.* 451.

En 1362, on l'a déjà vu, Bertrand Pagès et Jean Sardaybol lèguent leurs biens aux pauvres de Salgue.

Ces charitables usages se perpétuèrent longtemps encore. On voit Mre Joseph Randon de Châteauneuf d'Apchier, par testament du 7 mai 1759, léguer cent setiers de blé pour être distribués aux pauvres par le curé de Thoras, et cinquante setiers pour les pauvres de la Clause (1).

En 1753 (25 juin), Barthélemy Cubizolle du Montalhet donne aux pauvres de la ville six setiers blé seigle, et 24 livres à ceux de l'Hôpital (2).

Les hôpitaux n'étaient point oubliés. Quelques-uns, d'un plus grand renom, sont souvent mentionnés, ainsi ceux de N.-D. du Puy, et de St-Antoine en Viennois (Viennense), étaient en grande faveur. On a vu Pons de Douchanès donner au premier son domaine du Sauvage, en 1217. Cécile de Montchauvet lègue à chacun d'eux une mesure de seigle; Raymonde Galhiard six deniers, et Vidalette Cubière cinq sols à l'un et à l'autre (1382). Celle-ci donne encore douze deniers à l'Hospice de Salgue, qui est signalé pour la première fois.

L'on avait aussi coutume de donner aux ponts alors existants. Ceux de Prades, des Chazes, Chanteuges et Reilhac (3), sur la rivière d'Allier, reçoivent chacun un legs dans les testaments précités. La somme donnée est minime et ne dépasse généralement pas cinq ou six deniers pour chacun d'eux, mais cet usage, uniformément accepté par le pauvre comme par le riche, se retrouve à peu près invariablement dans presque tous les testaments de cette époque.

Le luminaire des églises sollicitait aussi la générosité des âmes pieuses. Celui de St-Médard de Salgue n'était point oublié et recevait des dons même des personnes étrangères à la paroisse.

Cécile de Montchauvet lui lègue un carton de seigle, Raymonde Galhiard six deniers. Celle-ci donne encore pareille somme à la lampe de St-Jacques et à celle de l'église St Jean de Salgue.

Dans ce testament de Cécile de Montchauvet sont encore cités les luminaires de la B. V. Marie de Venteuges, et

(1) Archiv. de Mme la marquise de Châteauneuf-Randon du Tournel, comm. de M. l'abbé Mercier.

(2) Minutes de J. Bonhomme, not. (Etude de Me Edm. Bonhomme, notaire à Saugues.)

(3) Ces ponts n'existent plus aujourd'hui. Deux d'entr'eux ont été rebâtis, mais sur un emplacement différent.

ceux des chapelles de Meyronne, de Montpeiroux, de Ganilhon et de Digons (1). Enfin les luminaires de Beaulieu (*Belli loci*, aujourd'hui Paulhac, Lozère), et de Pébrac recevaient de nombreux legs testamentaires.

Ces usages se conserveront quelques siècles après : en 1753 (9 juillet), Jean Pigniol de Grèzes donne, par testament, trois livres pour le luminaire de la lampe du S. Sacrement (2).

Ces sommes minimes, réunies et accumulées dans le cours des années, constituaient à la longue, une source de revenus suffisants pour l'entretien du luminaire de ces diverses églises.

Les communautés religieuses avaient leur part dans cette expansion de la charité. Les chanoines de Pébrac étaient en grande faveur, et après eux, les Carmes du Puy. A ceux-ci, dame Bonafoce Jordan lègue 15 francs d'or, et à ceux-là, Vidalette Cubière un florin d'or. Les couvents de femmes, comme celui des Chazes, sont plus rarement mentionnés, bien que des religieuses de cet ordre séjournassent en qualité de prieures dans les paroisses voisines, Venteuges et Cubelles.

Enfin, l'une des manifestations les plus caractéristiques de la foi de ces âges, est le nombre extraordinaire de fondations faites en faveur des églises paroissiales ou des chapelles particulières ; il en a été parlé dans un chapitre précédent.

Ces fondations se payaient de manières diverses : les riches soldaient généralement en numéraire, en seigle quelquefois ; mais les pauvres donnaient ce qu'ils pouvaient, ce qu'ils avaient.

Ainsi en 1372, Pons Guillalin, de Longeval, près Salgue, lègue à la communauté de St-Médard une vache que l'on confie moyennant dix sols, à un habitant de Salgue, jusqu'à ce qu'elle soit vendue. Guillaumette Malacheyre, de ce même village de Longeval, laisse deux brebis pour payer son obit (3).

Trois siècles plus tard, ces mêmes usages subsisteront encore. Le 3 juillet 1646, Laurent Bonhamie de la Pénide, donne aux prêtres de Cubelles un manteau qui est vendu pour faire dire des messes.

Le 17 déc. 1647, Laurence Maynard de Vedrinettes, veuve de J. Coste de la Rode, en mourant, donne aux mêmes

(1) Montpeiroux, Ganilhon et Digons, villages dans les appartenances de Pébrac.
(2) Min. de J. Bonhomme, notaire. (Etude de Mᵉ Edm. Bonhomme.)
(3) Comptes de J. Rigaud, syndic, 1377.

prêtres deux robes, l'une pour être mise en réparation à l'église, l'autre pour faire dire des messes à l'intention de son âme (1).

La valeur fiduciaire du numéraire était alors autrement considérable qu'aujourd'hui, et par une juste proportion toutes choses se donnaient ou se vendaient à des prix qui nous semblent dérisoires.

Le syndic paye un carton de chaux douze deniers. Pour quelques deniers, il envoie Etienne Vachon chercher des briques à la Vacheresse, paroisse de Venteuges (1367).

Jean Rigaud, syndic, en 1377, achète à Digons, pour la maison des prêtres, trois cents briques, au prix de vingt-huit sols, six deniers.

Les habitants de St-Préjet devaient annuellement, à la communauté, une redevance d'une livre de poivre, et pour ce payaient cinq sols (2).

Pour repeindre la statue de St-Médard, le peintre Lagiat se fait donner 20 sols (1390).

Les rôles du syndic démontrent clairement que ses fonctions n'étaient point une sinécure.

C'est lui qui levait les censives de seigle dans les villages, c'est lui qui dirigeait l'exploitation du bois de la Communauté, appelé bois de Bercalays, d'où l'on tirait les poutres et solives pour la réfection des bâtiments, et le surveillait contre les entreprises des habitants d'Esplantas qui y commettaient des dégats journellement.

C'est encore lui qui allait en Auvergne, au nom de la Communauté, trouver le seigneur de Salgue, le comte dauphin d'Auvergne, toutes les fois qu'il était question d'obtenir un « Vidimus » ou une lettre d'amortissement.

Etienne Blanchon, syndic, et Etienne Cotin vont l'un à Brioude, l'autre à Blesle, pour y trouver le comte dauphin d'Auvergne ; le premier y séjourne quatre jours et dépense 35 sols, le second ne dépense que 20 sols (3).

Au mois de mars 1378, Etienne Allès vient à Ardes, pour obtenir du seigneur de Mercœur le *vidimus* de la donation de cent francs, faite à la Communauté par Bonafoce Jordan,

---

(1) Registr. de Cubelles.

(2) Cette redevance est signalée pendant nombre d'années dans les comptes des syndics. Nous n'avons pu en découvrir ni la signification, ni l'origine, pas plus que celle du tribut d'une émine de seigle que les prêtres de Salgue payaient au prieur de Beaulieu.

(3) Comptes d'Etienne Blanchon, 1370. Archiv. de St-Médard.

dame de la Clause, et il met 16 jours à terminer cette négociation (1).

Pour avoir accès auprès dudit seigneur, le syndic mettait en jeu un procédé diplomatique fort usité de nos jours :

« Item dedimus dicto Peytache, porterio domini comitis
« de Ardes, ut daret nobis introitum pro loquendo cum
« domino Thomassis. . . . . xii denarios.
« Dedimus domino Thomassis. . . . . 1 francum.
« Duobus notariis pro scribendo lo *vidimus*. 1 fr.
« Item dicto Roberto chambrerio domini
comitis. . . . . xxv solidos » (2).

Les lettres d'amortissement, que l'on retrouve en assez grand nombre dans les Archives de St-Médard, étaient encore plus dispendieuses. En outre des voyages de Salgue à Ardes ou à Blesle, elles nécessitaient une certaine componende. Pour l'amortissement du legs de Bonafoce Jordan, on paye 8 livres, et en 1390, pour un achat, Pierre Pasche et Etienne Allès donnent XXX livres. — Sous toutes ses formes et sous tous les régimes, le fisc n'a jamais perdu ses droits.

Ce même seigneur de Mercœur, en ses heures de pénurie, ne craignait pas de recourir à l'assistance des prêtres de Saint-Médard, à qui il emprunte 16 francs d'or (3).

Il voulait un jour tailler aux cas ordinaires la Communauté de Saint-Médard qui s'y refusait obstinément. Lors du mariage de sa fille avec Randon de Pomihac (Polignac), et à raison d'un voyage qu'il avait fait outremer, il envoya, le 7 mars 1391, son procureur, Jean Chagord, pour exiger d'elle la taille usuelle. Mais parce que la Communauté avait déjà donné, par pure faveur, *speciali gratiâ*, douze francs d'or pour le rachat dudit comte, le syndic Vital Vigouroux déclare ne vouloir plus rien accorder, d'abord parce qu'il ne devait rien, et en second lieu parce qu'il n'avait pas de quoi payer. En secret, il se contente de donner audit procureur un franc pour son compte personnel (4).

Ce n'est pas seulement en Auvergne que le syndic allait au nom de la Communauté. En 1371, Etienne Blanchon se

(1) Rôles des syndics.
(2) « Nous avons donné audit Peytache, portier du comte d'Ardes,
« pour nous laisser parvenir auprès de messire Thomassis, 12 deniers.
« A Mre Thomassis, 1 fr.
« A deux notaires pour écrire le Vidimus, 1 fr.
« Audit Robert, valet de chambre du seigneur comte, 25 sols.
(3) Ibid., 1370. (Rôles des syndics).
(4) Comptes d'Etienne Vigouroux. 1391.

rend à Avignon pour y trouver le cardinal de Canilhac, et l'entretenir d'une dette que Jean Encontres avait contractée à l'égard des prêtres de St-Médard, et dans ce voyage dépense 4 florins.

C'est ce même Etienne Blanchon qui avait imaginé cette ingénieuse combinaison de jetons en métal, appelés « Behus » (on écrit aussi Beus), destinés à remplacer le numéraire absent.

Pour faire confectionner les coins à ce nécessaires, il vient à Brioude où il passe six jours. Là il achète huit livres d'étain à trois sols la livre, plus quatre livres de plomb à un sol chacune et s'en revient à Salgue, où désormais, tous les ans, une nouvelle provision de jetons sera faite, car dans les rôles de chaque année se trouve porté l'achat d'une certaine quantité d'étain et de plomb, « *pro faciendo signa dicta los beus* »

Mais avant de les livrer à la circulation pour la première fois, le syndic s'était engagé, par un acte en forme, rédigé par J. Mascot, à les reprendre dès qu'il aurait en mains du numéraire.

En 1390, Vital Vigouroux vient au Puy, le jour de la B. V. Marie, pour faire confectionner de nouveaux coins en pierre. Il s'adresse à Jean Cernel (ou Cervel), qui pour son travail reçoit 44 sols (1).

L'année suivante, ce même Jean Cernel, pour la confection ou la réparation desdits coins, reçoit 56 sols, et son fils cinq deniers de gratification. Toutefois il ressort, des rôles cités, que ce J. Cernel faisait confectionner les coins à ses frais et que la somme reçue devait l'indemniser tout ensemble de son travail personnel et de son entremise.

Ces coins nécessitaient souvent des réparations, et il ne se passe guère d'année où l'on n'inscrive quelque dépense à ce sujet.

Plus de deux siècles après, Anthoine Langlade, syndic en 1639, dépense XXVII sols pour faire accommoder deux fois le coin, pour acheter du plomb ou pour battre les behus (2).

A Prades l'on avait imaginé de falsifier ou d'imiter ces jetons qui devaient être de grossière fabrication. Aussi le syndic Benoit Rigaud se transporte en cette paroisse, où, de concert avec Ant. Tavernier, prêtre, il fait son enquête. Il dépense 20 deniers en ce voyage, 1476 (3).

(1) Rôles des syndics. Arch. de St-Méd.
(2) *Ibid.*
(3) *Ibid. Computa B. Rigaldi.*

Le fait suivant nous rappelle des usages depuis longtemps disparus.

« En 1377, Pierre Roget, dit Peyrard, sergent du dauphin d'Auvergne, comte de Clermont et seigneur de Mercœur désarma, sur la place publique de Salgue, Jean Charrère de Croisance (1), sergent de l'évêque de Mende, et lui enleva son épée... »

Reconnaissant ses torts, Pierre Roget vint remettre cette épée entre les mains de Jean Bayle, bachelier ès-décrets, curé de la ville de Salgue.

Comme de ce fait il avait encouru l'excommunication, ledit sergent, « le dernier jour de mai 1378, dans l'église de St-Médard, en présence d'un notaire public et de plusieurs témoins, vint s'agenouiller devant Jean Fournier, délégué par l'official de Mende, et le supplia de lever l'excommunication qui pesait sur sa tête. Pons de Coudoulous, prêtre et trésorier de l'église de Béziers, sur l'ordre de l'official, leva la sentence excommunicative, en infligeant toutefois, à Pierre Roget, en réparation de sa faute, la pénitence suivante :

« Sans armes, sans chaussures, nu-pieds et dépouillé d'une partie de ses vêtements, tenant à la main un cierge allumé du poids de trois livres, Pierre Roget se rendit dans la cathédrale de Mende, et resta debout durant la célébration de la grand'messe, devant l'autel de St-Privat, sur lequel il déposa son flambeau après la communion, en disant à haute voix : « Moi, Pierre Roget, j'accomplis cette pénitence parce que, contrairement à la justice et au devoir, j'ai désarmé à Salgue Jean Charrère, sergent de Mgr l'Evêque de Mende. » Le coupable fut encore obligé de subir le même châtiment dans l'église de Salgue (2). »

(1) Croisance appartenait à l'Ev. de Mende.
(2) Archiv. de la Lozère, G. 941. Soc. des Sc. et des lett. I. 240.

Ad. Lascombe.

CHAPITRE XII

Les Bourguignons. Réduction de la Communauté de St-Médard. Bulle d'Eugène IV. Lettres d'affranchissement données à la ville de Salgue par Robert Dauphin, évêque d'Albi. Le bailli du Seigneur. Chapelle St-Jacques à Chastelviel et à l'Hospitalet. Eglise St-Jean. Fondation d'une annexe aux Plantats et à Servières de Salgue.

L'un des plus puissants, et tout ensemble l'un des plus remuants seigneurs du Velay, le sire de Rochebaron, qui possédait dans l'archiprêtré de Salgue le château de Montauroux, avait attiré dans le Velay les Bourguignons, les partisans de Jean-sans Peur. Il les introduisit également dans le Gévaudan, combattit dans leurs rangs, et leur prêta l'appui de ses remparts. Bientôt ces rebelles eurent soumis Bagnols, Meyrueis, Cénaret, Marvéjols et menacèrent de s'emparer de tout le reste du Gévaudan, 1418.

Alors se réunirent pour s'opposer à leurs progrès, les sires de Polignac, de Chalencon, de Montlaur, de Peyre et d'Apchier, sous la conduite de Béraud, dauphin d'Auvergne, venu à Salgue pour diriger la résistance en personne.

Mais laissons parler le chroniqueur Médicis :

« Et il y avait grosse bande d'un costé et d'aultre, et pour
« ce qu'en la bande de ceux du Velay avait plusieurs per-
« sonnaiges prochains et affins dudict seigneur de Roche-
« baron, vinrent traiter de paix. Et après plusieurs pourpar-
« lers fust promis sur ce des deux costés de se assembler à
« Salgue, où se trouva le comte Dauphin d'Auvergne,
« messire Jehan de Langeac, sénéchal dudict pays d'Auver-
« gne, et aultres seigneurs et gens notables dudict pays fi-
« rent appoinctement, lequel pour éviter prolixité ne metz
« point ici, et jurèrent tous de tenir ledict appoinctement. »

« Toutefois sçavait bien le seigneur de Rochebaron
« que son maitre le duc de Bourgogne étoit costumier de
« rompre toujours les appoinctements. Ce qu'il fist de cet
« appoinctement mesme, car il ne tint foy ne promesse, ne
« laissa tenir à ses gens, mais le tout réellement rompit :
« qui causa plus grand guerre que devant. »

Cette guerre qui menaça de faire renaître un instant les horreurs des luttes civiles, ne fut pas de longue durée et se termina par un accommodement.

« Les Gévaudanais, apprenant la réconciliation des parties belligérantes, manifestèrent leur satisfaction par des danses et des feux de joie. » (*Inv. Angl. en Gévaudan*, par M. ANDRÉ, p. 72.)

Ce nouvel épisode avait ralenti dans sa marche le relèvement de notre pays de l'état d'appauvrissement dans lequel il était tombé. La gêne et la misère, qui pesaient sur toutes les classes de la société, avaient eu leur retentissement jusque dans la communauté de St-Médard. En effet, nombre de censives reposant sur des terres demeurées incultes étaient devenues illusoires, d'autre part les aumônes usitées, les générosités signalées des âmes pieuses et des grands seigneurs, par la force des choses étaient amoindries ou supprimées, de sorte que la Communauté voyait ses ressources tarir de jour en jour, et surveillait les distributions avec une parcimonie et une sévérité que commandaient les circonstances.

L'un de ses membres, Guillaume Caraud, faisait partie de la maison d'un prélat, pourvu d'un siège éloigné, et n'observait point les lois de la résidence ni de l'assistance à l'office. Le syndic de St-Médard s'autorisa de son absence pour l'éliminer des distributions et lui refuser sa part des jetons accoutumés. Mais Guill. Caraud fit intervenir le Souverain Pontife d'alors, Benoit XIII, qui par un Bref du 26 janvier 1405, exempta le susdit Caraud, de l'assistance aux offices, et ordonna au syndic « de le tenir présent quoique absent » (Archiv. de St-Médard.

Mais cette sévérité dans les distributions ne palliait point la pénurie toujours régnante. La communauté, pour parer à ces maux, imagina un moyen efficace et radical. Les revenus qui ne pouvaient suffire à la subsistance de quarante membres suffiraient à coup sûr à l'entretien d'un nombre moindre. Dans ce but l'on convint d'un accord unanime de ne point remplacer les membres morts ou démissionnaires jusqu'à ce que la Communauté ne comptât plus que seize membres. Une supplique fut alors adressée à Mgr l'Evêque de Mende pour qu'il autorisât cette indispensable innovation.

Ce prélat, Ramnulphe de Péruse d'Escars (év. de 1427 à 1441) donna la ratification demandée par une ordonnance du 24 juin 1430 :

« Le prieur, le curé, les prêtres et les clercs qui composent la communauté du chœur de l'église de Salgue, en notre diocèse, nous ont humblement remontré que leurs biens, leurs revenus et leurs provendes avaient été notablement diminués et même perdus à cause des mortalités, des incursions diverses, des gens d'armes et des Routiers qui sillonnent depuis si longtemps la France et en particulier notre diocèse ; à cause aussi de la mutation des monnaies qui ont eu cours dans le diocèse, enfin surtout à cause de leur grand nombre, car ils sont quarante ecclésiastiques formant la communauté. Ils n'ont que deux cents livres pour eux tous, et encore ce revenu est en la puissance de quelques nobles, qui de jour en jour les harcèlent et les importunent pour faire entrer dans leur communauté ceux qu'ils patronnent. Car tous ceux qui sont nés et ont été baptisés audit lieu prétendent avoir le droit d'être admis sans discussion dans ladite communauté et d'avoir part aux distributions de ses revenus déjà si minimes qu'ils ne suffiraient même pas à sustenter le tiers de cette communauté, et ne pourraient pas lui permettre de s'adonner au service divin dans l'église de Salgue, où continuellement et à chaque jour l'on célèbre l'office divin comme dans les églises Collégiales et Cathédrales. Mais comme les revenus ne peuvent suffire à leurs besoins que pendant un tiers de l'année seulement, la majeure partie est contrainte d'abandonner l'église et d'aller ailleurs chercher d'autre manière sa subsistance. C'est pourquoi ils nous supplient de faire intervenir notre autorité, et de formuler un décret qui réduise leur multitude à un nombre moindre et fixe, en dehors duquel on ne puisse plus les contraindre à recevoir dans leur corps de nouveaux patronnés. »

« Mais comme ceux qui sont députés et choisis pour le service divin ne peuvent durer longtemps s'ils n'ont de quoi subsister et soutenir leur vie, et que l'office divin ne peut se réciter avec assiduité et exactitude si les prêtres sont contraints d'aller ailleurs chercher leur subsistance, comme cette communauté ne saurait longtemps subsister en cet état. . . . . nous avons donné à Maîtres André Durand et Jean Girard, notaires, le mandat et la charge de faire enquête sur tous les points mentionnés dans la supplique. . . . . Enfin cette enquête a constaté, et les terriers ainsi que les registres des censives et rentes de ladite communauté ont démontré que les revenus n'étaient point suffisants pour ce nombre de quarante qui serait convenable pour une église collégiale ou cathédrale, et qu'avec les ressources dont ils disposent, ils ne peuvent décemment vivre et se sustenter. ..... Après mûre réflexion, ordonnons et statuons que ceux qui aujourd'hui font partie de la communauté, soient admis aux distributions jusqu'à la fin de leur vie, mais à mesure qu'ils mourront ou donneront leur démission on ne pourra les remplacer ni en instituer de nouveaux jusqu'au nombre fixé par notre ordonnance, c'est-à-dire jusqu'au nombre de seize personnes, dont dix prêtres et six clercs, ou bien tous prêtres si on ne trouve point de clercs, y compris le prieur, ses deux moines claustraux, le curé et son clerc. Cette réduction sera permanente autant que le droit nous accorde de l'ordonner ainsi..... De plus, à tous nos sujets, aux prieur, curé, chapelains et clercs de Salgue nous défendons, sous peine d'excommunication, d'admettre quelque nouveau membre dans la communauté en remplacement de ceux qui mourront ou donneront leur démission avant d'être réduits au nombre de seize, et de ne recevoir dans ladite communauté, pour compléter le nombre fixé, que ceux qui sont originaires de la paroisse et ont été baptisés sur ses fonts baptismaux, regardant comme vain et non avenu, tout ce qui pourrait être fait à l'encontre de notre ordonnance et des statuts et coutumes depuis si longtemps observés par cette église, confirmés par nos prédécesseurs, et conservant toute leur efficacité..... »

« Fait et ordonné en notre mandement de Balsiège, le 21 juin 1430. » (Communiqué par M. Lascombe ; Arch. de St-Médard.)

Une fois entrée dans cette voie de réduction, la communauté de St-Médard voulut comprendre, dans le nombre fixé, les deux cérophéraires ou enfants de chœur qui aidaient au service de l'autel. Mais le grand vicaire de Mende leur adressa une ordonnance où il était expressément spécifié « que dans le nombre seize de la réduction ne sont point compris les deux cérophéraires ou enfants de chœur, 1436 » (Archiv. de St Médard. Inventaire.)

Une réforme d'aussi haute importance demandait la sanction du Souverain Pontife. A la supplique qui lui fut présentée à cet effet, le Pape d'alors, Eugène IV, répondit par une Bulle (1) adressée à Jean de Bogia, licencié, doyen

(1) BULLE D'EUGÈNE IV. *Eugenius episcopus servorum Dei dilecto filio decano ecclesiæ sancti Petri de Burlaco castrensis dyocesis salutem et apostolicam benedictionem : ea quæ pro divini cultus augmento et personarum illi ascriptarum sustentatione pro-*

de l'église de Saint-Pierre de Burlac, diocèse de Castres, et datée de Ravenne, le jour des ides de mai, l'an 1436, la sixième année de son pontificat.

vide facta censentur et illibata persistant appostolico conveniunt presidio communiri. Quare nuper proparte dilectorum filiorum prioris prioratus Salguiaci ordinis Cluniacensis Mimatensis diœcesis necnon ppetui vicarii ac universorum presbyterorum et clericorum collegii parrochialis ecclesiœ dicti prioratus nobis nuper exhibita petitio continebat quod olim venerabilis frater noster Ramnulphus episcopus Mimatensis attendens fructus redditus et proventus priori vicario presbyteris et clericis supradictis horis canonicis in dicta ecclesia interessentibus tradere solitos propter guerrarum turbines mortalitatem, pestes alias calamitates illas partes diutius affligentes adeo fore diminutos quod ex illis tertia pars presbyterorum et clericorum hujusmodi qui ibidem sunt quadraginta vix potuerant substentari quinymo multi ex his alibi ubi vite necessaria querere cogebantur se plerumque transtulerunt itaque propter ea cultus promissus in ea ecclesia diminitus erat ac plus diminui trepidabatur ac quod aliqui ad nonnullorum nobilium et magnatum ac aliorum importunam instantiam in collegio hujusmodi non sine gravi dispendio eorumque de numero hujus modi erant recipi et admitti procurabant. Ideo episcopus premissa provide consultans ac cupiens super hiis prout ex suscepto pastoralis officio incumbebat salubriter providere inter alia numerum predictum ad sexdecim quorum decem in sacerdotio et alii saltem in minoribus ordinibus constituti ac duos monachos ejusdem ordinis necnon vicarium et unum clericum ecclesie hujusmodi ppetuo computari voluit auctoritate ordinaria et duxit ut omnes pueri cerarii nuncupati cereos sive luminaria in dicta ecclesia pro tempore portantes cum certis aliis de dicto numero decessissent et nulli ibidem qui cereos sive luminaria hujusmodi portarent existerent duo clerici ad portandum cereos sive luminaria de licentia ipsius episcopi ita tamen quod per hoc redductio ipsa in aliquo non infringeretur et donec ad illum deventum foret sub certa pena recepti fuerunt prout hœc omnia et alia in litteris authenticis superius confertis dicitur contineri. Pro parte prioris, vicarii presbiterorum et clericorum predictorum nobis fuit humiliter supplicatum ut reductioni statute voluntati ordinationi et receptioni predictis ac aliis indictis litteris constet pro eorum subsistentia firmiori robur apostolicœ confirmationis adjicere de benignate appostolica dignaremur. Nos Igitur qui de premissis certam notitiam non habemus hujusmodi supplicationibus inclinari discretioni tuœ per appostolica scripta mandamus quathenus super prœmissis omnibus et singulis eorumque circumstanciis universis auctoritate nostra te diligenter informes et si per informationem hujusmodi ita esse inveneris, super quo tuam conscientiam oneramus redductionem et alia supradicta omniaque et singula in prœfatis litteris contenta prout rationabilia fuerint dicta nostra auctoritate approbes et confirmes eaque facias inviolabiliter observari contradictores per censuram appostolicam appellatione postposita

L'acte d'expédition de cette Bulle fut fait et dressé par ce même Jean de Bogia, le samedi, 8 novembre 1438. (Archiv. de St-Médard.)

Cette réduction de la Communauté de St-Médard fut approuvée par le chapitre cathédral de Mende dans une réunion capitulaire du 7 août 1431.

Le siège épiscopal n'étant point vacant en cette époque, nous ne voyons pas à quel titre ni en quelle qualité, les chanoines de Mende pouvaient intervenir en cette circonstance (1).

La terre et le mandement de Salgue appartenaient en ces jours-là à Mgr Robert Dauphin (2), évêque d'Albi, de la famille des Dauphins d'Auvergne et comtes de Clermont.

C'est, avec Odilon de Mercœur, évêque de Mende (1249), et Odilon, prévôt de Brioude (1289), le troisième prélat que Salgue ait eu pour seigneur et maitre. Dès lors, on s'explique aisément que cette ville ait possédé un si grand nombre d'ecclésiastiques, et que cette communauté de prêtres séculiers se soit trouvée, au moins dans ses deux premiers siècles d'existence, si prospere et si florissante.

Si ces prélats se montrèrent bienveillants pour elle, ils ne le furent pas moins pour le reste des habitants.

Robert Dauphin, ému de l'état pitoyable dans lequel les calamités publiques avaient jeté ce pays, voulut aider à son relèvement et pour cela lui concéda des lettres d'affranchissement qui font époque dans notre histoire :

« Nos chers et fidèles hommes du mandement et lieu de

---

compescendo. Non obstante si aliquibus omnino vel divisim a sedᵉ apostolica sit indultum quod interdici suspendi vel excommunicari non possint per litteras appostolicas non facientes plenam et expressam ac de verbo adverbum de indulto hujusmodi mentionem. Datum....... anno incarnationis dominicæ millesimo quadringentesimo tricesimo sexto septimo ydus maii pontificatus nostri anno sexto.

(Archiv. de St-Médard. Copie relatée dans le procès-verbal de L. Escharne.)

Eugène IV, Vénitien d'origine, fut Pape de 1431 à 1447.

(1) Une copie de cette délibération capitulaire des chanoines de Mende est conservée aux archives de St-Médard de Saugues.

(2) Robert Dauphin, religieux de la Chaise-Dieu, devint abbé d'Issoire puis évêque de Chartres et d'Albi, et fut enterré dans l'église des Cordeliers de Brioude. Il était fils de Béraud II de Mercœur et de Marguerite de Sancerre. On lui avait donné entr'autres choses la ville de Saugues en apanage.

Salgue ont passé par une telle série de grandes désolations, de perplexités et de pénurie, à cause des fréquentes incursions d'hommes d'armes en ce lieu de montagnes et de hauteurs peu fertiles, à cause des mortalités et des stérilités qui continuellement les ont accablés, à cause aussi du manque d'union, du défaut d'entente et de fraternité dans l'administration, soit dans leurs propres affaires, soit en ce qui nous concerne, que sans notre licence et sans l'autorisation de nos officiers ils ont osé s'assembler pour traiter de leurs intérêts et à cause de cela ont souffert et souffrent encore de grandes vexations. Pour ne point les priver du droit de s'occuper de leurs intérêts et de ceux de la Communauté, les voyant d'ailleurs appauvris, décimés, diminués et divisés, errants et prêts à quitter ce lieu et à l'abandonner à tout jamais, tellement accablés qu'ils ne peuvent se relever sans notre secours, et nous demandant humblement de venir à leur aide..... nous avons donné et par les présentes donnons à nos fidèles et chers hommes de notre lieu de Salgue, à eux et à leurs successeurs qui habiteront à l'avenir audit lieu, la faculté d'avoir, de posséder et d'acquérir une maison qui sera dénommée la maison consulaire, dans laquelle les habitants pour les affaires du roi, pour leurs intérêts propres et pour ceux de la Communauté, pourront se réunir au jour et à l'heure qu'il leur plaira sans en demander l'autorisation ni à nous, ni à nos officiers présents et futurs. Ils pourront également élire un, deux, jusqu'à trois consuls, mais pas davantage, choisis chaque année par la partie la plus saine des habitants qui jureront de laisser de côté toute faveur, toute rancune, toute inimitié dans le choix qu'ils vont faire des officiers de la communauté. »

« Ces consuls, une fois élus, devront au même jour se présenter à notre bailli du lieu de Salgue, ou à son représentant et lui prêter sur le saint Evangile serment de se conduire dans leur administration avec sagesse et fidélité..... de répartir les tailles suivant la qualité et les ressources de chacun, de les lever et de rendre de leur gestion un compte exact et fidèle à la Communauté ou à ses délégués. »

« Nous donnons auxdits consuls la faculté de nommer un ou plusieurs syndics ou procureurs avec toute puissance de comparaître devant les tribunaux et de les suppléer dans toutes les causes, excepté dans celles qui nous seraient intentées à nous et à nos successeurs. »

« Les consuls pourront prendre à leur usage et pour la

communauté, aux frais d'icelle, un valet, dénommé le valet des consuls, qui aura pour mission d'appeler au conseil dans la maison consulaire les habitants de la cité, toutes les fois qu'il sera expédient. Ledit valet pourra aussi indiquer à chacun la part qui lui incombe des impôts imposés par nous et par le roi. »

« Et aussi pour que les rues de la ville soient tenues avec plus de décence et de propreté, pour que la putréfaction des détritus, des eaux fétides, des eaux sanguinolentes n'engendrent plus de maladies ni d'épidémies pestilentielles, nous défendons aux habitants de faire une chaussée ou un aqueduc aboutissant à la voie publique sans l'avoir fait visiter par les Consuls et autoriser par le Seigneur du lieu. »

« Nous ordonnons aussi que ceux qui possèdent une maison contiguë au mur de la cité, si le mur vient à crouler ou à être endommagé en cet endroit, soient tenus à leurs frais et dépens de refaire ledit mur dans toute la longueur de leur maison. »

« Bon nombre de personnes de la campagne environnante venant aux foires et marchés de la ville de Salgue, sont molestés, appréhendés au corps, et tourmentés de plusieurs manières. Comme ces vexations ont fait tomber en discrédit les marchés de Salgue, nous défendons à tout jamais que ceux qui viennent aux marchés ou aux foires de Salgue, pour l'aller comme pour le retour, soient arrêtés ou molestés, excepté le cas seul où un crime nécessiterait l'arrestation. Ceux de nos officiers ou de nos sujets qui arrêteraient dans toute autre condition seraient sévèrement punis. »

« Les habitants dudit lieu qui ont coutume d'acheter ou de vendre du sel, en le portant pour le vendre en gros, doivent suivre la coutume ancienne, et se servir exclusivement de la mesure en usage sous peine de confiscation du sel lui-même. »

« Enfin par les présentes nous approuvons et confirmons tous les privilèges concédés aux habitants de Salgue par nos prédécesseurs....

..... « Donné à Léotoing, le dernier jour d'oc'obre l'an 1434 (1). »

(1) *Annales de la Soc. Académ du Puy*, t. 14. Publié par M. DE LABRETOIGNE.
Les villes affranchies jouissaient, pour la plupart, du privilège d'avoir des armoiries. Nous regrettons, faute d'éléments réguliers, de n'avoir pu faire graver, en tête de ce volume les armes de notre cité.

— 107 —

Jusqu'à ce jour, l'administration civile, précaire et insuffisante appartenait intégralement au seigneur.

Son procureur, appelé le bailli du seigneur (1), gérait les intérêts de la ville, écoutait les doléances et les requêtes, assurait le maintien du bon ordre, s'occupait des améliorations et des mesures utiles à la défense ou à la sécurité publiques, et enfin validait et ratifiait les actes et les contrats de toute nature (2).

L'autorité du bailli ne s'exerçait ni sans limite, ni sans contrôle, et ses actes, lorsqu'ils devenaient arbitraires, étaient réprimés par les tribunaux supérieurs, comme on l'a vu, dans le cas du sgr. de Montchauvet, en 1336.

L'érection de Salgue en commune modifia cet état de choses et enleva au bailli une partie de l'administration civile.

Les consuls eurent d'abord pour mission de gérer les intérêts de la Communauté, et de répartir les tailles et les impôts suivant la fortune de chacun, mais la nécessité étendit bientôt leurs attributions et leur pouvoir prit une extension plus considérable.

L'exercice de la police leur sera plus tard dévolu, avec les droits nécessaires pour en assurer le fonctionnement.

Cette faculté donnée aux habitants de pouvoir s'assembler pour s'occuper de leurs propres intérêts, cette création

Une note transmise par la Direction de la Bibliothèque Nationale, (24 fév. 1899), nous informe que « *les armes de la ville de Saugues ou Salgue, en Gévaudan, n'ont pas été enregistrées dans l'Armorial général Le nom ne figure pas à la table.* »

D'autre part, une délibération du 4 juillet 1791, (Reg. municip. de Saug.) les décrit ainsi : « Un S couronné et deux poignées de soge (*sic*) aux deux côtés de la lettre S, vers le bas de l'écusson. »

Une seconde délibération du 14 août 1852, parle « d'un fond sablé d'argent (!) avec un S surmonté d'un soleil et deux branches de gui de chêne. »

Enfin les armes gravées sur la porte en fer de la mairie, diffèrent notablement de celles ci-dessus mentionnées. De sorte qu'à travers ces éléments incorrects et contradictoires il est difficile de reconstituer des armoiries conformes aux règles de l'art héraldique.

(1) Ce rôle de bailli de Salgue est occupé par Guill. de Tailhac en 1311, Guigou Roget en 1331, G. de Montchauvet en 1336, Hugues de Chavanhac en 1348, Rancon de Rochefort en 1376, et Lucas Amargier en 1490.

(2) C'est pourquoi, dans la plupart des testaments de cette époque, on trouve des legs faits au seigneur de Salgue, pour obtenir sa ratification. Vidalette Cubière lui lègue cinq sols.

du consulat qui était comme une tête et une direction intelligente devant présider aux délibérations de la communauté, étaient d'un heureux augure pour la prospérité de l'avenir. Ces concessions bienfaisantes firent bénir à tout jamais la mémoire du seigneur suzerain de Salgue, Robert Dauphin, évêque d'Albi. Car l'histoire dont le devoir est de flétrir le nom de ceux qui par l'injustice et la tyrannie furent un fléau pour leur pays, sait aussi garder et perpetuer la mémoire de ceux qui en furent les bienfaiteurs.

Robert Dauphin se recommandait encore par d'autres bienfaits d'ordre secondaire.

On lui doit la fondation de la chapelle Ste Madeleine dans l'église St-Médard.

« Pierre et Louis Mayronnenc, fils d'Anthoyne, du lieu de Plombières (Beauregard), paroisse de Salgue, cèdent pour 18 sols tournois, au collège de St-Médard de Salgue, la pension et le cens annuel destinés à supporter la charge de la fondation de la chapelle Ste Madeleine, dans l'église de St-Médard de Salgue, fondée par notre vénéré père en J.-C., Dauphin, évêque d'Albi, pour la célébration d'une messe quotidienne à perpétuité. Cette messe sera dite à la neuvième heure. Les témoins sont X... de Vallat.... Amargier, Pierre Rigauld et Pons Planchette qui a rédigé le présent acte au lieu et place de Guill. Planchette, notaire défunt, 1455 (1).

De plus, en 1447, ce même prélat accorde à la communauté de St-Médard certains droits qu'il possède à La Roche, Prades et St Berain pour couvrir cette même fondation de la chapelle Ste Madeleine.

Aux Dauphins d'Auvergne revient encore la fondation d'une chapelle que l'on ne retrouve plus aujourd'hui, et dont on ne soupçonnerait même pas l'existence, si les documents n'étaient là pour l'affirmer.

« Guillaume Crosen, habitant de la ville de Salgue, reconnaît tenir de noble homme Bernard Olcon, vicaire de la chapelle St-Jacques, la provicairie de ladite chapelle, et promet de lui payer à cette effet, une censive chaque année, au jour de St Michel. »

« Cette chapelle édifiée par les magnifiques et puissants seigneurs de Mercœur, en l'honneur de saint Jacques, est située dans l'enceinte de la ville de Salgue, aux abords du *Chastel-Viel*, auprès du thérond de Pierre

---

(1) Archiv. de St-Médard, n° 58.

Plantin sur le chemin qui conduit au ruisseau Saint-Jean, et à côté du jardin d'Antoine Amargier. »

« Daté dudit Salgue, le 28 mars 1449. » (Archiv. de St-Médard, n° 97.)

Il est difficile de préciser l'endroit où s'élevait jadis cette chapelle, les remaniements successifs que les guerres, les incendies et la vétusté ont fait subir à ces quartiers rendent presqu'impossible la solution de ce problème.

Cette église une fois détruite, comme la dévotion à saint Jacques était en grand honneur à Salgue, son culte fut conservé et reporté dans une chapelle fondée sous ce vocable en l'église paroissiale de St-Médard.

Cette chapelle eut son vicaire, et les redevances, reposant sur le territoire de Chastel-Viel, lui furent attachées. Plus tard, Pierre Plantin, cordonnier, déclarera devoir au vicaire de la chapelle Saint-Jacques, en l'église de Salgue, un carteron de cire de cens pour une tannerie sise au Chastel-Viel. (N° 365. Inventaire de Saint Médard.) Nombre de reconnaissances semblables intéressant la chapelle Saint-Jacques sont signalées dans la suite.

C'était d'ailleurs l'une des chapelles qui avaient le plus de fondations de messes ou de prières liturgiques. D'abord la messe de l'aube, tous les jours, à basse voix, puis des messes avec diacre et sous-diacre, le jour de S. Jacques, fondées par Jacques Planchette, par les confrères chapeliers, par M° Médard Julien, notaire royal, celle de S. Yves, et d'autres fixées à divers jours de l'année.

L'origine de cette dévotion provient sans doute de ce que Salgue était un lieu de passage fréquenté par les pèlerins de St-Jacques de Compostelle.

L'hôpital de la ville était dédié à S. Jacques, et suivant un mémoire retrouvé parmi ses titres, le nombre des pèlerins ou des malheureux hébergés par lui atteignait quelquefois le chiffre de 280.

Une note manuscrite, communiquée par feu M. le marquis de Chanaleilles, affirme que l'Hospitalet, jadis élevé au sommet de la Margeride et aujourd'hui détruit, avait été fondé dans le but de recueillir et d'abriter les nombreux pèlerins que les intempéries, la fatigue ou la nuit survenue obligeaient à s'arrêter en route, soit à l'aller, soit au retour de St-Jacques de Compostelle.

On lit dans le procès-verbal de visite des églises de Salgue en 1650, que la chapelle de l'Hospitalet était dédiée à S. Jacques et à S. Roch ; le curé de Thoras, chaque année, au jour de S. Jacques, y venait dire la messe, et pour ce, avait droit à son bois de chauffage.

En cette époque existait, en dehors de l'église paroissiale, la chapelle St-Jean (1), qui, sans doute, devait avoir une certaine affinité avec le ruisseau appelé « ruisseau de St-Jean ». C'est dans cette chapelle de St-Jean qu'en 1293, fut dressé l'acte de ratification de la vente faite par Falcon de Villaret, à la communauté, en présence d'Etienne Bermen, prieur de Salgue, et Géraud Paschasius, curé.

Elle possédait une chapellenie dédiée à Ste-Catherine, fondée par Raymond Itier, seigneur de la Clause.

Le 28 février 1397, l'évêque de Mende fait collation en faveur de Jacques Rigaud, de la chapellenie de Ste-Catherine fondée en l'église St-Jean de Saugues par Raymond Itier et vacante par la mort d'Etienne Blanc, sur la présentation de noble Béraud de Lenthon, chevalier (2).

En 1376, Mre Vital Belin, maitre en médecine et chanoine du Puy, fonde dans l'église de Salgue la chapelle du Saint-Esprit (3). Diverses fondations furent faites plus tard en cette chapelle, trop peu importantes pour être ici relatées.

En 1476, une église fut élevée au village des Plantats :

« L'un des plus anciens, Jean Conte, dans une requête à l'évêque de Mende, lui exposa que ce lieu des Plantats, paroisse de Salgue, étant à une distance considérable du chef-lieu, le trajet était pénible, et l'accès fort difficile, à cause de la pluie et de la neige qui, de l'avis de tous, règnent en ces pays pendant la plus grande partie de l'année. »

« C'est pourquoi, avec l'assentiment épiscopal, il avait résolu d'édifier et de construire une chapelle en l'honneur de Notre-Seigneur et de la B. V. Marie, et de la doter de revenus suffisants pour l'entretien d'un chapelain. »

« Nous concédons, répondit l'évêque de Mende (Jean « Petitdé, 1474-1478) audit Jean Conte, la faculté d'ériger

---

(1) Cette chapelle reçoit pour sa lampe, le 29 septembre 1357, six deniers par testament de Raymonde Galluard, de Salgue. Elle avait un prieur pour la desservir et des fondations en sa faveur. Le 24 février 1353, Vital Borel, prêtre prieur de l'église Saint-Jean de Salgue, au nom de cette église, donne en emphytéose à Jean Bodin, du Cros, le mas appelé « lou Montel sur le Cros », sous la censive de six setiers seigle, deux d'avoine et 30 sols d'argent. (Inventaire de St-Médard, n° 207.)

(2) Montenier, notaire à Mende, f° 52. Communication de M. Porée, archiviste.

(3) Archives de Mende, G. 2063.

« une chapelle, avec une seule cloche, audit lieu des Plan-
« tats. Le droit de patronage et de présentation appartien-
« dra audit Jean Conte. Nous nous réservons la collation
« et l'institution pour nous et nos successeurs. »
« Donné à Mende, le 17 avril 1476, après Pâques (1). »
Cette église des Plantats (2), jusqu'en 1789, fut une

LES PLANTATS (*Esplantas*)

simple annexe de Salgue, desservie par un prêtre qui portait le titre de vicaire, de chapelain ou même quelquefois de curé.

(1) *Tablettes du Velay*, Ad. LASCOMBE.
(2) Le château-fort et la terre des Plantats faisaient partie jadis du

Parmi ces desservants on signale les noms suivants :
Jean Comte. 1627. — F^ois Comte, 1650. — Laffon, 1694. — L. Farizier, 1702 — Vidal Tranchecoste, 1708. — Rampand, 1789.

Dix ans après, en 1486, une annexe semblable fut créée au petit village de Servières, au pied d'un des sommets les plus élevés de la Margeride.

Sur le versant nord-est d'un mont appelé jadis « *la pelade de Montchauvet* (1) », se cachait, au milieu d'épais taillis de hêtres, le manoir des Sires de Montchauvet, seigneurs de Servières. Ce village de Servières, un peu plus loin et un peu plus bas, étage ses modestes maisons sur des roches à pic d'un côté, et de l'autre aboutissant à de maigres champs, à de stériles pâturages coupés de bouquets de pins ou d'énormes blocs de granit. Aux pieds de Servières, à travers de fécondes prairies qui se rétrécissent bientôt en un étroit vallon, courent et bouillonnent les ondes limpides et poissonneuses de ce mince filet d'eau qu'est le Suéjols non loin de sa source.

Le chef-lieu de la paroisse, Salgue, était à plus de deux lieues ; à cette altitude d'au moins 1100 mètres, à cet aspect glacial, l'hiver a des rigueurs insolites et des longueurs dont on ne se doute pas en des zones plus fortunées. En temps de neige, il était difficile de venir chaque dimanche à la messe, il était plus difficile encore, quelquefois même impossible de porter les défunts au cimetière paroissial. Aussi noble Jean de Chastel, le successeur des Montchauvet à la seigneurie de Servières, et les habitants du lieu, lassés de la condition pénible qui leur était faite, pour remédier à

patrimoine des Dauphins d'Auvergne, seigneurs de Salgue, qui en disposèrent dans la suite.

Il y avait toutefois des seigneurs de ce nom, qui ne sont plus signalés après le 14me siècle écoulé. Pons des Plantats en 1289 et en 1311 fait partis de la Communauté de Saint-Médard.

La seigneurie des Plantats appartient, en 1547, à Armand de Sinzelle, époux de Marie Louhette de Calvisson ; en 1608 à Marie de Pel educ, épouse d'Alexandre de Séneujols ; en 1634 à messire Annet de la Roue, seigneur et baron d'Usson, et après lui à messire de la Fage de Ribes. Cette dernière famille l'a conservée jusqu'en 1789.

(1) Cette appellation semble justifiée par l'apparence que revêt la croupe arrondie et complètement dénudée de ce sommet, tandis que de maigres taillis de hêtres, plus rabougris à mesure qu'ils s'éloignent du pied de ce mont, lui font jusqu'à mi-côte une couronne de verdure.

Le Montchauvet a plus de 1400 mètres d'altitude.

cet état de choses se réunirent et passèrent l'accord suivant :

« Le 24 oct. 1485, par devant Géraud Planchette, notaire, entre noble Jean de Chastel, sgr. de Beau-Retrait et de Sanhelongue, paroisse de St-Symphorien, diocèse de Mende, d'une part, et Guill. Laurent, Guyot Laurent, Jean Doys, Jean Bonet, J. Arnaud, Guigues Terrisse, J. Fabre, Guil. Terrisse, Vital Gibelin, Mathieu Biscarrat, Jacques Valès, habitants de Servières et Pierre Cayreil, de Mourènes, paroisse de Salgue, d'autre part, sont faites les conventions qui suivent. Ledit noble J. de Chastel s'engage à demander à l'Ev. de Mende l'autorisation de bâtir une chapelle ou église audit lieu de Servières. Les habitants déjà cités doivent, chacun suivant ses moyens, contribuer à l'édification de cette chapelle. Celle-ci une fois construite, noble J. de Chastel promet de la doter de revenus suffisants pour la sustentation d'un prêtre qui puisse y vaquer au service divin. La nomination à cette chapelle, toutes les fois qu'elle sera vacante, appartiendra à perpétuité audit de Chastel et à ses successeurs. Toutefois, il devra la conférer à un prêtre originaire de Servières, s'il s'en trouve, de science suffisante et de bonnes mœurs ; s'il ne s'en trouve pas qui soit originaire de Servières, il pourra choisir celui qui lui conviendra.

« L'édification de cette église devra être terminée dans le délai d'une année à dater de la prochaine fête de tous les Saints ; la fondation devra être assurée et complétée dans les trois années suivantes.

Il est convenu que ledit de Chastel doit fournir, pour le service du prêtre, un calice et une patène en argent, jusqu'à concurrence d'un marc d'argent, ainsi qu'un petit autel. Guyot Laurent s'engage à procurer les ornements sacerdotaux nécessaires pour la messe, jusqu'à concurrence de 55 sols, Guill. Laurent les images ou tableaux jusques à la valeur de deux sols six deniers, Jean Doys une croix de dix sols tournois, Jean Bonet une nappe de sept sols et sept deniers tournois, Guigues et Guill. Terrisse une nappe semblable, Jean Fabre une sonnette ou « eschinla » (1), Jacques Valès un bassin de trois sols tournois.

Vital Gibelin promet, pour le prochain reinage en l'honneur de St-Claude, qui sera le patron de la chapelle, six livres de cire. Mathieu Biscarrat doit donner, pour le luminaire de la chapelle, une brebis bonne et de valeur suffisante, et une livre de cire pour faire un cierge.

(1) Une sonnette se traduit en patois par « une eschinla ».

Chateau de Servières

Ledit Jean de Chastel, au nom de son fils Claude, promet une statue de saint Claude, un crucifix, une statue de la sainte Vierge, pour la décoration de la chapelle (1).

L'autorisation demandée fut accordée par F°ᶦˢ Alamand, vicaire général du diocèse de Mende, à noble Jean de Chastel, le 21 août 1486. La chapelle devait être placée sous le vocable de St-Claude (2).

Les pouvoirs des prêtres desservant ces annexes étaient assez restreints. En 1694, Laffon, à Esplantas, se voit discuter par le curé de Salgue le droit de publier les bans de mariage des habitants du lieu. A Servières, le prêtre faisant fonctions de curé, mentionne quelquefois dans les registres, à l'inscription des mariages, qu'il a procédé par congé et autorité du curé de Salgue.

(1) Communiqué par M. l'abbé Redon, curé de Servières. Ce document provient des archives de M. le baron de Vinols, Fonds des Chastel.

(2) *Ibid.*

CHAPITRE XIII

Lettres de sauvegarde données à la Communauté de St-Médard par le roi Charles VII. Le nombre de ses membres est augmenté jusqu'à vingt-cinq. Lettres d'amortissement de Loys de Bourbon.

Une ère de jours meilleurs allait s'ouvrir pour la Communauté des prêtres et clercs de St-Médard.
En 1439, le roi de France, Charles VII, lui adressait des lettres de sauvegarde qui la mettaient sous sa protection immédiate :
« Voulant veiller à ce que les personnes adonnées au service du Seigneur puissent y vaquer en paix et tranquillité, et jouir de leurs biens avec pleine sécurité, nous mettons sous notre protection royale et sous notre sauvegarde spéciale le prieur, le curé, les prêtres et les clers formant la communauté de St-Médard de Salgue, avec leurs biens, leurs droits et tout ce qu'ils ont en leur possession.
« Nous nommons Guill. Alison, Thomas Coste, Etienne Bonnet, Laurent Merle, etc., etc., pour veiller à ce que tous les membres de la Communauté puissent jouir en paix de leurs possessions, droits, franchises, libertés et juridictions, pour les préserver et les mettre à l'abri de toute inquiétude, injure, violence, oppression ou empêchement de toute nature que l'on pourrait mettre en œuvre contre eux. Et afin que ladite communauté puisse revenir à la prospérité dont elle jouissait jadis, ces lettres de sauvegarde par nous données seront publiées et notifiées avec menace des peines les plus graves contre ceux qui en violeront la teneur.
« Que si un différend s'élève entr'eux et un habitant de la cité, la cause viendra devant le roi qui nommera des juges pour trancher la question. » (Arch. de St-Méd.)
Ainsi hautement patronnée, la communauté de Saint-Médard mit à profit ces heures de faveur. Avec la paix venue, la sécurité reparut et l'on put librement vaquer aux travaux des champs; par suite, les revenus arrivèrent plus régulièrement, les largesses des fidèles se renouvelèrent avec

l'abondance et bientôt, grâce à leur petit nombre, les prêtres de St-Médard retrouvèrent l'aisance d'autrefois.

Ils possédaient déjà, donnée par la munificence des seigneurs de Mercœur, la moitié du four banal, lorsque « le 11 juillet 1447, leurs procureurs achetèrent de noble dame Miracle de Borne, veuve de feu Guillaume de Pouzols, de St-Just-près-Chomelix, diocèse du Puy, la moitié du four et du fournage de ladite ville de Salgue, lequel four et fournage elle possédait par indivis avec lesdits prêtres et clercs de St-Médard. Ladite communauté achetait en même temps les droits, les émoluments et les charges, les censives et les revenus attachés à cette moitié, avec quelques droits sur certaines parties de maisons sises à côté dudit four. Le tout au prix de trois cent dix-neuf livres et quinze sols tournois (1). »

On verra plus loin en quoi consistait cette banalité du four de la ville, quels en étaient les droits et les émoluments et de quelles dissensions elle fut la cause.

Enfin les libéralités affluèrent de telle sorte et les fondations furent faites si généreusement que la communauté de St-Médard se vit bientôt dans l'impuissance d'y suffire, à cause du nombre restreint de ses membres.

C'est pourquoi le 14 mars 1451, sous l'épiscopat de Guy (2), dom Jean d'Alzon, camérier d'Issoire et prieur de Salgue, Laurent Trémolière, curé dudit Salgue, Alexandre Laurent, Bertrand du Prat, et autres prêtres et clercs formant la communauté de St-Médard, réunis, suivant l'usage au son de la cloche dans leur maison commune, choisissent et nomment Maitre Gérard Bompar, bachelier ès-lois et décrets, et Benoît Rigaud, prêtre, comme procureurs et délégués auprès du Souverain Pontife, ou au moins auprès de son légat en France, pour solliciter au nom de la communauté les faveurs suivantes :

1º Le droit d'augmenter ses membres, jusqu'au nombre de vingt-cinq.

2º L'autorisation pour les prêtres et les clercs ayant reçu les ordres sacrés de porter le nom de chanoines, et pour les clercs dans les ordres mineurs, le nom de choriers.

3º La faculté d'avoir, de la fête de tous les Saints au jour de Pâques, des capes noires dans le chœur.

Guillaume d'Estouteville, cardinal du titre de St-Martin

(1) Archiv. de St-Médard, nº 224.
(2) Guy de la Panouse, évêque de Mende, 1445-1468.

des Monts, et légat du St-Siège auprès du roi de France, fit le meilleur accueil à leur requête, et par une bulle adressée à vénérable messire Louis Escharne, chanoine du Puy, pour être par lui fulminée après l'enquête en usage, leur donna les autorisations demandées (1).

(1) « Gulhermus miseratione divina tituli *sancti Martini in Montibus* *sacro-sancte romane ecclesie presbiter cardinalis de Estoutevilla vulgariter nuncupatus in regno Francie singulisque Galliarum provinciis apostolice sedis legatus dilectis nobis in Xro officiali Mimatensi et Ludovico Escharne canonico Aniciensi salutem in Domino. Inter multiplices curas que ex nostre legationis officio nobis incumbunt illam libenter amplectimur per quam in ecclesiis et aliis puis locis quibuslibet devote sollicitudinis studio veneretur altissimus et animarum propagata salute divinorum cultus continuum suscipiat incrementum. Sane pro parte nobis in Xro d'lectorum prioris Salguiaci, ordinis Cluniacensis et vicarii perpetui, nec non presbyterorum et clericorum ecclesia sancti Medardi eiusdem loci Mimatensis dyocesis nobis nuper oblata petitio continebat quod licet antiquis temporibus in dicta ecclesia fuissent numero triginta aut quadraginta persone ecclesiastice inclusis priore duobus claustralibus ac sacrista et vicario ppetuo qui curam animarum ipsius ecclesie exercebant ad inibi Deo serviendum instituti nihilominus tamen quia propter guerrarum calamitates que partes illas, proh dolor! diutius afflixerunt, fructus et redditus ipsius ecclesie adeo successu temporis erant diminuti ut ex ipsis vix media pars dictarum personarum sustentari valebat. Episcopus pro tempore dicti loci ordinarius hec sic considerans dictum numerum trigenta ad numerum sexdecim paulatim post decessum aliquorum ex eis reduci constituit prout tandem reductus extitit districte et sub excommunicationis pœna priori vicario et claustralibus predictis inhibendo ne unquam aliquo pacto huiusmodi numerum sexdecim transcenderent seu augmentarent. Que quidem reductio nedum tunc per capitulum mimatensem sed etiam per felicis recordationis dominum Eugenium ppam quartum postmodum extitit confirmata et approbata. Verum autem, sicut eadem petitio subiungebat postquam guerrarum ille furor, volente pacis auctore domino, procul depulsus cecinnit et omnibus in tranquilla portu repositis pax tandem in ipsâ patria refloruit, fructus redditus et proventus dicte ecclesie paululum recuperati sunt et augmentati ita ut nunc pro viginti quinque personis ecclesiasticis honeste sustentandis satis sufficere videantur, ea propter prior, vicarius, presbyteri et clerici predicti cupientes ut in eorum ecclesia cultus in dies magis ac magis excrescat, nobis humiliter supplicarunt quathenus eis ut huiusmodi numerum sexdecim usque ad viginti quinque velde presbiteris vel de clericis aut de utrisque secundum quod melius et expedientius videbitur augmentare, et illos eligere et nominare possent licentiam et facultatem misericorditer concedere dignaremur. Nos idcirco eorum in hac parte supplicationibus inclinati, attendentes quod ad ea que divini cultus honorem et augmentum respiciunt nostrum tenemur præbere consen-*

Le délégué, après la procédure et les formalités usitées, prononça la sentence suivante :

« Nous Louis Escharne, licencié-ès-lois, chanoine de l'église de la B. V. Marie du Puy, commissaire délégué pour fulminer les lettres apostoliques à nous adressées par le cardinal d'Estouteville, légat du St-Siège dans le royaume de France, dans le but d'accomplir le mandat qui nous a été confié, après une enquête diligente et une sévère information, soit par l'examen des titres, des terriers, procès

sum discretioni vestre et cuiuslibet vestrum per hec scripta, sufficienti ad hoc potestate suffulti, tenore presentium comittimus et mandamus quathenus si vobis aut alteri vestrum post diligentem prehabitam informationem de premissis assertis, legitime constiterit, fructusque et redditus huiusmodi ad condecentem et honestam viginti quinque personarum sustentationem ut præmittitur, sufficere, super quibus vestras conscientias et cuiuslibet vestrum oneramus, ipsis priori et aliis predictis ut eidem numero sexdecim alios quos voluerint usque ad viginti quinque dummodo ad hoc reperiantur y donec adjungere, nec non, postquam adiuncti fuerint omnibus ut huiusmodi beneficia seu cotidianas distributiones resignare seu alias quomodolibet dimittere et loco dimissorum alia beneficia recipere et retinere libere possint et valeant eisdem auctoritate et tenore licentiam et facultatem concedatis seu alter vestrum concedet. Et nihilominus eisdem tanquam capitulo, quotiens illos seu aliquos ex eis decedere contigerit, ius instituendi et ordinandi alios sicut hactenus consueverunt reservetis, Decernentes, si id ex consuetudine aut statuto confirmato observatum hucusque esse reperieritis, ad id nullos quoscumque preter quam patriotas et in fontibus baptismalibus dicte ecclesie baptisatos debere admitti. Et insuper eosdem priorem, vicarios et alios predictos a quibuscumque excommunicationum sententiis tam per dictum episcopum quam postmodum per prefatum dominum Eugenium in quoslibet contra facientes quomodocumque latis si quas forsam premissorum occasione incurrant in forma ecclesie consueta absolvatis, iniuncta eis pro modo culpe penitentia salutari, constitutionibus apostolicis ceterisque contrariis quibuscumque nequaquam obstantibus. In quorum omnium et singulorum fidem et testimonium presentes litteras per secretarium nostrum infrascriptum fieri et subscribi nostrique sigilli iussimus appensione muniri. Datum Nannetis anno Incarnationis dominice millesimo quadringentesimo quinquagesimo secundo die vero quarta aprilis Pontificatus sanctissimi in Xro patris et domini nostri domini Nicolai divina providentia pape quinti anno sexto. »

(Communic. de M. l'abbé Mercier. Une copie est relatée dans le procès-verbal de L. Escharne, Archiv. de St-Médard.)

Guillaume d'Estouteville (1403-1483), fut d'abord religieux de St-Benoît, puis successivement évêque de Maurienne, Digne, etc, archevêque de Rouen, et enfin cardinal en 1451, il fut envoyé en qualité de légat auprès de Charles VII, par le pape Nicolas V. Il mourut en 1483.

divers et lettres patentes, soit par l'audition de témoins dignes de foi, nous déclarons que les faits et raisons allégués par lesdits prieur, vicaire, prêtres et clercs de Saint-Médard dans leur requête, sont exacts et dignes de créance.

« Il est vrai, en effet, que les revenus, les aumônes et les largesses quotidiennes faites par les fidèles dans ladite église de St-Médard sont suffisants pour la sustentation honnête et décente de vingt-cinq personnes formant soit un chapitre, soit un collège ou une communauté, en conservant la mode et la forme des distributions faites à ceux qui assistent à la messe, aux heures canoniales et aux offices divins célébrés dans ladite église.

« C'est pourquoi, en vertu de l'autorité dont nous avons été revêtu, à vous, prieur, vicaire, prêtres et clercs de St-Médard, réunis en collège, nous vous donnons la faculté et le droit de choisir et d'élire qui vous voudrez, jusqu'au nombre de vingt cinq, soit prêtres, soit clercs, soit des uns et des autres selon qu'il vous paraîtra meilleur, compris dans ce nombre de vingt cinq le prieur, les deux claustraux et le clerc sacristain du prieur, à condition que les élus seront dignes et capables. Cette augmentation une fois faite, chacun de vous « *pourra résigner son bénéfice, abandonner ses distributions pour en accepter d'autres ailleurs ou les retenir librement si cela lui semble bon. Et toutes les fois que l'un de ceux que vous allez vous adjoindre ou que vous vous serez adjoints viendra à décéder, il vous sera permis, de même que dans un chapitre, d'en nommer et instituer, comme par le passé, un autre à sa place ; nous formulons toujours cette réserve que ceux-là seuls pourront être admis, qui sont nés dans la paroisse et qui ont été baptisés aux fonts baptismaux de ladite église paroissiale de St-Médard.* »

La sentence lue, Gérard Bompar, au nom des prêtres dont il était le procureur, et par l'organe de M*re* Rassac, son avocat, demanda à être relevé des sentences d'excommunication portées soit par l'évêque de Mende, soit par le S. Pontife, Eugène IV, au cas où elles auraient été encourues.

Ledit commissaire posant sa main sur la tête de Gérard Bompar, agenouillé devant lui, lui donna une absolution publique de toute excommunication qui pouvait avoir été encourue par la communauté de St-Médard, imposant pour pénitence à tous les membres la récitation de cinq *Pater*, sept *Ave*, sept Psaumes et des Litanies, une aumône pour l'amour de Dieu, et un jeûne le vendredi, pour une fois seulement. 3 mai 1452 (1).

(1) Arch. de St-Médard. Proc. verb. de L. Escharne.

Ainsi fut heureusement terminée, pour la communauté de St-Médard, cette augmentation du nombre de ses membres, qui fait époque dans son histoire. A dater de ce jour, bien que les lettres apostoliques ne semblent pas lui en donner le droit, la communauté portera désormais, à tort ou à raison, le titre de collégiale et plus tard de chapitre, et ses membres celui de collégiés et plus souvent encore de chanoines. Les ordonnances épiscopales à eux adressées leur donneront dorénavant ce titre et sembleront par là le reconnaitre implicitement. Il en sera de même pour les lettres du roi, celles du seigneur du lieu, les documents de toute nature, et c'est aussi ce nom de collégiés que nous leur garderons à l'avenir, pour éviter toute équivoque et mieux conserver la couleur locale des faits énoncés.

En outre de la Collégiale de St-Médard, d'autres prêtres, qui n'en faisaient point partie, vivaient encore dans la ville de Salgue; les uns simples prêtres habitués, les autres chapelains nommés aux diverses chapelles par leurs collateurs respectifs. On retrouve certaines ordonnances de l'évêque de Mende, défendant aux prêtres habitués et aux chapelains de Salgue, autres que les collégiés, de prendre place dans les stalles du haut chœur de l'église St-Médard. Ces privilèges des uns et cette exclusion des autres étaient quelquefois la cause de litiges et de discussions.

Un jour, « le sergent du Roy, Jean Rueyre, dit Bardalet, « habitant à Salgue, fut prié par le baile de la Collégiale, de « signifier les lettres de sauvegarde royale, concédées aux « collégiés de St-Médard, à Louis Amargier, prêtre de Sal- « gue, « étudiant en l'alme université de Paris », qui, prétex- « tant ce titre même d'étudiant de Paris et se couvrant des « droits par lui conférés, molestait les membres de la Collé- « giale et s'efforçait de les arracher à leur juridiction ordi- « naire ».

« En conséquence, ledit Bardalet, sergent en la sergen- « terie du Roy, le vendredi 5 octobre, à 7 heures du matin, « se transporta au domicile de Louis Amargier, et là, dans « la rue, devant la maison de Vital Ombret, notaire, et de « Pons Ombret, son fils, marchand, ayant rencontré ledit « Louis Amargier, prêtre, signifia à lui et à Antoine, Lucas « et Jean Amargier, ses frères, les lettres de sauvegarde « royale, faisant défense aux uns et aux autres, à peine d'u- « ne amende de cinquante marcs d'argent, applicables au « roy, de vexer et de molester lesdits collégiés, leur enjoi- « gnant de remettre toutes choses en leur premier état. »

« Environ une demi-heure après, tandis que Bardalet se
« rendait au domicile d'Etienne Borrian, notaire royal, pour
« faire rédiger la relation dudit transport, survint Louis
« Amargier, qui ayant rencontré ledit notaire Borrian, devant
« la demeure de noble Guigon de Vernet, damoiseau, capi-
« taine au mandement de Salgue, assurait que par son titre
« d'étudiant « en l'alme université » de Paris, il se trouvait
« immédiatement placé sous la sauvegarde du roi. »

« Reconnaissant donc les droits et les immunités qui
« mettaient à couvert ledit prêtre Amargier, Bardalet en
« dressa procès-verbal, qu'il signa du sceau de la sergen-
« terie royale en la ville de Salgue, le 5 octobre 1453 (1). »

Ces débats et ces litiges ne prenaient jamais de grandes proportions. D'ailleurs la Collégiale, dans ces discussions, avait toujours pour elle la bienveillance et l'appui du seigneur de Salgue, le baron de Mercœur.

En ces temps-là, à l'évêque d'Albi, Robert Dauphin avait succédé « Loys de Bourbon, comte de Montpancier, dauphin d'Auvergne et seigneur de Mercœur », par son mariage avec Jeanne, fille de Béraud III.

Sous ce nouveau maître, la Collégiale retrouvait un nouveau bienfaiteur :

« Sçavoir faisons, disait ce prince dans une lettre aux
« collégiés de St Médard, que de nostre bonne volonté,
« accertennés de la bonne et honeste vie et conversation
« des prieurs, prestres et serviteurs de l'esglise Collégielle
« et parochielle de St-Médard de Salgue, par ces présentes
« donnons et osmornons :

« C'est assavoir, 60 sols de rente annuelle, à nous
« appartenant, à cause de notre seigneurie de Salgue, sur
« la moitié du four et du fournage banier de ladite ville de
« Salgue et ensemble avec demi-gelline de cens que Julien
« Fabre devait chacun an, à cause d'un chazal, de présent
« ort (jardin, *hortus*), sis en la rue appelée Orbe....... »

..... « Plus quatre sols et six deniers de cens et une
« livre et demie de cire que nous avons droict et coustume
« de prendre chascun an sur la maison commune des clercs,
« appartenant audict Collège, assises dans le cloître de la-
« dicte église de St-Médard attouchant à ladicte église du
« côté d'occident.

« Plus la somme de cent livres tournois, lesquelles
« voulons estre converties en cent sols de revenus, et vou-

(1) Archiv. de St-Médard. Copie non cotée.

« lons estre payées par notre receveur de Salgue, en cinq
« années prochaines. »

« ..... Cette présente donation et osmorne a esté fayte
« par nous esdits Collégiés soubs peine et condition qu'ils
« seront tenuz de fayre dire et célébrer perpétuellement
« doresnavant par aucun dudict Collège, chascun jour une
« messe en basse voix, au-dedans de ladicte église, en la
« chapelle de la Magdelaine, à dix heures du matin »

« C'est assavoir, le dimanche, en l'honneur de la Sainte-
« Trinité, le lundi des morts, etc.. (V. Ch. VIII. Fondations.)

« .... Donné soubz nostre scel et en nostre chastel de
« Léotoing, le seiziesme jour d'octobre, l'an de grâce mil
« quatre cens soixante-trois » (1).

En 1476, on voit, dans les comptes de Benoit Rigaud, la Collégiale payer aux consuls, M° Jean Chambon, notaire, Guill. du Prat et J. Ravel, marchand, la somme de quatre livres, pour la taille dite « taille de ville ».

Lors de la visite pastorale de l'Evêque de Mende, la Collégiale lui offre trois écus d'or, puis elle lui fait apporter à Mende deux quartauts de vin muscat (2).

Enfin on constate par ces mêmes rôles que le prieur avait la faculté de recevoir et le local suffisant pour loger les membres de sa famille qui venaient passer quelques jours auprès de lui. Dans l'une de ces visites, le bayle de la Collégiale vend à vénérable Guill. d'Alzon, neveu du prieur et bachelier-ès-lois, un grand volume de lois, au prix de dix-neuf sols. 1470.

(1) Traduct. trouvée dans les archiv.
(2) Rôles des syndics. 1476.

CHAPITRE XIV

Trois lettres du roi Charles VIII. Le four banal. Accord entre le prieur et les habitants au sujet des offrandes. Arrêt du parlement de Toulouse entre le prieur et les Collégiés de St-Médard.

Monseigneur Loys de Bourbon, comte de Montpensier, seigneur et maître du mandement de Salgue, tenait au roi de France par les liens d'une étroite parenté ; il ne manqua pas d'attirer les faveurs du souverain sur sa terre de Salgue.

Par trois lettres successives, Charles VIII, le roi régnant témoigna sa bienveillance à notre cité :

« Nous avons reçu l'humble supplication de notre très
« cher et amé cousin, le comte de Montpensier, dauphin
« d'Auvergne, contenant que les manants et habitants de la
« ville de Salgue en Gévaudan, qui sont à sa terre et sei-
« gneurie, ont accoutumé nommer et élire trois consuls de
« ladite ville pour régir et gouverner en toute chose comme
« font et ont accoutumé de faire les autres consuls du pays.
« Néanmoins ils doutent que pour le temps à venir, s'ils
« n'avaient confirmation de nous, de leurs privilèges, nos
« officiers ne voulussent les molester, et leur obvier ledit
« consulat.....

« ..... Pourquoi nous confirmons lesdits privilèges et
« donnons en mandement aux baillis de Gévaudan, Velay
« et Vivarais et tous nos autres justiciers et officiers et leurs
« intendants présents et à venir, ils fassent et laissent les
« dits manants et habitants de ladite ville jouir et user
« dorénavant, et leur soit permis de faire faire robes de
« livrée, sans desturbation ni empêchement, et afin que ce
« soit chose ferme et stable avons fait mettre notre scel à
« ces présentes, sauf entr'autres choses le droit d'autrui... »

« En tout donné à Montaigu, en janvier 1484 (1). »

La seconde lettre autorisait la création de deux foires importantes qui subsistent et ont encore grande vogue aujourd'hui :

(1) *Annales de la Soc. d'Agric. du Puy*, t. XIV.

« Sçavoir faisons à tous... nous avoir reçue l'umble
« supplication des manans et habitans de la ville de Salgue
« en Gévaudan, contenant que ladicte ville est une place
« close et assise en bon païs et fertil (?) où viennent et
« affluent plusieurs merchans et autres à cause du passage...
« et à cette cause lesditz manans et habitans désireraient
« que en lad. ville qui a le temps passé esté endommagée
« et dépopulée, comme encore est de présent, à cause des
« guerres, mortalités et famines qui y sont souventes fois
« survenues, y eust d'ores en avant deux foires l'an, c'est
« assavoir la première le jour de saint Barnabé, au mois de
« jung (11 juin), et l'autre le jour de saint Théofrède, en
« novembre (S. Chaffre 18 nov.)

« Et que actendu à quatre lieues à la ronde de ladicte
« place ny a aulcunes foires ne marchez esdits jours et
« quelles seront fort advantageuses et proufitables pour le
« bien et utilité des païs et des merchans aussy que nos
« droyts et ceulx des seigneurs dudict païs ny seront inté-
« ressez, il nous plaise sur ce impartir nostre grâce esditz
« manans et habitans de ladicte ville supplians, humblement
« requerans icelle. »

.... « Pourquoy nous, ces choses considérées et mesme-
« ment en faveur de nostre très-cher et amé cousin le comte
« daulphin sgr. de ladicte ville de Salgue, qui de ce nous a
« fait supplier et requérir, ... avons fait, créé, estably les
« dictes deux foires l'an, jour et feste que dessus dictes, et
« que en icelles foires tous merchans et aultres y puissent
« d'ores en avant aller, venir, y vendre et achecter toutes
« manières de denrées et marchandises, et pour ce fayre
« y ordonner places, estaulx, et autres choses à ce propres
« et convenables. »

« Donné à Montargis..... au mois de janvier, 1485, de
« notre règne le second (1) ».

La collégiale de Saint-Médard eut aussi sa part des
faveurs royales :

« Charles, par la grâce de Dieu, roy de France, savoir
faisons à tous présens et à venir, nous avons reçu l'humble
supplication de nos chers et bien âmés les prestres, clercs
et autres collégiés et habitués de l'Eglise Collégiale de Mon-

(1) *Spicilegium Brivatense*, par M. Chassaing. Page 566.
Ces foires ne furent point les premières instituées à Salgue : on a
vu comment, en 1434, Robert Dauphin, dans la charte d'affranchissement, défendait d'inquiéter et de molester ceux qui venaient aux foires
et marchés de la ville.

sieur saint Médard de Salgue, au diocèse de Mende, contenant que ladite église est située en païs froid et infertile, et encore est fondée et dottée de peu de rentes et de revenus, à laquelle cause les dits suppliants pour le bien et augmentation d'icelle, et afin qu'ils ayent mieux de quoy vivre et honnestement fayre le divin service en ladite Eglise à la louange de Dieu notre créateur ont fait certaines petites acquisitions et aussi puis certain tems en ça leur ont été léguées et ausmônées par plusieurs dévotes créatures tant nobles que autres, aucunes rentes, censives et possessions, le tout montant environ la somme de quatre-vingt livres tournois de rente par chacun an, à la charge de faire par lesdits suppliants et leurs successeurs en ladite Eglise plusieurs grands services..... Néantmoins ils doutent que aucuns de nos officiers et autres les veuillent cy après contraindre à vuider leurs mains desdits légats et acquisitions comme de main morte ou leur en faire païer aucune finance ou indemnité sous l'ombre des ordonnances faites sur le fait des francs-fiefs et nouveaux acquêts si icelles choses ne leur étaient par nous admorties et dédiées..... afin qu'ils puissent mieux faire et entretenir ledit service, et que nous soyions participans en leurs bienfaits, prières, et oraisons et autres considérations à ce nous mouvant,..... lesquelles choses nous avons admorties et dédiées, admortissons et dédions de notre grâce, par ces dites présentes, sans que ores ni pour le temps à venir ils puissent être contraints à les mettre et vuider hors de leurs mains, ni pour ce païer et bailler aucune finance ou indemnité, en quelque manière que ce soit...... Donné à Paris, le..... du mois de juin, l'an de grâce mil quatre cens quatre-vingt et cinq, de notre règne le second. » (1)

Une fois rassurée sur la sécurité de son avenir, et la stabilité de ses ressources, la Collégiale de St-Médard put donner tous ses soins, et dépenser son zèle au maintien de ses droits, et à la sauvegarde de ses intérêts.

L'une des questions les plus brûlantes et qui soulevait le plus de contestations et de difficultés, était celle du four banal.

Autrefois, quand les maisons de bois et de torchis s'entassaient étroitement serrées dans l'enceinte, à ce point que, suivant un vieux document, dans la rue la plus large deux chars ne pouvaient passer de front, il n'y avait dans toute la ville, à l'intérieur des remparts, qu'un seul four à

(1) Copie trouvée dans les archives de Saint-Médard.

cuire le pain. Ce four, appelé le four banal, appartenait au seigneur, et en vertu d'un droit usuel qui avait cours en ces temps là dans presque toutes les villes, il n'était pas permis aux habitants logés dans l'enceinte, d'aller cuire leur pain ailleurs que dans ce four, comme aujourd'hui il n'est point permis à tout venant d'exposer en vente et de trafiquer de son blé ailleurs que dans la halle au blé. A Salgue, en dehors du rempart on pouvait allait cuire son pain où l'on voulait. Ce four était entretenu et desservi aux frais du seigneur, par des hommes spécialement occupés à cela, et chacun, au jour qu'il lui plaisait, venait y faire cuire le pain nécessaire à ses besoins, moyennant une redevance stipulée d'avance d'un accord commun entre les parties intéressées. C'est justement cette rétribution, comme aussi les infractions commises, qui soulevèrent de nombreux litiges entre les habitants et les possesseurs du four banal.

La moitié de ce droit de banalité appartenait d'abord au seigneur de Salgue, le baron de Mercœur, et fut par lui donnée (oct. 1463) à la Collégiale de St-Médard qui ayant acquis l'autre moitié de noble dame Miracle de Borne, (11 juillet 1447) par là se trouva seule en possession dudit four.

Mais si les droits de la Collégiale n'étaient pas contestés, les redevances étaient discutées, de sorte que pour arriver à constituer un tarif accepté de tous, on fit la transaction ci-dessous qu'il nous semble utile de traduire :

« Par devant Géraud Planchette, notaire royal, les trois consuls, Chambon, notaire, Guill. Sarrazin et Pierre Amouroux, assistés de Lucas Amargier, Jean Ombret, Joachim Amargier, Pierre Chausse, Bertrand Prolhiac, Jean Valentin, Pierre Vernet, Jean Aldon, Pierre Trémolière, Vital Coufort, Vital Coste, Ant. Meyronnenc, et autres, tous habitants de la ville de Salgue, agissant pour et au nom commun des habitants de la dite ville, d'une part. »

« D'autre part, le prieur Jehan le Court, Ant. Trémolière, curé, Louis Amargier, Alexis Planchette, Vital Portal, et autres chanoines de Saint-Médard, agissant au nom du Chapitre, ont fait au sujet des émoluments et des droits que percevra le dit Chapitre pour le four banal, les conventions suivantes : »

« Il est convenu que ceux qui voudront cuire une fournée au four de Salgue donneront une carte de seigle (1) pour cela. »

(1) Nous ne savons pas au juste ce qu'était la carte de seigle;

« Dans ce four, l'on pourra cuire également les pains blancs de froment ou de « mesclade » ; dans ce cas, l'on sera tenu de donner une carte de froment ou de mesclade pour la dite cuisson. »

« Dans ledit four, et dans la même fournée, l'on ne pourra mettre plus de trente tourtes à la fois. »

« De même, dans une seule fournée, l'on ne pourra mettre que vingt pains blancs, chacun contenant une carte de farine. »

« Il est également convenu que pour le détail Messieurs du Chapitre pourront exiger, pour chaque tourte ou pain de seigle, un denier tournois, ou une livre de pâte seulement. »

« Pour pétrir la pâte et vendre le pain, on suivra le mode accoutumé, c'est-à-dire pour chaque fournée pétrie et vendue l'on payera quinze deniers tournois et quatre pains de huit deniers chacun. »

« Il est également convenu qu'en dehors de la ville les habitants de Salgue auront le droit et la liberté de faire cuire leur pain où bon leur semblera, sans payer aucune redevance ».

« Si ceux qui ayant retenu pour un jour ou pour une fournée le four banal viennent à manquer, soit par ruse, soit par négligence, ils seront tenus de payer quand même le nombre de pains fixés pour cela ».

« Le chapitre devra tenir le four toujours prêt et en bon état, et choisir pour son service des personnes honnêtes et valides. »

« Les parties déclarent traiter pour elles et pour leurs successeurs à l'avenir. »

« Fait à Salgue, le 8 janvier 1490. » (Arch. du chap. n° 24.

L'accord une fois fait sur ce point, d'autres différends avec le prieur se vidaient également à l'amiable :

« Entre le vénérable prieur de Salgue, Jehan Lecourt, et honorables hommes Jehan Auzirand, Jehan Ombret, et Jehan Amoroux, consuls de cette ville, en présence d'Anthoine Sauvage, notaire de Domezon, Mathieu Roux, des Salettes et Guill. Brun, tous paroissiens de Salgue, il a été convenu que les offrandes faites aux bassins de l'église de Salgue (1), de chaque jour, et de chaque heure du jour,

---

c'était probablement une subdivision du « quarton ». Celui-ci équivalait à peu près au double-décalitre actuel. On faisait une tourte de pain blanc d'une carte de farine.

(1) Ces bassins étaient placés soit devant l'autel, à côté de la table

qu'elles soient en argent, pains, fromages, œufs, beurre, vin, cire ou chandelles, appartiendront à l'eglise excepté aux jours suivants : les quatre jours de fêtes ou commémoraisons des âmes du Purgatoire, le jour de la Toussaint, de saint Hilaire, de Quasimodo et de la Pentecôte. En ces jours-là, les offrandes devront appartenir exclusivement au prieur.

« Fait à Salgue, hors des murs, dans l'hôtel de l'hôtelier Pierre Chaminat, présents Pierre Clavière, bachelier ès-lois, Barthélemy Delauzange, curé de Thoras, Guill. Sauret, notaire de Prades, et Ant. Planchette, qui a rédigé le présent contrat. 15 déc. 1492. »

Enfin l'entente et le bon accord ne régnaient pas toujours entre les collégiés et le prieur.

Celui-ci, d'après une coutume longuement autorisée et consacrée par la transaction de 1344, prenait avec chacun de ses moines claustraux, aux distributions quotidiennes, une part égale à celle des autres prêtres qui assistaient à l'office divin.

Or l'assistance aux offices était pour chacun la mesure des distributions perçues.

Le prieur, ainsi qu'on peut le constater sur les rôles des syndics, faisait de longues et nombreuses absences, durant quelquefois plus d'une année et voulait néanmoins recevoir sa part virile aux distributions.

Les syndics s'y opposèrent énergiquement et la cause fut portée par devant le bailli du seigneur de Mercœur au siège de Salgue, messire Lucas Amargier, qui débouta le prieur de sa demande.

Dom Jehan Lecourt refusa d'accepter ce jugement et demanda que l'affaire fût soumise à l'arbitrage du juge du Velay.

En la cause pendante entre Gérard Alles, syndic du Chapitre et le prieur de Salgue, le juge du Velay, Guillaume Dolezon, par jugement arbitral du 16 mai 1491, donna raison au syndic du Chapitre et condamna dom Jehan Lecourt.

Mais celui-ci ne se tint pas pour battu et fit appel au Parlement de Toulouse.

Là encore, il fut débouté par la Cour souveraine qui prononça l'arrêt suivant :

de communion, soit aux portes de l'église, et c'est là que les fidèles déposaient leurs offrandes en nature destinées aux prêtres de St-Médard. A certains jours les aumônes déposées dans ces bassins appartenaient à l'œuvre hospitalière qui avait pour but le soulagement des malheureux.

— 130 —

..... « ... Et lors nous, attendu le consentement dudit
« frère Jehan le Court, et qu'il ne vouloit autre chouse dire
« que en ensuyvant la teneur et forme dud. arrest, avons
« maintenu et gardé, maintenons et gardons lesdits prestres
« collégiés en possession et saisine de empescher et deffen-
« dre audit prieur et ses religieux qu'ils ne preygnent, ne
« recoyvent les cothidianes distributions, sinon et tant seu-
« lement quand ils seront et assisteront par eulx mesmes et
« en leurs personnes aux matines, messes, heures canoni-
« ques, et aultre service divin que se chantent et célèbrent,
« se chanteront et célèbreront en ladite Eglise Collégiale.
« Et ce en prenant par lesdits prieur et religieux, en tant
« que toutes les distributions, la monnaie d'airain appelée
« los behus, de laquelle est accoutumé user en la dite église
« et tout ainsi que les autres collégiés séculiers font et ont
« accoustumé de prendre et percevoir en ladite Eglise Col-
« légiale. »

« Et avons faicte inhibition et deffense de par ladite
« cour, soubs peine de cent marcs d'argent audit frère Jehan
« le Court, ses religieux et aultres qu'il appartient qu'ils ne
« aulcun d'eulx, par eulx ne par aultre, n'empeschent, ne
« troublent en auculne manière, lesdits prêtres collégiés en
« leurs possesions et saisines, ne autrement ne attentent,
« ne innovent, contre notre ordonnance et exécution dud.
« arrest, de laquelle ordonnance sentence et exécution les
« parties n'ont pour appeler..... 13 septembre 1495..... »

(Archiv. du Chap. n° 7.)

Et comme l'office se chantait en commun, le prieur et
ses religieux furent contraints, par nouvel arrêt obtenu
contr'eux, de ne point réciter au chœur l'office de leur ordre,
mais de se conformer au bréviaire romain, pour éviter une
diversité qui rendrait le service impossible. (Id.)

CHAPITRE XV

Corporations et confréries de saint Crépin, saint Eloi, sainte Anne, saint Joseph, etc. Salgue est détaché de la sénéchaussée de Beaucaire et Nîmes et du parlement de Toulouse, pour ressortir à la sénéchaussée d'Auvergne et parlement de Paris. Les ducs de Lorraine, seigneurs de Salgue. Supplique aux Etats de Gévaudan. Noms des consuls de Salgue envoyés aux Etats. Rang de nos consuls. Contestations à ce sujet.

Autrefois, dans chaque cité de la France entière, les travailleurs de toute condition, se réunissaient en associations désignées sous le nom de Corporations. Les fréries (ou frairies) désignées dans un langage plus moderne sous le nom de Confréries, étaient l'expression de la vie religieuse de ces corporations.

Ces fréries qui avaient leurs usages, leurs règlements et leurs privilèges, se retrouvent au pays de Salgue.

« 28 oct. 1509. La corporation des cordonniers de Salgue fait une fondation d'une messe en basse voix, tous les lundis de chaque semaine, à la chapelle S. Jacques, et d'une grande-messe à diacre et sous-diacre, avec un *Inviolata* à la fin, pour le jour des saints *Crispinus* et *Crispinianus* Pour ce, ils donnent cent livres de capital. » (Invent. de St-Médard.)

Cette corporation, unie à celle des tanneurs dont l'industrie fut longtemps florissante, dans la ville de Salgue (1), était alors dans ses plus beaux jours de prospérité. Elle a aujourd'hui perdu de sa splendeur primitive et n'est plus qu'un pâle reflet de ce qu'elle fut jadis. Elle avait un règlement, des usages et des traditions consacrées par le temps : les Révolutions ont tout emporté.

Toutefois les membres de cette corporation conservent

---

(1) Il y avait au terroir de Chastelviel, en outre de celles sises aux Chincheires, plusieurs tanneries ou *chaussières*, ainsi appelées parce que les peaux y sont dépouillées dans des bains de chaux.

une croix antique qui ne manque ni de mérite, ni de cachet, (voy. chap. XXIV.) Ils la portent à la procession, le dimanche qui suit la fête de saint Crépin, où, après une grand'messe pour eux célébrée, ils vont fêter leur saint dans des agapes fraternelles à frais communs.

« Le 25 juin, fête de saint *Eloguis* (S. Eloy), les confrères de la frairie de saint Eloy ont fondé à l'honneur de ce saint une messe avec diacre et sous-diacre, qui sera payée par les bailes, au prix de 33 sols, 10 deniers. » (Inv. de St-Méd.)

Cette confrérie se composait des ouvriers et patrons orfèvres (1), bourreliers, selliers, forgerons et taillandiers. Elle conserve encore certains usages d'autrefois, mais rien n'a été retrouvé qui put jeter quelque lumière sur son règlement et les circonstances de son institution.

Une autre industrie, celle des chapeliers, aujourd'hui presque disparue, faute d'éléments, avait ses représentants au pays de Salgue, comme aussi sa confrérie :

« Fête de S. Jacques. Messe avec diacre et sous-diacre fondée à la chapelle S. Jacques par les confrères chapeliers, et sera payée par les bailes de ladite frairie, 33 sols, 10 deniers. 1619. » (Ibid.)

La corporation la plus nombreuse était celle des tisserands : ce genre d'industrie, dont il sera parlé plus loin, se pratiquait non seulement à la ville, mais encore, surtout au temps d'hiver, dans le plus grand nombre des villages de la paroisse.

« 26 Julhet, messe avec diacre et sous-diacre, fondée par les tisserands à la chapelle Sainte-Anne ; et il sera payé par les bailes, pour la musique et le carillon, 20 sols en plus. » (Ibid.)

Les femmes des tisserands avaient, pour elles seules, une messe en basse voix, en l'honneur de Sainte Anne, à chaque semaine de l'année.

La crise irréparable qu'a subie cette industrie a porté un coup mortel à la corporation qui jadis avait sa fête et sa procession, mais qui aujourd'hui n'existe plus guère que de nom. Elle possède pourtant une fort belle croix d'un style

(1) Salgue avait un orfèvre qui ne manquait pas d'habileté, si nous en croyons la note suivante : « Du mesme an (1629), j'ay faict graver un fer d'hosties à la façon de Milan grandes et ayant un beau Jésus, et à la croix un crucifix avec quatre chérubins et des raions tout lentour me coustant quatre escus et ce de mon argent propre, gravés dans la ville de Salgue par Mr Roche orpheuvre. »

(Reg. de Servières, Gibilin, curé).

particulier et d'une forme curieuse qui se rencontre rarement. (Voyez ch. XXIV.)

« Les bailles de la confrérie de Saint-Claude ont fondé le 28 May, 1619, une messe en haut à la Gardette (1), pour le revenu de 33 sols, 9 deniers. »

Nous ne savons ce qu'était cette confrérie, non plus que la suivante.

« Ste Marguerite, messe avec diacre et sous-diacre,
« fondée par les confréresses de madame Ste Marguerite,
« avec l'oraison à sept heures du soir, et sera payée par les
« bailesses de ladicte frairie..... iii livres, XV sols.

« Et sera payé à la musique ou orgue XXV sols.

« Au sacristain pour le carillon VII sols, VI deniers.

« 20 juillet 1616. » (Inv. des fondations)

Messieurs de la Justice avaient aussi leur fondation annuelle :

« Fête de S. Yves, (patron des avocats), messe avec diacre et sous-diacre fondée à la chapelle S. Jacques, à l'honneur de S. Yves par Messieurs de la Justice, et sera payée par les baillis, 1616. » (*Ibid.*)

De toutes ces corporations, la mieux conservée c'est celle des charpentiers. On ignore les circonstances et la date de son institution. Elle possède son trésorier qui veille au tronc placé dans la chapelle S. Joseph, en l'église paroissiale, aux ornements, aux cierges et à la distribution de la fête. En ce jour, à la procession qui se fait pour eux, les membres portent la bannière, la statue de leur saint patron et vont, après la grand'messe, se permettre de très légitimes libations dans un repas commun. Au lendemain, une messe est célébrée pour les membres défunts. Le trésor se nourrit de la cotisation individuelle et des aumônes des fidèles.

Voici les principaux articles de leurs statuts :

« Chaque membre doit assister à la fête, (3ᵉ dim. après Pâques), ou s'y faire représenter et verser sa cotisation individuelle. »

« Les patrons seuls versent la cotisation, non les apprentis. »

« Au décès d'un membre, la corporation tout entière doit assister à ses funérailles, avec le drap mortuaire, les

---

(1) La Gardette, sorte de terrain vague sur lequel s'élevait la chapelle St-Claude, appartenait au chapitre ; c'est l'emplacement du cimetière actuel.

torches et les haches d'armes usitées pour la circonstance. »

« Au décès de l'épouse d'un membre, quatre personnes déléguées par le conseil, viennent représenter le Corps tout entier. »

« Le conseil, composé de six membres, se réunit trois fois par an. »

« Les recettes non employées sont versées dans le trésor. »

Enfin, on l'a déjà vu, les habitants et les consuls de Salgue, à l'exemple des corporations, avaient fondé une messe commune, le jour de S. Sébastien (20 janv.), pour laquelle on payait 20 sols (1).

A la mort de Loys de Bourbon, le pays de Salgue, avec la terre de Mercœur, avait passé aux mains de « Gilbert de Montpencier, dauphin d'Auvergne, baron de Mercœur et seigneur du pays de Combrailles, Ussel, Escolles et Genzat (2) »

Cette maison de Bourbon conserva la seigneurie de Mercœur jusqu'en 1527, époque où fut prononcée la confiscation de tous les biens de Charles III, de Bourbon, connétable de France, pour son crime de haute trahison.

Le mandement de Salgue, avec toute la baronnie, passa dès lors sous la suzeraineté immédiate du roi de France, François Ier. Celui-ci, deux ans après, 10 juin 1529, céda la terre de Mercœur avec toutes ses dépendances, moyennant « la somme de CM escus (cent mille écus) » à Renée, fille de Charles de Bourbon et épouse d'Antoine, duc de Lorraine (3).

---

(1) Cette fondation devait se rattacher à quelque fait historique, à l'apparition de quelque fléau ou de la peste, dont les documents, pas plus que la tradition, n'ont perpétué le souvenir. Autrefois, en effet, St Sébastien était très souvent invoqué en temps d'épidémie.

(2) Le 9 avril 1490, par devant Lucas Amargier, bailli et juge en la curie de Salgue, pour et au nom de Gilbert de Bourbon, comte de Montpensier, seigneur de Mercœur et du mandement de Salgue, Jean Chambon, notaire, au nom de Rév. Père en N. S. Aldebert de Peyre, protonotaire apostolique, chanoine de l'église de Mende, seigneur de Marchastel et co-seigneur de Thoras, fait hommage audit comte de Montpensier, de certaines terres et possessions audit lieu de Thoras. (Comm. de M. Jacotin.)

(3) « Le 12 juillet 1539, Jean Ombret, prêtre, et Médard Johannenc, clerc, procureurs de la Collégiale de St-Médard, font hommage à Mgr Antoine, duc de Calabre, de Lorraine, seigneur de Mercœur, de leur dite maison et chambres, le tout joint ensemble, appelé la maison dudit collège, plus dans le fort de la ville, le four banal en icelle, joignant à la muraille. » (Inventaire de St-Méd.)

Au duc Antoine succéda son fils Nicolas, appelé comte de Vaudemont.

Comme la baronnie de Mercœur était en grande partie sise en Auvergne (1), comme aussi c'était dans cette province que le seigneur de la baronnie avait sa résidence habituelle, Nicolas de Vaudemont fit, auprès du roi Henri II, des démarches pour détacher Salgue et Grèzes, le Malzieu et Verdezun, du bailliage de Gévaudan, présidial de Nimes et parlement de Toulouse, et les faire rattacher au présidial de Riom et parlement de Paris.

Le roi lui répondit par la charte suivante :

« Comme notre très-âmé et cousin le Comte de Vaudemont, baron de Mercœur, nous aye fait remontrer que sa baronnie est composée de seize fiefs et châtellenies et arrière-fiefs en grand nombre, le tout compris dans notre pays, sénéchaussée et présidial d'Auvergne, à Riom, au ressort de notre parlement de Paris, fors les châtellenies de Salgue, Grèzes, le Malzieu et Verdezun, qui sont les moindres et de fort petite étendue, lesquelles avaient été retirées de notre parlement de Paris, par l'éviction de notre cour de parlement de Toulouze, pour en icelui ressortir, où elles ressortissent de présent, au siège présidial et sénéchaussée de Nimes, de Beaucaire, baillage de Gévaudan ..... et parce que notre cousin a plusieurs beaux droits seigneuriaux en lad. baronnie qui lui ont été et lui sont le plus souvent mis en contredit par aucuns de ses sujets et vassaux, et habitants en icelle, même par ceux de ses terres et châtellenies assises au pays de Gévaudan, vu que les officiers dud. lieu doubtent d'aucuns desd. droicts, au moyen qu'ils sçavent que lesd. titres et enseignements concernant les droits de lad. baronnie sont en notre chambre des comptes à Paris..... et même qu'il connaisse la longue distance qu'il y a du pays d'Auvergne où notre cousin fait sa perpétuelle demeure, jusques à Nimes, Beaucaire et Toulouse..... Après avoir mis en délibération cette affaire avec aucuns princes de notre sang, et gens de notre conseil privé, avons rétabli, remis et remettons lesdites terres et châtellenies de Salgue et Grèzes, Malzieu et Verdezun à notre ressort du Parlement de Paris et siège présidial de

---

(1) La baronnie de Mercœur comprenait 9 mandements : 1º Ardes et Mercœur, 2º Blesle, 3º Allanche et Maillargues, 4º Chilhac et Saint-Cirgues, 5º Ruines et Corbières, 6º Tanavelle et Tagenat, 7º Saugues et Grèzes, 8º Malzieu et Verdezun, 9º Lastic et Cistrières.

Riom pour y subir connaissance et jurisdiction des procès... mandant à tous nos officiers à qui il appartiendra que ces présentes ils fassent publier et enregistrer, garder et observer, et afin que ce soit chose ferme et stable à toujours, nous avons signé les présentes de notre main, et à icelles fait mettre notre scel, sauf notre droit. Donné à Villevorte (?), au mois de septembre, l'an de grâce mil cinq cent cinquante-quatre, et de notre règne le huitième.   Signé HENRI. »
(Doc. partic. de feue Mlle Hébrard.)

On n'aime pas, au pays de Salgue, les innovations ; celle-ci enlevait la région à ses juges naturels, à son droit et à ses lois accoutumées, car le droit du Languedoc différait des coutumes d'Auvergne ; elle rendait plus difficile encore la poursuite des procès par l'obligation où l'on se trouvait d'aller en dernier ressort au parlement de Paris. Aussi les requêtes et les suppliques se multiplièrent, les protestations se firent entendre, des transactions furent offertes : rien n'y fit, et bientôt après, de nouvelles lettres du roi, du 16 février 1555, confirmèrent d'une façon plus explicite encore cette séparation, et mirent un terme aux protestations et aux longueurs apportées à son exécution.

Nicolas de Vaudemont avait pour lui la faveur du roi : il obtint, en effet, du souverain, que par lettres-patentes de 1563, la baronnie de Mercœur fût érigée en principauté.

Six ans après, cette même terre de Mercœur fut érigée en duché-pairie, par lettres du roi Charles IX, datées de Déc. 1569.

Le premier qui porta le titre de duc de Mercœur est le successeur de Nicolas de Vaudemont, Philippe-Emmanuel de Lorraine, pair de France et prince du Saint-Empire.

Mais ces titres pompeux donnés à leur seigneur touchaient peu les habitants de Salgue, qui eussent vu de meilleur œil une diminution dans leurs tailles et leurs impôts.

Déjà, depuis longtemps en ça, le 22 Mars 1540, Antoine Montel (1), consul de Salgue, avait comparu en la salle haute des maisons de l'évêché de Mende, par devant noble Jean Omet (?), lieutenant de monsieur le bailly de Gévaudan, porteur des plaintes et supplications des habitants dudit Salgue :

(1) Les copistes écrivent « Montet ». Le nom de Montel est très commun à Saugues ; nous n'avons pu voir l'original pour décider quel est le vrai nom du consul ci-dessus mentionné.

« Supplient humblement les consuls manans et habi-
« tants de la ville de Salgue, disant que combien que ledict
« lieu de Salgue soict ung petit lieu assis en haulte mon-
« tanhe où ny croilt aulcun fruict sinon quelque peu de
« seigle avoyne ou froment et que ledict lieu soit dict clos,
« et ne joisse en rien l'immunité seurté ou previlège des
« villes closes car est subject de tout lodgis frais passaiges
« et dangers des gens de guerre parce que nest clos pour
« fayre résistance à trante avanturiers, et qu'il y a plus
« d'habitants aux faulxbourgs que dans la dicte ville qui na
« en tout que neuf vingts ou doutze cens habitans desquels
« la plus grande partie sont si pouvres que nont aulcun bien
« moïen ne industrye pour vyvre et mesme sont contraincts
« mandier leur vye et que à cette cause de tous tems et
« ancienneté les habitans des vilayges de la paroisse dudict
« Salgue que sont troys foys plus que la dicte ville et faulx-
« bourgs ont acoustumé païer deux tyers des toutes talhes
« indictes audict Salgue. Ce nonobstant messieurs les
« comis du présant païs de Gévaudan, en despartant la talhe,
« ont cotisé ledict lieu de Salgue comme ville close et qui
« pis est ont mis sur les habitants de ladicte ville ladicte
« talhe, à raison de tout ce que ladicte ville et les habitans
« des villaiges de toute la paroisse païent de talhes royaux
« ordinaires et plus et presque autant comme aux villes de
« Mande et de Marvejols qui valent chascune d'elles dix foys
« et plus que ledict Salgue. . . . . . Ce considéré, vous playse,
« de votre grâce ordonner que la dicte ville et faulxbourgs de
« Salgue ne seront doresnavant indictes ne cotisez pour la
« dicte talhe des villes closes, avec dures inhibitions et
« contrainctes les habitants desdictes villes de Mande et de
« Marvejols et aultres qu'il appartiendra à rembourser, ren-
« dre et restituer auxdicts suppliants ce qu'ils ont païé pour
« ville close, ou pour surcharge des talhes. . . . . ou pour le
« moings que les habitans de Salgue ne soient cottisez à
« raison des deux tiers des habitans des vilayges de la
« paroisse. »   (Doc. part. de feue Mlle Hébrard.)

Après mûre délibération, les parties plaignantes furent renvoyées par-devant « le Roy nostre seigneur et son conseil « privé, pour par luy estre ordonné comme son bon plaisir « seroit. »

Telle fut la décision suprême des Etats de Gévaudan.

L'on sait que, comme toutes les assemblées provinciales, ces Etats étaient composés des représentants de la

Noblesse, du Clergé et du Tiers-Etat de Gévaudan, qui traitaient des intérêts des villes et localités de ce pays.

Dans cette assemblée on votait l'impôt, la levée d'hommes d'armes, la création de routes nouvelles et la réparation des anciennes, les emprunts, les subventions, et les mesures de sûreté publique contre les pillards et les calamités si fréquentes à cette époque. Après l'impôt voté par les Etats, une commission que l'on nommait *l'assiette* s'occupait exclusivement de la répartition.

Les Etats se tenaient alternativement à Mende, la ville épiscopale et à Marvéjols, la ville du Roi : ils étaient présidés par l'évêque de Mende, comte de Gévaudan.

Le seigneur de Salgue, duc de Mercœur, avait droit d'assister aux Etats, ou de s'y faire représenter par son procureur, qui siégeait dans les rangs de la noblesse.

Chaque ville notable avait la faculté d'envoyer un député à cette assemblée. L'ensemble de ces députés, représentant le peuple, formait le Tiers-Etat. Salgue y déléguait généralement son premier consul, ou le second, si le premier était empêché. Souvent aussi les deux y assistaient simultanément, dans les circonstances orageuses.

On retrouve (Invent. somm. des Archiv. de la Loz. et *Bull. de la Soc. d'Agr. de la Loz. passim*) le nom de quelques-uns des consuls que Salgue déléguait aux Etats.

En l'an :
1570 (1), Claude Planchette, consul.
. . . .
1583 Jacques Bongran, id.
1585 le capit^{ne} Bonhomme, id.
1588 Chabanel, id.
1589 G. Lobeyre, id.
1592 de Lobérie, id.
1595 G. Chabanel, id.
1596 Molinier, id.
1597 Pierre Géranton, id.
1598 Jean Bouc, id.
1599 Pierre Martin, id.
1601 Médard Julien, id.
1602 de Lobérie, id.
1603 Benoit Bonhomme, id.
1604 Jean Chabanel, consul.
1605 Pierre de Lobérie, id.
1606 Jacques Langlade, id.
1607 id.
1608 Médard Julien, not. roy.
1609 Hugues Montel, consul.
1610 Claude Montel, id.
1611 Guillaume Robert, id.
1612 Jean Favy, not. roy. id.
1613 Antoine Langlade, docteur en medecine, id.
1615 Jean Lafont, id.
1616 Jacques Langlade, id.
1617 Vincent Guillot, id.
1618 Jean Molherat, id.
1619 Médard Julien, id.
1620 Jacques Langlade, id.

(1) L'année indiquée est tantôt celle où ils étaient nommés pour assister aux Etats, tantôt celle où ils y assistaient effectivement.

1621 Antoine de Langlade (de Beauregard) *sgr de Lavalette, consul.*	1684 Hilaire Bernard, *consul.*
	1685 Béraud, id.
	1686 Géranton, id.
1622 Pierre Merle, id.	1687 Jean Vernet, id.
1624 Jacques Auzerand id.	1689 Joseph Lyon, id.
1625 Pierre Chabanel, id.	1690 Hilaire Bernard, id.
1626 Etienne Julien id.	1691 Claude Galien, id.
1628 Pierre de Lobérie, id.	1693 Jacq. Ducros, id.
1632 Vergèses, id.	1694 Géranton, id.
1633 Claude Olivier, id.	1695 Joseph Cubizolle, id.
1638 Jean Pélissier, *député.*	1696 J. Lyon, id.
1639 Etienne Julien, *consul.*	1697 Ant. Recrouzet, id.
1640 Jean Auzerand, id.	1698 L. de Labretoigne, *médecin,* id.
1644 Benoit Paparic, id.	
1647 Escurette, id.	1699 Jean Galvier (?)
1649 Jacques Langlade, id.	1700 Géranton, *consul.*
1650 id.	1701 J. Bompart, *apoth^re* id.
1651 Pierre Vergèses, id.	1702 J. Roche, id.
1652 Jean Charreire, *docteur* id.	1704 G. Boulangier, id.
	1705 Jean Arnier, id.
1653 Jacques Vernet, id.	1706 Jos. Montel id.
1654 Paparic, id.	1707 P. Couret, *notaire* id.
1655 Vincent Enjaloin, id.	1708 P. Blanquet, id.
1656 François Gérauson, id.	1709 Ant. de Rochemure, *escuyer.*
1658 F^ois Acassat, *march^and* id.	
1659 André Bernard, id.	1710 F^ois Combes, *consul.*
1660 Laurens de Lobérie, id.	1711 J. Bonhomme, id.
1663 Pierre Bongrand, id.	1712 J. Michel, id.
1664 Benoît Paparic, id.	1713 Ant. Bompart, id.
1666 Jean Géranton, id.	1714 Géranton, *avocat,* id.
1667 Chabanel, id.	1716 L. de Labretoigne, id.
1668 Mazaudier, *notaire,* id.	1717 J. Roche, id.
1669 Jacques Vernet, id.	1718 Molherat, *notaire,* id.
1670 de Labretoigne, *not^re* id.	1719 J. Enjalvin, id.
1671 F^ois Roche, *médecin* id.	1720 Ant. Prolhac, id.
1674 Géranton, id.	1721 J. Géranton, id.
1675 Enjalvin, id.	1722 F. de Favi, *sgr du Mazel.*
1676 F^ois Pays, id.	
1677 Pélissier, id.	1723 F. Enjaloin, id.
1678 Enjalvin, id.	1724 Molherat, id.
1680 Géranton, id.	1725 J. Enjalvin, id.
1681 Jean Vernet, id.	1726 J. Vergèses, id.
1682 Jean Amargier, id.	1727 J. Couret, id.
1683 Laure^nt Boulangier, id.	1728 Annet Prolhac, id.

1729	Géranton, *consul.*	1768	J. Béraud, *consul.*
1730	Aldebert de Labretoigne. id.	1772	Ign. de Labretoigne, id.
		1773	id.
1731	Alban Béraud, id.	1774	And. Prolhac, id.
1732	J. Vergèses, id.	1775	de la Bretoigne du Mazel, id.
1733	Enjalvin, id.		
1734	id.	1776	id.
1738	de Labretoigne, id.	1777	id.
1739	id.	1778	id.
1740	Jean Bouquet, id.	1783	de la Bretoigne de Lavalette,
1741	Pierre Masson, id.		
1742	Hyac. Bonhomme, id.	1784	id.
1743	J. Rimbal, id.	1785	Hébrard,
1744	id.	1786	de Lavalette,
1745	id.	1787	Vernet de Digons,
1746	H. Bonhomme, id.	1788	id.
1747	Toussaint Tardieu, id.	1789	{Vernet, pour le tiers-état / Prolhac, curé, p' le clergé
1765	Béraud, id.		
1766	Vital Boulangier, id.		

Quel était le rang occupé dans le Tiers-Etat, par le consul de la ville de Salgue ?

Le rôle pour appeler les consuls (Bull. de la Soc. d'Agr. de la Lozère) ne lui donne que le sixième rang, et le place après les consuls de Mende, Marvejols, Chirac, la Canourgue et St-Chély-d'Apchier.

Le P. Louvreleul, *(Mémoires sur le Gév.* p. 21 et 24) assure qu'il prenait place après les consuls de Mende et de Marvejols. Mais une discussion élevée au sujet des préséances, nous renseigne plus amplement sur ce sujet.

En l'an 1601, Médard Julien, not. royal, premier consul de Salgue, par-devant l'assemblée des Etats, « prétendait « devoir être au troisième rang et ordre, après les consuls « de Mende et de Marvejols, disant avoir de ce ung bon et « ancien tiltre. »

La conclusion des Etats fut que « ledict consul de Salgue « feroit, si bon luy sembloit, apparoir de son tiltre, aux « prochains Estats, pour iceluy veu en estre délibéré, de- « meurant iceluy consul en son rang acoustumé. »

Le consul de Salgue n'exhiba point son titre aux séances de l'année suivante, ce nonobstant, il prit la place qu'il réclamait.

Qu'arriva-t-il ? Le procureur de St-Chély, Ant. Constans, ne voulut point opiner en l'assemblée de Etats, tant qu'il ne serait point remis en son rang et place usurpés par le consul de Salgue, qui l'avait précédé en séance, bien que le contraire eût toujours été observé comme on le voyait par les anciens rôles desdits Etats.

Le sieur de Lobérie, consul de Salgue, prétendit que la préséance lui appartenait et qu'il en ferait la preuve.

Les Etats, cette fois encore, condamnèrent le consul de Salgue à siéger après celui de St-Chély, jusqu'à production de ses titres (1).

En 1626, la question revient à la barre : « Les consuls « de Salgue et du Malzieu disent qu'ils ont le nom de consuls « et portent livrée tandis que le député de St-Chély ne « porte que le nom de procureur, n'ayant jamais porté mar- « que de consul, ni la livrée, partant qu'ils doivent le « précéder. »

Ce ne fut pas l'avis des Etats qui condamnèrent les parties à garder leur place accoutumée.

Plus tard encore, en 1718, au renouvellement du rôle des Etats, le consul de Salgue ayant été omis, fut inscrit par interligne au-dessous de celui du Malzieu. Cet état de choses subsista jusqu'en 1727, où le consul de Salgue fit haut et ferme ses réclamations par devant les Etats. Sa demande fut écoutée, et après avoir consulté les rôles de l'an 1563 à l'année 1717, l'on décida que le consul de Salgue prendrait place et opinerait avant celui du Malzieu (2).

(1) *Bullet. de la Soc. d'Agr. de la Loz.* Part. hist. *passim*.
(2) *Id.*, p. 633., Année 1880.

CHAPITRE XVI

SALGUE & LES GUERRES DE RELIGION

Premiers troubles ; mesures diverses. Le capitaine Mas. Les Coulevrines. Rôle de Salgue pendant la guerre civile. La Clause. Réclamations de nos consuls. Etats tenus à Salgue. Pillage du château de Servières. Lettre des consuls sur la misère régnante. Requête de Jean Grenier. Entreprises sur Salgue par P. d'Auzolles.

Il n'y a pas lieu de faire ici l'historique entier des guerres de religion en Gévaudan : de ces guerres il ne sera raconté que ce qui intéresse particulièrement le pays de Salgue.

On sait que le protestantisme avait pénétré dans le midi de la France, et de là dans les Cévennes, où il avait trouvé de nombreux partisans : le prosélytisme ne manqua pas d'engendrer des désordres regrettables.

« En premier lieu, les troubles estant advenus en l'an 1562, ceux de la Religion prétendue ayant pris les armes, commencèrent à faire des courses dans le diocèse de Mende, à pilher, ravager les biens ecclésiastiques, et démolirent plusieurs églises..... En 1567, continuèrent les démolitions et ruines des églises, et commencèrent à jouir par force et violence des bénéfices ecclésiastiques. »

Le 21 sept. 1568, la ville de Langogne fut prise et pillée, l'église paroissiale et le couvent saccagés et brûlés, nonobstant un édit de paix promulgué à Mende le 1er mai 1568.

Les protestants avaient l'appui des seigneurs de l'eyre, tandis que les catholiques avaient à leur tête le seigneur d'Apchier (1).

(1) Mre Jean d'Apchier, sgr et baron de la Gorce, Salavas, Apchier, Thoras, etc. gouverneur et lieutenant pour Sa Majesté en pays de Gévaudan, en l'absence du maréchal de Damville.

Après une courte accalmie, au mois de septembre 1572, la guerre fut de nouveau déclarée. Les protestants s'avancent dans le Gévaudan, prennent et pillent plusieurs villes entr'autres le Malzieu, où treize ecclésiastiques sont massacrés et ensevelis sous les décombres de la collégiale de St-Hippolyte que détruisent de fond en comble les féroces vainqueurs. L'acharnement fut tel qu'aucun document ne survécut à cette destruction, à ce point que nombre d'années après, les prêtres de St-Hippolyte demandaient aux collégiés de St-Médard, une copie de leurs titres, pour faciliter le rétablissement de leurs droits et de leurs privilèges.

Les habitants de Salgue, effrayés du sort de Langogne et du Malzieu, songèrent à pourvoir à leur défense et à leur sécurité.

Les murailles furent réparées, les remparts encore fortifiés, afin de résister à une surprise, ou même à un assaut vigoureusement donné. Une augmentation de garnison fut demandée, et bientôt après le capitaine Mas, Joseph de Montroignon, qui devint plus tard seigneur du château de Croptes, en Auvergne, reçut de Mgr de Montmorency, gouverneur en Languedoc, une commission de cent hommes d'armes, pour venir défendre la ville de Salgue et le château de la Clause, en Gévaudan, 3 déc. 1573 (1).

Après quelque temps de séjour, le capitaine Mas fut dirigé sur Mende.

Dans le département des troupes pour la garde des villes, 40 arquebuziers à pied furent attribués à Salgue, (26 fév. 1574) ; bientôt après ils étaient réduits à 30.

Un rôle de gratifications accordées, outre leur solde, aux chefs qui gardaient les cités, mentionne qu'il était donné « à la ville de Salgue..... un chef... 50 livres
        à un sergent outre sa solde... 10 livres
        à deux caporaux outre leur solde... 12 livres (2) ».

En ce temps-là, le chef qui commandait à Salgue les troupes de défense était le sieur de Beauregard.

Enfin nos consuls, pour compléter l'armement de la cité, firent l'acquisition de trois coulevrines, qui habilement disposées, soit sur le rempart, soit sur la tour, par où l'on domine toute voie donnant accès aux portes, devaient sûrement jeter le désordre ou la mort dans les rangs des assaillants qui oseraient se présenter de jour. Ces coulevrines se

(1) Titres du château de Croptes.
(2) *Bullet. de la Soc. d'Agric. de la Loz.*, t. 30, p. 225.

La Clause

voient encore tout au sommet de la grande tour ; l'une d'elles porte cette inscription : « J'ay été fayte pour la ville de Salgue, subsistant Médard Julien, premier consul, 1575. » Les deux autres portent la même date : 1575 (1). Leur poids respectif est d'environ 74 kil.

Soit à cause de cet ensemble de mesures défensives, soit à cause aussi de sa situation défendue d'un côté par les rives escarpées de l'*Allier,* de l'autre par les sommets difficilement praticables des Margerides, qui se dressent comme un rempart naturel à son territoire, Salgue ne tomba point au pouvoir des Huguenots. Et tandis qu'à gauche et à droite les villes voisines, Langogne, Serverette, le Malzieu, les châteaux de la Clause, du Besset étaient pillés, incendiés ou dévastés, les habitants de Salgue, derrière leurs remparts, jouissaient d'une sécurité relative.

C'est pourquoi ceux qui furent préposés à la défense du pays et à la répression des troubles, firent de Salgue, pour ainsi dire, leur quartier général. C'est là, en effet, que M. de Chamfremont (2) comme aussi M. de Saint-Vidal font les plus fréquents séjours dans leurs étapes, c'est là que sont convoyés les troupes, les munitions et les vivres, pour être répartis ensuite sur les lieux indiqués ; c'est là que les délégués effrayés viennent tenir les Etats de Gévaudan (1580), comme on le verra par la suite des faits.

Le baron de St-Vidal fut nommé gouverneur de Gévaudan et de Velay à l'effet de mettre un terme aux désordres toujours croissants et de reprendre sur les rebelles les villes occupées par eux, 27 mars 1577. Il prit, en passant à Salgue, pour aller au secours de Marvejols, 200 pionniers réunis par les consuls de Salgue, dans la ville et les paroisses voisines, Thoras-Vazeilles, Grèzes, Venteuges et Cubelles. Il fit ensuite venir à Salgue même le sieur Farnier pour adviser

(1) Le rôle de ces coulevrines, les guerres une fois finies, a été depuis lors tout pacifique. Sous l'ancien régime, leur voix joyeuse annonçait aux populations les grandes victoires, l'avènement ou la naissance d'un prince nouveau. Sous la Révolution, elles préludaient aux cérémonies civiques ; plus tard, elles furent associées aux fêtes religieuses et nationales, dont, par l'habitude, elles semblaient inséparables. Aujourd'hui elles se taisent et l'on est étonné de ne plus les entendre. Imprudemment maniées, à cause de maint horion distribué à ceux qui les servaient, elles ont été réduites au silence.

(2) M. de Chamfremont, abbé de Restauré et vic. gén. de Mende, avait été délégué dans le Haut-Gévaudan pour assurer l'exécution des mesures prises pour la répression des rebelles.

sur les munitions de vivres et de guerre nécessaires... « où ledit Farnier demeura cinq jours, avec un homme à cheval, et dépensa 14 escuz et 20 solz (1) ».

Le capitaine Lery, chef huguenot, avec le capitaine Bau, qui tenaient le Haut-Gévaudan et occupaient le château du Mazel, près du Malzieu, franchirent la Margeride, vinrent assiéger le château de la Clause dont ils s'emparèrent, et de là firent de nombreuses courses du côté de Salgue et du Malzieu, 1577.

Le baron de Saint-Vidal, qui avait réussi à déloger l'ennemi de cette dernière ville, tenta une expédition du côté de la Clause qu'il parvint à reprendre sur les religionnaires.

« En passant par la ville de Salgue, il obligea les habitants à fournir à l'entretènement de ses troupes, promettant de faire payer plus tard tout ce qui serait dépensé. »

« Du 3 nov. 1577. Est venu Me Anthoine Vergèses, bachelier ez-droict, de la ville de Salgue, qui a remonstré que ledict sieur de Saint-Vidal, s'estant acheminé à l'entour du chasteau de la Clause, près la ville de Salgue, aveecque ses compaignons, pour forcer ceulx de la religion prétendue refformée, qui occupent ledict chasteau, hors l'obéyssance du Roy, actendu le édit de pacification, pour relever le pays des despences que lesdictes companies y faisoyent, les avoyt licenciées, et pour garder que se retirans ne fissent aulcung ravaige sur le peuple, auroyt advisé leur faire la somme de 1.100 livres..... il est délibéré que cette somme lui sera remboursée » (2)

Cependant Mathieu de Merle, à la tête d'une troupe nombreuse de soldats mercenaires, plutôt par amour du pillage que par zèle pour sa religion, continuait de semer sur ses pas la ruine et la désolation. Il avait déjà pris Balsièges, Serverette, où il fit jeter 24 prêtres dans un puits, une seconde fois le Malzieu, où il exerça toutes sortes d'impiétés et d'horreurs, lorsqu'il vint surprendre la ville de Mende.

Une déposition faite plus tard (15 juin 1582), par Jean de Fontunie, bourgeois de Salgue, raconte comment la nuit de Noël (1579), le capitaine Merle et ses troupes surprirent la ville de Mende où ils tuèrent deux cents hommes

---

(1) *Bullet. de la Soc. d'Agr. de la Loz.*, t. 38, p. 405.

(2) *Bullet. de la Soc. d'Agric. de la Loz.*, page 374. Délib. des Etats de Gévaudan.

et femmes sans respecter « la vieillesse et caducité desdicts hommes », comment ils en pillèrent et brûlèrent les églises, brisèrent les cloches, même la plus grosse, (la Non-Pareille pesant 460 quintaux), dont ils firent deux canons; le reste fut envoyé à Milhau (1).

Pendant deux années consécutives, Merle occupa cette ville dont il fit son repaire. De là, il faisait d'incessantes incursions, pillant les bourgs, incendiant les châteaux et à chaque fois ramenant un riche butin. Dans une de ces expeditions, il s'empara, par un glorieux coup de main, de la ville de Chanac. Aussi, une terreur bien justifiée régnait dans toute la contrée. Le moment était venu de tenir les Etats du Gévaudan : les représentants effrayés ne savaient en quelle ville s'assembler. Mende était occupée par l'ennemi, Marvejols, pas plus que les villes voisines, n'offrait de sécurité. C'est alors que l'on opina pour la ville de Salgue, à la pointe extrême du Gévaudan : l'éloignement du théâtre des hostilités, comme aussi le bon état de ses remparts, offrait les meilleures garanties de sûreté.

L'assemblée se tint le 3 octobre 1580, afin d'arrêter un plan de campagne contre les Huguenots. L'on décida de remettre à l'année suivante le siège de Mende, pour éviter les dépenses et le danger auquel on eût exposé l'artillerie pendant la mauvaise saison. On devait diriger l'artillerie, les poudres et les balles sur la ville du Puy pour les mettre à l'abri d'un coup de main. Le baron de Saint-Vidal devait enjoindre aux commissaires des vivres chargés des magasins établis à Salgue, Langogne, St-Chély, Serveyrette et le Malzieu de les garder fidèlement et de les tenir prêts pour le siège desdites villes.

M. de Chamfremont envoyait à Fontainebleau, noble Guérin de Fontunie, de Salgue, pour y faire avancer « les affayres du Roy au païs de Gévaudan ».

Un exprès, parti sur ses ordres, de Salgue à Servière (2), dont le baron de Saint-Vidal faisait le siège, fut blessé par les ennemis et reçut une gratification : « Octobre 1580. A Gaspard Larchier, pouvre garçon de la ville de Salgues, la somme de 3 escus ung tiers, à luy ordonnée par ordonnance des susdictz sieur de Chamfremont et commis de Gévaudan,

(1) *Bullet. de la Soc. d'Agric. de la Loz.*, t. 38, p. 452.

(2) La suite de cette citation semble indiquer qu'il ne s'agit point ici de Servières près Salgue, mais d'une autre place de Servière, sise en Gévaudan, plus près de Mende.

pour ce fere penser et médicamenter d'ung coup d'arquebuzade que lui auroit esté donnée à la prinse de Servière ou ledict sieur de Chamfremont l'auroyent expressément envoyé pour porter certains paquetz et autres dépêches importans grandement le service du Roy et dudict païs, audict sieur de Saint-Vidal, estant au camp et siège de ladicte ville de Servière. »

« A noble Pierre Amargier, sieur de la Rodde, la somme de 50 escus sol (1), pour le récompencer de la perte d'ung cheval que luy auroit esté thué entre ses jambes, par les ennemys qui le rencontrarent en chemin, s'en allant trouver M. de Saint-Vital, pour l'advertir de plusieurs mauvais dessains que lesdictz ennemys préparaient de fere et exécuter audict païs. » *(Soc. d'Agr. de la Loz.*, t. 38, p. 653, 624, etc.)

Le siège de Mende fut entrepris en 1581 ; le baron de Saint-Vidal, le sgr. d'Apchier, les chefs catholiques les plus vaillants avec tout ce qu'ils purent réunir de troupes disponibles vinrent essayer, mais en vain, de déloger de cette ville le capitaine Merle. De guerre lasse, on dut traiter avec lui, et la déposition déjà citée de Jean de Fontunie, raconte encore comment il ne consentit à céder au sgr d'Apchier la ville de Mende qu'en échange des deux terres de la Gorce et de Salavas, comment il demanda pour emporter son butin deux cents mulets (2), et comment après son départ l'évêché était tellement dépourvu que le sgr. d'Apchier, après avoir pris possession de la ville « feust contrainct ledict jour de boyre dans une escuelle de terre ».

Ce ne fut que le 11 juillet 1581 que « le capitaine Merle « rendit la ville de Mende entre les mains de M. d'Apchier « pour raison de ce que l'on faict, ledict jour, chascun an « procession générale. » (*Ibid.*, p. 26.)

Un coup de main fut tenté par M° d'Apchier sur Chanac, surpris par les religionnaires, qui en furent bientôt délogés. Dans le rôle des gens de guerre amenés par lui, sont signalés MM. de Fô, de Beauregard, et de la Rodde, de Salgue, ayant quinze chevaux et logés chez M° Mazet, procureur dud. Chanac. MM. Claude et Jean de Fontunie et François de Lobérie, chacun avec deux chevaux, et logés à la maison du prieur du Purgatoire.

Tandis que catholiques et protestants se disputaient et

---

(1) Les écus sol, datant de la fin du 15° siècle, étaient ainsi appelés parce qu'ils portaient un soleil gravé au-dessus de la couronne.

(2) A l'heure venue, il se contenta d'un nombre moindre.

s'enlevaient les villes et les places fortes, des bandes de mercenaires se détachaient et allaient au loin détrousser les campagnes et les châteaux isolés, encouragés par l'appât d'un butin facile, et par l'espérance de l'impunité la plus absolue que leur assurait l'éloignement des troupes.

« En 83 et 84, les voleurs prirent la maison et le monas-
« tère des religieuses des Chazes, proche Salgue en ce
« diocèse, tous lesquels ils pillarent et saccagearent entiè-
« rement. »

Une bande de vingt-deux voleurs, conduite par « Yllaire Couston (1), dit le capitaine Lapinède », natif de Lapinède (auj. La Pénide), paroisse de Cubelles, en Gévaudan, pendant la nuit de la Croix (14 de septembre), vint enfoncer à coups de pétards les portes du château de Servières près Salgue. Une fois entrés dans la place, ils s'emparèrent de noble Claude de Chastel, seigneur du lieu, transpercèrent de coups son fils Robert, « lequel pour se saulver de leurs
« mains se jecta de la fenestre de ladicte maison en ung
« jardin auquel lesdicts voleurs l'allèrent daguer » dont il mourut le lendemain, et montèrent « sur ugne monture
« Jehan de Recoux, escuyer de Ventaiol, qui avoict fiencé
« une filhe dudict Claude et le lendemain fust truvé mort à
« la montagne ». Ils pillèrent ensuite les terriers, titres et documents, linges, meubles et vêtements qui leur tombèrent sous la main, et emmenèrent prisonnier, dans l'espoir d'une grasse rançon, ledit seigneur de Servières. Celui-ci, heureusement évadé de leurs mains, se retira dans la tour de Giberges (2), assise sur le roc, à une lieue environ de Saugues.

(1) Ce Couston fit école ou bien laissa des descendants au village de la Pinède. On lit dans les registres de Cubelles : « Jacques Couston de la Pinide na receu aucun sacrement pour estre tombé en hérésie. 1650 ».

(2) Giberges (Gibergas), dans la paroisse de Salgue, est un antique hameau qui possédait des seigneurs de son nom.

En 1288, Hugues de Giberges, clerc, fait partie de la communauté de Saint-Médard. En 1311, Julien et Bertrand de Giberges, le premier prêtre, le second simple clerc, font également partie de cette même communauté.

Vers cette même époque, Jacques de Giberges achète de Guill. de Pontajou diverses censives sises au mont de Giberges. (Arch. de Saint-Médard.)

Enfin, en 1336, Delphine de Giberges est l'épouse de Guill. de Montchauvet, sgr. de Servières, dont elle a deux filles : Agnès, qui épouse Jean de Chastel, sgr. de Sanhelongue, et Cécile, qui devient la

Emplacement de la tour de Giberges

Il fit faire par-devant « M⁰ Jacs Langlade, licencié et lieutenant au bailliage de Salgue », une information judiciaire femme d'Armand de la Fagette. (Voyez *Not. hist. sur Venteuges et sur Servières.* Prades-Freydier.)

A la mort de Guill. de Montchauvet et de Delphine de Giberges, Agnès et J. de Chastel héritèrent de la terre de Servières et de Giberges. Ce sont les Chastel qui firent bâtir, sur des rochers superposés, la tour à trois étages dont il est ici question.

En 1601, Claude de Chastel achète de Loys de Chavanbac, sgr. de Meyronne, certains droits seigneuriaux sis à Giberges « moyennant 500 escus sol ».

Le 15 avril 1656, J. de Chastel cède à Annet de la Roue, baron d'Usson, sa « maison et tour appelée de Giberges, à trois estaiges et ses appartenances à l'entour » en échange du total domaine de Brangeirès. Mais bientôt, par testament du 30 janv. 1657, Annet de la Roue lègue sa terre de Giberges à J. de Chastel. (Document de Jos. Palhière de Brangeirès.)

Les habitants de Giberges, à cause de la proximité, avaient de fréquents rapports avec l'annexe de Servières, où nombre d'entr'eux firent des fondations.

Jacq. Plantin, curé dud. Servières, était originaire de Giberges (1772).

de ce grand désastre, afin d'obtenir, de M^re de St-Vidal, l'autorisation de retenir auprès de lui pour sa défense ses emphytéotes que les consuls de Salgue réclamaient pour le service de leur ville. M^re de St-Vidal lui répondit qu'il eût à s'entendre avec les « officiers et consuls de Saulgues, pour
« avyser le nombre d'hommes nécessères pour la garde et
« surté de sa maison, et de les y laisser des plus commodes
« et proches de la tour où il dyst fère à présent sa demeure. »
1er janvier 1585 (1).

On conçoit aisément en ces circonstances combien peu de sécurité pour leurs personnes et pour leurs biens les habitants pouvaient trouver dans les campagnes.

De plus, « en 1586, écrit M. Lascombe, (*Soc. des Amis*
« *des Sciences et des Lettres du Puy*, t. Ier) les religionnaires
« occupaient le Malzieu, qui servait de base à leurs opéra-
« tions Ils se répandaient dans les campagnes, frappaient
« des impositions, enlevaient dans les fermes le bétail et les
« grains. et semaient la terreur jusqu'aux portes de Salgue.
« Du haut de leurs murailles, les habitants de cette ville
« voyaient parfois les ennemis caracoler dans la plaine,
« incendier les chaumières, et trainer à leur suite le fruit de
« leurs rapines. Nul n'osait s'aventurer hors des remparts.
« Des bandes armées rôdaient sans cesse dans les environs,
« interceptant les routes, empêchant l'arrivage des mar-
« chandises et des vivres, en un mot, Salgue était à l'état
« de blocus, la famine s'y faisait sentir, et nombre d'habi-
« tants, en proie aux souffrances de la faim, étaient réduits
« à manger l'herbe des prés. »

« C'est ce qu'atteste la lettre écrite le 11 juin 1586, par
« les consuls de Salgue à MM. les commis, syndics et
« députés du diocèse de Mende : »

« Messieurs, Les ennemis occupans le Malzieu sont cy
« prez de nous, comme estes bien advertis, et tous les jours
« et nuictz à l'entour de nous fossés et parmi les villaiges
« de nostre paroisse et mandement de trois lieues à lantour,

La tour est aujourd'hui détruite ; à peine en retrouve-t-on quelques pierres sur les roches qui la supportaient. Les blocs de maçonnerie dont elle était composée ont servi à la construction de bâtiments d'exploitation ou même de murs de clôture.

Ce pays de Giberges est remarquable par ses blocs de granit bleuté, d'une extrême dureté et d'une abondance inépuisable.

(1) Information publiée par M. le baron de Vinols, *Soc. d'Agr. du Puy*, t. XXXIV, p. 269 et suiv.

« qu'ilz n'ont rien laissé à nous ny audict païs quilz n'ayent
« ravaigé, prins et admené tout le bestial, meuble et bien
« quilz ont peu trouver, ayant tellement tiré par impozitions,
« cottizations, surcharges la substance de ceste pouvre
« ville puys qu'ilz et nous sommes du tout accablés, n'ayant
« laissé ny ne laissent seulement que les terres sans que
« lon aye moyen ny de quoy les laborer et semer, thué ou
« murtry plusyeurs allans et venans, jusques aux femmes
« dans leurs maisons, choses grandement déplorables et
« pitoyables de voir ceste pauvre ville et païs à telle extré-
« mité que d'estre par la famine et concussyons plus que la
« moitié du peuple ce meurt de faim. Dieu par sa sainte
« garde y veulhe provoir. Telz ravaiges et impozitions ne
« sont venus en plusyeurs autres lieux de ce païs au lieu
« desquelz peuvent bien contribuer, secorir et ayder main-
« tenant ez affaires qui se présantent en attendant que ce
« cousté de païs soit ung peu remis pour porter ce que
« pourra. Vous supplyant tres humblement croyre qu'il y a
« plus de pityé, pouvreté et comiseration que l'on ne
« sauroict escribre, jusques avoir la plus grand partie des
« habitans de ceste ville qui avoyent acoustumé porter de
« charges, parmy les prestz mangeans de lherbe, et aultant
« ou plus en est aux villaiges à lantour, et non sans raison,
« car puis vingt cinq ans ceste ville et païs à lentour a esté
« tousjours chargé des compaignies des gens de guerre,
« monitions, impozitions, et par exprez l'année passee que
« tous les regymens à pied et à cheval et monition que
« ordonnates ont du tout accablé et mis à bas ceste ville et
« païs qui voulloit contribuer à icelle. C'est pourquoy,
« Messieurs, qui estes amplement advertis de tout ce dessus
« et qui aves tous affaires en main pour viser au solaigement
« du peuple, qui le mérite en concideration de ce que vous
« Estatz et registres sont chargés de l'obeyssance et debvoir
« que ceste pouvre ville a toujours presté, nestant cause dez
« malleurs qui ce presentent, que nous vous pryons pezer
« de pretz avoir devant vous yeulx les miseres et pouvretés,
« affin que par vous ceste ville et pays à l'entour soit soulagé
« si estes en voulounté le changer, car pour le presant
« jusques estre remis il est du tout impossible en tirer
« secours ez affaires qui ce presantent, ausquelz, Dieu
« aydant, ceste ville, avec le temps, contribuera sellon ce
« que pourra et que vous conseilz jugeront mériter, eu
« esgard aux charges que dessus et aultres souffertes, à
« vous notoires. Si nous excuzerez, s'il vous plait, de ce que

« ne sommes venus pour vous remonstrer ce dessus et nous
« trouver à vostre assamblée, que regretons ; pourquoy
« faire, estans en chemin, lez volleurs ayant faict trois
« embuscades, comme font tous les jours pour le grand
« nombre de gens qui est au Malzieu affin de nous atraper,
« avons esté contrainctz, à grand peyne, nous remetre en
« ceste ville de laquelle estions partis, nous recomandant
« très-humblement à vos bonnes grâces. Priant Dieu,
« Messyeurs, vous donner très-saincte et heureuse vye. »

« De Salgues, ce XIe juin 1586 (1). Vos tres humbles et
« obeyssans serviteurs les consulz de Salgues et du man-
« dement desdictz sieurs consuls, Julien greffier (2). »

Si la ville de Salgue ne subit pas le sort du Malzieu, la faute n'en fut point à l'ennemi.

Le beau-frère de Merle, Pierre d'Auzolles, appelé le capitaine la Peyre, fut fait prisonnier par les catholiques et condamné à mort après un long interrogatoire, (1586).

« Enquiz s'il a jamais entreprins sur la ville de Salgue et s'il ny avoit plusieurs qui lui tenoient la main à ladicte entreprise. Respond qu'il scayt fort bien que le sieur de Margerides (3) avait tâché de fere mectre ladicte ville de Salgue hors lobeyssance du Roy et la fayre surprendre au cappitaine Redon de Langeac, qui est de ladicte nouvelle

---

(1) Archiv. de la Loz. 1797.

(2) Les campagnes n'étaient pas mieux partagées que la ville, si l'on en croit la requête suivante :

« A nos Seigneurs des Estatz particuliers du présent pays de Gévaudan. Supplie humblement et remonstre Jean Grenier, habitant au lieu et paroisse de Grèzes, près Salgues, homme septuaginaire, ayant dix-sept enfants en vye, que puys l'année mil cinq cens soixante-treze que le cappitaine Merle, huguenot, ce saisit de la ville du Malzieu, la première foys, et l'année mil cinq cent soixante-dix-sept que le capitaine Bau, aussi huguenot, ce saisit de la Clauze, et après luy le seigneur de Fauseuze, ... prinse de la ville de Mende par ledict Merle au moys de décembre 1579, et aultre prinse dudict Malzieu en l'année 1585, et généralement pendant et durant toutes les guerres passées, il a souffert plusieurs foules, passaiges, logis, pertes de biens et tous ravaiges de bestail aultant qu'aultre diocézain, pour habiter en lieu de passaiges, et n'avoir aulcune forteresse audict Grèzes, pétardé dans sa maison au grand hazard de sa vie, sans la desfence que Dieu permit qu'il en fict... Ledict suppléant demande qu'on lui accorde quelque secours. »

(3) Les de Tailhac, sgrs de Margeride, avaient versé dans le protestantisme. Tristan de Tailhac, à la tête des Huguenots qu'il commandait, fut tué, à Vissac, par Philippe d'Apchier qui périt aussi.

opinion. Et à cest effect debvoit ledict sieur de Margerides bailler ung sien serviteur et le mestre dans une maison qu'il disait avoir audict Salgues, lequel serviteur debvoit tenir la main audict Redon pour ladicte entreprinse. »

« Le sieur de Margerides luy envoya un sien tailleur pour luy dire et requérir d'attraper feu Mre Jehan d'Apchier, sgr. et baron dud. lieu, en une sienne metterie qu'est prez de Salgues, y ayant ung boys auprez où led. sgr. d'Apcher alloit souvent à la chasse, et en après se reposoit dans ladicte maison, laquelle ils debvoient fere renverser avec de la poudre qu'on eust mize par certaines fenestres de lad. maison, à la charge qu'on debvoit tuer et massacrer ledict sgr. d'Apchier, et non le prendre à rançon (1). »

Ce complot n'eut pas les suites attendues par ses auteurs, et Salgue ne subit jamais le joug des pillards. Le Malzieu lui-même fut bientôt délivré de ses oppresseurs par le duc de Joyeuse, lieutenant général en Languedoc, qui, venu avec une troupe nombreuse investir la place, eut tôt fait d'amener à capitulation les malfaiteurs dont il fit pendre sept des plus coupables. (Août 1586.)

Sur ces entrefaites, Mgr de Fosseuse, de passage en ce pays, pour ravitailler ses troupes, s'était emparé d'une grande provision de blé déposé au château de la Clauze. Ce blé appartenait au sgr. de Montgon, qui l'avait mis sous la garde des consuls de Salgue. Le blé une fois consommé, le sgr. de Montgon vint en demander le prix à nos consuls qui furent contraints de le payer à beaux deniers comptants, (1585).

Aussi dans l'assemblée des Etats les sieurs de Langlade et de Lobérie viennent demander compensation des blés qui étaient dans le château de la Clauze, et dont Mgr de Fosseuse a disposé sans les rémunérer.

Les Etats accordent 300 écus, mais les députés des Cévennes s'y opposent.

Quatre ans plus tard, en 1589, les députés de Salgues viennent encore réclamer l'indemnité qui lui était due « à « cause des bleds qui furent prins au château de la Clause, « et que lesdits suppliants ont été contraincts de payer au « sieur de Montgon. »

Mais ils sont déboutés de leur demande. Une dernière fois nos tenaces consuls reviennent à la charge pour cette

(1) *Soc. d'Agric. de la Lozère*, t. 39, p. 269-270.

indemnité. Lassés de leurs instances, les Etats finissent par leur accorder la somme de.. 50 escus.

Les incursions des pillards, comme l'avait fait deux siècles auparavant le passage des Routiers, amenèrent la désertion des campagnes et l'agglomération dans les cités :

« Lesdictz voleurs discourent le Gévaudan sans aulcune
« contradiction, tellement que à cause desdictes voleryes,
« courses murtres emprisonnementz, personne desdictz
« ecclésiastique ne demeure en son bénéfice, tellement que
« neuf vingtz quatre paroisses qua en Gévaudan, le service
« divin n'est faict que aux lieux fortz que sont Mende, la
« Canorgue, Chanac, Ste-Enymie, St Chély, le Malzieu,
« Salgue,... Lengonhe. Chasteauneuf et parfois à Maruejols,
« Quezac et Grandrieu (1). »

Cette fois encore de nombreux « mas » abandonnés tombèrent en ruines et ne furent plus relevés.

Dans un état des biens délaissés (1762), on signale, à Cubelles, neuf masures abandonnées depuis un temps immémorial.

Les tribunaux chômèrent pendant cette période, et nos ancêtres, processifs comme le sont aujourd'hui leurs descendants, durent renoncer au doux plaisir de chicane. Les procès en cours furent suspendus, les prescriptions acquises, et le Chapitre lui-même était obligé de demander au Conseil du Roy « des lettres de provision portant permission de
« renouveler des instances contre plusieurs particuliers,
« ayant demeuré longtemps sans poursuivre, à cause des
« grandes guerres, 30 Juin 1581. » (2)

Les pillards en voulaient particulièrement aux titres et papiers des châteaux ou des églises. Yllaire Couston emporte soigneusement dans un sac les terriers de Servières, et l'on a vu déjà la collégiale du Malzieu demander aux prêtres de Saint-Médard une copie de leurs titres « attendu que es
« années 1573 et 1575, l'esglize du Malzieu avoit esté prize
« et pilée par les eugenots et emporté tous les tiltres de
« l'esglize et aultres choses y portées. » (3)

(1) Extrait du proc.-verbal dressé par ordre du clergé du diocèse en mai 1584. Archiv. de la Loz. G, 1584.

(2) Archiv. de St-Médard de Saugues.

(3) *Ibid.*

CHAPITRE XVII

SALGUES & LA LIGUE

Etat des lieux occupés par les Ligueurs. Le comte d'Apchier, chef de la Ligue en ce pays. Soumission de Salgues au parti du roi. Refus de payer les impôts. Les mulets de Mézard Trémolière. Les Etats fermés aux consuls de Salgues. Le cadet de Séneujols aux Plantats. Situation intérieure du pays.

Sur ces entrefaites s'était formée en France une coalition de tous les catholiques, pour résister au parti protestant qui venait de gagner les faveurs de la Cour. Cette coalition, appelée la Ligue, eut d'abord pour chef Henri de Guise, et après lui le duc de Mayenne.

Une portion du Gévaudan, suivant l'exemple de ses chefs naturels, embrassa cette cause, et Salgue, entraîné par le sgr. de Mercœur et le sgr. d'Apchier, entra dans le même parti.

Le baron de Saint-Vidal était le chef des ligueurs en Gévaudan, lorsque, dans un duel, il fut frappé d'un coup mortel par Pierre de la Rodde, dit le cadet de Séneujols, 25 janv. 1591. Mre Philibert d'Apchier fut nommé sénéchal de Gévaudan pour le parti de la Ligue, par la cour du parlement de Toulouse, avertie du décès du sieur de Saint-Vidal.

Dans tout le pays, les ligueurs s'opposent à la levée des impositions royales sur les bénéfices ecclésiastiques du diocèse de Mende. Le sieur Ferrand Privat, huissier en cette sénéchaussée, chargé de faire des recouvrements, se rend le 6 juillet 1590 à Langogne, et les jours suivants à St-Vénérand, à Salgues (1), à Monistrol, etc., partout il rencontre un refus, soit de la part des prieurs, soit de la part

(1) L'orthographe du mot Salgue commence à se modifier : dorénavant on l'écrira ainsi : « Salgues » ; quelquefois on trouve Saulgues.

des fermiers des bénéfices ecclésiastiques. Il n'est pas plus heureux à Chanaleilles ni à Thoras-Vazeilles.

(*Bull. de la Soc. d'Agr. de la Loz.*, ann. 1888, p. 511.)

Une réunion des ligueurs de Gévaudan se tient à St-Chély d'Apchier, (11 nov. 1590). Là sont présents, entr'autres députés, le sieur de Bénistant pour M. de Mercœur, sgr. de Salgues et du Malzieu, sire Guill. Aoust et P. Vigier, consuls du Malzieu, Me Jehan Falguière, consul de Salgues, assisté de Jacques Langlade fils, délégué de Me Jacques Langlade, son père, 1er consul de ladicte ville. Dans cette assemblée il fut décidé qu'on entrerait en guerre ouverte contre le parti royaliste, qu'on prendrait l'offensive, et qu'on ferait pour cela une levée de deux cents arquebusiers. (*Id.* p. 511. Fonds d'Apchier.)

Parmi les localités occupées par les ligueurs en cette région, on cite : Thoras-Vazeilles, Verdun-Saint-Préjet, Monistrol, Vereyrolles, Villaret, Chanaleilles, les Plantats, la Clauze-Grèzes, le Malzieu, Verdezun, Saint-Privat du Fau, Paulhac, la Besseyre et Hontès, Meyronne, Salgues, Cubelles, Ventughoul, Crozances, le Chambon et Saint-Symphorien. (6 déc, 1590.)

On ne trouve, dans cette phase de la guerre intestine, aucun fait signalé, intéressant la ville de Salgues.

Le sire d'Andreujol, de ce mandement de Salgues et le sgr. de Mercœur commandaient chacun cent hommes d'armes à la prise de Chanac, sous les ordres du sgr. d'Apchier, contre les royalistes (1591).

Les huguenots, profitant de l'éloignement des troupes, firent de nouvelles incursions du côté de Salgues.

« Les habitants de la ville de Saulgues ayant faict fere plainte de leur part à l'assemblée des Etats qu'ils sont grandement vexés et molestés par aucuns qui ont retraite à Villefort, lesquels courent sur lesdits habitants et exercent contre eux toutes sortes d'hostilités ayant fait prisonniers de guerre quelques uns desdits habitants qu'ils détiennent audict Villefort. Les Etats ont enjoint au sindic dudit pays de faire diligence pour la délivrance des prisonniers et la punition des perturbateurs. »

Salgues ne payait pas ses impôts au roi, mais à la ligue, de sorte qu'il était à craindre que ces mêmes impôts déjà payés, ne fussent redemandés par le parti royaliste, aussitôt la guerre finie. Pour parer à ce danger, dans une nouvelle trêve conclue (Févr. 1592), entre les royalistes et les ligueurs, il fut accordé qu'il ne serait fait aucune imposition, levée de deniers, contributions, corvées et « aultres foulles » sur quelque prétexte que ce soit, fors et excepté par les seigneurs justiciers sur leurs sujets, « tant aux villes de Mende, St-Chély, le Malzieu, Salgues, que autres villes et lieux du païs de Gévaudan. » (*Id.* p. 8, t. IV.)

Si l'avènement d'un prince protestant, Henri de Bourbon, au trône de France, semblait avoir donné à la Ligue un regain de vitalité, son abjuration (1593) lui porta un coup mortel.

Bientôt le comte d'Apchier se soumit au nouveau roi, et reçut de lui complète décharge de tous les faits d'armes, levées et impositions d'hommes ou de deniers, combats et troubles dont il était responsable « tant en païs de hault Auvergnhe que de Gévaudan. » (16 juill. 1594.)

Le 18 sept. de la même année la ville du Malzieu se soumit et prêta serment de fidélité au roi Henri IV.

Huit jours après, le 24 sept, 1594, la ville de Salgues nomma des députés à l'effet de prêter le même serment à M. de Fosseuse, gouverneur et commandant pour le service de Sa Majesté, le roi Henri IV, au pays de Gévaudan :

« L'an 1594, et le 24 du moys de septembre, après midy, en la ville de Salgues, diocèse de Mende, en la maison de ville..... ont esté présans honorable homme Pierre Meyronein, merchant, consul de la dicte ville, lequel de son bon gré a faict et constitué ses procureurs spéciaux et généraux discrets hommes et saiges Benoit Bonhomme, bourgeois, maitre Hugues Montel juge de la Rodde, premier et second consul, Médard Julien notaire royal secrétaire, sieur Claude Chantal merchant de lad. ville de Salgues prenant et acceptant chacun d'eux pour et au nom de lad. ville de Salgues se présenter par devant Mgr de Fosseux, gouverneur et sénéschal pour le roy au pays de Gévauldan, ses lieutenants, et chacun d'eux déclarer à sa grandeur iceux habitants estre bons et fidèles serviteurs du Roy, vouloir vivre et mourir pour son service, lui prester l'obéissance qui est requise, ne s'en séparer aucunement, et à ces fins prester le serment en tel cas requis en l'âme du constituant comme il a fait présentement au nom que dessus Et supplier sadite Grandeur en considération de ce que ladite ville parroisse et mandement d'icelle a payé les tailhes au seigneur d'Apchier, comme gouverneur du cy-devant party de l'Union soubz l'authorité du duc de Joyeuse et selon les articles de la tresve générale de la province de Languedoc accordée entre Mgr le Connétable et ledit seigneur de Joyeuse, soit son bon playsir avoir pour agréables les payements qu'ils en ont faits, descharger la dite ville et mandement des impositions et talhes courans que les recepveur et comis du roy exigent en ce païs sans avoir esgard à ce qui a esté payé audit seigneur d'Apchier et aultrement y pourvoir comme sa Grandeur advisera pour le solaigement et repos du povre peuple, qui est si oppressé et si foulé qu'il n'y a moïen d'y subvenir. Néantmoings pour la conservation de ladite ville à sadite Majesté et soubz l'authorité du sgr. de Fosseux gouverneur accorder esdits constituants et suppliants les soldats nécessaires commandés par lesdits consuls et octroyer telle somme de deniers pour la réparation de leur ville que ledit seigneur jugera estre de besoin, et généralement faire toutes les supplications nécessaires, réquisitions et serements requis comme s'ilz en personne étaient présents sans avoir aultre mandement spécial que ces présentes. Promettans avoir agréable, ferme et estable, tout ce que par cesdits procureurs sera fet et ne les désavouer ni revoquer ains du tout par leur foy et serement sur ce presté sur les saints Evangiles de Dieu. »

« Octroyé en présence de honorable homme P. Lobeyre, docteur, procureur d'office pour Mgr. le duc de Mercœur, dom Jehan Auzerand, prieur claustrier, Pierre Pichot, praticien, et aultres que n'ont su signer, et de nous Jacques Langlade et Jehan Chabanel, notaires royaux soubsignés. »

(Soc. des Lettres du Puy, t. II, publié par M. Lascombe.)

Le 27 du même mois, les délégués se rendirent à Mende, et là s'acquittèrent de la mission à eux confiée, et prêtèrent le serment demandé.

« Attendu lequel serment, ledict sgr de Fosseuse leur a déclaré qu'il les reçoit en la protection et sauvegarde de sa Majesté. Et sur les demandes par eux faictes pour la garde de la dicte ville et le soulagement des habitants d'icelle et de la paroisse et mandement ledict seigneur les a renvoyez aux sieurs commis sindic et députez pour y pourveoir le plus favorablement qu'ilz adviseront pour les dictz habitants. »

A la nouvelle de cette soumission, l'Evêque de Mende, (Adam de Heurtelou, év. de M. 1586-1608), écrivit aux commis, syndic et députés de Gévaudan la lettre suivante :

« Je me resjouis infiniment de veoyr mes diocésains de Salgues suyvre ceulx du Malzieu en chose si louable et digne d'eulx de recognoistre la fidélité et obéyssance que tout bon subject doibt a son Roy légitime et catholicque comme est de la grâce de Dieu le nostre. Je puis dire maintenant que mon diocèse est en l'estat auquel je le désiroys il y a longtemps ; de quoy je loue grandement Dieu. J'envoye suyvant vostre désir mon grand vicaire pour adopérer avec vous ce que vous jugerez par vostre prudence de pouvoir et debvoir fere pour mesdictz diocésains de Salgues.... A Chanac, ce 28 sept. 1594. »

Le connétable de Montmorency adressa lui-même à M. de Fosseuse les recommandations suivantes au sujet de Salgues et du Malzieu :

« Mon Cousin, comme vous aurez peu entendre par
« ma précédente despeche, les consuls de Saulgues et du
« Malzieu par le moyen du sieur Dandrejoul leur procureur
« ont presté le serment de fidélité au roy. C'est pourquoy,
« ainsi que je vous ay desja mandé, je vous prie traicter
« les habitants desdictes villes comme bons et fidelles
« subjectz et serviteurs de Sa Majesté et les soulager et
« favoriser en tout ce qu'il sera possible.... (1). »

Aussitôt après cette soumission au nouveau roi, le sgr. d'Apchier demande et obtient que « demeureront aussy
« quiettes les fermiers des équivalleurs de la présente
« année des villes de Salgues, le Malzieu et St-Chelly pour
« trois cartiers de ladicte présente année, lesquelz ledict
« sieur d'Apchier a prins et employés auparavant sa réduc-
« tion, desquelz le roi l'en a déchargé. »

Mais, des décharges et des réductions promises il fut tenu peu de compte, et les habitants de Salgues se virent imposés pour une somme plus considérable que celle à laquelle ils s'attendaient, soit pour ce qui restait de l'année courante, soit pour l'année suivante. De là des récriminations et des plaintes qui ne furent guère écoutées.

Qu'arriva-t-il ? Quand le collecteur se présenta pour lever les tailles, il trouva les portes fermées. Il eut beau frapper, menacer, sommer au nom du roi, les portes ne s'ouvrirent pas. Craignant pour sa sécurité, il part à vide et léger de finances : on avait volé la caisse de son commis. Sur sa route, par un malencontreux hasard, il rencontre les mulets du sieur Mezard Tremolière, muletier de Salgue. Sans autre forme de procès, il confisque les mulets, et d'après un principe de solidarité qui heureusement ne serait

(1) *Bull. de la Soc. d'Agr. de la Loz.*, pag. 115, année 1888. Ces documents et ceux qui précèdent, concernant la Ligue, ont été publiés par M. J. Roucaute : « Deux années de la Ligue en Gévaudan. »

point accepté de nos jours, se paye avec eux des tailles que n'avaient point voulu solder les habitants de la cité.

De plus, « la ville de Salgues, naguières réunie au service de sa majesté fit refus, contre son debvoir de recevoir douze maistres qui luy avaient esté ordonnez pour sa part de la compagnie de gendarmes de M. de Fosseuse (9 mai 1595), et laissa passer sans l'arrêter le sieur de Montpezat, beau-fils du duc de Mayenne, à son retour d'Espainhe. » Elle fut de ce blâmée par le duc de Montmorency : « Je suis marry de la rebellion de laquelle ont uzé ceux de Salgues et le Malzieu, car ce n'est pas ce que je me promettois d eulx, veu la bonne volonté de laquelle ilz faisaient démonstration au service du Roy, veu mesme ce qu'ilz en avoient promis par leur serment. »

Quand les consuls de Salgues se présentèrent aux Etats de Gevaudan, la porte leur fut fermée et l'entrée interdite jusqu'à ce qu'ils eussent fait humble soumission.

Le compte-rendu des Etats rapporte ainsi la chose :

« 10 juillet 1595. S'étant présentez MM. Guill. Chabanel et Montel, consuls de Salgues, ils ont remonstré estre venus ainsi qu'il a été mandé soubz le passeport dudict sgr. gouverneur tant pour l'informer au vray de ce qui s'est passé en lad. ville de Salgues à son mescontentement et à leur grand regret et rendre ledict sgr. satisfait par leur déclaration et le serment de leur fidélité et obeyssance au service de Sa Majesté, avec les soubmissions par eulx cy-devant faictes qu'ils renouvelleront en ses mains, comme aussy pour assister à ladicte assemblée, et rapporter en icelle tout ce qu'ils pourront à l'advancement du service de sa Majesté et des affaires communs dudict pays ; au moyen de quoy ils ont requis lesdictz estats de les recevoir et vouloir intercéder pour eux envers ledict sgr. gouverneur à ce qu'il luy playse les tenir pour fidelles subjects et serviteurs de sa Majesté, et les mettre en sa protection. »

« Sur quoy a esté advisé que cette affaire sera représentée audict sgr. gouverneur, avec prière d'en faire entendre son intention à l'assemblée. »

« Le même jour, de relevée, a déclaré ledict gouverneur pour le regard des consulz de Salgues, qu'il ne les peut tenir pour fidelles et obeissants subjects quelques protestations qu'ils fassent, attendu qu'ils n'ont procuration des habitants de la dicte ville pour se purger de la rebellion par eux commise, ce qui monstre qu'ils persévèrent toujours en leur mauvaise volunté. »

Mais nos consuls protestèrent de leurs bonnes intentions assurant que s'ils ne s'étaient pas pourvus de semblable procuration c'était par mégarde, et non par mauvais vouloir. Sur quoi les Etats consentirent à les garder dans leur assemblée, et même à leur accorder voix délibérative, comme aux autres députés d'icelle, à condition et à la charge de rapporter au plus tôt la procuration demandée.

Quatre jours après, le 14 juillet, le consul était de retour avec la procuration des habitants de Salgues, pour faire en leur nom amende honorable et complète soumission.

« Ledict consul a de nouveau supplié les Estats voulloir l'assister et secourir de leur intercession, faveur et moyens pour faciliter sa réconciliation avec Mgr le Gouverneur. »

« Sur quoy estant arrivé led. sgr. gouverneur, les Estats luy ont faict requeste voulloir recevoir lesdits habitants de Salgues à l'obeyssance qu'ils promettent rendre désormais à sa Majesté soubz son commandement. ce que ledict sgr. a promis de fayre au contentement des Estats. »

L'incident était clos, mais tous les intérêts n'étaient pas satisfaits. Restait à vider la question des mulets saisis par le collecteur.

« Et sur la requeste présentée par le sieur Mézard Trémolière, muletier de Salgues, tendant à ce qu'il plust aux Estats faire imposer cent escus pour les frais païés par luy à cause de la saisie fayte de deux siens mulets à la requeste du sieur Sévérac, receveur, pour avoyr païement de la portion de Salgue, et fayre aussi imposer huit vingts escus pour récompense et païement de la valeur de deux mulets qui lui furent prins en la ville de Lengoigne, par ung nommé Chavellon, et ung autre appelé Favel du Marcy, du mandement des consuls de Lengoigne, à ce qu'ilz disoient pour fere porter des munitions aux troupes étant devant le château d'Aubrac pour le service du Roy, ayant esté impossible aud suppliant de recouvrer lesdits muletz »

« A esté conclud le païs n'estre tenu d'entrer en la récompense dud. suppliant lequel demandera justice contre qui il appartient, et sur la première requeste attandu que ces dommaiges procèdent du deffaut de païement de la cottité de la taille par ladite paroisse de Salgues qu'il aura recours contre icelle si bon luy semble, le païs ny estant tenu. »

« Alors s'est présenté le sieur Sévérac qui a soutenu que l'exécution desdicts muletz avoit esté bien et deuement fayte à son instance pour avoyr païement des sommes deues par les habitans de Salgues et qu'il avoit esté contrainct de s'adresser audict muletier pour n'avoyr trouvé aultre personne attendu que l'accès n'estoit encore libre aux serviteurs du roy dans ladicte ville y ayant esté vollé ung de ses comis voulant fere la recepte de la portion de leurs talhes. »

Et le malheureux Trémolière, pour recouvrer le prix de ses mulets, fut contraint de s'attaquer à ses concitoyens.

Pendant que l'on traitait de l'accord des consuls de Salgues et du Gouverneur, au sujet de la révolte précédente, les petites réclamations s'étaient effacées ; mais le différend une fois vidé, et la paix obtenue, les requêtes se produisirent au jour et assaillirent les Etats.

C'était le capitaine Bonhomme qui vint (16 Juillet 1595) « remonstrer que le receveur de l'imposition faisait difficulté d'allouer sur la portion de ladite ville la somme de huit-vingt escus ordonnée pour l'entretenement de la garnison de ladite ville de Salgues. »

« Et il fut conclu que Portalès, receveur, emploierait ladite somme en ladite dépense, en déchargeant d'autant la portion des habitants de Salgues. »

C'était Jehan Bouc qui réclamait « aux Estats pour la « ville de Salgues, la somme de 1033 escus, 10 sols, deue à « ladicte ville, pour la clôture d'un compte arresté par feu « Mre de Saint-Vidal, alors gouverneur. »

On alloua présentement 56 écus, 40 sols, avec promesse de rembourser le reste de la somme à une prochaine assemblée.

Mais les Etats ne se piquaient pas d'exactitude. En 1603, pas un denier de cette somme n'était payé.

« Requeste est fayte aux Estats (1603) pour le païement « des 1034 escus, remboursement de la dépense fournie par « les habitans de Salgues aux troupes de St-Vidal, gouver- « neur pour le roy en ledict païs, pour la réduction en « l'obeyssance de Sa Majesté du château de la Clause, lors « occupé par les ennemis. »

Les Etats commencèrent par réduire la somme demandée de 1034 écus, à 2100 livres, réduction d'environ 1000 livres et promirent de faire payer cette somme par moitiés égales en deux années prochaines. Quatre ans plus tard (1607) la seconde partie de cette dette n'était point encore acquittée, car le sieur de Langlade, consul et juge de la ville de Salgues, venait réclamer le dernier paiement des 1050 livres, dues par le pays aux habitants de Salgues.

Quelques années auparavant, un parti d'aventuriers

s'était emparé du château des Plantats. Des troupes furent réunies qui eurent bientôt fait de reprendre cette place et de mettre les pillards à la raison. Après la délivrance dud. fort, le cadet de Séneujols, alléguant que ce château n'avait été pris que parce qu'il n'y avait pas une garnison sérieuse, « obtint obrepticement de Mgr de Montmorency, gouver-
« neur et lieutenant général en Languedoc, commission de
« tenir garnison audit fort des Plantatz. » De là il faisait des incursions désastreuses, et ruinait le pays tout aussi bien qu'eussent pu le faire les rebelles eux-mêmes. Aussi, le sieur de Lobérie, consul de Salgues, venait en 1591, par devant les Etats, réclamer les sommes versées par la ville pour la réduction dudit fort. Et aux années suivantes, à raison des plaintes multiples des habitants de Salgues, les Etats supplièrent Mgr de Montmorency d'ordonner, à peine de la vie, « à tous cappitaines, soldatz et autres gens de guerre de ne fere plus aucunes courses, ravaiges, entreprises, et aultres hostilités sur pas ung lieu ni habitant du Gévaudan .... et par exprès pour les habitants de la ville de Saulgues auxquels les sieurs de Senuejols, frères, commandant aux chasteaux des Plantatz et de Montbonnet font journellement la guerre, leur voulant faire croire qu'ilz sont de contraire party, ores qu'ilz aient receu ladicte trefve, et juré ausdictz Estatz, comme les aultres villes, de vivre soubz vostre obeissance, Et dautant que ledict de Senuejolz, commandant aux Plantatz, soubz ceste couleur, a obtenu de vostre grandeur commission pour l'entretènement, sur ledict diocèse, de trente harquebusiers a pied et autant de cuirasses pour tenir garnison ausdictz Plantatz, et qu'il luy est permis par ladicte commission en cas de refuz les prendre de luy mesmes et en fere le département sur ceulx de Saulgues et aultres lieux circonvoisins, il vous plaira, Monseigneur, comme estant ladicte garnison inutille, vouloir révocquer ladicte commission et luy interdire de s'en ayder en aucune façon, et qu'il sera tenu rendre ladicte maison au sieur de Tolet, comme tuteur de la damoiselle de Brangerès, sur qui ledict sieur de Senuejols la occuppé, ou bien la garder a ses despens, suivant voz reiglemens, et vivre paisiblement en icelle, joinct qu'il ne tient pas le chasteau de la Clause comme il vous avoit représenté par ladicte commission, et ne l'a oncques heu a son pouvoir, ains ledict chasteau est gardé par le cappitaine Belot, soubz vos commandementz et aux despens du propriétaire. »

(*Soc. d'Agr. de la Loz.*, p. 502 et suiv.)

C'est, en ce pays de Salgues, le dernier épisode marquant des guerres de religion.

Cette seconde période des luttes civiles, fut, pour notre contrée, moins meurtrière et moins désastreuse que ne l'avait été la première. L'action, circonscrite entre les ligueurs et les royalistes, se passait sur un théâtre éloigné, et dans des conditions plus humaines et autrement civilisées. On ne vit point se renouveler ces tueries sauvages, ces tortures bestiales, cette barbarie de pillages et d'incendies incessants qui marquaient naguère les étapes sinistres des partis belligérants. Si, par aventure, quelques excès regrettables signalèrent le passage des troupes, ce ne furent que de rares exceptions.

Toutefois les impositions de toute sorte, les levées d'hommes et de munitions, les fournitures de vivres pour les hommes et les chevaux aggravèrent encore la pénurie et la détresse qui avaient été la conséquence fatale des désordres précédents. Aussi, une requête adressée au roi par les habitants de Gévaudan peignait en traits frappants la désolante situation de ce pays :

« Ledict païs est de son naturel un des plus pauvres que soient en tout le royaume, et comme tel il a senty plus vivement les misères et les calamnitéz que l'injure du temps a raportees, de manière que c'est pour le présent chose notoire et manifeste qu'il est le plus affligé et le plus déplorable que soict en tout le royaume, ayant souffert la guerre continuelle deppuis trante ans, la famine mortelle deppuis vingt ans, et la pestillence contaigion par deux foys deppuys doutze ans, la première que dura deux ans, et la dernière trois.....

« A occasion de la guerre qui a duré trante ans ou plus audict païs, il y a eu tant et tant d'impositions extraordinaires de deniers, vivres et aultres munitions d'ung party et d'aultre, et tant et plus de rigoreuses exécutions et contrainctes, que c'est cas non seulement esmerveilhable, mais bien incroyable qu'un si pourre païs de montanhes infertiles les aye peu supportez dont aussy en fin finale ils en sont devenus à extrême pouvreté et une de principalles occaisions avec la mortalité qui a rendu le plat pays désert et inhabité, où il ne se trouve par les champs que loups et bestes sauvaiges qui dévorent les gens là où ils les peuvent trouver. » *(Ibid.*, publ. p. M. André.)

Comme on le voit, ce sont les périodes désastreuses qui

apportent à l'histoire d'un pays la plus large contribution et les épisodes les plus douloureux ; de là vient peut-être cet adage si connu : « Heureux les peuples qui n'ont pas d'histoire ».

Que si ce n'est point là son origine, on ne peut nier que là ne soit sa justification.

CHAPITRE XVIII

Les malfaiteurs et demande d'archers pour la police. Ordinations à Salgues. Noms des ordinands. Nouvelles réparations aux remparts. Réparation de l'église paroissiale. Marie de Luxembourg et F^{oise} de Lorraine, duchesses de Mercœur. Hommages à elles rendus par divers seigneurs. Questions de justice. Les fossés sont inféodés. Encore le four banal. Relations de la Collégiale de Saint-Médard avec l'abbaye de Pébrac et le chapitre de N. D. du Puy. Testament de P. Molynier, acolyte et régent d'école. Fondation d'une mission périodique. Autre fondation en 1718. Dévotions diverses à N. Dame de Quézac, à N. D. de Beaulieu, à S. François Régis, à N. D. d'Estours, à Sainte Madeleine.

A la suite des guerres civiles et des désordres qui en sont inséparables, une foule de gens d'armes, de partisans, qui avaient pris des habitudes de pillage et de rapine, se souciant fort peu de retourner aux labeurs oubliés de la glèbe, se jetèrent dans les forêts, pour de là continuer une vie de brigandage et de vols. Ils se réfugièrent dans la région des Cévennes et de la Margeride, dans des gorges profondes hérissées de taillis, dans des bois impénétrables où l'escarpement des lieux et la difficulté d'accès leur assuraient l'impunité, redoublaient leur audace et leur permettaient de tenter des coups de main jusqu'aux abords des cités. Ils avaient leurs positions préférées, et ces lieux, où ils se mettaient en embuscade, ont gardé jusqu'à nos jours une sinistre célébrité. Qui ne connaît, au pays de Saugues, le bois de Coupe Gorge (1), le passage mal famé du Trauquet, la baraque de « Prends-tes gardes » et nombre d'autres lieux, sur lesquels la légende fait planer de lugubres et épouvantables souvenirs ?

La police, fort rudimentaire en ces temps-là, était loin

---

(1) Pierre Peyrolier, de la Loubeyre, « est homicidé » sur le chemin de Chantuejol le 20 mars 1618. (Reg. de Cubelles.)

de s'exercer avec toute la perfection désirable : de là l'audace toujours croissante des malfaiteurs. Nos consuls se virent dans la nécessité de porter plainte par devant les Etats.

« Sur la grande instance faite par les consuls des Cévennes, ceux de Saulgues, de St-Chély et du Malzieu qu'il pleust aux Estats leur donner en chacune de leurs villes ung des archers dudit prévôt diocésain pour y résider ordinairement, et en oultre leur bailler quelques cazaques qu'ilz feront porter par personnes affidées, le tout pour s'en servir en cas de nécessité et faciliter les captures et autres actes et exécutions de la justice importantes au publicq et les rendre plus autorisez, et les méchants par ce moïen plus intimidez »......

..... « Ladicte assemblée mettant en considération la nécessité présente des habitants desdictes Cévennes et des environs de Saulgues, lesquels depuis quelques mois se trouvent plus affligez que de coutume de volleries et aultres excès, ont désiré avoir quelque particulier secours pour l'opposer à l'occurence du mal, estimans que ce leur est ung remède salutaire, duquel les Estats ne peuvent honestement les éconduire pour cette foys. »

« A esté conclud que pour cette année et sans conséquence à l'avenir sera baillé auxdictes Cévennes ung archer dudict prévost et un aultre à la ville de Saulgues à l'effet que dessus ayant esté jugé n'y avoir occasion pour les autres lieux. »

« Et pour le regard des cazaques, d'autant qu'il importe de les mettre en main de personnes affidées du publicq afin qu'il n'en soyt abuzé au mépris et détriment de la justice, a esté remis à MM les comis, sindicq et députez dud. païs de s'informer plus exactement, en sorte néanmoings qu'il n'y soit commis aulcun abus ni donné aulcun subject de plain'e. » 1616 (1).

Ni la présence de l'archer, ni les cazaques ne firent disparaître les voleurs, et quatre ans après, en 1620, le consul de Saulgues, seul cette fois, vint se plaindre de ce que « le prévost du diocèse ne faisait point ses chevauchées
« ordinaires en ladite ville et lieux circonvoisins attendu
« que cela donne lieu à plusieurs maléfices qui s'y com-
« mettent impunément et plus fréquemment. »

Il réclamait de nouveau un archer dont la présence

(1) *Soc. d'Agr.* Publicat. des Délib. des Etats de Gévaudan, par M. André.

autoriserait les captures, et tiendrait éloignés les voleurs. Mais les Etats, pour toute réponse, conclurent qu'il serait, sur ce point, plus amplement délibéré. Il fut si bien et si longtemps délibéré que Saulgues ne put rien obtenir, car, en 1623, son consul, pour la dernière fois, réclame un « archer et une cazaque pour la mettre es-mains de celui que lesdicts consuls adviseront pour accompagner ledict archer et s'en servir à la capture des vagabonds, larrons et volleurs qui courent sur la Montaigne de la Margeride. »

« Attendu le petit nombre d'archers entretenu au diocèse, a esté conclud n'y avoir lieu d'entendre ladite réquisition. Néanmoings, pour remédier à la cause et sujet d'icelle, ledict prévost est exhorté de la part desdicts Estats à fayre ses chevaulchées les plus soigneuses et les plus fréquentes qui se pourra dudict côté de ladicte montaigne afin de la purger de cette vermine et de la rendre libre et assurée aux gens de bien. »

Depuis quelque temps déjà, après les guerres finies, les événements ordinaires et le fonctionnement régulier des administrations diverses avaient repris leur cours normal dans le Gévaudan.

L'évêque de Mende, Adam de Heurtelou, avait recommencé la visite de son diocèse. Le 20 juillet 1600, il est à Salgues, où, pendant trois journées consécutives, il fait des ordinations dans l'église paroissiale de St Médard (1).

(1) Les ordinands de la première journée sont :
1. Jacques Lobeyre, de Salgues.
2. Hilaire Lafont, —
3. Jean Vergèses, —
4. Pierre Géranton, —
5. Jean Auzerand, —
6. Mathieu Ales, des Salles.
7. Jacques Domezon, de Salgues
8. Anthoine Chantal, — (Il devient curé de la ville en 1626.)
9. Jean Bastet, —
10. Jean Boulangier, —
11. Guill. Bout, —
12. Pierre Auzerand, —
13. André Barrande, —
14. Pierre Brunet, de Thoras.
15. Claude Blanquet, de la paroisse de Salgues.
16. Laurent Gibert, de Bergougnoux.
17. F^{ois} de Fontunye, de Salgues.
18. P^{ro} Lafont, —
19. Noël Langlade, —

En tout, 31 clercs prirent part à ces ordinations successives. A cause des troubles précédents, les ordinations n'avaient pu se faire en temps opportun, c'est ce qui explique le grand nombre de sujets participant à celles de Salgues.

En cette année, Grandrieu et Langogne jouirent de la même faveur que notre cité.

Les ordinations postérieures comptèrent un nombre moindre de sujets. Celle de 1629, faite dans le palais épiscopal de Mende, n'eut que 16 tonsurés, parmi lesquels Balthazard et Jean de Langlade, du château de Beauregard, Charles et Jean de Fô, du château de Fô (paroisse de Cubelles).

Cependant l'on croyait les troubles finis à tout jamais, et, en conséquence, les remparts étaient négligés et la garnison diminuée. Bien plus, en 1610, le curé de Salgues avait fait conduire à Mende, pour les y faire vendre, les fauconneaux en fonte destinés jadis à la défense de la cité. L'exprès envoyé par lui aux représentants de Mende avait reçu 20 sols de gratification (1).

Mais les fauconneaux ne trouvèrent point acquéreur et revinrent à leur poste de défense. Ce fut fort heureux, car les rebelles des Cévennes reprenaient les armes et sur certains points recommençaient leurs rassemblements. Les consuls de Mende, de St-Chély et de Salgues reçurent avis du danger qui se préparait et des projets qui se tramaient. Les populations, épouvantées par le souvenir des épreuves douloureuses qu'elles avaient traversées, prirent les mesures

20. Ant. Langlade, de Salgues.
21. F^{ois} Cassal, —
22. J. Sardret, —
23. Louis Molinier, —

Ceux de la seconde :

1. Claude de la Vayssière, de Cantoynet, dioc. de Rodez.
2. P. Coste, de Villeneuve, paroisse de Salgues.
3. Noël Calebras, de Salgues.
4. Jean Jouannenc, —
5. Laurent Regourd, —

Enfin, le 22 juillet, sont ordonnés :

1. Jean Barrande, de Salgues.
2. Pierre Vignal, du Montalhet, en cette paroisse.
3. Vital Longhon, de Venteuges.

(Archiv. de la Loz. G. 2174. Nous devons communication de ce document à l'obligeance de M. Charles Porée, archiviste.)

(1) Archiv. comm. de Mende, CC. 211.

de défense que comportait la situation. En 1615, Salgues fait un emprunt considérable pour remettre en bon état ses remparts dégradés, un supplément de garnison est ajouté à celle qui existait déjà, et même, dans tout le pays, est faite une levée de soldats : les villes où s'opérait l'armement et où se concentraient les troupes, devaient avancer les frais de nourriture et les autres dépenses nécessitées par les circonstances.

Sur la fin d'octobre 1621, comme pour justifier ces mesures, les protestants des Cévennes et du Bas Languedoc se réunissent, viennent fondre sur Florac et Ispagnac et de là menacent de se jeter dans tout le diocèse.

Mais la menace fut vaine, et après quelques mois d'anxieuse attente et de garde vigilante, les troupes levées furent rendues à leurs foyers. Cependant leur maintien sur pied avait occasionné des dépenses considérables, c'est pourquoi, en 1622, les consuls de Saulgues, les sieurs de la Rouvière et de Beauregard, viennent devant les Etats demander « remboursement de frais et despens par eulx faicts
« en l'armement de quelque nombre de soldats, lors de
« l'acheminement des rebelles des Cévennes en ce diocèse,
« en novembre dernier. »

Mais les Etats les déboutent de leur demande. Toutefois comme la pacification ne semblait point encore absolument complète, ils votent les frais de nourriture de trois compagnies de chevau-légers, cantonnées à Mende, Marvéjols, le Malzieu et Saulgues (1).

Dans ces mêmes délibérations se trouve mentionnée la réquisition faite par le sieur de Langlade, 1ᵉʳ consul de Saulgues, pour faire pourvoir à la réparation des ponts de ladite ville « qui s'en vont en ruine, s'il n'y est bientôt
« donné ordre » et « aussi le rapport faict aux Etats touchant
« les abus qui se commettent au faict des gabelles et des
« concussions qui se font au quartier d'Aubrac et de
« Saulgues par quelques gens incognuz soubz prétexte de
« la recherche du sel deffendu; au moyen de quoy, ils
« exigent plusieurs sommes sur le peuple ; il a esté conclud
« qu'il sera baillé copie des règlements faicts touchant les
« gabelles à ceux qui feront de semblables plaintes pour
« s'en servir selon l'ordre prescrit en iceux. »

Il ne paraît pas que la réclamation faite au sujet des ponts ait été suivie d'un heureux succès. En retour, la de-

(1) *Bull. de la Soc. d'Agr. de la Loz.* Délib. des Etats, *passim.*

mande en faveur de l'église de Saulgues fut plus favorablement accueillie. L'argument principal du consul, pour hâter le paiement des 1033 écus dûs par M. de Saint-Vidal. était l'extrême nécessité qu'en avait la ville pour la réparation de l'église qui s'en allait « en totale ruyne ».

On voit, par le même compte rendu des Etats, et par la date 1605, inscrite sur la clef de voûte de la chapelle latérale, en face du porche, que cette église fut effectivement réparée. Une première somme de 1050 livres fut imposée à cet effet en 1603. Une deuxième, d'égale valeur, fut, quatre ans plus tard (1607), destinée à l'architecte, Pierre Leneville, en déduction de ses travaux. Sans compter ce que durent fournir de leur côté les habitants, la communauté de Saint-Médard, le prieur lui-même et enfin le seigneur actuel du lieu, dont les armoiries sont gravées sur l'une des principales clefs de voûte. L'ensemble de ces sommes appréciables pour l'époque, comme aussi le temps employé à ces réparations, paraissent indiquer que l'on fit des remaniements assez importants.

C'est encore à la maison de Lorraine qu'appartenait en cette époque la seigneurie de Saulgues.

A la mort de Philippe-Emmanuel. duc de Mercœur, Saulgues passait sous la seigneurie de haute et excellente princesse Marie de Luxembourg, tutrice de noble demoiselle Françoise de Lorraine, sa fille.

La cité trouva en elle une généreuse bienfaitrice : elle amortissait les charges et autres cens qui lui étaient dûs par les Religieuses Ursulines de Saulgues (1).

(1) Elle faisait, avec les Collégiés de St-Médard, l'échange suivant :

« Le 14 août 1610, par devant Claude de la Fargette, gouverneur au duché de Mercœur, ont comparu, en la ville de Salgues, messire Vidal Alles et Pierre Lobeyre, syndics du Collège de St-Médard, lesquels nous ont exposé que le 4mo jor du moys de novembre s'est passé un contrat de permutation de cens entre Mme Marie de Luxembourg, comme tutrice d'excellente princesse Mlle Françoise de Lorraine, sa fille, à présent dame duchesse de Vendosme et les collégiés de St-Médard.

Ledit collège cède ce qu'il possède de cens à St-Berein, la Pinède, Grèzes, le Mont, Bergounioux, le Meynial, Bugeac, le Montalhet et les Salles vieilles.

Ladite duchesse lui donne en retour certains cens sis à Pontajou, Védrines, sur la méterie dudict collège, sise à Salgues, terroir de la Gardette, sous la réserve faite par le sieur de la Fargette au nom de la dite duchesse de la justice haute, moyenne et basse et autres charges et conditions énoncées. (Archiv. de St-Méd.)

Eglise paroissiale de St-Médard

On retrouve, de cette époque, et de quelques années en arrière, nombre d'hommages et dénombrements faits au duc de Mercœur par les seigneurs qui avaient des fiefs dans ce mandement :

Dénombrement du sgr. Astorge de Peyre pour ses terres de Thoras, etc.... du 9 avril 1490.

Dénombrement du comte d'Apchier (1) 3 mai 1612.

id. de dame Gabrielle de Foix, douairière d'Apchier. Oct. 1640.

Dénombrement de Lionnet de Thier de Lignac, seigneur d'Ombret (2), du 3 sept. 1537 et 29 août 1551.

(1) Le sgr. d'Apchier possédait une partie de la ville de Saugues, et avait des censives sur diverses terres, aux Salettes, à la Clause et à Thoras qu'il avait acquises des de Peyre. De ces possessions diverses il faisait hommage au duc de Mercœur, dont il relevait directement. Ces fiefs qu'il possédait ainsi dans la cité et au cœur de cette région expliquent sa présence fréquente dans ce pays, au temps des guerres de religion, comme aussi le rôle important qu'il y a joué et l'influence qu'il avait sur la conduite de ceux qui étaient à la tête de la ville, au temps de la Ligue.

Celui dont il s'agit ici était Jacques de Châteauneuf-Randon, comte et baron d'Apchier, sgr. de Thoras et de la Garde, etc., marié le 10 déc. 1598, à Delphine de Talhac, fille de Tristan et de Louise de Rochebaron.

(2) A Lionnet de Thier, seigneur d'Ombret, succède Blanche de Thier, dame d'Ombret, qui épouse, en 1584, noble Charles de Molette de Morangiès. Ils font bâtir le château d'Ombret en 1592.

Leurs successeurs à la terre d'Ombret sont :

I François de Molette de Morangiès d'Ombret, leur fils, qui épouse Marie du Buisson. (2 janv. 1622.)

II Jacques, fils de François et de Marie du Buisson, qui épouse Anthoinette de Langlade dont il a deux filles : Marie et Françoise-Marie.

III Sylvestre du Buisson, époux de Françoise-Marie de Molette d'Ombret (1680).

IV Antoine du Buisson d'Ombret, fils de Françoise et de Sylvestre, époux de Marie de la Fage.

V Michel Mariannet du Buisson d'Ombret, 1762, fils des précédents, épouse dame Jacquette de Rosam.

VI Après la Révolution, Rose-Fleurie du Buisson d'Ombret, mariée à Louis Cuoq, lieutenant colonel en retraite, chevalier de Saint-Louis et de la Légion d'Honneur, mort le 13 fév. 1847.

VII Leur fils Ludovic-Balthazar Cuoq d'Ombret, époux d'Anaïs Richard, de Brioude, laisse la terre d'Ombret à

VIII M. Auguste Boyer d'Ombret, époux de dame Marie Bonhomme, de Saugues, le 22 mai 1860.

(Voyez : *Notes historiques sur Ombret*, in-16, 22 pages, Prades-Freydier. 1898.)

Dénombrement de Blanche de Thier, dame d'Ombret, par noble F^ois de Léothoing, fondé de procuration, du 12 sept. 1608.

Dénombrement de Messire F^ois de Crussol, duc d'Uzès, vicomte de Vazeilles, à raison de sa terre de Vazeilles, 4 déc. 1670 (1).

Dénombrement de nobles Antoine et Claude de Chastel de Servières 1539 (2).

Dénombrement de noble Claude de Chastel, 1644, de Jean, 1670.

Dénombrement de M^re F^ois d'Espinchal, 17 sept. 1608.

Id. de Claude de Bénistan et sa fille en 1640.

Id. de Armand de Sinzèle et son fils Claude en 1561.

Dénombrement de Marie de Pelleduc, dame des Plantats. 1608.

Dénombrement de noble Antoine de Chavanhac, sgr de Meyronne, 1608.

Dénombrement de Louis et Gilbert Roget de la Fagette (3) paroisse de Venteuges en 1537 et 1608.

Dénombrement de Bernard et Raymond Sarrazin, sgrs du Meynial..... 1588.

Dénombrement de l'abbaye de la Chaise-Dieu et de celle des Chazes pour terres et cens possédés par elles dans le mandement de Saulgues.

---

(1) Il est inutile de donner ici la généalogie des de Crussol, ducs d'Uzès, si connus dans le Languedoc. La vicomté de Vazeilles leur venait d'une alliance avec la maison d'Apchier.

(2) Cette famille de Chastel s'établit à Servières par le mariage de Jean de Chastel avec Agnès, fille de Guill. de Montchauvet, sgr de Servières, dans la première moitié du 14mo siècle.

En 1348, Jean de Chastel a hérité de la seigneurie de Servières par la mort de Guillaume de Montchauvet.

Ses héritiers et successeurs directs conservent la possession de cette terre jusqu'en 1780 où la fille unique de Jean de Chastel et de Marguerite Fillère du Charrouil épouse Alexandre Paul de Châteauneuf-Randon. (Voy. Not. hist. sur Servières.)

(3) Armand est seigneur de la Fagette en 1259. On trouve ensuite Armand, époux de Cécile de Montchauvet, vers 1344, puis Astorge, fils d'un premier mariage de ce même Armand. Au siècle suivant la seigneurie de la Fagette appartient aux Roget, sgrs d'Andreuges et des Roziers. En 1492 Raymond Roget, en 1537 Louis Roget, en 1608 Gilbert Roget la détiennent encore.

La fille de Gilbert, Gabrielle, le 25 mars 1641, épouse noble Hector de la Rochenégly, à qui elle apporte en dot la seigneurie de la Fagette.

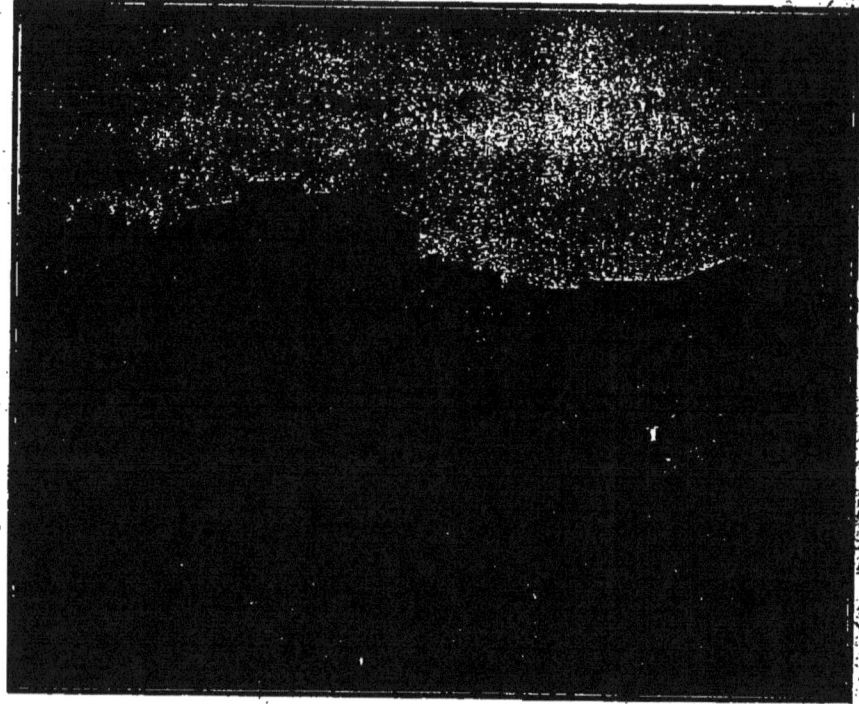

La Fagette

Dénombrement de la Collégiale de St-Médard. 1539, 1609.
Id. des consuls de la ville... 1671... (Doc. de feue Mlle Hébrard.)
Nous arrêterons là cette énumération (1).

---

(1) Les chevaliers de Saint-Jean de Jérusalem avaient aussi dans la paroisse de Saulgues des possessions tenues par indivis avec les collégiés de Saint-Médard.

Le 11 juill. 1633, noble Fois de Moulette, sgr. d'Ombret, Martin Vernet et Blaise Nadal reconnaissent tenir en emphytéose de R. F. François de la Crotte Lamenardié, chevalier de Saint-Jean de Jérusalem, commandeur de Gapfrancés, Paulhac et autres places, et par indivis avec MM. du Chapitre de Saint-Médard, le terroir de Verdiange et de Charament, confrontant avec le terroir de Fraissinet, avec les terres de la vicomté de Vazeilles, mouvantes du sgr. d'Apchier, anciennement du sgr. de Peyre, et d'autre part avec le terroir d'Esplantas, et avec la terre du Cros, appelée le Montel, sous les censives de 40 cartons seigle,

Françoise de Lorraine avait épousé (5 avril 1598) César, duc de Vendôme, fils naturel du roi Henri IV. De ce mariage naquit Louis, duc de Vendôme, qui succéda à ses parents en ce duché de Mercœur et en la seigneurie de Saulgues. A la mort de sa femme (1), il entra dans les ordres et devint cardinal. Il mourut en 1669.

On trouve un hommage à lui fait par le trésorier de l'Hôpital en 1640.

Malgré les lettres-patentes de 1554 et de 1559, le parlement de Toulouse persistait à réclamer les mandements de Saulgues et du Malzieu. Le duc de Vendôme obtint, le 2 déc. 1643, un arrêt du Conseil d'Etat qui confirmait les lettres précitées.

« Mgr. le duc de Vendôme se prévalut du titre d'érection en duché-pairie de sa terre, disant que, dès lors, ces mandements qui en faisaient partie ne pouvaient avoir d'autre ressort que celui des pairs de France, et que les en distraire ce serait démembrer le duché et le priver de la dignité d'un pareil titre ; que ce serait encore porter un grand préjudice aux justiciables et vassaux de ces mandements, tant par l'éloignement et les difficultés des chemins à cause de deux montagnes qu'il fallait traverser pour aller à Nimes, que par la différence de style et de pratique entre Nimes et Riom. »

« Il ajoutait que ses vassaux seraient astreints de reconnaître le sénéchal, et auraient alors un degré de juridiction de plus, puisqu'ils étaient immédiats du parlement de Paris, pour tout ce qui excédait la souveraineté du présidial. »

« Car, pour dédommager les habitants de ces mandements, il avait été passé un concordat entre le sgr. de Mercœur et le comte de Gévaudan, dans lequel il était dit que

et 40 sols, divisibles entre les reconnaissants, conformément à la reconsance passée par les auteurs des susdits à feu M⁰ le Commandeur d'Arpajon, du 7 déc. 1444, et à la transaction sur l'indivis passée entre ledit sgr. Commandeur et le chapitre de Saint-Médard, le 3 juin 1530.

(Arch. de Saint-Médard.)

(1) Il avait épousé Laure de Mancini, nièce du cardinal Mazarin. De ce mariage naquit un fils, Louis-Joseph, dernier duc de Vendôme, mort en Espagne où il commandait l'armée française, 1712.

Louis-Joseph avait pris pour femme Marie-Anne de Bourbon-Condé (1710), à qui il avait fait don de sa terre de Mercœur. Marie-Anne transmit cette même terre à Anne, palatine de Bavière. Celle-ci la vendit au marquis de Lassay (15 mars 1719), mais Louis de Bourbon, prince de Conti, exerça son droit de retrait, et devint duc de Mercœur.

les châtellenies de Saugues et du Malzieu subiraient juridiction devant les juges des lieux, et à Riom pour les cas présidiaux seulement, et qu'elles seraient régies par le droit romain établi dans icelles situées en Languedoc. »

« On leur avait accordé en outre le privilège d'immédiatité au parlement de Paris, pour tout ce qui excédait la souveraineté du presidial ; en sorte qu'ils n'avaient point à passer par le sénéchal, et ne reconnaissaient que trois degrés de juridiction. » (1)

C'est encore lui qui, d'après un mémoire (2), inféoda les fossés de la ville, c'est-à-dire les concéda à divers particuliers, pour en faire ce que bon leur semblerait.

Ces fossés, creusés dans le roc, dans cette partie que l'on appelle aujourd'hui la rue des *Tours Neuves* et la rue des *Fossés*, longeaient les murailles de l'enceinte, et rendaient plus difficile l'accès des remparts ; ils étaient maintenant devenus inutiles, à cause des nouvelles méthodes d'attaque et des progrès de l'artillerie, Dès lors, les uns, après avoir comblé la partie qui leur avait été attribuée. en firent un jardin, d'autres une basse-cour, d'autres enfin n'en firent rien.

Saulgues comblant ainsi ses fossés, laissant tomber ses murs et dégrader ses remparts, Saulgues n'aura plus désormais d'histoire militaire.

Ce n'est pas malheur. Les guerres civiles s'éteindront et ne feront plus revivre leurs horreurs et leurs atrocités sanglantes ; l'ennemi ne viendra plus au cœur de nos régions porter l'incendie, le pillage et la désolation, et partant l'on ne reverra plus ces famines fatalement consécutives, suivies elles-mêmes d'effrayantes mortalités qui dépeuplaient les campagnes et les cités. Saulgues retrouvera une vie nouvelle et se réconciliera avec la prospérité. Désormais son histoire ne signalera plus que de légers incidents, des faits intimes, des querelles privées qui n'ont pas plus de retentissement qu'elles n'offrent d'importance.

La question du four banal revient encore une fois sur le tapis.

Les habitants de Saugues avaient obtenu de César, duc de Vendôme, par lettres du 11 avril 1629, l'autorisation de construire, dans l'enceinte, « un four à cuire patets et aultres viandes ». Forts de ce droit, ils discutaient les titres

---

(1) Doc. part. de feue Mlle Hébrard.
(2) *Ibid.*

du Chapitre à la banalité du four préexistant, nonobstant la transaction du 8 janv. 1490. Sur les plaintes des Collégiés, les deux consuls Antoine Bongrand et Benoît Paparic, vénérable homme Jacques Acassat et Médard Joannenc, chanoines et syndics, tranchent le différend par l'accord suivant :

« Sçavoir que lesdits consuls, au nom de la ville, reconnaissent et déclarent que le droit de banalité a appartenu et appartient audit Chapitre, se soumettant de payer au fermier dud. Chapitre une livre pâte et cinq deniers pour chaque carton qui se cuira dans ledit four, et sauf en cas de besoin être pourvu de nouvelles taxes ; et lesdits sieurs consuls payer en cas de contravention, par chacun contrevenant, l'amende de cinq livres. Les syndics dud. Chapitre acceptent de bien tenir et réparer ledit four, crainte de feu et d'embrasement de la ville, et entretenir dans icelui une balance et poids suspendue.... » (1)

Dans ce coin de terre gaiement ensoleillé qu'est le vallon de Pébrac, depuis près de sept siècles (1062), les religieux Augustins abritaient leur vie de méditation et de prière. Or Pébrac est à courte distance de Saugues, et il n'est pas possible que la collégiale de Saint-Médard et le couvent de Pébrac, si rapprochés l'un de l'autre, et situés l'un et l'autre aux confins des trois diocèses de Mende, d'Auvergne et de Saint-Flour, n'aient pas, dans le cours de leur existence, noué quelques relations d'affaires et de voisinage.

On a vu la fondation d'Antoine Trémoulière, religieux et curé de Pébrac, en faveur de l'église Saint-Médard.

Jean de Flaghac, abbé de Pébrac (1495-1525), fonde également une messe à diacre et sous-diacre le dimanche avant saint Martin, à l'autel de saint Médard.

Lorsque l'abbé Olier, le vénéré fondateur de la famille de Saint-Sulpice, fut nommé abbé commendataire du couvent de Pébrac, quel fut son installateur, ou du moins celui de son procureur ? Ce fut le curé de Saugues.

« 13 janvier 1626.... Vénérable personne Messire Antoine Chantal (2), curé de la ville de Saulgues, s'est transporté en l'église abbatiale et paroissiale de l'abbaye de Pébrac, de l'Ordre de Saint-Augustin, diocèse de Saint-Flour, et en vertu des bulles de provision de ladite abbaye

---

(1) Archiv. de Saint-Médard. N° 18.

(2) Ant. Chantal, en cette même année, résigna sa cure de Saugues en faveur de M^ro Julien de Lobérie. (Archiv. de la Loz. G. 2116.)

despêchées par le pape Urbain VIII à présent séant à messire Jean-Jacques Olier, en suite de la résignation et cession de messire Jacques d'Apchon, s⁵ de Chanteloube, dernier possesseur de ladite abbaye donnée à Rome le 30 juin de l'année dernière..... a procédé à l'installation corporelle de Mre Pierre Rousseau, procureur dud. sieur Olier..... en présence des témoins, noble et religieuse personne Mre Pierre Dumontal, prieur d'Alpeuch, secrestain, Guill. Aymard, chabiscol *(sic)*, Pierre Meyroneinc, Estienne Defix, curé, Louis Torrent, vicaire de Flaghac, Guérin Johannenc, secrestain de Vieille-Brioude, tous religieux dud. Ordre, et de religieuse personne dom Thibaut Vissac, religieux de la Volte, messire Médard Johannenc, chanoyne de l'Esglise collégiale de Saulgues, messire Jean Pratlong, chanoyne de lad. Esglise, et messire Anthoyne Domezon, aussi chanoyne, demeurant en lad. ville de Saulgues, Mre Jean Delaunay.... de la terre et seigneurie de Mazeyrie.... honorable homme Jean Costet de Langeac, Jean Pommier, notaire et greffier dud. Pébrac, témoins signés avec ledict.....
(Communic. de M. l'abbé Mercier.)

De ce fait particulier, en l'absence de tout autre document, il n'est pas possible de décider si l'installation de l'abbé commendataire de Pébrac par le curé de Saulgues était chose usuelle, ou seulement un cas isolé.

Les biens et les revenus de l'abbaye étaient entre les mains d'un fermier. Ce fermier, c'est Saulgues qui le fournit à Pébrac.

On trouve une assance de Monsieur Olier à Claude Meyronneinc du 7 juillet 1636, faite à Pébrac en présence de Mre Pierre Loberye et de Jacques Borel, « pourtier » de ladite abbaye.

Ce Claude Meyronneinc habitait Saulgues et était fils d'Antoine Meyronneinc, greffier et notaire de Chazelles, et de Florye de Bénistan.

Conjointement avec son père il avait déjà pris à ferme (16 mai 1627) les revenus des terres de Tailhac et de Montpeyroux de haute et puissante dame Delphine de Tailhac, dame dud. lieu, de Margeride, Montpeyroux, Clavières et autres places. (Min. de Maurin.)

Ce fermier, au témoignage de documents privés, donna peu de contentement à l'abbé commendataire de Pébrac, qui n'eut pas à se réjouir de sa fidélité, ni des qualités de sa gestion.

Claude Meyronneinc en 1656 devait cent livres aux

Ursulines de Saugues, et, depuis 1653, les religieux de Pébrac devaient mille livres à cette même communauté.

Des relations de la Collégiale de St-Médard avec le chapitre de Notre-Dame du Puy nous savons peu de chose. On a vu comment l'un des chanoines du Puy, Vital Belin, fondait la chapelle du St-Esprit dans l'église S-Médard (1376); comment aussi Louis Escharne fulminait les lettres apostoliques autorisant l'augmentation des prêtres de Saugues. Plus tard, Me Ignace de Labretoigne devient chanoine du Puy et meurt vers 1669. En 1723, Me de la Bretoigne, curé de Saugues, résigne son bénéfice pour devenir chanoine de Notre-Dame. Enfin en 1756, J. Joseph de Chastel de Servières résigne aussi sa prébende de collégié de St-Médard, pour devenir panctier de Notre-Dame du Puy, à la suite de la démission faite en sa faveur par M. de Cumignat.

L'assistance au chœur requise par les règlements étant incompatible avec la possession de charges et d'emplois onéreux situés au dehors, on voit fréquemment les collégiés, et même les curés de St-Médard, abandonner leur prébende pour aller occuper ailleurs des bénéfices plus honorifiques ou plus avantageux.

Le clerc qui, en ces temps-là, dirigeait les écoles de Saugues, Pierre Molynier, acolyte, par son testament du 3 mars 1633, léguait la somme de 150 livres dont le revenu devait être « bailhé annuellement aux maistres et régens « des escholes aprouvés et qui prendront les gaiges, à la « charge qu'il sera dit par leurs escolliers tous les jours, « après l'oraison de l'escolle, le *requiem œternam* a son « intention.... »

De plus, il instituait pour son héritier universel « la présante ville de Saugues et les consuls, à la charge d'employer avec l'assistance de M. le Curé et des syndics de la Collégiale jusqu'à cent cinquante livres, au bâtiment et construction d'une chappelle entre les deux croix de Saint-Médard et de Peyre-Blanche, en l'honneur de saint Joseph et de l'Ange Gardien, à la façon et achaipt d'un tableau propre des saincts et d'autres choses nécessaires pour l'hornement et entretenement de l'autel, et du service divin en lad. chappelle, et pour entretenir icelle réparée. »

« Plus 150 livres, au denier 16 ou 20, au chapitre de Saint-Médard, à charge par ledit chapitre d'aller annuellement, le jour de saint Joseph, ou autre plus commode qu'il voudroit, et le jour de la feste de l'ange gardien en procession à lad. chappelle, et dire en icelle 12 messes en basse voix annuellement et perpétuellement. Plus employer le revenu de 400 livres ou plus restans, à l'entretenement d'un prédicateur durant l'octave du S. Sacrement et feste-Dieu, annuellement et perpétuellement pour prescher la parole de Dieu dans l'église collégiale Saint-Médard, ledit octave. »

(Archiv. de l'Hospice de Saugues. B. 2.)

Le testateur termine par l'expresse recommandation « d'habiller et parer son corps mort des habits ecclésiastiques et cléricaux de son ordre. »

La chapelle demandée ne fut pas construite, le testateur ayant ensuite modifié ses intentions sur ce point.

Ce fut dans la seconde moitié de ce siècle que fut fondée une mission périodique qui subsista jusqu'à la Révolution.

« L'an mil six cens huictante, et le vingt-septiesme jour du moys d'octobre..... noble Jean de Langlade, sieur de Beauregard, et Antoine de Langlade, sieur de Courrigon, prêtre et chanoine de l'église St-Médard de Saugues, habitans dans ladite ville..... ont fondé, à perpétuité, une mission de cinq ans en cinq ans; la première d'icelle à compter d'aujourd'hui de tel nombre de religieux qu'il plaira à Mgr l'Evêque employer en ladite ville pour y prescher et faire les exercices de la mission, sans autres charges que de recommander à quelques-unes de leurs prédications, aux prières de leurs auditeurs les personnes des fondateurs, et les âmes d'isceux et de leurs parents après leur trépas, en vue de ladite fondation pour laquelle ils donnent, constituent et assignent perpétuellement, à l'utilité de la communauté desdits habitants de ladite ville et paroisse de Saugues, présents honorable homme Jean Gérenton, avocat; J. l'Uvanche (?), notaire et Joseph Bonhomme, marchand, consuls de ladite ville, en ladite qualité acceptans humblement remerciant savoir : ledit sieur de Beauregard la rente annuelle de 4 livres, 5 sols, et son capital d'icelle de la somme de 85 livres par luy acquises de Guérin Bompard, ménager du moulin Navarron, plus un sien pré sis et situé aux appartenances de Saint Aon, autrement Navarron, (Saintou)..... Et ledit sieur de Courrigon tous et chacun les héritages mentionnés au contract d'acquisition qu'il en fait de François de Vergès, écuyer de l'Aubarès situés aux appartenances de Grèzes..... Supplient Mgr l'Evêque et ses successeurs audit évêché vouloir régler les frais de ladite mission pour en cas d'isceux n'aller au pied du revenu de cinq années desdits héritages et rentes, le surplus être distribué aux pauvres de l'Hospital de ladite ville de Saugues, telle étant l'intention desdits fondateurs. . . . . Fait et passé audit Saugues, maison dud. sieur Courrigon, prêtre, Mᵉ Laurent de Lobérie, docteur en droit, juge audit Saugues, et Mᵉ Baptiste Coudert, notaire de Vals, son greffier, habitants dud. Saugues, signés avec lesdits fondateurs et consuls. » (Communic. de M. Lascombe. Arch. de la Loz.)

Le vent, en ces jours-là, était aux fondations périodiques de mission.

C'est pourquoi, le 28 février 1718, un certain nombre d'habitants de Saugues se cotisent et réunissent une somme assez considérable pour la fondation d'une retraite bisannuelle qui devait être prêchée par les RR. PP. Jésuites, dans l'église paroissiale de Saint-Médard. La somme, versée entre les mains de l'hospice, devait devenir son absolue propriété, dans le cas où la retraite ne serait plus prêchée. Les fondateurs étaient J. B. de Labretoigne, chanoine et curé de Saugues ; Ant. Bouard, chanoine ; noble Claude-Hyacinthe Favy, sieur de Domezon ; Laurens de Labretoigne, médecin ; J. Géranton, avocat ; Jos. Molherat, notaire ; Ant. Prolhac, bourgeois ; Jacques Enjalvin, praticien, et Françoise de Bénistant.

La retraite fut prêchée pendant quelques années, mais en 1741, les conditions posées n'ayant point été exécutées, le capital versé tourna au profit des pauvres.

(Archiv. de l'Hospice de Saugues.)

En ces temps de foi vive et de profonde dévotion, nos pères avaient une grande vénération pour deux images exposées dans les chapelles latérales de l'église Saint-Médard : l'image de N. Dame de Quézac et celle de N. Dame de Beaulieu.

L'on sait que Quézac est un pèlerinage réputé sur les rives du Tarn, où les populations en foule allaient vénérer une Madone célèbre par les faveurs accordées à ceux qui l'imploraient. Un sanctuaire, édifié par Urbain V, y était desservi par une collégiale de chanoines. Les riches dons accumulés en ce lieu par la pieuse charité des fidèles excitèrent, pendant les guerres de religion, la convoitise de Merle qui pilla le sanctuaire et massacra la plupart des collégiés. Notre-Dame de Quézac avait à Saugues son image, devant laquelle les fidèles venaient offrir des dons, soit en nature, soit en numéraire. Une délibération de la collégiale de Saint-Médard, du 24 mars 1662, décide que deux chanoines seront nommés pour lever l'argent, la cire et autres choses que le public donne à N. Dame de Quézac, et pour cette fois sont nommés Jean Géranton et Jean Chausse, chanoines de cette église de Saugues (1).

On sait aussi que N. Dame de Beaulieu est le vocable sous lequel la Vierge Mère de Dieu est honorée dans la petite église de Paulhac, au sommet de la Margeride, sur les confins des cantons de Saugues, du Malzieu et de Pinols. Cette dévotion semble remonter à une assez haute antiquité puisque Vidalette Cubière, de Venteuges, dans son testament du 26 sept. 1382, lui léguait six deniers pour son luminaire. Cette Madone avait aussi à Saugues son tronc, sa chapelle et deux chanoines pour la desservir.

La dévotion à saint François Régis, l'apôtre du Velay, était également en honneur dans l'église paroissiale de Saint-Médard où ce saint avait sa chapelle.

« Le 26 May 1717, damoyselle Cathairine Raynaut, « originaire de Pinols, habitante à Saugues, par la dévotion « qu'elle a à la chapelle S^t F^{ois}, qui est dans l'église parois- « siale de Saugues, où le Bienheureux père Régis y est « exposé, donne à ladite chapelle le revenu annuel de 60 « livres à condition qu'elle nommera un prêtre pour « desservir ladite chapelle..... à la charge par lui de dire « à son intention 80 messes à basse voix, annuellement. »

« Ladite damoyselle a nommé Mre J.-B. de Labretoigne, doct. en théol., curé de la présente ville, et transfère à Mre Laurens de Labretoigne, doct en médecine, le droit de nomination dud. prêtre à l'avenir, et veut qu'après sa mort, ses héritiers et successeurs nomment à perpétuité telles personnes qu'ils jugeront à propos. »

« Fait en la maison curielle de Saugues, en présence de J. Médard, curé de Cubelles, Hyacinthe Favy, sieur de Domaison, et J. Arnier, marchand (2). »

La piété de nos pères les conduisait aussi souvent dans ces gorges profondes et péniblement accessibles de la Seuge, au sanctuaire vénéré de Notre Dame des Tours.

---

(1) Archiv. de Saint-Médard.
Jeanne Cubizolle, du Meynial de Grèzes, donne, par testament, à l'image de N. Dame de Quézac, érigée en l'église collégiale de Saint-Médard, six livres pour faire dire des messes. 10 oct. 1746.
Barthélemy Cubizolle, du Montalbet, veut qu'il soit célébré par les chanoines de Saugues, en leur église, six messes en l'honneur de N. D. de Quézac. 23 juin 1753. (Min. de J. Bonhomme. Etude de Me Edmond Bonhomme.)

(2) Archiv. de la Loz. G. 2134.

A l'intéressante notice publiée par M. Lascombe nous ajouterons quelques mots seulement.

Quel est vraisemblablement le fondateur de N. D. des Tours ?

Jadis le patronage d'une église appartenait à celui qui l'avait fondée, ou à ses héritiers, et d'autre part, un seigneur ne faisait généralement de fondation de ce genre que sur ses propres terres.

Or, le mandement des Tours — on écrit aussi Estours — appartenait, comme on l'a vu, aux seigneurs de Douchanès, également possesseurs de la seigneurie de Thoras. La preuve en est dans l'hommage fait à Pons de Douchanès par Tornèse, fille de Bertrand des Tours, par Vital de Lescure, le 5 des calendes d'août 1259, et par Hugues de Bar en 1271, de tout ce qu'ils possèdent au mandement des Tours.

Le 29 oct. 1281, Pons de Douchanès, se trouvant probablement sans descendance directe (depuis lors il n'est plus parlé de cette famille), fait donation à Astorge et à Aldebert de Peyre, ses parents, de sa terre de Thoras qui englobait le mandement des Tours. En 1294, noble Roget d'Andrueiols fait hommage de ce que sa femme Tornèse possédait au lieu des Tours, à ces mêmes seigneurs de Peyre, et cet hommage est plus tard renouvelé (en 1377) par Hugues et Louis Roget d'Andrueiols

Ces seigneurs de Peyre dont l'un, Aldebert, était alors (1296), capiscol (1) de la cathédrale de Mende, sont reconnus comme patrons de N.-D. des Tours, à cause de leur terre de Thoras. Ce droit de patronage leur était donc venu, en même temps que la seigneurie de Thoras, de Pons de Douchanès, dont les ascendants avaient dû autrefois fonder cette chapelle dans ce mandement des Tours qui leur appartenait.

La tradition raconte que la Vierge noire des Tours aurait été apportée par un chevalier revenu des Croisades. Or, ainsi qu'il a été dit déjà (p. 17), le don généreux de la terre du Sauvage fait à l'hospice de N.-D. du Puy en 1217, par Pons de Douchanès, est un indice probable que le donateur, ou l'un de ses fils, voulait s'assurer par là la protection de la Vierge, avant de s'embarquer pour la cinquième croisade qui s'ouvrit en cette même année.

(1) Le capiscol, appelé aussi précenteur ou préchantre, était l'un des dignitaires du chapitre de Mende.

De sorte que cette famille de Douchanès réunit, plus que toute autre, les conditions voulues pour qu'on puisse lui attribuer la fondation de cette chapelle, autant qu'on peut le faire en l'absence de tout document probant.

Les de Peyre gardèrent leur droit de patronage tant qu'ils conservèrent la baronnie de Thoras Celle-ci vers 1567 passa aux mains de la famille d'Apchier, et avec elle le droit de présentation à N.-D. d'Estours.

Le prêtre nommé pour desservir ce sanctuaire portait le titre de chapelain ou quelquefois de prieur.

Il n'était pas tenu à résidence, mais il devait autrefois y aller dire la messe les dimanches et fêtes, de sorte qu'il etait le plus souvent choisi dans le voisinage.

On trouve comme chapelains :

Louis Sauret, de Prades, 1650.

Ant. Domaizon, de Cubelles, 1661.

J. Bouc, chanoine de Saugues, 1670 (1).

J. Jos. Bernard, id. 1744.

J. Jos. de Chastel de Servières, chanoine, 1749.

Cette nomination plus fréquente de collégiés de Saint-Médard ne créait point un titre en faveur de cette communauté, et le choix du chapelain dépendait absolument de la volonté du sgr de Thoras.

En 1749, cette chapelle était fort pauvre Avait-elle été pillée pendant les guerres de religion ? On ne le sait point. Au jour de la prise de possession par Mre J. Jos. de Chastel de Servières, le 11 mai 1749, un inventaire du mobilier qu'elle possédait signale les objets suivants : « Avons trouvé « une aube avec son cordon fort uzée, une chazuple de « toutte couleur, avec son voile, deux chandeliers leton (lai- « ton), une bource, un corporal, un purificatoire, une palle, « quelques petits sierges sire blanche et jaune pouvant pezer « une livre et demy, une petite vielle couronne pour l'image « de N. Dame, une bouhete (boîte) de bois à tenir les hosties, « un petit bassin de fer blanc pour lever les offrandes, une « croix en leton, plus sur l'autel, deux nappes, l'une bonne, « l'autre uzée, une lampe leton, au devant ledit autel, sur « icelluy un crucifix, un thezitur (sic), un devant d'autel de « cuir fort uzé, nous a fait remarquer lad. chappelle être « dépavée, l'autel de la chapelle St Jean entièrement déla-

(1) 25 janv. 1677. Enterrement de M^ro Jean Bouc, prêtre et chanoine de Saugues, prieur de N. Dame des Tours, chapelain de Sainte-Anne.
(Reg. de catholicité de Saugues.)

« bré, de suite ledit J. Martel a déclaré avoir dans sa maison
« deux chandeliers leton appartenant à lad. chappelle et y
« avoir un carré de planches au bas du bois de ladite, des-
« tiné pour la réparation d'icelle. » (1)

Cet autel dédié à S. Jean semble indiquer que celui-ci était l'un des patrons secondaires de cette chapelle.

La dévotion à N.-D. d'Estours subit, dans le cours des âges, des fluctuations diverses, qui se ressentaient du malheur ou de la prospérité des temps.

Les fléaux divers, les pestes et les famines plus fréquentes qu'aujourd'hui, les meurtres multipliés de la bête féroce qui désolait la contrée provoquèrent de nombreux concours et de fréquents pèlerinages à ce vénéré sanctuaire.

Les paroisses voisines firent vœu de venir chaque année apporter solennellement aux pieds de la Madone leurs prières reconnaissantes et leurs demandes pour l'avenir.

Depuis un temps immémorial, suivant l'expression du registre paroissial, Venteuges, avec ses prêtres, ses congrégations et tout ce que les villages ont de personnes valides ou d'habitants disponibles, vient processionnellement à Estours le dimanche qui suit l'Ascension.

Les Pénitents de Saugues, et avec eux un grand concours de fidèles, guidés par un prêtre de la paroisse, viennent, au dimanche de la Trinité, accomplir le vœu fait par leurs ancêtres. La date primitive était le lundi de Pentecôte, mais pour faciliter à tous, aux travailleurs surtout, ce pieux pèlerinage, on l'a renvoyé au dimanche de la Trinité.

Cubelles lui fait aussi sa visite annuelle, et, en outre, accomplit régulièrement, chaque année, une fondation singulière dite « de l'*ouradou* (2) » relative à N.-Dame d'Estours.

Deux fois par an, le 15 août et le 1er dimanche d'octobre (fête du S. Rosaire), le curé part de l'église accompagné de la croix, de l'enfant de chœur et des fidèles, et vient en procession sur cet énorme rocher qui surplombe la Seuge et fait face à la chapelle de N.-D. d'Estours.

Une fois arrivé, il récite trois *Ave Maria*, l'*Inviolata* et l'oraison consécutive et revient à l'église, toujours en procession.

(1) Comm. de M. l'abbé Mercier.

(2) L'*ouradou* (oratoire), signifie la prière.

Cette fondation fut faite vers 1650, par Jeanne Torrent, du Mont, qui pour cela payait 10 sols de rente annuelle à l'église de Cubelles.

Bien que la fondation ait elle-même disparu, l'exécution a survécu à toutes les révolutions et s'accomplit aussi exactement qu'aux temps passés.

Il est possible que de soigneuses recherches faites dans les paroisses environnantes découvrent de pieux usages intéressant N. Dame d'Estours.

Quoi qu'il en soit, ce pèlerinage, bien loin de voir l'affluence de fidèles diminuer et se perdre, comme pourrait le faire craindre l'horreur sauvage de son site, le difficile accès de sa position insolite, et l'affaiblissement progressif de la foi dans les cœurs, retrouve, chaque année, un concours de plus en plus nombreux et des dons plus généreux, qui ont permis d'y faire des améliorations et des embellissements dont nos ancêtres n'eussent jamais osé concevoir l'espérance seulement.

La chapelle de Sainte-Madeleine jouissait aussi d'une certaine célébrité, sur la fin du XVIIe siècle.

« Cette chapelle, dit le P. Louvreleul (*Mém. hist. sur le Gév.*, p. 122 et 123), est une grotte dans un rocher naturellement creusé, semblable à la Sainte-Baume de Provence qui est dédiée aussi à Sainte Madeleine, et on y éprouve souvent l'efficace de sa protection auprès de J.-C. Cette caverne est sur le bord de la rivière d'Allier, à l'extrémité du Haut-Gévaudan, dans la paroisse de Monistrol, au voisinage de Saugues. »

Une notice a été écrite sur ce sujet par M. Freycenon, ancien curé de Monistrol d'Allier.

Les procès-verbaux de visite de 1627 et de 1650 ne mentionnent point ce sanctuaire. Le dernier, fait par François du Puy, curé de Thoras, signale trois chapelles seulement dans la paroisse de Monistrol : N. D. des Tours, S. Martin, et S. Étienne.

Les testaments de la fin du dix-septième siècle, et de la première moitié du dix-huitième, témoignent de la dévotion des paroissiens de Monistrol, à l'égard de Ste Madeleine (1).

---

(1) Marguerite Bret, de Douchanès, donne par testament 5 livres à la chapelle Ste Madeleine, 18 avril 1682. (*Minutes de Couret*. Etude M^e Ed. Bonhomme.)

Marg. Dufour de Monistrol, demande 12 messes, six doivent être dites à la chapelle du Rosaire, six à celle de Ste Madeleine. 13 mai 1682 *(Ibid.)*

Jacques Audrant, meunier de Monistrol, lègue à la communauté des prêtres de Monistrol 50 sols pour 10 messes, à la chapelle du Rosaire et à celle de Ste Madeleine, 20 sols chacune pour les réparations. 20 mars 1683. *(Ibid.)*

Jean Pellisse, hôtelier de Monistrol, donne 6 liv. à la chapelle Ste Madeleine. 27 mars 1683. *(Ibid)*

Jacques Cubizolles, charpentier de Montauri, lui lègue une obligation de 14 cartons seigle. 24 fév. 1685. *(Ib.)*

Les paroissiens de Saugues s'intéressaient aussi à cette chapelle. Jeanne Brunet, de Recoules, près Saugues, donne à P. Mouret, vicaire de Monistrol, 3 livres pour messes qui seront dites à la chapelle Ste Madeleine. 10 mars 1703. Claude Auran était alors curé de Monistrol *(Ib.)*

CHAPITRE XIX

Fabrication des cadis. Famine et mortalité de 1694. Querelles et réclamations. Usages divers. La peste de 1721 et la dévotion à S. Roch. Projets de routes. Dépenses et menus faits. Derniers seigneurs de Saugues : Tableau synoptique.

Parmi les modestes industries qui procuraient au pays de Saugues quelques ressources, venait en première ligne la fabrication d'etoffes grossières appelées « cadis ou burats », qui, à cette époque, se vendaient couramment 12 sous l'aune (1). La laine était abondante sur ces montagnes, les bras inoccupés ; de là vient que nombre d'hommes ou de femmes se livraient à ce tissage, par lui-même fort peu rémunérateur. Chaque famille, dans les campagnes, fabriquait l'étoffe dont elle se revêtait, et cette étoffe uniforme, épaisse, solide et longuement résistante était, en toute saison, invariablement portée par tous les ruraux, hommes ou femmes, et par la majeure partie des citadins, la démarcation des classes consistant en un certain luxe des boutons et un raffinement de coloration du tissu. L'homme des champs qui conserve les traditions reçues, encore aujourd'hui, revêt cette bure, grossière sans doute, mais saine et bien faite, pour le protéger contre l'inclémence de ces climats ; c'est pourquoi cette industrie a survécu, mais combien diminuée ! aux évolutions successives des âges et des mœurs.

Or, en ces temps-là, un impôt était prélevé sur ces étoffes, et en vertu de l'ordonnance de l'Intendant de Languedoc, du 1ᵉʳ juillet 1682, « le sieur Lepoupé vint en ce diocèse pour
« establir des bureaux de Jurats dans les principales villes,
« pour la marque et visite de nos cadis, à raison d'un sol
« par pièce (la pièce était de 12 aunes), ce qui tendait à la

---

(1) Les étoffes de Saugues avaient, au loin, une certaine réputation, puisque dans son testament du 23 sept. 1583, Guillaume Bertrand, greffier des Etats de Languedoc, veut que, le jour de ses obsèques, on habille « quatre trezenes pauvres mandians et nécessiteux en bon drap gris de Saugues. » (Archiv. départ. de la H.-L. G. 294.)

« ruine et désolation du diocèse, et à l'entière destruction
« du commerce et du trafic de nos cadis, sans lesquels nous
« ne saurions payer les tailles, ni les autres impôts du
« diocèse. »

Mgr de Baudry de Piencourt, alors évêque de Mende (1677-1707), fit lever l'Ordonnance, et en obtint une autre du 17 décembre 1682, faisant défense aux commis, gardes et jurats de lever et d'exiger aucun droit de marque et de visite sur les cadis et burats dans son diocèse.

Quatre ans plus tard (1686), cette industrie traversait une noire période, car il était dit, dans une requête aux Etats, « que le diocèse était épuisé, surtout par la cessation
« du commerce des cadis, son unique ressource; qu'il y a lieu
« de craindre, avec quelque fondement, qu'il ne succombe. »

Cette requête, un peu exagérée d'ailleurs, comme toutes les requêtes qui ont pour but de solliciter la commisération de l'autorité supérieure, était motivée par une ordonnance récente de l'Intendant, M. de Basville.

Comme les fabricants de cadis usaient quelquefois de supercherie — la fraude est de toutes les époques — dans la confection de leurs tissus, comme ils ne leur donnaient pas toujours la largeur et le nombre de filets nécessaires, comme ils les commençaient parfois avec de la laine fine pour les continuer avec de la laine grossière, pour parer à ces abus, une ordonnance avait été portée « faisant défense
« de faire les cadis que de deux largeurs, les uns de deux
« pans, les autres de demi-aulne, et qu'ils seront tous d'une
« layne uniforme, c'est-à-dire tous grossiers ou tous fins ;
« que néantmoings y ayant beaucoup de cadis déjà fabriqués,
« il est important d'en laisser faire le débitte et de donner
« pour cela trois mois. »

« Les cadis, passé ce délai, seront confisqués, auquel
« effect le sieur Chastang, sindic, se transportera aux
« marchés de Mende, St-Chély, le Malzieu et Saugues où
« lesdits cadis se débitent (1). »

De plus, comme les commis d'Auvergne, nonobstant l'ordonnance obtenue par Mgr Baudry de Piencourt, conti-

---

(1) Les étoffes de Saugues étaient aussi apportées au Puy pour y être vendues :
« *Item* de chascune charge de draps gris de Mende, de St-Flour,
« del Malziou, de Salgue, intrant en la présant ville, lesdits fermiers
« non serant tenguts ny poirant levar sinon des marchans estrangiers
« tres deniers tornes. » (Médicis. II, p. 37.)

Elles se vendaient également aux foires de Clermont. En 1724, pour

nuaient à exiger un sol par pièce, il fut ordonné que l'on signifierait aux susdits commis la dite ordonnance avec la défense en icelle mentionnée.

(Délib. des Etats 1693, 1694, 1695. *Bull. de la Soc. de la Loz. passim.*)

La chapellerie également ne battait que d'une aile et avait beaucoup à redouter de la concurrence étrangère ; aussi les chapeliers de Saugues suscitaient-ils des obstacles à la vente des chapeaux fabriqués ailleurs.

« Sur les plaintes exposées aux Etats par Mr de Cultures, consul de la ville de Mende, que la vente des chapeaux et autres marchandises qu'on porte de cette ville dans la ville de Saulgues et aultres n'est pas libre, les sieurs consulz desdites villes ont esté priés de faire en sorte que le commerce y soit libre, ce qu'ils ont promis de faire. » *(Ibid.)*

Ces industries diverses, fort peu rémunératrices, faisaient à peine vivre ceux qui s'y adonnaient ; l'agriculture elle-même, à cause de la maigreur du sol et de l'âpreté du climat, à cause aussi de l'imperfection des instruments et de la méthode routinière alors usitée, n'enrichissait guère les habitants du pays. Aussi, pour peu que les intempéries missent obstacle à la bonne venue des récoltes, c'était aussitôt la disette et son cortège de tribulations qui régnaient dans toute la contrée. Les années de pénurie étaient fréquentes : bien peu d'habitants avaient devant eux de longues provisions, et d'autre part, avec la difficulté et la longueur des communications, il n'était pas possible de faire venir, comme cela se pratique aujourd'hui, des denrées et des vivres des provinces voisines, assez rapidement pour parer aux nécessités imprévues.

On lit dans le registre de catholicité de l'église St-Médard (aujourd'hui déposé à la mairie), à la date du 26 août 1694, la note suivante :

« 1694. La misère a été si grande cette année, que les
« pauvres de Longeval tuèrent le chien du village pour le
« manger. Le carton de blé valloit quatre livres quinze sols
« sur la fin du moys de juin, à présent il ne vaut que vingt-
« trois sols. » Signé, Mazaudier, curé (1).

le jour de la foire de St-Martin, l'Intendant d'Auvergne fixe le prix des draps blancs de Saugues à 1 livre, 3 sols. (Arch. du P. de Dôme, C. 762.)

(1) G. Mazaudier, curé de Saugues, résigna sa prébende en faveur de J.-B. de la Bretoigne, pour occuper la dignité de doyen dans l'église collégiale de St-Hippolyte du Malzieu, 1717.

Et au mois d'avril de cette même année se retrouve aussi cette mention suggestive :

« Outre le présent registre, j'en ay fayt un autre parti-
« culier, de tous les enfans décédés dans la paroisse de
« Saugues ou des personnes mariées dont l'acte mortuaire
« ne semble pas être nécessaire. » Signé, Mazaudier, curé.

La famine avait donc provoqué une si effrayante mortalité qu'il avait fallu, pour obvier à l'encombrement, créer un second registre ?

En additionnant les décès portés sur les deux cahiers on obtient les chiffres suivants : Janvier 1694... 39 décès. Avril... 36. — Juin... 33. — Août... 38

Cette dépopulation atteignit son maximum en janvier et août 1694. Les mois non cités comptaient de 20 à 25 décès. Enfin en décembre de la même année la mortalité se rapprochait, sans l'atteindre encore, de la moyenne ordinaire et n'enregistrait plus que dix décès.

C'est le peuple qui fut surtout atteint par cette calamité, et ce sont les nécessiteux dont le nom se trouve plus fréquemment parmi les victimes de ce fléau.

« Le 29 décembre 1693, a été enterré un pauvre qui se disait de St-Flour, ou des environs, s'appelant Antoine, mort à l'hôpital, venant du Puy en pèlerinage. »

« Le même jour Claude Barlier de la Rouveyre, mort à l'hôpital. »

« Le 1er janv. 1694, a esté enterré un pauvre, mort au Montalhet, estant d'Auvergne, chez la Barreyroune. »

« Le 2, a esté enterré un homme de la Vacheresse, paroisse de Venteuiol, sapelant Chassain, mort au grenier à foin du sieur Arnier, hoste. »

« Le 25... Jeane Archier, fille à feu Privat, de Roziers, ayant été trouvée morte en chemin de froid ou de misère. »

« Le 29 janv. (second registre) a esté enterré Michel Delpic, du lieu du Cros, ses parents n'ont pas assisté à sa sépulture, ayant été trouvé mort au lieu de Domezon, où il est mort et de froid et de misère. »

« 6 février. A été enterré un soldat du lieu de Bourdeaux, trouvé mort au chemin de Pontaiou à Domezon, ayant les parements rouges. »

« Le dernier févr... une fille de Privat de Cubizolles, morte à l'hôpital. »

« Id... Claude Parroune de Venteuges, morte au moulin Rodier. »

« Le 16 avril, a été enterré un certain Jacques, pauvre, mort à l'hôpital, se disant de la Besseyre St-Mary. »

« Le 21, a été enterré l'enfant de la Veysseire du Vernet, un enfant de l'hôpital que sa mère a abandonné. »

« Le 9 may... a été enterré un garçon de Chiliac en Auvergne, de l'aage d'environ 12 ans, mort à l'hôpital, poil rouge. »

« Le 16, enterré un homme qu'on disait être muet, trouvé mort au chemin du Pinet à Longeval et qu'on a dit être de Bessayrettes, paroisse de St-Symphorien. »

« Le 18, enterré un pauvre, mort chez Gibert à Bergougnoux. »

« Le 28, enterré un jeune homme de Lanjac, venant du Languedoc, dont on n'a su le nom, Guillaume »

« 6 juin, Jacques Vallès, du Cros, mort à l'hôpital. »

« Même jour, enterré un enfant d'environ douze ans trouvé mort à Domezon. »

« Le 15, enterré un pauvre qu'on a trouvé mort au Pinet, chez Midon. »

« Le 24 août, enterré un enfant de Ronhac, gardé mort six ou sept jours. »

Ce sont là, parmi nombre d'autres, les décès les plus significatifs de cette période (1).

La paroisse de Saugues, comme on le pense bien, ne fut pas seule atteinte, et la contrée tout entière paya son tribut à ce fléau (2).

(1) Registr. de catholicité de l'église St-Médard, déposés à la Mairie.
Ce qui survit des anciens registres de l'église de Saugues (XVIIme et XVIIIme siècle) offre, en général et d'une manière uniforme, le laconisme officiel qui caractérise l'état civil de nos jours. Seule, la période qui nous occupe s'est départie de cette monotone rigidité. Dans la plupart des paroisses voisines, les actes, plus prolixes, signalent des détails intéressants qui jettent quelque jour sur l'histoire de l'époque qu'ils embrassent.

(2) La petite population de Cubelles, qui comptait un peu plus de trois cents habitants, se vit décimée : du mois d'octobre 1693 au mois de septembre 1694, elle fournit 31 victimes à la mort.
A Thoras, les années 1693 et 1694 furent désastreuses.
Un relevé fait sur les registres de paroisse, (nous le devons à l'obligeance de M. l'abbé J.-C. Martin, vic. à Thoras) compte 37 décès pour la première année et 61 pour la seconde, dont 10 morts soudaines.
Quelques feuilles disparues dans les actes mortuaires de Venteuges ne permettent pas de constater ce que la famine fit de victimes dans cette paroisse.
Ce fléau ne fut point circonscrit dans le seul pays de Gévaudan. La

L'annexe de Servières qui, en temps ordinaire, constatait de 3 à 4 décès par année, du 28 octobre 1693 au 9 septembre 1694 compta 19 décès de grandes personnes, dont sept appartenaient au seul village de la Vaysseire.

Aucun détail ne nous a été transmis sur la cause originelle de ces calamités, ni sur les mesures employées pour en atténuer les désastreux effets.

Tandis que la misère régnait, les querelles intestines allaient leur train dans la ville de Saugues.

Par-devant les Etats, « le sieur Béraud, notaire et greffier consulaire de la ville, vient se plaindre de ce que le sieur Gérenton, avocat en parlement et premier consul ne lui permettait pas d'expédier et de signer les délibérations de ladite communauté. »

Il est décrété par l'assemblée « que les greffiers consulaires de toutes et chascunes les communautés du diocèse expédieraient et signeraient les délibérations à l'exclusion de tout autre. »

Les Etats qui venaient d'accorder cent livres pour la réparation des ponts de la ville de Saugues, votèrent en février 1692 un emprunt de 10.670 livres pour l'entretien des troupes cantonnées dans le diocèse.

« Il a falcu commencer à fournir ladite ustansile au mois de novembre dernier pour les trois compagnies de cavalerie ou de dragons qui sont en quartier ez-lieux de Florac, Maruejols, celle qui était à Saugues étant partye le neuvième du courant (Février). »

Un jour « le sieur de la Bretoigne, médecin et premier consul dudit Saugues, se présenta avec la délibération de ladite communauté, portant procuration pour entrer en l'absence du sieur Maire, et ayant voulcu prendre la place ordinaire destinée pour lesdits consuls, MM. les maires des aultres lieux s'y seraient opposés disant que depuis la création des maires en titre les envoyés ne peuvent avoir leur place qu'après tous les personnels, et que le sieur de la Bretoigne ne doit prendre sa place qu'après tous les sieurs maires »

Mais notre consul plaida si bien sa cause que les Etats conclurent « qu'il prendrait le rang et séance qu'y a de tout

---

Basse-Auvergne fut atteinte également, et dans la ville de Lezoux, la paroisse de St-Pierre, à peu près aussi importante que celle de St-Médard de Saugues, accuse 380 décès, au lieu de 60, chiffre moyen des années précédentes.

— 196 —

« temps esté occupé par les consuls et maire dudit Saugues. »
(Délib. des Etats.)

Le consul-maire de la ville de Saugues était alors messire Annet de Langlade, sieur du Chayla et de Beauregard,

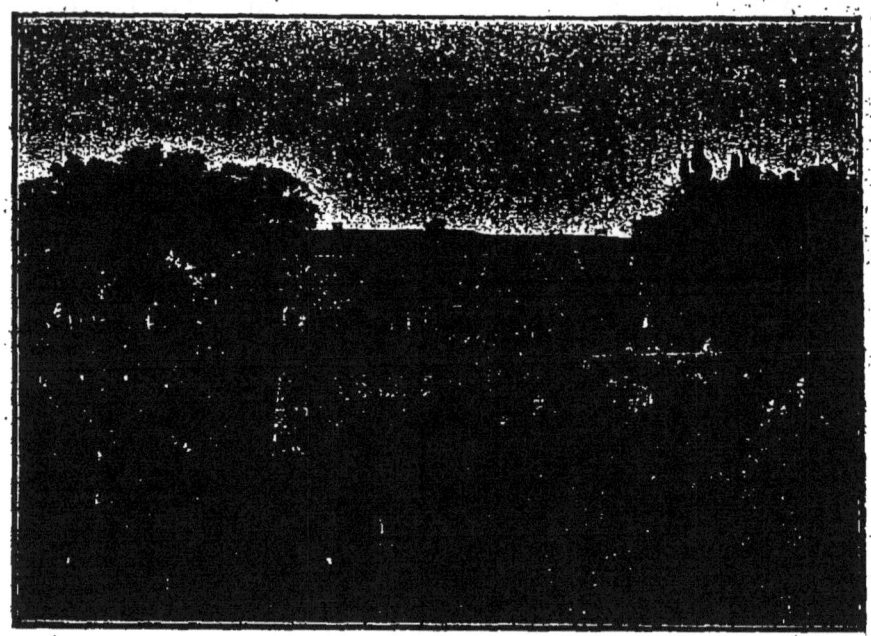

Chateau de Beauregard

pourvu de cette charge par un édit royal du 5 octob. 1693. Cet office héréditaire de consul-maire avait été créé par un décret de 1692.

Un édit de déc. 1708, créa de nouveaux offices de maires dits « *alternatifs mi-triennaux* » qui furent unis aux anciens par une déclaration de Fév 1709. (*Loix municip. de Languedoc*, VII, p. 144 et 213.) Comme ces offices s'achetaient (1), ce n'était là qu'une manière détournée de fournir des cotisations nouvelles au trésor épuisé.

(1) Mre G. Fois Bonhomme, chapelain de la Reine et des Dames de France, dans une requête au Roi, expose comment « son frère J. Bonhom-
« me quand vivoit, maire alternatif mi-triennal de Saugues, fut pourvu
« dudit office de maire par lettres de provision du 18 juin 1751, pour en
« jouir aux gages de 40 livres par an. Mais comme cette communauté
« n'est point en état de payer lesdits gages, depuis le 11 oct. 1751 que

A la fin du XVIIe siècle et au commencement du siècle suivant, on constate, par la lecture des actes publics et surtout des testaments, les évolutions produites au cours des années, dans les mœurs et les pieuses coutumes des habitants du pays de Saugues.

On ne donne plus, comme autrefois, aux ponts existants ; on donne plus rarement aux luminaires des églises, peut-être parce que ceux-ci étaient alors dotés de revenus suffisants.

L'on ne retrouve plus autant de fondations faites : est-ce pour éviter l'encombrement ou à cause du nombre plus restreint des prêtres qui desservaient les églises? Toutefois les testateurs n'oublient point leur âme, et hommes ou femmes, habitants de la ville ou modestes campagnards, en grande majorité, ils donnent un ou plusieurs trentenaires de messes pour être dites incontinent après leur décès.

De ces trentenaires, le premier allait à peu près invariablement au curé et aux prêtres de la paroisse, et c'est par les donations relevées dans les actes de notaires que se trouve signalée, encore une fois, l'existence d'une communauté de prêtres à Chanaleilles, Cubelles, Monistrol, St Préjet, Thoras et Venteuges.

Les autres messes étaient réparties, suivant la dévotion respective des testateurs, aux chanoines ou aux religieux des villes voisines.

La Collégiale de St-Médard est fréquemment mentionnée dans les testaments de cette époque, souvent aussi les chanoines de N. Dame du Puy (1).

Les religieux les plus en vogue en ces temps-là étaient

« son frère feust revêtu dud. office, jusqu'au 20 oct. 1758, qu'il est
« décédé, sans avoir rien receu sur ses gages, le suppliant, son héritier,
« est obligé d'avoir recours à Sa Majesté, pour estre sur ce pourveu. »

Le conseil décide « qu'à compter du jour d'acception dud. feu
« Bonhomme audit office et jusqu'à son décès, il sera paié de la somme
« de 40 livres... dont il sera fait fonds au profit du suppliant dans l'état
« des finances de la Généralité de Montpellier; au chapitre des charges
« du diocèse de Mende. » (Communic. de Mme Sapet-Estaniol.)

(1) Les chanoines de N. Dame du Puy reçoivent :
de Jeanne Brunel de Recoules. . . . . 7 livres
de Marg. Amant de la Rodde. . . . . 4 liv.
d'Ysabeau Couston de la Pénide de Cubelles. . . 15 liv.
de Jacques Teysseire de la Brugere, p. de Grèzes. 30 liv.
etc., etc.
(Minutes de Couret, 1702-1703. Etude de Me Edm. Bonhomme.)

les capucins de Langeac. A Saugues comme dans les paroisses environnantes, en de nombreux testaments il leur est fait quelque largesse (1).

Les capucins du Puy, les Jacobins de Pradelles, les religieuses de la Mère Agnès de Langeac, celles de sainte Claire en la ville du Puy, et enfin l'église de N. Dame de Pradelles, reçoivent aussi quelques pieuses libéralités (2).

Les religieux de Pébrac, qui jouissaient jadis d'un si grand renom, semblent à cette époque complètement délaissés.

On trouve quelques dons faits à la Confrérie du Saint-Sacrement érigée en l'église St-Médard, à la Congrégation des Dames de la Charité (3), et à la chapelle S. Antoine qui reçoit 3 livres d'Ant. Escurier de Servières.

La charité ne s'est point éteinte, et ainsi qu'il a été dit, les pieuses donations aux pauvres sont toujours continuées, quoique sous une forme différente Elles se font rarement en numéraire, mais plus souvent en nature, ordinairement

---

(1) Pour ne citer que quelques exemples, les capucins de Langeac sont gratifiés d'un legs dans les testaments de :
Jean Sauvant, Ysabeau Couston et Jeanne Bonhomme, de la paroisse de Cubelles ;
Jeanne Molin, Catherine Freycenet et Jacques Teysseire, etc., de la paroisse de Grèzes ;
Marie Torrent, Antoine Chalcil, Antoinette Faure, Jeanne Brunel, Marie Papari, etc., de Saugues. (Min. de Couret, 1702-1703.)

(2) Min. de Couret, 1683-1703. Il serait fastidieux et trop long de citer ici le nom de tous les donateurs.

(3) Marie Torrent, veuve Enjelvin, de Saugues, lui donne 3 livres, et Jeanne Tranchecoste, 6 livres, pour les réparations.
Nous ne savons à quelle époque remonte cette association fondée d'abord en l'église Saint-Antoine Par une Bulle de 1608, le pape Paul V accorde aux membres faisant partie de la Congrégation érigée en l'église ou oratoire de Saint-Antoine, en la ville de Saugues, une indulgence plénière le jour de leur entrée dans ladite Congrégation, le jour de leur mort, et à la fête de l'Annonciation ; de plus sept ans et sept quarantaines aux jours de la Pentecôte, la Fête-Dieu, la Toussaint et la Purification.
D'après les statuts, le but de cette pieuse association était de visiter les infirmes, d'accompagner le Saint Sacrement porté aux moribonds et de soulager par la charité les misères du prochain.
Cette congrégation a pu franchir la période révolutionnaire, et aujourd'hui comme jadis elle a son fonctionnement régulier et ses réunions ordinaires dans sa chapelle particulière.

en pain de seigle qui est distribué au jour de l'enterrement, de la quarantaine et du bout de l'an.

C'est ainsi qu'Antoine Escurier de Servières « veult estre aumorné aux pauvres de la paroisse, six cartons de seigle en pain. » 17 mars 1702.

Anthoinette Faure de Brangeirès donne un setier seigle aux pauvres d'Esplantas ; Jeanne Brunel, de Recoules, un setier ; Ysabeau Couston de la Pénide, trois setiers, etc. (*Min. de Couret* 1702-1703.)

Ces usages qui avaient survécu à travers les phases diverses de la Révolution se retrouvaient encore, il n'y a pas un demi-siècle, dans nos campagnes ; mais ils semblent aujourd'hui à peu près complètement tombés en désuétude.

Pour en finir, nous voyons, est-ce une règle générale ou un cas particulier ? Jean Lafont, curé d'Esplantas, léguer, par testament, 20 sols à l'évêque de Mende, 17 mai 1701 (*Ibid*.)

Dans un autre ordre d'idées, ces actes publics, par les contrats d'apprentissage de tous métiers et de toutes catégories qu'ils relatent, nous montrent comment les jeunes gens s'initiaient aux divers états qu'ils embrassaient, et comment aussi certaines études, comme celles d'apothicaire à qui l'on donne aujourd'hui le nom plus relevé de pharmacien, étaient forcément incomplètes par suite des méthodes employées et du peu de temps que l'on y donnait (1).

La situation du clergé ne pouvait manquer de suivre dans son développement l'évolution sociale produite autour de lui.

Si, au quatorzième siècle, ceux des clercs de St-Médard

---

(1) L'an mil six cens quatre-vingt-quatre et le dernier jour de Juillet...... M⁰ Martin Bazalgette appoticaire de la ville de Lengonhe d'une part, et honneste femme Claudette Gévaugues veuve de M⁰ Laurens Boulangier appoticaire habitante de la présant ville de Saugues d'autre, lesquelles partyes.... ont faict entr'eux les conventions que sensuyvent, assavoir que led. s. Bazalgette a promis apprendre à Guill. Boulangier fils de lad. Gévaugues led. mestier d'appoticaire dans sa maizon entretien descens de ses allimans vestures et outils nécessaires pendant le temps de deux ans.... et ce moenant la somme de 150 livres d'une part, et celle de 22 livres pour estraines à d⁽ˡˡᵉ⁾ Antonie Bonnefille femme dud. s. Bazalgette..... pendant lequel temps dud. aprantissaige lad. Gévaugues a promis et promet fere servir sond. fils à leffaict dud. aprantissaige et led. s. Bazalgette promet d'enseigner à son possible led. art d'appoticaire aud. Boulangier..... Faict et passé aud. Saugues, maison de lad. Gévaugues, etc.....

(*Min. de Couret.*)

qui allaient étudier dans les villes en renom revenaient avec leurs grades pour jouer ensuite un rôle important ou occuper des situations honorifiques, ceux, au contraire, qui se contentaient de faire à l'école de Salgue leurs études cléricales, devaient sans doute, dans leur instruction comme dans leur formation, garder l'empreinte de l'enseignement donné et se ressentir tout ensemble du manque de maîtres expérimentés et du milieu dans lequel ils s'élevaient.

Nous ne savons ce qui se passait au seizième siècle, mais vers le milieu du dix-septième l'institution des séminaires amena d'importantes modifications à cet état de choses.

Les clercs désormais ne s'élèveront plus à Saugues, et nous lisons dans un Mémoire que, parmi les membres de la Collégiale, « quatre estudioient au Puy ou à Paris. »

Dorénavant les fonctions publiques de notaires ou scribes quelconques seront moins souvent occupées par les ecclésiastiques, et il ne restera de ce fait que le souvenir consacré par cette appellation de « clerc » que l'on donne aujourd'hui aux scribes subalternes, bien qu'ils n'aient rien de commun avec la cléricature.

Au mois de mai 1721, une peste terrible éclatait à la Canourgue, et de là se répandait dans les pays environnants : grand émoi dans tout le Gévaudan. Une commission se réunit qui prend les mesures les plus rigoureuses pour conjurer le fléau : on ferme les portes des cités, on entoure d'un cordon de soldats les villes infestées, afin que personne ne puisse s'enfuir : on lève des subsides pour venir en aide aux pestiférés. Mais en vain, car la peste, franchissant les gardes et les barrières, les murs et les remparts, vient infester Mende et Marvejols.

Les Etats se tiennent à Langogne, votent de nouveaux emprunts et prennent de nouvelles mesures, plus énergiques encore. Rien n'y fait, pas même le dévouement des Pères Capucins qui laissent six des leurs sous les coups du fléau.

S'il faut en croire le P. Louvreleul, la Canourgue perdit 915 habitants sur 1600 et Marvejols 1800 sur 2756.

A Saugues l'on était dans des transes mortelles : la contagion chaque jour approchait. L'on donnait de bon cœur les subsides votés, l'on prenait toutes les précautions ordonnées par les Etats, et surtout l'on veillait soigneusement aux portes.

De plus, comme saint Roch passait pour un bon protecteur en temps d'épidémie, la foi vive de nos pères plaça sa statue aux endroits par où pouvait pénétrer la peste : au puits des Roches, à l'entrée du chemin de Langogne, sous la place antique et enfin à Beauregard où une chapelle lui était dédiée (1).

Une autre chapelle, celle du Sauvage, dite de l'Hospitalet, consacrée à saint Jacques et à saint Roch, protégeait les sommets extrêmes de la Margeride qui séparent Saugues du Gévaudan.

Des processions furent faites et les prières multipliées en son honneur.

Bref, grâce à sa situation sur l'autre versant de la Margeride, grâce aux sages mesures prises, comme aussi à la protection de saint Roch, Saugues fut épargné.

Saint Roch n'obligea point des ingrats : les habitants ont gardé de lui un reconnaissant souvenir. A cause de sa protection, soit en cette occurrence, soit en d'autres circonstances, il se fait chaque année une procession à sa statue des Roches, comme aussi un pèlerinage à Beauregard, le dimanche qui suit le 15 août. Chaque quartier de la ville fait annuellement célébrer une messe en cette même chapelle de Beauregard ; tous les villages de la paroisse et nombre de familles suivent cet exemple et demandent à saint Roch de préserver de la peste les hommes et les animaux.

La chapelle de l'Hospitalet attire aussi un grand concours de fidèles au jour de la fête de saint Roch et aux dimanches qui suivent. Là coule une source vive d'une rare limpidité, où vont se laver les ulcères et les plaies réputées incurables. Des guérisons incontestables y ont été constatées : il n'y a pas lieu de les rapporter ici.

Enfin cette peste de 1721 donna un nouvel essor à la

(1) La chapelle de Beauregard était à la nomination du seigneur dudit lieu. En 1779, le 10 mai, Camille de Cassaigne de Beaufort du Pestel de Miramon, veuve de Nicolas Balthazard de Langlade du Chaila, sgr. de Beauregard, vic. de Vazeilles, etc., nomme à lad. chapelle de Saint Roch à Beauregard, Vital Richard, chanoine de Saint-Médard, en remplacement de J.-B. Lèbre, aussi chanoine, décédé.

Saint Roch, depuis longtemps, était particulièrement invoqué à Servières, en temps d'épidémie. En 1627, le curé Gibilin le fait peindre à un devant d'autel. En 1629, il « faict et painct limaige de Saint Roc en bosse », et le met en l'autel N. Dame de Servières, « lequel est patron en ladite esglise et cest en lannée que la contagion régnoit, 1629. »

(Reg. de Servières.)

dévotion à N Dame d'Estours, et fut cause que les populations vinrent en foule s'agenouiller devant ce sanctuaire et demander l'éloignement du fléau qui les menaçait. C'est là probablement l'origine de ces pèlerinages réguliers qui se font annuellement et à tour de rôle par chacune des paroisses qui avoisinent cette chapelle vénérée.

Une relation de cette peste fut faite par Roujon, prêtre, prieur de Saint Vénérand, et remise à M. de Bernage, intendant de la province.

Ce qui semblait aussi garantir Saugues des atteintes de la contagion, c'était le petit nombre et le mauvais état des routes, qui, de cette ville, donnaient accès dans le reste du Gévaudan. Les voies carrossables étaient chose rare en cette époque et dans ce pays, d'abord à cause de la difficulté des lieux, de la dureté de l'hiver et de son interminable longueur sur les hauteurs dénudées de la Margeride, puis à cause aussi des mœurs de ce temps-là, où l'on ne voyageait guère qu'à cheval, et où les transports ne se faisaient qu'à dos de mulet. On voit par le compte-rendu des Etats que de temps à autre une allocation était accordée à la ville de Saugues, tantôt pour reparer un pont, tantôt pour améliorer un chemin. Enfin, « en l'année 1738, on commença de « construire un chemin de Saugues vers Langogne, et « l'ouvrage feut suspendu l'année dernière (1739), non seu- « lement par rapport aux malheurs du pays mais encore « parce qu'on feut informé que l'Auvergne devait faire « travailler à un chemin aboutissant auprès de Saugues, et « on a cru qu'il serait plus avantageux au public de travail- « ler depuis la ville de Saugues jusques à la jonction du « chemin de l'Auvergne. » (1740. Et. de Gévaudan. *Bull. de la Soc. d'Agr. de la Lozère* an. 1881, p. 125.)

L'année suivante, 1741, « le sieur Masson, premier consul de Saugues, représenta à l'assemblée « 1° Que ce « chemin de Saugues à Langogne ayant été commencé, on « doit le finir. 2° Qu'il sera utile aux voituriers du bas « Languedoc qui voiturent en Auvergne, puisqu'il abrègera « leur marche d'une journée, du bas Languedoc à Brioude. « 3° Que la communauté de Saugues a éclaircy que la « dépense de ce chemin n'yra pas à plus de 50 000 livres. »

« Le sindic du pays répliquant a dit : 1° Que les voitu- « riers du bas Languedoc passeront toujours par la ville du « Puy pour aller en Auvergne, 2° Que le pays de Gévaudan, « ne pouvant retirer aucun profit des voituriers qui vont du « Languedoc en Auvergne, on ne peut point en prendre un

« prétexte pour faire construire le chemin de Saugues à
« Langogne. 3° Qu'en supposant même que la construction
« du chemin pourrait être faite pour 50 000 livres, comme
« l'a avancé M. le Consul de Saugues, cependant la totalité
« de la dépense irait à plus de 80.000 livres...... sur quoy a
« été délibéré qu'on ne faira pas ce chemin attendu qu'il
« est totalement inutile au païs. » (Id. p. 140-141.)

Un mémoire du syndic ajoutait : « Les habitants de
« Saugues regardent comme une injustice qu'on ait inter-
« rompu le chemin après l'avoir commencé ; ils allèguent
« qu'ils ont contribué à tous les chemins du païs, sans
« qu'on n'ait rien fait pour eux. Il y a apparence que les
« habitants de Saugues comptent pour rien la dépense de
« trois ponts qui furent construits à Saugues, il y a environ
« seize années, et encore une somme de 500 livres que le
« païs leur fournit tous les ans, pour le logement et l'ustan-
« cille d'une compagnie de cavalerie qui est ordinairement
« en quartier à Saugues, dont ils retirent tous les profits,
« pour la consommation de leurs foins et de leurs denrées ;
« ainsi, la communauté de Saugues ne peut pas dire qu'on
« ne fait rien pour elle. » (Id p. 146)

En 1753, les habitants de Saugues firent demander à
nouveau la continuation de la route de Langogne, et les
Etats, cette fois, votèrent l'étude des ponts d'Ancelpont et
de Babonès. Ce chemin était terminé avant la Révolution.

Tous ces détails, sans doute, sont d'un médiocre intérêt ; mais, ainsi qu'il a été dit, Saugues n'offre plus dorénavant que des faits intimes et d'un ordre tout à fait
secondaire.

Ici ce sont « MM. les Maire et consuls qui ont des
« plaintes de la part des sonneurs de cloches sur ce que le
« battant de ladite cloche était coupé d'outre en outre.....
« vu la nécessité de faire soner ladite cloche qui est la
« principale, il a été arrêté qu'attendu que le sieur Léger
« Pédamond, habile forgeron de la ville de Béziers, se
« trouve actuellement en ladite ville pour d'autres ouvrages,
« il est nécessaire de profiter de cette occasion. Lequel
« Pédamond étant intervenu, il a été délibéré que la réfec-
« tion dudit battan lui serait donnée moyennant la somme
« de trante six livres. »

« Ainsi arrêté le 19 Juin 1758. Signé, Bonhomme, maire ;
« Molherat, 1ᵉʳ consul ; Labretoigne, second consul ; Bon-
« nefoy, consul. » (Extr. du reg. consulaire. Comm. de
M. Lascombe.)

Là, c'est la réception de M. Danjou, l'envoyé du duc de Mercœur.

« La Communauté a délibéré de lui faire tous honneurs
« et dépances nécessaires en pareil cas, et députer le sieur
« Du Mazel pour aller à son devant au lieu de la Voulte, en
« Auvergne, pour savoir le jour de son arrivée à Saugues. »

« Voyage du sieur Du Mazel, couchée à Chilhac et dépance, ci. . . . . 4 liv. 10 sols
« Pour le vin dépancé chez le sieur Rampand, lors de la réception. . 10 liv. 5 sols
« Pour bois, pour faire le feu de joie. 3 liv. 12 sols
« Pour les tambours, fifres, arrivée et départ. . . . . 1 liv. 3 sols

Total. . . . . 19 liv. 10 sols

« Cette dépense fut autorisée par délibération des consuls de Saugues le 10 septembre 1774. Signé : de la Bretoigne Dumazel. » (Ibid.)

Dans les comptes du consul Ignace de Lavalette, on relève les détails suivants :

« Du 20 Janv. 1779, pour avoir payé aux sonneurs pour
« le *Te Deum* chanté en faveur des heureuses couches de la
reine, cy. . . . . 12 sols
« Pour poudre à tirer les canons employée à cette même
« fin, cy. . . . . 4 liv. 1 s. »
« Du 26 Janv. 1779, par ordre de Mgr. de Perrigor *(sic)*,
« feu de joye pour les heureuses couches de la reine,
« cy. . . . . 7 liv. 10 s. »
« Pour le jour de Noël 1779, pour cierge, cy. 12 s »
« Pour la Fette Dieu de l'année 1779 avoir payé poudre
« à canons, cy. . . . . 3 liv. 6 s. »
« Du 20 Janv. 1780. Voyage ou séjour à raison du
« mauvais temps, nous étant même égaré à la montagne,
« pour nous trouver au Malzieu, cy. . . . 38 liv »
« Du 9 Sept. 1781, pour les heureux avantages de la
« guerre (1), *Te Deum* chanté, feu de joye, cy. 8 liv. 10 s. »
« Du 30 Oct. 1781, pour *Te Deum* pour les heureuses
« couches de la reine, feu de joye, exprès, cy. 8 liv. 10 s. »
« Le 23 Mai a été délibéré de faire des réparations au
« mur du cymitière, de relever les piles du pont du mou-
« lin de Rodier, Jacques Delorme en a pris le prix fait,
« cy. . . . . 24 liv. »
« Le 23 Nov. 1783, le Conseil délibère et autorise à

(1) La guerre d'Amérique.

« faire le pont de Rassac en bois, cy. . . . 48 liv. »
« Du 12 Déc. par ordre de M. de Périgor, publication
« de la paix, cy. . . . . 1 liv. 10 s. »
« Du 1ᵉʳ Mars 1784, donné à Despeisse, pour la porte de
« lorologe, cy. . . . . 1 liv. 10 s. »
« Du 14 Avr. 1785, par ordre de M. le vicomte de Combis,
« feu de joye pour la naissance du duc de Normandie
« (Louis XVII), cy. . . . . 7 liv. 10 s. » (1)

La foudre était tombée sur le clocher de l'église paroissiale de Saint-Médard. Par ordonnance de M. l'Intendant, en date du 30 Oct. 1784, M. Ignace de Lavalette, 1ᵉʳ consul et maire, « fait afficher l'adjudication des ouvrages néces-
« saires pour réparer les dommages cauzés par le tonnerre
« tant au clocher et à l'horloge qu'au toit des chapelles de
« N. Dame, Saint Jacques et Saint Blaise. »

L'adjudication en fut donnée à Pierre Planchette moyennant cent septante huit livres.

En 1784, l'administration des domaines tenta de s'emparer des communaux de Saugues. Une délibération du 15 Fév. 1785 nomme M. Hébrard, expert, pour rechercher les titres de la commune tant chez M. de Montruffet, chez M. du Mazel qu'ailleurs.

Le 12 Juill. 1786, le susdit Hébrard reçoit de M. de Lavalette, pour ses frais de recherches, la somme de 60 livres.

Le mandement de Saugues relevait en ces jours-là du roi de France lui-même.

Après la mort du duc Louis de Vendôme, la terre de Mercœur était échue à Armand Louis de Bourbon, fils de Fᵒⁱˢ-Louis de Bourbon, un instant élu roi de Pologne.

Le fils d'Armand, Louis de Bourbon, prince de Conty, prit le titre de duc de Mercœur à la mort de son père, (1727). On trouve un terrier où chacun des habitants de Saugues lui fait reconnaissance des biens qu'il tient de lui, 1760.

Il céda plus tard l'entier duché de Mercœur à Sa Majesté Louis XV, (1772). C'est ainsi que Saugues, une fois encore, releva directement du roi lui-même. On voit alors les requêtes se multiplier autour du trône, les suppliques et les plaintes arriver de toutes parts pour demander la répression de certains abus, ou l'abandon de privilèges onéreux pour la population.

Mais Sa Majesté ne conserva pas longtemps le duché

(1) Documents de Jos. Meyronnenc, à Giberges.

de Mercœur, et Saugues fut avec lui compris dans l'apanage du comte d'Artois, (1773).

Le sieur Hébrard, expert, fut choisi par lui pour dresser le rapport et les devis d'estimation d'une halle que l'on devait construire au Prieuré, au prix de 15 224 livres, et d'une fontaine sur la place Caillade, (auj. place St-Médard), adossée au mur de la Congrégation, et richement sculptée aux armes de Mgr le Comte d'Artois. On ne sait pourquoi ces travaux ne furent point exécutés.

Saugues revint définitivement à la couronne en 1778, et releva directement du roi de France, Louis XVI, jusqu'à la Révolution.

TABLEAU SYNOPTIQUE DES SEIGNEURS DE SAUGUES

ODILON DE MERCŒUR, évêque de Mende.	1249
ODILON DE MERCOEUR, neveu du précédent et doyen de Brioude.	1288
BÉRAUD DE MERCŒUR, connétable de Champagne.	1305
CHARLES DE VALOIS, comte d'Alençon.	1314-1336
BÉRAUD I, dauphin d'Auvergne, comte de Clermont	1339
AMÉDÉE, fils de Béraud.	...
BÉRAUD II.	1358
BÉRAUD III.	...
ROBERT DAUPHIN, évêque d'Albi.	1436
LOYS DE BOURBON, comte de Montpensier.	1463-1484
GILBERT DE MONTPENSIER.	1484-1496
LOUIS II DE BOURBON.	1496-1501
CHARLES III DE BOURBON, connétable de France.	1501-1527
FRANÇOIS I, roi de France.	1527-1529
ANTOINE DE LORRAINE.	1529
NICOLAS DE LORRAINE, comte de Vaudemont.	1539-1577
PH. EMMANUEL DE LORRAINE, duc de Mercœur.	1577-1602
MARIE DE LUXEMBOURG et LOUISE DE SAVOIE.	1602-1609
CÉSAR DE VENDÔME.	1609-1665
LOUIS DE BOURBON VENDÔME, cardinal, duc de Mercœur.	1665-1668
LOUIS JOSEPH, duc de Mercœur.	1668-1712
MARIE-ANNE DE BOURBON CONDÉ et ANNE, Palatine de Bavière.	1712-1719
LOUIS ARMAND DE BOURBON, prince de Conti.	1720-1727
LOUIS FRANÇOIS, DE BOURBON CONTI.	1727-1772
LOUIS XV, roi de France.	1772-1773
LE COMTE D'ARTOIS (qui fut depuis Charles X).	1773-1778
LOUIS XVI, roi de France.	1778-1789

CHAPITRE XX

SAUGUES ET LA BÊTE DU GÉVAUDAN
1764-1767

La Bête. Le théâtre de ses exploits. Terreur des populations. Les chasseurs et les méthodes employées. Résultat des chasses. Les victimes de la Bête dans la région de Saugues.

Cet animal extraordinaire que l'on appela la Bête du Gévaudan est un peu regardé comme un mythe fabuleux et son histoire comme une légende fantastique. Ce ne fut, hélas ! qu'une trop triste et trop vivante réalité, dont les méfaits, dûment constatés, sont attestés par les documents les plus précis et les plus authentiques.

Cette Bête appartient en quelque sorte à l'histoire de Saugues : c'est, en effet, dans ce mandement qu'elle a fait les plus fréquentes apparitions, c'est là qu'elle a proportionnellement dévoré le plus de victimes ; c'est là que, pendant deux années consécutives, les chasses et les poursuites ont été faites contre elle avec un acharnement sans précédent; c'est enfin près de là quelle a trouvé la mort.

C'est pourquoi il n'est pas inutile de raconter en quelques pages ce qu'elle était, ce qu'elle donna de labeurs aux chasseurs qui la poursuivaient, ce qu'elle commit de meurtres, et comment enfin elle subit le juste châtiment qu'elle méritait (1).

---

(1) Cette tâche nous est rendue facile par les travaux érudits et récemment parus de MM. Ferdinand et Auguste André, et de M. l'abbé Pourcher à qui nous empruntons une partie des éléments de ce chapitre.

LA BÊTE... (1) « Cette bête n'était autre chose qu'un « gros loup lévrier, c'est-à-dire des plus dispos à la course, « et ce qui vient à l'appui de cette opinion, c'est qu'il par- « courait en très peu de temps un espace considérable de « terrain, qu'il était vu le même jour dans plusieurs com- « munes, et qu'il se soustrayait ainsi aux diverses battues « et chasses dirigées contre lui, quelque nombreuses « qu'elles fussent, et quelque étendue qu'elles embrassas- « sent. » (M. Ignon, cité par M. F. André, p. 11.)

(1) La gravure ci-contre est l'exacte reproduction d'une estampe un peu fantaisiste, éditée en 1764, dans laquelle se lit la légende suivante :

FIGURE

DE LA BÊTE

FAROUCHE

ET EXTRAORDINAIRE QUI DÉVORE LES FILLES

Dans la Province de Gévaudan, et qui s'échappe avec tant de vitesse, qu'en très-peu de tems on la voit à deux ou trois lieues de distance, et qu'on ne peut ni l'attraper ni la tuer.

EXPLICATION.

On écrit de Marvejols, dans la Province de Gévaudan, par une lettre en date du premier Novembre mil sept cent soixante-quatre, que depuis deux mois il paroît aux environs de Langogne, et de la forêt de Mercoire une Bête farouche qui répand la consternation dans toutes les campagnes. Elle a déjà dévoré une vingtaine de Personnes sur-tout des enfans et particulièrement des filles. Il n'y a guère de jours qui ne soient marqués par quelques nouveaux désastres..... Ce n'est que depuis huit jours qu'on a pu parvenir à voir de près cet animal redou- table. Il est beaucoup plus haut qu'un Loup ; il est bas du devant, et ses pattes sont armées de griffes. Il a le poil rougeâtre ; la tête fort grosse, longue et finissant en museau de lévrier, les oreilles petites, droites comme des cornes, le poitrail large et un peu gris, le dos rayé de noir et une gueule énorme, armée de dents si tranchantes qu'il a séparé plusieurs têtes du corps comme pourroit le faire un razoir, etc.....
. . . .

Vu par moi censeur pour la police,
Vu l'approbation permis d'imprimer.... ce 24 Novembre 1764.. DE SARTINE.

Se vend AUX ASSOCIÉS. Chez F. G. DESCHAMPS, Libraire, rue
Saint-Jacques.
(Exemplaire trouvé à Saugues)

La Bête du Gévaudan *(fac-similé d'une estampe de 1764)*

« C'était une espèce de loup mâle, rougeâtre..... qui
« avait la tête extrêmement grosse, et le museau fort allon-
« gé, plus même que celui d'un loup ordinaire, au point
« que sa gueule étant ouverte, l'intervalle de l'extrémité
« de ses deux mâchoires était de quatre décimètres et
« demi. » (Aug. ANDRÉ, la Bête du Gév., p. 204.)

Sa férocité naturelle s'augmentait d'une violente passion pour la chair et le sang de l'homme : on voit par les relations faites, que dans un grand nombre de cas, elle saisissait ses victimes à la gorge, les jugulait, leur suçait le sang, et dévorait l'intérieur du corps. Une fois repue ou bien dérangée, elle s'éloignait et revenait, quelques heures après, se gorger à nouveau de ce qu'elle n'avait pu dévorer. Elle s'attaquait de préférence aux enfants et aux femmes qui lui offraient une proie plus facile et une plus sûre impunité. Après avoir goûté une première fois à la chair humaine, cet appétit devint en elle si irrésistible qu'il lui fit surmonter cette répulsion naturelle qu'a le loup pour le voisinage de l'homme, et la poussa à venir rôder incessamment autour des villages, pour guetter et atteindre sa proie.

Cette bête n'était probablement pas seule, et un second animal, puisque deux loups particulièrement énormes furent tués, se rendait peut-être coutumier de méfaits qui furent mis sur le compte d'un seul et même coupable.

Les meurtres, commencés en juin 1764, se continuèrent sans intermittence jusqu'en septembre 1765. Après deux mois d'accalmie, ils reprirent en décembre de la même année, et se continuèrent jusqu'au mois de juin 1767 où ils cessèrent définitivement par la mort de la Bête.

LE THÉATRE DES EXPLOITS DE LA BÊTE. Elle fit sa première apparition dans le territoire de Langogne, (juin 1764), d'où elle rayonna sur les confins du Vivarais, et dans le Haut-Gévaudan. Après avoir dévoré ou blessé grièvement 26 personnes, elle se retira du côté de St-Chély, près du Malzieu et de St-Alban, dans le courant d'octobre 1764.

De là elle renouvela sans relâche ses attaques et ses meurtres, tantôt dans les localités voisines, tantôt dans les paroisses éloignées, jusqu'à Morines dans le Cantal, Saint-Just en Auvergne, et Aubrac dans le Rouergue. C'est en cette période qu'elle commença à faire de nombreuses victimes dans ce qui constitue le canton de Saugues aujourd'hui.

Enfin vers le milieu de 1765, ce loup, traqué de toutes parts, parut établir son repaire favori dans cette large bande de bois impénétrables qui s'étendent de Paulhac et la Besseyre jusqu'au Sauvage de Chanaleilles, sur le versant de la Margeride, et dont l'accès était rendu plus difficile par la longue durée et l'épaisseur des neiges qui ont coutume de régner sur ces hauteurs. Ces bois appartenaient aux paroisses de la Besseyre, Venteuges, Saugues, (Servières était de la paroisse de Saugues), Grèzes-la-Clause, et Chanaleilles. C'est pourquoi ces paroisses, avec Nozeirolles, Paulhac, et St-Privat-du-Fau furent, de tout le Gévaudan, les plus éprouvées, et fournirent à la voracité de cette bête le plus lourd contingent de victimes.

Les chasseurs attitrés, cités plus loin, suivaient la Bête dans ses déplacements : St-Chély, le Malzieu, Saugues, Sauzet, (p^{oisse} de Venteuges) et le Besset (p^{oisse} de la Besseyre) furent successivement leur centre d'action, par où ils se trouvaient mieux à portée d'accourir rapidement vers les lieux que ce loup fréquentait plus volontiers.

TERREUR DES POPULATIONS. Le grand nombre de meurtres accomplis en aussi peu de temps, l'impunité qui les avait suivis, la facilité avec laquelle cette bête féroce se transportait à des distances considérables, et le flair particulier qui lui faisait éviter les grandes battues et braver tous les efforts concentrés pour la détruire, avaient jeté dans les masses un effroi et une consternation bien explicables. « La terreur était à son comble, les routes étaient désertes », l'on n'osait plus aller garder les bêtes que par groupes, les hommes eux-mêmes ne voulaient point voyager seuls, ni sans être vigoureusement armés. D'autre part, « l'imagination populaire qui voyait cet animal à travers « les exagérations de la frayeur et de la superstition, en « faisait un monstre des plus bizarres. » (A. ANDRÉ, la Bête du Gév., p. 190.) On assurait, entr'autres choses, que les piques ne pouvaient entamer sa peau, que les balles glissaient sur elle, en un mot, qu'elle était invulnérable.

La France entière s'en était émue, les gazettes en parlaient chaque jour, et le Gévaudan ne s'appelait plus que le « pays de la Bête ». Des complaintes furent faites qui coururent tout le pays et ont survécu jusqu'à notre époque.

Mgr de Choiseul, évêque de Mende, par un mandement en date du 21 Décembre 1764, fit un tableau lamentable des **ravages de la Bête** ; il ordonna des prières publiques, et le Saint Sacrement fut exposé dans la cathédrale ainsi que dans les autres églises du diocèse, comme au temps des calamités les plus grandes. » (F. ANDRÉ, *Les loups en Gév.*, p. 18.)

De plus, il fit voter par les Etats du Gévaudan une récompense de 1000 livres à qui tuerait ce loup maudit. Les Etats du Languedoc votèrent aussi 2000 livres, et enfin le Roi lui-même, touché des malheurs de cette contrée, promit une gratification de 6.000 livres à celui qui aurait le bonheur de purger le pays de ce terrible fléau. On comprend combien cette somme de 9.000 livres dut stimuler l'ardeur et le zèle des chasseurs.

LES CHASSEURS ET LES MÉTHODES EMPLOYÉES. En premier lieu, des chasses s'étaient faites, sous la direction de divers seigneurs du Gévaudan, mais sans aucun résultat satisfaisant.

En face de cet insuccès, le comte de Montcam, commandant de la province de Languedoc, envoya pour délivrer le pays, une compagnie de 56 dragons, du régiment de Clermont-Prince, sous la conduite du capitaine Duhamel.

M. DUHAMEL, installé à St-Chély-d'Apcher le 4 nov. 1764, y séjourna jusqu'au 7 avril 1765. De là, il donna sans relâche la chasse à la Bête. Son procédé favori était la battue organisée à l'aide d'une ou de plusieurs paroisses. Celle du six mai (1765) comptait plus de six mille personnes. La chasse générale du 7 février (1765), qui dura jusqu'à la nuit, fut exécutée par 72 paroisses du Gévaudan, une quarantaine de l'Auvergne, et une vingtaine de Rouergue. (Aug. ANDRÉ, p. 194.) Tout le monde était armé, les uns de fusils, les autres de piques et de bâtons. Chaque paroisse se mettait en mouvement à l'heure indiquée d'avance, et de la sorte, toutes les opérations convergeaient vers un même point, où étaient postés les meilleurs tireurs.

Le loup, une fois ou l'autre, fut aperçu par les chasseurs et tiré par eux, mais à peine laissa-t-il quelques gouttes de sang sur la neige : une égide mystérieuse semblait le rendre invulnérable.

C'est alors que la Cour nomma, pour délivrer le Gévaudan, M. d'ENNEVAL, gentilhomme normand, le plus célèbre louvetier de France.

M. d'Enneval, assisté de son fils, avec une meute de chiens dressés à courir le loup, vint s'installer à Saint-Chély dans le courant de mars 1765.

— 213 —

Il employa la méthode usitée par son prédécesseur, les battues générales, auxquelles il joignit le secours de ses chiens habitués à courir cette sorte de gibier. La Bête, une fois levée, les chiens devaient la suivre, la relancer, et enfin la faire tomber sous les coups des chasseurs. Mais ce concours ne donna pas les résultats attendus : la meute ne rendit que peu de services et le monstre demeura insaisissable.

M. d'Enneval, qui avait quitté Saint-Chély pour s'établir au Malzieu, afin de surveiller de plus près les passages de la Bête, cantonnée maintenant dans la Margeride, mit en jeu un autre procédé.

Comme ce loup revenait parfois dévorer ce qu'il avait laissé de ses victimes, ordre fut donné, lorsqu'un de ses méfaits serait signalé, de ne pas toucher aux restes délaissés. Ces restes furent empoisonnés et abandonnés en plein champ, afin que cette maudite Bête pût y revenir à son gré, et trouver la mort chez ceux-là même à qui elle l'avait donnée.

Mais ce loup, soit qu'il se défiât, soit que cette préparation n'eût aucune action sur lui, sut échapper au poison, comme il échappait aux balles.

La Cour, émue de l'infortune et de la situation désespérée des campagnes devant ces meurtres multipliés et l'impuissance de MM. d'Enneval, fit partir, au début de Juin 1765, ANTOINE DE BEAUTERNE, lieutenant des chasses et porte-arquebuse du roi. Ce gentilhomme, avec son fils, quelques gardes-chasses, et les meilleurs chiens de la louveterie, arriva au Malzieu le 22 juin. « Il prit part à la grande chasse du 23 (Juin 1765), et après avoir battu tous ces cantons, on se sépara. MM. Antoine se rendirent à Saugues avec les gardes-chasses, et MM. d'Enneval, au Malzieu, avec leurs gens. »

« Aujourd'hui 25 (juin 1765), MM. d'Enneval se sont
« rendus à Saugues pour concerter avec MM. Antoine les
« manœuvres les plus propres à opérer notre délivrance. »
(Doc. pub. par l'abbé Pourcher, p. 660.)

« M. Antoine s'est établi à Saugues, qui est à trois
« bonnes lieues au-dessus du Malzieu, au delà de la Marge-
« ride qui tient le milieu entre ces deux villes. La Bête
« fréquente beaucoup cette montagne et les environs depuis
« plus de cinq semaines. » *(Ibid.)*

M. Antoine, son fils, les gardes-chasses et les valets des limiers séjournèrent à Saugues pendant six jours, et de concert avec M. Lafont, le syndic du diocèse, se pourvurent de tout ce qui était nécessaire pour leurs opérations, et prirent à louage pour leur remonte les chevaux des propriétaires ci-après nommés :

Un cheval du sieur Pastre, de Saugues. . 110 livres
Un autre de Bompart, meunier au moulin de Saintou, paroisse de Saugues. . . . . 78 livres

1° Louage d'un cheval de bât du nommé Guille, fixé depuis le 23 juin jusqu'au 3 novembre, à 15 sols par jour.

2° Deux autres à Pierre Rocher et à Vissac de Saugues, à 20 sols le jour.

3° A Plantin de Saugues, à 20 sols par jour. (*Ibid.* p. 700-701.)

Vers la fin de juin, Antoine père et fils se fixèrent à Sauzet, paroisse de Venteuges, où ils restèrent jusqu'au 24 juillet.

MM. d'Enneval, le 21 juillet, étaient repartis pour la Normandie.

M. le comte de Tournon, avec un équipage de chasse et 19 chiens, vint, au commencement d'août, rejoindre MM. Antoine qui s'installèrent alors au Besset, près de la Besseyre.

Le procédé qu'employaient MM. Antoine était celui-ci : les gardes-chasses étaient distribués dans les villages des paroisses de Venteuges et de la Besseyre, où la Bête semblait désormais cantonnée. Celle-ci aussitôt signalée, l'éveil était donné, toute la troupe et les chiens découplés fondaient sur elle et lui donnaient vigoureusement la chasse.

L'on continua également d'empoisonner le corps des victimes que la bête n'avait point fini de dévorer, mais aucun des deux procédés ne semblait donner de résultats satisfaisants.

Un jour, on vint avertir M. Antoine que la Bête s'était montrée dans les bois de l'abbaye royale des Chazes.

Aussitôt « il envoya des valets, des limiers et les chiens « de la louveterie pour la détourner. »

« On lui fit dire que la bête était dans les bois de « Pommières, et sur le champ, il partit du château du « Besset, et arrivé sur les lieux, il commanda une battue « dans les réserves. »

« Les gardes et 40 tireurs du Languedoc fouillèrent le « bois, et M. Antoine se plaça dans un détroit. Tout à coup « il vit venir à lui, dans un sentier, le grand loup qui lui « présentait le côté droit et se tournait pour le regarder ;

« sur le champ, il lui tira par derrière un coup de tromblon...
« ce coup jeta par terre cette bête furieuse, lui creva l'œil,
« et les postes (petites balles) la frappèrent au côté droit et
« à l'épaule. » (A ANDRÉ, *la B. du Gév.* Lettre de M. de Balainvilliers, p. 199.)

Elle fut achevée par le garde Reinhard. M. Antoine crut avoir tué la Bête du Gévaudan, il la fit mettre en chaise de poste et la conduisit sans tarder à Clermont, à l'Intendance. De là elle fut empaillée et envoyée à Paris.

M. Antoine de Beauterne reçut pour sa récompense la croix de St-Louis et mille livres de pension. Son fils obtint une compagnie de cavalerie, « indépendamment de deux cent mille livres qu'il leva dans Paris en faisant voir cet animal. » (*Ibid.* Citat. de M. Bès de la Bessière, p. 201.)

« D'après une relation de l'époque, l'animal tué par M.
« Antoine n'était pas la Bête qui avait fait tant de dégâts ;
« cet Antoine tua trois loups dans la même chasse, et les
« conduisit à Paris en poste, mais, sans doute, il n'en mon-
« tra qu'un, pour mieux jouer son rôle et faire croire que
« c'était la fameuse Bête. »   (*Ibid.*)

Ces faits se passaient le 20 septembre 1765. Le Gévaudan se crut délivré ; aucun meurtre n'étant plus signalé, les populations respirèrent, la terreur se calma, les armes furent déposées, et les campagnes reprirent leur physionomie accoutumée.

Soudain, au mois de décembre de la même année, deux nouvelles victimes furent égorgées.

La Bête n'était donc pas morte ! Et les chasses recommencèrent sous la direction de M. D'APCHER et de M. Lafont, le syndic du diocèse. Tous les étrangers partis, les Gabales ne demandèrent qu'à leurs propres armes la délivrance de ce terrible fléau. Tout ce qui portait un fusil se leva et vint se mettre à la disposition de ceux qui dirigeaient la poursuite, et pendant deux années consécutives, dans ces sites désolés de la Margeride qui forment aujourd'hui l'extrémité de la commune et du canton de Saugues, se déroula une lutte épique entre des groupes de chasseurs et un féroce animal qui comptait ses victoires par ses victimes dévorées.

De nombreux pèlerinages furent alors organisés soit à N. D. d'Estours, soit à N. D. de Beaulieu pour demander en cette détresse l'assistance du Ciel.

« C'est alors que le Ministre adressa à l'Intendant de la province un mémoire contenant différentes méthodes pour la destruction des loups à l'aide du poison. » Celle qui parut la meilleure consistait à empoisonner des chiens, et à les exposer ainsi préparés dans les lieux où passait la Bête.

Cette méthode fut employée et généralisée dans les paroisses infestées.

« Voici un extrait du rôle des dépenses :

« Le 21 avril (1767) nous avons empoisonné les bois de Montchauvet, paroisse de Saugues, et les dépendances de celui de N. D. de Beaulieu. »

« Le 22, nous avons mis du poison au passage du bois du Mignal, la Griffoulière, du Mont et de Giberges. »

« Le 23, nous avons jeté du poison au bois de Sigasse-Molenne, partie de celui de Servières et de Servilange. »

« Le 24, avons jeté du poison au bois de Pépinet, de la Louvière, partie du bois de Pompérin et de Sessols, en tirant du bois de la Bessière. »

« Le 25, avons jeté du poison au bois de Servière et partie au bois de Servilange, tirant à celui de Pépinet. »

« Le 28, avons empoisonné un gros chien, et fait porter au fameux passage du bois de Montchauvet, et un autre au fameux passage du bois de la Bessière Saint-Mary. »

« Le 30, nous avons renouvelé le poison dans le bois de Montchauvet, en tirant à N. D. de Beaulieu. »

(F. ANDRÉ, *Les loups en Gév.*, p. 25.)

« 30 avril, à acheter 13 chiens à Saugues, une livre dix sols chacun, total. . . . . 19 liv. 10 sols.

« Plus pour le port des chiens de Saugues à Servières. . . . . 1 liv. 8 sols. »

(*La Bête du Gév.*, Ab. POURCHER, p. 988.)

Enfin, le 19 juin (1767), M. d'Apcher dirigeait une battue dans la partie du Gévaudan qui touche l'Auvergne, du côté de Saugues. « Parmi les chasseurs était le nommé Jean
« Chastel, dit la Masque, paysan marié au chef-lieu de la
« paroisse de la Besseyre, excellent chasseur encore, quoi-
« que âgé de soixante ans. Ce Chastel eut l'avantage de
« voir passer la Bête devant lui : il la tomba d'un coup de
« fusil qui la blessa à l'épaule ; elle ne bougea guère, et
« d'ailleurs fut assaillie de suite d'une troupe de bons chiens
« de chasse de M. d'Apcher. » (M ANDRÉ, *la B. du Gév.*, p. 203.)

La Bête fut portée au château de Besque (Charaix), et M. d'Apcher envoya de suite chercher à Saugues, un chirurgien apothicaire, Boulangier, dit la Peyranie, qui se contenta de sortir les entrailles et de les remplacer par de la paille. On la garda ainsi 12 jours pour la montrer aux personnes qui venaient la voir. Puis elle fut mise dans une caisse et apportée à Paris pour être montrée au roi. Mais comme l'animal, à cause des chaleurs, n'était plus présentable, on dut le mettre en terre.

Chastel reçut des Etats du Languedoc 72 livres de gratification, et le diocèse de Mende accorda 312 livres à ses douze compagnons.

Huit jours après l'exploit de Chastel, Jean Terrisse, chasseur de Mgr de La Tour d'Auvergne, tuait, dans la même localité, une louve énorme que l'on croyait être la compagne de la Bête du Gévaudan.

RÉSULTAT DES CHASSES. — Le nombre des loups tués en cette période et dans ces chasses diverses fut très considérable.

D'après M. F. André (p. 32), il en périt :
« Du 10 mai 1764 au 22 fév. 1765. 74
« Du 27 mars 1765 au 19 mars 1766. 78
« Du 12 avril 1766 au 19 mars 1767. 99
« Du 21 mars au 21 avril 1768. . . . . . 95. »

Trois seulement méritent une mention spéciale.

Celui tué par M. Antoine : « Il avait 32 pouces de hauteur après sa mort, 5 pieds 7 pouces et demi de longueur, et trois pieds de circonférence : il pesait 150 livres..... On trouva dans son corps des os de mouton et des lambeaux d'étoffe rouge...... » (*Ibid.*, p. 22, 23.)

Ce qui est incontestable, c'est que ce loup, une fois disparu, les meurtres cessèrent pendant deux mois et furent moins fréquents pendant les deux années suivantes.

Le loup tué par Chastel, et dont nous avons donné la description au début de ce chapitre, est celui que l'on s'accorde à reconnaître comme la bête du Gévaudan : « On ne peut douter que ce ne fût l'animal carnassier qui dévorait tant de monde puisque en l'ouvrant on trouva dans son estomac l'os de l'épaule d'une jeune fille dévorée 24 ou 30 heures avant sa mort..... et d'ailleurs, après sa mort on n'entendit plus parler d'aucun désastre. »

(A. ANDRÉ, *loc. cit.*, p. 204.)

Enfin la louve tuée par Terrisse, dont on n'a laissé aucune description.

LES VICTIMES DE LA BÊTE DU GÉVAUDAN. « Une relation de l'époque porte à 92 le nombre certain de ses victimes en 1764 et 1765. Un grand nombre d'autres furent seulement blessées ou attaquées par la Bête. » (*Ibid.* p. 207.)

On ne connaît pas le nombre exact des personnes dévorées en 1766 et 1767. Tous les meurtres ne furent pas inscrits sur les registres paroissiaux, ni déclarés aux autorités locales, de sorte qu'il a été impossible d'en dresser un compte précis.

Les premières appartiennent aux environs de Langogne, quelques-unes aux confins de l'Auvergne et du Rouergue, le plus grand nombre aux paroisses du Haut-Gévaudan, à celles surtout qui s'étendent sur l'un et l'autre versant de la Margeride. La Besseyre et ses villages, Paulhac, Saint-Privat du Fau, Venteuges, Grèzes et Saugues (Servières) furent les plus éprouvées. Celles de Saugues et des paroisses qui en dépendent furent les suivantes :

SAUGUES

« Le samedi, 27 juillet 1765, à 8 h. du soir, la Bête avait enlevé dans un pré du lieu de Servières, paroisse de Saugues, en Gévaudan, un enfant d'environ 11 ans pris à côté de ses parents... La Bête le traîna pendant plus de 500 pas... On parvint à lui faire lâcher prise, et elle laissa cet enfant dangereusement blessé... » (Lettre de M. Lafont. POURCHER, p. 749.)

« Mardi dernier, 4 de ce mois (Mars 1766), un enfant appelé Jean Bergougnoux, âgé de huit (neuf) ans, du lieu de Montchauvet, paroisse de Saugues, ayant été conduire, sur les six heures du soir, les bœufs de son père à un abreuvoir, fut saisi et enlevé par une bête..... On courut après elle et on trouva l'enfant qui, perdant tout son sang par une blessure à la jugulaire..... expira une demi-heure après. »
(Lett. de Lafont, *Ibid.*, p. 933.)

On lit dans les registres paroissiaux de Saugues (annexe de Servières) : « Le 4me Mars 1766 est décédé ayant été
« égorgé par la Bête féroce J. Bergounioux, âgé de neuf
« ans, fils légitime à Jean et à Anne Monteil de la Vaissaire,
« restant pour fermiers au domaine de Montchauvet de M.
« de Chastel de Servières. » Signé : Combeuil, curé.

« 1767. Second jour de Mars. Est décédée ayant été
« égorgée par la Bête féroce, dans le bois de Segeas, âgée
« de onze ans, Marie Plantin, du lieu et paroisse de Ser-
« vières, et le 3me a été inhumée dans le cimetière de ladite
« église. » Signé : Combeuil, curé.

« L'an 1767, a été dévoré par la Bête cruelle à Sauzon,
« près du bois de Montchauvet, et le lendemain 27 May a

« été inhumé au cimetière de Servières, Joseph Meyronnenc,
« du lieu et paroisse de Servières, tombeau de ses prédé-
« cesseurs, âgé d'environ quinze ans, en présence de P.
« Pichot, tisserand, et de Vidal Vignial, laboureur. » Signé :
Combeuil, curé.

VENTEUGES

« Le 23 Janv. 1765, la Bête entrant à Venteuges, près Saugues, dans une cour close, y saisit un enfant de trois ans, franchit la muraille et l'emporta. » (Pourcher, p. 175.)

« Le 28 janv. 1765, un enfant fut dévoré au lieu et pa-
« roisse de Ventuejols. »

« Le 6 févr. elle dévora un enfant à la Bastide, paroisse
« de Ventuejols. On ne trouva que la tête de l'enfant, et
« quelques morceaux de ses habits. »

« Le 2 mai, la Bête coupa la tête à une fille âgée de
« 32 ans, de la paroisse de Ventuejols, en Gév. » (*Journal des Ravages de la Bête*. Bib. Nat. Pourcher, p. 670 et suiv.)

« Le 19 mai, la Bête féroce égorgea une femme de 45 ans qui gardait du bétail dans le bois de Servilange, paroisse de Ventuejols. Elle lui coupa la tête, entraîna le cadavre environ 150 pas plus loin, en suça tout le sang et en arracha le cœur ; 24 heures après, elle revint au cadavre et en dévora encore toute la poitrine. Elle en avait dévoré une autre le 2 mai sur cette même paroisse. (Lettre de M. Lafont Pourcher, p. 587.)

Du 21 juin (1765). « Je reçois un exprès de M. Torrent, curé de Ventuejols, qui m'apprend que le matin de ce même jour la Bête a coupé et emporté la tête d'un jeune garçon de douze ans, auprès du lieu de Pépinet. Quelques heures après, au lieu de Sauzet, elle a coupé et emporté la tête et un bras d'une fille âgée de 50 ans. » (Lettre de M. Lafont, Pourcher, p 662.)

« Le 13 sept (1765) elle égorgea sur la fin du jour une
« jeune fille de 12 à 13 ans, du village de Pépinet, paroisse
« de Ventuejols, dont le cadavre fut trouvé le lendemain à
« demi dévoré C'est la troisième personne du même village. »
(*Ibid.*, p. 811.)

GRÈZES LA CLAUSE

« Le.... (12) Janvier 1765, Jean Châteauneuf du Mazel a été dévoré par la Bête féroce, et enterré le lendemain au cimetière de cette paroisse, âgé d'environ 14 ans, présents :

J. Mauron et Jean Brés. Rochemure, curé. » (Actes de décès de Grèzes. Pourcher, p. 174.)

« Le 7 Avril 1765, a été dévorée par la bête féroce, sur le territoire de la Clause, Gabrielle Pélissier, âgée d'environ 17 ans, et les débris enterrés le lendemain au tombeau de ses prédécesseurs, présents J. Cubizolle de la Clause, et J. Brès de Grèzes. Rochemure, curé. »   (Ibid., p. 468.)

Une complainte fut faite sur cette jeune fille commençant par le couplet suivant :

> A l'abri d'une terre close,
> Sur le penchant d'un coteau,
> Une petite fille de la Clause
> Gardait ses vaches et ses veaux.....
>
> (Ibid., p. 471.)

« Le 17 Avril 1767 a été inhumée.... Thérèse Paulet.... du lieu du Ménial, en cette paroisse (de Grèzes), ayant été égorgée et en partie dévorée par la bête féroce.... Présents au convoi Pierre Domezon et Ant. Monlet. Chauchat, curé. »   (Ibid., p. 990.)

« Le 5 Mai a été enterrée..... Maria Bastide, agrégée au Tiers-Ordre, du lieu du Mont, en cette paroisse, ayant été égorgée par la Bête féroce, âgée d'environ 18 ans....... Chauchat, curé. »   (Ibid., p. 991.)

CHANALEILLES

« Dans les premiers jours de janvier (1765), elle surprit à Falzet, paroisse de Chanaleilles, un enfant âgé de 14 ans, près d'un petit bois à 50 pas de sa maison. Elle lui coupa la tête, et porta le corps à 150 pas..... (Lettre de Saugues. Pourcher, p 337.)

« Le 12 janvier 1765, sept enfants du lieu du Villaret, paroisse de Chanaleilles, cinq garçons et deux filles, furent attaqués par la Bête. Les garçons étaient Jacques-André Portefaix, Jacques Couston et Jean Pic, âgés de 12 ans ; Joseph Panafieu et Jean Veyrier, de 8 ans. Les filles, Madeleine Chausse et Jeanne Gueffier, avaient 9 ans. Ils se défendirent vigoureusement et mirent en fuite ce loup féroce, excités par Portefaix, qui, armé seulement d'une lame attachée au bout d'un bâton, montra un courage et un sang-froid au-dessus de son âge, et parvint à arracher à la Bête celui des jeunes enfants qu'elle emportait. (1) » (Pourcher, p 165.)

(1) Portefaix reçut, ainsi que ses compagnons, diverses gratifications. Elevé aux frais de l'Etat, il entra dans le corps du génie, et mourut lieutenant du corps d'artillerie pour les colonies, à Douai, en 1785.

LA Bête du Gévaudan (Archiv. du Puy-de-Dôme. C. 1734.)

De THORAS on ne cite qu'une victime : « Le 15 Mars 1765, un enfant fut dévoré au lieu du Pouget, paroisse de Thoras. » (Bibl. Nat, cit. p. Pourcher, p. 672.) — Les registres de décès ne portent point trace de ce meurtre.

La Besseyre-Saint-Mary fut la paroisse qui fournit le plus lourd contingent de personnes dévorées ; il n'entre pas dans notre cadre d'en donner ici la liste.

La Bête du Gévaudan a été chantée par un poète local, M. Estaniol, dont l'œuvre n'a point encore été éditée jusqu'à ce jour : l'abbé Pourcher en a publié quelques fragments.

Parmi les auteurs qui ont écrit sur ce sujet (1) citons :

Elie Berthet : *La Bête du Gévaudan*, roman dont les traits principaux sont loin d'être conformes à l'exactitude historique des faits.

Mary Lafon : *Mœurs de la vieille France, La Bête du Gévaudan*, 1854.

M. Pompigny : *La Bête du Gévaudan*, mélodrame, 1809.

F. André : *Les ravages des loups en Gévaudan. — Annuaire de la Lozère*, 1872.

Aug. André : *La Bête du Gévaudan. — Bull. de la Soc. d'Agr. de la Lozère*, 1884.

L'abbé Pourcher : *La Bête du Gévaudan*. Impr. Pourcher, in-32, 1.040 pages. 1889.

---

(1) Il existe plusieurs gravures de l'époque représentant la Bête. Celle que l'on voit à la fin de ce chapitre est la reproduction d'un dessin colorié possédé par les Archives du Puy-de-Dôme. Il n'a pas été possible d'en rendre les couleurs, ni, à raison du format, d'en reproduire les **dimensions exactes**.

CHAPITRE XXI

Déplacement du cimetière. On demande les fossés pour agrandir les places. Requêtes pour obtenir des routes. Saugues érigé en prévôté royale. Querelles intimes. Les Etats de Languedoc réclament le retour de Saugues au parlement de Toulouse. Vœu des habitants qui demandent à être rattachés au Puy et à Toulouse. Corps de Justice. Justices seigneuriales. Pour les finances, Saugues dépend de la Généralité de Montpellier.

Les approches de la Révolution font naître, au pays de Saugues, toute une série de réformes utiles et d'heureuses innovations. L'une des premières fut le transfert du cimetière en dehors de la ville.

L'on sait qu'à cette époque le séjour des morts était dans l'enceinte, aux portes mêmes et du côté sud de l'église Saint-Médard. Là, entassés et pressés dans un étroit espace, que les vieillards appellent encore le Cimetière, ils dormaient à l'ombre du sanctuaire, et par le contact journalier de leur tombe se rappelaient au souvenir des fidèles. Mais les lois de l'hygiène la plus élémentaire, comme aussi le défaut d'espace, nécessitaient depuis longtemps le choix d'un autre emplacement. Un arrêt du conseil du Roi, daté du 11 février 1777, défendit d'inhumer aux portes de l'église paroissiale. Le conseil de ville assemblé, après délibération, choisit pour la sépulture des morts l'emplacement occupé par le cimetière actuel. Ce terrain, propriété de la Collégiale de Saint-Médard, s'appelait, comme aujourd'hui d'ailleurs, la Gardette, et renfermait une chapelle dédiée à saint Claude, dans laquelle on venait par intervalles célébrer la messe.

Le 14 février, au matin, tous les prêtres de Saint-Médard s'y rendirent processionnellement pour y célébrer une grand-messe et bénir le champ des morts. En ce même jour furent mis en terre Guillaume Vissac, de Saugues, et deux jeunes filles, l'une du Rouve, l'autre de la ville. *(Notes de famille de M. Régis Beraud.)*

En 1863, ce même cimetière, devenu trop petit, fut agrandi sur de nouvelles bases, le mur d'enceinte renouvelé, englobant le monument dit « tombeau du général anglais », et une somme d'environ 9.000 francs affectée à cette réparation.

A ce transfert la ville gagnait une place. Dans l'enceinte rétrécie des remparts, les maisons entassées les unes contre les autres ne laissaient aucun espace pour un champ de foire, à peine dans les rues un passage étroit pour les chars, comme on le voit plus au long dans la requête suivante du Conseil de ville :

« Au Roy et à son Conseil. » (1)

« Supplient très-humblement et respectueusement. les Maire, Consuls, et principaux habitants de la ville de Saugues, un des plus considérables mandements du duché de Mercœur, et ont l'honneur d'exposer que les fossés de la ville furent inféodés dans le dernier siècle par Mgr de Vandôme, duc de Mercœur, et que les différents particuliers à qui ces concessions furent accordées y ont construit, les uns des jardins, les autres des basses-cours dont ils jouissent sous les plus modiques redevances..... Mais comme le Roy, par arrêt de son Conseil, du 31 juillet 1782, a déclaré que les murs, fossés et remparts de toutes les villes doivent faire partie du domaine de la Couronne, et que Sa Majesté se réserve de les concéder, l'utilité publique exige que cette communauté en réclame la préférence..... car elle n'a aucune place ni commode, ni suffisante, que cependant il y a un nombre considérable de foires dans l'année, que le principal commerce est en bestiaux et qu'on est obligé de les placer dans un endroit éloigné de la ville (2), sur un terrain aqueux et exposé aux plus mauvais vents, ce qui très souvent les déprécie considérablement, surtout dans la saison d'hiver, temps dans lequel les foires sont les plus fréquentes..... d'ailleurs l'éloignement du foiral prive l'intérieur de la ville de l'affluence des gens et de l'avantage du commerce. »

« D'un autre côté, les jardins et basses-cours qui occupent presque la totalité des fossés ne laissent qu'un très petit vuide qui ne sert que de cloaque. Ce n'est pour ainsi dire qu'un réceptacle d'immondices dont l'air infecte la ville et les fauxbourgs. Les voitures n'y trouvent aucun passage

---

(1) Saugues appartenait alors au Roi.
(2) Les foires se tenaient au Breuil.

et surtout depuis qu'on a ouvert un chemin de communication de l'Auvergne au Languedoc, passant par la ville de Saugues..... En ramenant les choses en leur premier état, les voitures auront tout le tour de la ville un cours libre et bien aisé, les habitants ne respireront plus un mauvais air, ils auront des places suffisantes pour leurs foires et leurs marchés, et tout le commerce se trouvera entre la ville et les fauxbourgs..... Les suppliants osent demander au Roi et à son conseil qu'il plaise à Sa Majesté inféoder en faveur de ladite communauté de Saugues les entiers fossés de la ville..... pour pouvoir y tenir leurs foires et marchés..... »

« Fait à l'Hôtel de Ville en délibération générale, 22 Nov. 1782. De Lavalette, d. médecin, 1ᵉʳ consul, maire, Ebrard 2ᵐᵉ consul, lieutenant de maire, Bascle 3ᵐᵉ consul, Béraud, Martin, Tardieu, Vernet de la Muda, Bonhomme chanoine, Vernet de Digons, du Mazel, etc. etc... » (Doc. de Mˡˡᵉ Hébrard.)

Le même conseil de ville, dans une autre requête, suppliait Mgr l'Evêque de Mende, (J. Arnaud de Castellane, 1767-1792) « qu'après avoir fait ouvrir la route de Saugues à Langogne, il daignât encore favoriser la route de Mende à Clermont par Saugues, Serverette et St-Alban.... plus courte de sept lieues que celle qui passe par St-Chély, beaucoup moins accidentée, plus facile et moins dispendieuse (!)..... Toute cette contrée, qui fait au moins le tiers du diocèse, profiterait d'un débouché assuré pour communiquer à la ville de Mende..... Les habitants de Saugues verraient bientôt revivre leur commerce en grains, cadisserie et bestiaux, dès qu'ils pourraient communiquer aisément par la route de Langogne dans tout le Vivarais, par celle de Mende dans tout le Languedoc. La ville de Mende y trouverait un grand avantage, en ce qu'elle serait l'entrepôt du Languedoc et de l'Auvergne. Les villes de Brioude et de Langeac qui ne se ressentent point du chemin actuel de Clermont au Languedoc en profiteraient, car c'est de celle de Brioude que notre ville et les environs retirent en temps de disette les grains de toute espèce qui leur sont nécessaires, à cause de la grande fertilité de ce pays... » (Ibid.)

Sur ces entrefaites, la justice de Saugues, puisque cette terre venait d'être réunie au domaine royal, fut érigée en prévôté royale (1).

(1) « Edit du Roy concernant les prévôtés du duché de Mercœur et comté de Saint-Ilpize, donné à Versailles au mois de mars 1781 :

Le 6 août 1781, « l'Assemblée convoquée à la sollicitation et réquisition des habitants de cette ville de Saugues, en Gévaudan, en conséquence de l'Edit du moys de mars 1781. qui érige la justice de cette ville en prévôté royale, avec ordre de se pourvoir dans le courant de six mois desdits officiers de justice, désirant préférer néanmoins les officiers actuels à tous autres, comme le public n'a cessé jusqu'ici d'être désolé par une mauvaise administration sans que le général et le particulier aient pu s'en plaindre, avons imaginé qu'il était de notre zèle pour le bien public de faire opposition au sceau pour qu'il ne soit délivré de provisions aux officiers actuels jusqu'à ce qu'il ait été fait droit à nos justes plaintes. »

Ces plaintes étaient motivées par les divisions intestines qui régnaient dans la ville depuis un certain nombre d'années. D'une part les officiers de justice, de l'autre les consuls et le conseil de ville. La lutte était d'autant plus animée que la cause en était plus futile : il s'agissait de préséances et de droits honorifiques. Les tribunaux, jusqu'au Parlement de Paris, avaient été saisis de l'affaire, et par devant les Etats de Gévaudan fut donnée lecture « de l'arrêt du 25 août 1780, où Sa Majesté, sans s'arrêter à l'arrêt du Parlement de Paris du 23 Nov. 1779, sur les contestations entre les officiers de justice et les consuls de Saugues et du Malzieu, évoque à soi, et à son conseil, et ordonne que les parties remettront leurs pièces devers

« Louis, par la grâce de Dieu, roy de France, à tous présents, salut. »

Art. I. La Justice continuera d'être administrée par nous et en notre nom, dans les sièges de Saugues, Malzieu, etc... lesdits sièges auront la dénomination de prévôtés royales, et conserveront même arrondissement qui leur a été ci-devant assigné. »

« Art. II. Lesdits sièges de prévôtés seront composés, d'un notre conseiller, lieutenant civil criminel et de police, d'un notre lieutenant particulier, d'un notre conseiller privé pour nous, d'un greffier, de deux huissiers, de quatre procureurs et connaisseurs de toutes causes et matières dont nos prévôts châtelains sont en droit de connaître, le tout conformément à nos édits et déclarations..... »

Art. IV. « Les prévôtés de Saugues, Malzieu, etc., relèveront uniment dans tous les cas de notre sénéchaussée d'Auvergne, siège présidial de Riom, dérogeant en ce qui concerne les prévôtés de Saugues et du Malzieu aux dispositions des lettres patentes du 7 février 1554, pour ce regard seulement. »

« Registré en la sénéchaussée de Riom, 26 avril 1781, et en la justice de Saugues le 30 may 1781. » (Docum. de Mlle Hébrard.)

Mgr l'Intendant de cette province, pour être ordonné par Sa Majesté, ce qu'il appartiendra. »

La nature et la suite de ces compétitions diverses, avec l'exagération que comportent les requêtes, sont racontées dans le mémoire suivant, postérieur à la précédente délibération :

..... « Le sieur de Lobérie, juge de Saugues, se sentant appuyé de la protection de Mgr. de Bastard, son parent, chancelier de Mgr. le Comte d'Artois, commença à vouloir s'arroger la présidence dans toutes les assemblées de la Communauté, la préséance dans toutes les cérémonies publiques et l'entier exercice de la police, et cela au détriment des consuls, et malgré la possession et les titres de la Communauté..... »

« Ses plaintes, réitérées, attirèrent souvent des lettres très vives aux consuls d'alors de la part de Mgr. de Bastard..... »

« Il chercha dès ce moment à faire totalement correspondre cette communauté à l'Intendance d'Auvergne, d'où dans plusieurs occasions il lui est venu des commissaires pour prendre des renseignements tant relativement à ces diverses contentions qu'aux biens patrimoniaux de cette communauté et à son administration. Les consuls ont reçu des ordres particuliers de Mgr l'Intendant d'Auvergne, tandis qu'ils n'auraient dû, ce semble, en recevoir que par la voyrie de l'Intendance du Languedoc. »

Le duché de Mercœur étant revenu au domaine de la Couronne, et dans un moment où les esprits jouissaient de la plus profonde tranquillité, le sieur Lobérie, fit signifier au premier consul, maire de la communauté de Saugues, un arrêt du parlement de Paris rendu à la requête de M le procureur général qui ordonne que les consuls rapporteront dans le mois, les titres en vertu desquels ils prétendent avoir la présidence, la préséance et l'exercice de la police, et cependant, accorde provisoirement le tout aux officiers de justice avec défense de les y troubler à peine d'amende. »

« L'église de Saugues est très petite relativement au nombre des habitants de la paroisse et de ceux des paroisses voisines qui y viennent les fêtes et les dimanches pour leurs affaires domestiques, de manière que dans toutes les processions qui s'y font, la marche est gênée et l'on ne peut guère aller que l'un après l'autre. Nonobstant, le sieur Lobéric a obtenu un arrêt d'après lequel dans les processions du troisième dimanche du mois, il y aura un dais à quatre bâtons, au lieu de deux, porté par quatre marguilliers : lui et son procureur du Roy tiendront les deux premiers cordons, et les consuls les autres deux. Il a également obtenu un arrêt pour que le 1er consul ne puisse se dispenser de porter le bâton du dais, et cela pour humilier lesdits consuls. »

« Messieurs du bureau des finances de Montpellier établirent un petit voyer à Saugues qui dépend de leur généralité ; à peine eut-il commencé d'en exercer les fonctions que le sieur Lobéric, juge-prévôt de Saugues, s'adressa secrètement à M. le procureur général qui lui fit passer de suite un arrêt qui attribue la connaissance de la voyrie au juge de Saugues en qualité de juge de police et fait défense au pourvu par MM. du bureau des finances de Montpellier d'en connaître, à peine d'être poursuivi extraordinairement. Cet arrêt est de 1783. »

« Cette tracasserie a donné lieu à un autre arrêt du Conseil rendu en faveur du bureau des finances de Riom qui lui attribue la connaissance de la voyrie dans les villes de Saugues et du Malzieu, au préjudice de celui de Montpellier. »

« En 1784, le lieutenant de prévôt de la maréchaussée des pays du Vivarais, du Velay et Gévaudan rendit divers jugements, notamment contre ceux qui s'étaient attroupés dans le Vivarais et avaient fait des descentes tous masqués chez les gens d'affaires, et envoya des exemplaires de ce dernier jugement dans tous les pays voisins pour y être affichés, et nommément à Saugues dépendant de son arrondissement comme faisant partie du Gévaudan. Les consuls le firent afficher, le sieur Lobéric s'en plaignit aussitôt, et prétendit que c'était le parlement de Toulouse qui avait envoyé un arrêt pour y être affiché. Cette fausse plainte donna lieu à une lettre que Mgr le Garde des Sceaux écrivit à M. le Procureur général du Parlement de Toulouse qui surpris d'un pareil avis s'adressa de suite aux consuls de Saugues, pour savoir le vrai et en informer Mgr le Garde des Sceaux. »

Ces querelles futiles et ces menus faits ne mériteraient pas d'être racontés, s'ils n'étaient un reflet des mœurs de l'époque, et s'ils ne montraient que, dans tous les temps, l'horizon étroit des petites villes déteint ordinairement sur l'esprit de ceux qui les gouvernent, et les pousse facilement à l'intolérance et à la persécution.

A l'érection de ce siège en prévôté, Saugues gagnait de recevoir en appel toutes les justices seigneuriales de son ressort, mais il y perdait (art. IV.) son privilège d'immédiatité au Parlement de Paris. Ce qui mit les justiciables et les vassaux dans le cas de subir quatre degrés de juridiction : la justice du seigneur, l'appel au prévôt, le présidial ou le sénéchal, et enfin le Parlement.

« En 1783, les Etats de Languedoc demandèrent que les deux justices de Saugues et du Malzieu fussent détachées du Parlement de Paris et du siège de Riom, pour être réunies au Parlement de Toulouse, et aux sénéchaussées de Nimes et du Puy. La raison était leur proximité de ces dernières villes. Le corps de ville du Malzieu protesta contre cette distraction par une délibération du 12 octobre. Mais la ville de Saugues, subjuguée par le crédit d'un seigneur voisin et puissant, et aigrie par une nombreuse suite de contestations avec les officiers de justice, suivit une voie opposée et émit un avis favorable à la distraction. Le Présidial de Riom para ce coup par des démarches actives et l'on ne voit pas que cette démarche des Etats du Languedoc ait été suivie d'effet. » (*Sénéch. d'Auverg.* par M. EVERAT, p. 259-260.)

Le corps commun des habitants de Saugues, dans sa requête au Roi, optait pour le Puy et Toulouse :

« Le mandement de Saugues et Grèze embrasse vingt-deux justices qui y vont par appel, indépendamment des causes de divers lieux qui y sont portées en première instance. Celui du Malzieu et Verdezun en renferme douze qui sont dans le même cas.

« Ces deux mandements sont et doivent être régis par le droit écrit, il y a même des lettres patentes qui astreignent le parlement de Paris, à juger les causes de leurs justiciables, suivant et conformément à la jurisprudence du parlement de Toulouse, ce qui est rarement observé, et devient une source inépuisable de contestations.

« Ces deux mandements ne sont qu'environ quarante lieues de Toulouse, tandis qu'ils sont à plus de cent vingt lieues de Paris, et par ce moyen les procès y restent presque tous impoursuivis, soit à cause des grands frais qu'occasionne cet éloignement, soit à cause des longues absences que demanderait la poursuite d'un procès, souvent de peu de conséquence, et quelquefois, contre une partie insolvable

« Si dans la suite, il plaisait à Sa Majesté de réunir ces justices au sénéchal du Puy qui est même peu étendu, elles y trouveraient encore un avantage très considérable à raison de leur commerce qui consiste en bestiaux et en dentelles, et se borne à la ville du Puy ; dans le même voyage les justiciables solliciteraient leurs procès, et rempliraient les vues de leur commerce, ils auraient aussi celui de la proximité du ressort.

« La communication de Saugues avec le Puy devient en ce moment très aisée, par les soins de M. l'Intendant d'Auvergne, qui, convaincu du bien qui en résulte, fait travailler à une route aux frais de laquelle M. le marquis d'Apchier fournit un tiers, et se soumet à faire construire un pont sur l'Allier moyennant un droit de péage qu'il sollicite actuellement au conseil.

« Pour tout ce qui ne concerne pas l'exercice de la justice, ce pays qui fait partie du reste du Gévaudan est de la province du Languedoc et de la généralité de Montpellier ; il contribue au payement de toutes les charges de cette province sans jouir pour ainsi dire d'aucuns de ses privilèges.

« Régi pour ce qui concerne ses eaux et forêts par la maîtrise de Montpellier, dont les appels se portent au parlement de Toulouse, l'homme qui a deux procès ne saurait se diviser pour les poursuivre : il laisse nécessairement en souffrance ou celui qu'il a à Paris, ou celui qu'il a à Toulouse. »

« Le retour au droit primitif est toujours favorable, nous demandons d'être rendus à nos juges naturels et à la loy qui doit seule nous régir, qui doit naturellement être plus connue des magistrats qui se sont pour ainsi dire nourris dans ses principes, que d'un tribunal imbu des impressions du droit coutumier dont l'esprit est si différent de celui du droit romain. »

« Ce rétablissement sera un bienfait pour toute la contrée (1). »

Le changement demandé ne fut pas opéré, et cet ordre de la justice se continua jusqu'à la Révolution.

En 1783, dans un état d'évaluations et fixations des offices de la généralité de Riom, la valeur de la charge de lieutenant civil et criminel de la prévôté de Saugues était fixée à 1200 livres.   (*Sénéch. d'Auverg.* EVERAT, p. 380.)

La création de cette prévôté à Saugues avait, en conséquence, amené l'institution d'un certain nombre de charges, occupées en décembre 1789, par les titulaires suivants :

DE LOBÉRIE, lieutenant général;

(1) Doc. de Mlle Hébrard.

De Vergèses, procureur du roi ;
Belledent, avocat, faissant fonctions de lieutenant particulier ;
Estaniol, avocat ;
Torrent, avocat ;
Torrent, gradué ;
Masson, avocat ;
Beraud, gradué ;
Torrent, notaire et procureur ;
Bonhomme, procureur ;
Coste, procureur ;
Court, procureur ;
de la Bretoigne, procureur ;
Torrent, procureur ;
Giron, procureur ;
Gauquelin, procureur ;
Paparye, notaire royal ;
Bonhomme Jeune, procureur.

L'ensemble de ces divers membres formait ce qu'on appelait le « Corps de Justice » (1).

(1) Un état, dressé au 17me siècle, énumère ainsi qu'il suit les justices diverses de la paroisse de Saugues :

Le seigneur de Mercœur......	: la Ribeyre,	avec toute justice.
id.	le Vernet,	id.
id.	les Salettes,	id.
id.	Recoules,	id.
id.	Plombières,	id.
id.	Giberges,	id.
id.	Mézères,	id.
id.	Bergougnoux,	id.
Partie au duc de Mercœur et partie à Mme l'abbesse des Chazes	{ la Rouvière, { le Pinet,	
Les hoirs de M. du Villeret...	: Andrejoux,	avec toute justice.
id.	Andrejoulet,	id.
id.	Lescure,	id.
id.	Brangerès,	id.
Mlle de Ribes..........	: Villeneuve,	id.
id.	Fraissinet,	id.
id.	Vachellerie,	id.
M. de Thoras (M. d'Apchier)..	: Pouzas,	id.
id.	Rougnac,	id.
id.	le Cros,	id.
M. d'Ombret..........	: Ombret,	id.
id.	Recoux,	id.
M. de Courrejon........	: Longeval,	id.
MM. de Pébrac..........	: la Roche,	id.

Suivant la nature des faits dont elles pouvaient connaitre, les seigneuries diverses du mandement avaient, les unes toute justice d'autres la moyenne ou basse justice seulement.

L'office de justicier n'était point occupé par le seigneur lui-même, mais bien par un procureur délégué à cet effet, qui portait le titre de juge châtelain.

Pour les finances, pour les eaux-et-forêts, et pour les voies de communication, Saugues dépendait de la généralité et maîtrise de Montpellier, et de l'Intendance de Languedoc.

Depuis l'arrêt de 1554, le bureau des finances de Riom tenta de se faire attribuer le mandement de Saugues, par ce motif qu'il dépendait de la Sénéchaussée d'Auvergne. Le Bureau de Montpellier mit tout en jeu pour empêcher cette distraction.

En la séance des Etats de Gévaudan, à Marvejols, du 11 Fév. 1692, M. l'abbé du Chayla, député de M. de Saint-Jean, commandeur de Gap-Francès, « supplie l'assemblée de vouloir bien faire certifier par le sieur greffier des Estats de ce diocèze que la ville de Saugues est de l'Intendance et généralité de Montpellier ; qu'elle contribue aux tailles et autres impositions du diocèze, que le consul de la dite ville entre aux Estats particuliers de Gévaudan, et qu'elle a esté tirée du ressort du parlement de Toulouze pour estre mise à celui de Paris, à cause de la terre de Mercœur. »

« L'assemblée délibère que le sieur de St-Germain, greffier des Estats, donnera le certificat demandé. » (1)

On a vu comment au 18ᵐᵉ siècle, pour conserver ses droits menacés, le bureau de Montpellier avait établi à Saugues un juge voyer, mais le bureau de Riom obtint un arrêt qui fit défense à ce juge d'exercer ses fonctions.

« Le 8 juin 1784, M. Bonhomme, de Saugues, informe M. de Chabrol que le procureur du roy du bureau des finances de Montpellier, vient d'adresser au procureur du roy, de Saugues, une ordonnance demandant que tous les seigneurs qui rendent hommage au roy à cause de la terre de Saugues, soient tenus de remplir cette formalité devant eux, ce qui

M. de Meyronne. . . . . : la Rouve, avec toute justice.
M. de Domeson. . . . . : la Rode,　　　id.
M. de la Clause (M. d'Apchier) : les Salles,　　id.
(Arch. de la Loz. G. 63.)

(1) *Bullet. de la Soc. d'Agr. de la Loz.* t. 31. p, 148-149.

parait une usurpation au bureau des finances de Riom, Saugues étant de son arrondissement (1). »

On ne voit pas très bien, par les documents locaux, quel est, de ces deux bureaux, celui qui sortit vainqueur de la lutte. La situation dut demeurer mal définie et les événements survenus dans l'évolution sociale de 1789 furent cause que la question ne put être définitivement tranchée. Toutefois les actes de notaire, et les registres de catholicité, jusqu'à la Révolution, sont écrits sur des feuilles portant en tête ces mots : « Généralité de Montpellier. »

(1) *Bureau des finances de Riom.* EVERAT, p. 159.

CHAPITRE XXII

Disette. Grand incendie de 1788. Noms des sinistrés. Déclaration des revenus de la Collégiale de Saint Médard. Les titulaires en 1789. Cahier de vœux et doléances de la Collégiale. Requêtes pour sa conservation. Dernière délibération. L'enseignement depuis 1432 jusqu'à la Révolution.

Les années 1784 et 1785 furent désastreuses pour le pays de Saugues comme pour tout le Gévaudan. La relation des Etats raconte que « l'impossibilité de faire pacager les
« bestiaux dans des campagnes couvertes de neige ayant
« épuisé les fourrages, ils sont devenus si rares et ont été
« portés à un si haut prix qu'on a vu dans certains cantons
« de ce diocèse les malheureux cultivateurs enlever le
« chaume qui couvrait leurs maisons pour le donner à leurs
« bestiaux. Cette disette qu'on a cherché à réparer par ce
« moyen extrême a été suivie de la mortalité des bestiaux
« occasionnée par cette nourriture viciée ». (Etats du Gév. 1785.)

A cette époque, la ville de Saugues fut désolée par un formidable sinistre, un incendie sans précédent que raconte en ces termes, le procès-verbal dressé à ce sujet (1) :

(1) Cet évènement eut dans toute la France, et même plus loin, un grand retentissement. Le *Journal de Genève* (N° 42), du 18 octobre 1788, en donnait la relation suivante :

« On écrit de Saugues, diocèse de Mende, dans le Gévaudan, que
« le 1er (c'était le 5) du mois dernier, le feu prit au centre de cette ville ;
« un vent impétueux qui soufflait ce jour-là propagea les flammes, et
« nuisit à tous les secours qu'on apporta de tous côtés pour les éteindre.
« Dans l'espace de trois heures, 104 maisons furent réduites en cendres,
« effets, papiers, meubles, linges, provisions de bouche, tout fut con-
« sumé ; plus de 120 familles se sont vues en un instant sans asyle,
« sans pain et sans vêtements. . . . .

« Les âmes charitables qui voudront bien accorder quelques secours
« aux malheureux incendiés sont priées de les faire remettre au sieur
« Belurgey, notaire à Paris, rue Coq-Héron, et en province, à l'Evêque
« de Mende et au curé de Saugues. »

(*Tabl. du Velay*, t. 6, Ad. Lascombe.)

« Vendredi 5 du courant, (septembre 1788), trois heures
« de relevée, le feu avait pris dans la maison du sieur
« Espeisse, de cette ville ; que ladite maison étant construite
« en bois et en torchis la flamme avait fait des progrès
« rapides, et que excitée par un vent violent du midi, elle
« avait embrasé les maisons voisines, de là elle s'était
« étendue dans la rue du Four, sur les rues adjacentes, sur
« le château du seigneur appartenant au Roy, sur les pri-
« sons, l'église des Pénitents, l'Hôpital, le bâtiment des
« sœurs du Tiers Ordre de St-Dominique et rues contiguës,
« s'était arrêté d'un côté à l'église paroissiale, où l'on eut
« toutes les peines du monde à arrêter le feu, et de l'autre
« côté aux murs de la ville, depuis la maison du lieutenant-
« général jusqu'à l'église paroissiale... »

Il est difficile de peindre l'effroi des habitants en face de
ce terrible embrasement (1) : des témoins oculaires racon-

(1) Un procès-verbal du 7 sept. donne le nom des propriétaires des
maisons brûlées :

« Dans la rue du Four, M. de Lobérie, lieut. général, le sieur
« Plantin, taneur, Jean Soulier, les d^{lles} Amargier, le four banal par où
« le feu s'est communiqué, Sr F^{ois} Boulangier, chirurgien, le sieur
« Pastre, orfèvre, pour deux maisons, Me Guilhe, procureur, le Sr Bou-
« langier, négociant, M. Martin, marchand, M. Couston, marchand, et
« d^{le} Couston, marchande, et reprenant du côté de la rue, Jos. Montel,
« journalier, la Vve d'Ambroise Torrent, le S. Torrent pour deux mai-
« sons, le S. Roche, la Vve Pouzol, le S. Paparic, notaire, Claude
« Couston, cordonnier, et entrant par la rue Neuve, par la place de la
« fontaine, lad. rue parallèle à celle du Four, celle de Jean Joigni,
« endomagée ; J. P. Viviani, incendiée, Hilaire Laurent, voiturier, le
« S. Torrent, notaire, Baptiste Bouard, dit Belli (Labouli), Amable
« Bouard, les deux maisons de Vital et Jean Amant, bouchers, père et
« fils, celle des mineurs de P. Paulet, Jos. Gévaudan, m^e tailleur, le roi
« en sa qualité de duc de Mercœur, le Sr Bonhomme, notaire, les filles
« Delort, Jos. Moussier, J. Delort, maçon, la veuve de Jacques Moussier,
« et suivant sur le derrière de la Tour, J. Brunel, dit Lantouli, Jean
« Degoni pour deux maisons, Jean Chadès, Couston père, le Sr Roche,
« marchand, le S. Brunel ; en descendant de l'Eglise sur la rive droite,
« F^{ois} Blanc, marchand ; en tournant au coin de la rue, Anne Guy,
« F^{ois} Vernet, la d^{lle} Arnaud, la d^{lle} Delair, endommagées, et l'abbé
« Bouquet, endommagé, et suivant l'autre côté de la rue, l'Hôtel-Dieu
« avec l'Eglise, la grange et écurie du S. Bonhomme, notaire, J. Brunel,
« Augustin Molinier, la maison d'habitation dud. Bonhomme, not. royal,
« Antoine Fabre, tailleur, Jacques Chazot, chapelier, Thérèse Brunel,
« et de là commençant par la porte de Clémence, Jos. Labretogne,
« chirurgien, endomagé, Victor Bonhomme, taneur, Ant. Besse, le s.

taient aux vieillards de la génération actuelle, avec quelle fiévreuse précipitation chacun sortait de sa demeure tout ce qu'il avait de plus cher et de précieux, et comment les mères effarées portaient ou trainaient en toute hâte leurs enfants dans l'enceinte du cimetière de la paroisse. On croyait que ce n'était pas trop de cette distance pour se mettre à l'abri de la violence de ces flammes dévorantes. Ce fut là, parmi les morts qui, pour cette fois, donnaient un asile aux vivants, que se passa la nuit interminable, au milieu des cris d'enfants, des sanglots de femmes, et des plaintes de ces pauvres gens que le jour allait retrouver sans asile et sans pain.

L'on ne doit point s'étonner que cette catastrophe, en aussi peu de temps, ait pris ces proportions considérables.

Les maisons de l'enceinte qui dataient de fort loin, étaient en simple torchis, consolidé de légers croisillons en bois, offrant à la flamme plutôt un aliment qu'un rempart. D'ailleurs le peu de largeur des rues, devenues plus étroites encore par l'irrégulière construction des demeures dont la partie supérieure en saillie surplombait et s'avançait dans la voie publique, rendait ce sinistre facile et inévitable. C'étaient ces mêmes rues, ces mêmes voies étroites, où sous Robert Dauphin, en 1434 ne pouvait pénétrer un air, salubre, en cette altitude et dans ce pays d'atmosphère incomparable de fraîcheur et de vitalité.

« Verdezun, marchand, la Vve Regourd, marchande, Hilaire Laurent, deux maisons attenantes, le S. Millet, teinturier, le S. Couston pour deux maisons, Ant. Gibert, maison, grange et écurie du S. de Roziès, Ant. Cathebard, le bas de la maison, Ant. Vignal, le haut, le S. Beraud, marchand, Louis Solignac, ferblantier, Médard Molinier, praticien, l'Eglise et la sacristie des Pénitents blancs, F^{ois} Aché, maçon, J. Giron, procureur, Me Nauton, chanoine, Jean Tourette, les d^{lles} de l'Instruction, de trois maisons attenantes, les Sœurs du Tiers-Ordre de St Dominique, maison et église, Jos. Blanc, le haut de la maison, F^{ois} Privat, le bas, M. d'Ombret, fortement endomagé, plus les propriétaires dont les maisons sont situées dans l'ancien cimetière, qui sont, M^o Torrent, notaire, pour trois maisons, et la paroisse pour la maison curiale qui a été brûlée, plus le Sr Enjelvin, pour son salin, situé hors l'enceinte de la ville...... Et ont signé, de Lobérie, lieut. gén., de Vergèses, procureur du roi, Brun, lieut. gén. du Malzieu, d'Imbert de Montruffet, maire et 1er consul du Malzieu, Vernet de Digons, maire et 1er consul de Saugues, Guilhe, 2° consul, et Bonhomme, greffier. »

(Communic. de Mme Sapet-Estaniol.)

Ces causes diverses sont explicitement exposées dans la délibération du conseil de ville de Février 1789 :

« Monsieur Vernet, avocat en parlement, sgr. de Digons, premier consul-maire de la ville de Saugues, a dit : Aucun de vous, Messieurs, ne peut disconvenir que si la ville a été presque entièrement embrazée par le cruel incendie arrivé le 5 septembre dernier, cela n'a été qu'à cause que les maisons étaient trop resserrées, et les rues trop étroites, n'ayant en beaucoup d'endroits que cinq ou six pieds de largeur, ce qui rendait ces sortes de rues presque impraticables..... Aucun de vous n'ignore la difficulté qu'on a toujours éprouvée dans ces rues, en ne pouvant passer un jour de marché avec un cheval chargé, et que, dans tous les temps, une paire de bœufs attelés ne pouvaient y tourner ; sans compter que l'air n'y était point salubre....... De sorte que l'on éprouverait un mal réel si l'on rebâtissait sur les mêmes fondements... »

.... « Sur quoy l'assemblée délibère qu'il est de la plus grande nécessité que les rues soient élargies, et que messieurs les consuls seront autorisés à envoyer des mémoires, pour obtenir un commissaire qui vérifiera et tracera les alignements, pour que chaque particulier aye à s'y conformer. » (Doc. de feue Mlle Hébrard.)

C'est ce que l'on fit, et les maisons se reconstruisirent sur un pied nouveau, et suivant un tracé plus régulier. Les rues connurent l'alignement, une plus grande largeur leur fut donnée, et l'air y put pénétrer plus pur et plus vivifiant ; Saugues renaissait de ses cendres.

Cette résurrection ne s'opéra point sans le secours de la charité. Toutes les bourses s'étaient ouvertes devant une détresse si désolante : les Etats de Gévaudan votèrent et firent imposer une somme de 12.897 livres, dont une partie devait revenir à l'Hôpital, le roi lui-même alloua 6.000 livres sur sa cassette particulière, savoir 2.400 liv. à la ville, et 3.600 à l'Hôpital ; enfin les particuliers de toutes les classes firent à nos malheureux pères de larges dons qui leur permirent de remettre sur pied leurs demeures effondrées.

Qu'étaient devenus, durant cette période, les prêtres de Saint-Médard ?

Une première fois, à la réquisition de l'assemblée générale du clergé de France, du 12 Déc. 1726, ils avaient fourni une déclaration de tous leurs biens et revenus, pour être présentée à l'assemblée de 1730 (1).

En 1756, ils reçurent de Mgr. de Choiseul-Beaupré (év. de Mende, 1724-1767), « un règlement nouveau concer-
« nant les affaires temporelles et spirituelles du Chapitre,

(1) « Les Revenus, est-il dit dans cette déclaration, consistent en la ferme du four banal de la ville de Saugues, rapportant la somme de quatre-vingts livres chescune année, ci. . . . . . 80 livres

« En la ferme d'une métairie qu'ils ont située aux appartenances de ladite ville de Saugues, terroir et faubourg de la Gardette, au prix de soixante livres, et la quantité de seize setiers, quatre cartons seigle chescune année, le tout revenant déduction faite des censives à 135 livres, ci. . . . . 135 livres

« La somme de cinquante livres, et la quantité de cent-vingt et un setiers, six boisseaux, et trente-cinq setiers deux ras avoine de censive indirecte, due annuellement au chapitre ; revenant au total, compris les cinquante livres, à 1.000 livres, 10 sols, 6 deniers. »

« Les droits de lods et ventes peuvent communément produire chescune année la somme de 10 livres. »

« La somme de 525 livres 16 sols de rentes obituaires, fondations et autres legs, ci. . . . . 525 liv. 16 sols.

« Revenant toutes les sommes ci-jointes à celle de 1.738 livres, 6 sols, 6 deniers. »

CHARGES

« Le Chapitre est annuellement cotisé pour charges ordinaires et extraordinaires pour la somme de 360 livres, ci. . . . . 360 liv.

« Les réparations et entretien de la sacristie se portent à la somme annuelle de. . . . . 100 liv.

« Pour l'entretien du four banal et de la métairie. . 60 livres.

« Pour les honoraires des avocats et d'un procureur pour le soutien des procès. . . . . 150 livres

« Total des charges ci-dessus. . . . . 670 livres

« Laquelle déduite du total du revenu reste de net 1068 livres, 6 sols, 6 deniers. »

« Sur laquelle somme il faut acquitter 144 messes solennelles par an, revenant à la somme de 432 livres.

« Plus 360 messes à basse voix, montant à la somme de cent huitante livres, ci. . . . . 180 livres

« Reste, les deux sommes déduites de la susdite, que revient à chacun des vingt-cinq chanoines, pour l'assistance aux offices qui sont régulièrement chantés tous les jours, la somme de dix-huit livres cinq sols. »

« Nous J. B. Blanquet et Dominique Géranton, chanoines, sindics dudit Chapitre, certifions ladite déclaration ci-dessus véritable, sous les peines énoncées en la délibération de l'assemblée générale du clergé du 12 décembre 1726. En foy de quoi nous avons signé, premier novembre 1728. » (Arch. de St Médard.)

« dressé en partie sur ce qui restait des anciens statuts, et
« en partie sur ceux de la cathédrale de Mende et sur les
« éclaircissements qui avaient été donnés. »

Une partie des articles de ce règlement ont été cités en leur lieu.

Et en attendant que des temps nouveaux vinssent troubler leur quiétude, ils continuèrent paisiblement à chanter l'office divin, acquitter les fondations et tenir leurs réunions capitulaires.

Les titulaires en 1789 sont les suivants :

Annet-Ant. Prolhac, curé,	Bouquet jeune,
Hyac. Bouquet, syndic,	J. Jos. Enjelvin,
J.-B. Montvallat, id.	Guill. F^{ois} Boulangier,
J.-B. Poulher, sacristain,	J. P. Boudon-Dalauzier,
Gabr F^{ois} Bonhomme,	J. P. Laurent Régis,
Vital Nauton,	Ant. Aug. Torrent,
L. Ant. Manson,	Guill. F^{ois} Belledent,
Dominique Couston,	Guill. Hyac. Bonhomme,
Vital Richard,	Simon Hermet.
Rongeyron,	

Aux approches de la Révolution, comme l'avaient fait toutes les communautés de France et tous les membres du clergé, les prêtres de St-Médard dressèrent un cahier de doléances (1), où se trouvent formulés des vœux à peu près identiques à ceux de tout le clergé de France.

(1) Ils demandent dans leurs vœux :

« 1° Que tous les revenus ecclésiastiques soient partagés entre les différents membres qui composent ce corps, de manière qu'ils soient proportionnés aux besoins de chacun, et que, par une suite nécessaire, tous les corps ecclésiastiques et autres prêtres du bas clergé, nécessaires au service de l'Eglise, aient des revenus suffisants pour vivre selon la décence de l'état qu'ils professent. »

« 2° Que tous les prieurés simples et autres bénéfices de même nature soient réunis selon les différents besoins aux corps pauvres qui rendent des services très essentiels à l'Eglise. »

« 3° Que dans toutes les Collégiales, il y ait un nombre suffisant d'individus, afin que l'office divin et les autres cérémonies concernant le culte extérieur soient faits avec l'appareil et la majesté que demande l'intérêt de la Religion. »

« 4° Qu'on n'admette plus la pluralité des bénéfices, attendu que cela prive un grand nombre de sujets de la récompense due à leurs travaux et à leurs mérites. »

« 5° Une répartition de décimes proportionnée à tous les bénéfices ecclésiastiques. »

Nonobstant les querelles légères qui parfois troublaient la paix entr'eux et les prêtres de St-Médard, les membres du conseil de ville adressèrent à Mgr l'Evêque de Mende une supplique pour le maintien et la conservation de ce collège dans la ville :

« La nécessité, disait la requête, le bien et la ressource que le voisin et le patriote n'ont cessé d'éprouver de la Collégiale de Saugues ont déterminé la Communauté à se joindre aux humbles représentations que le Chapitre a faites à Sa Grandeur pour les maintenir dans un pays surtout isolé de toute autre ressource, tant pour l'instruction que pour l'édification à rappeler les fidèles à leurs devoirs..... »

Mais l'évêque n'y pouvait rien ; c'était écrit, et la vénérable communauté de prêtres et clercs de St-Médard, après six siècles environ d'existence, allait sombrer corps et biens dans la Révolution.

Sa dernière délibration est ainsi conçue :

« Nous, capitulairement assemblés, avons statué et statuons que notre sindic donnera trente livres à messieurs les officiers municipaux de la ville pour fournir au voyage

« 6° Que tous les corps ecclésiastiques et curés aient une part active et proportionnée, selon leur nombre, à l'administration diocésaine. »

« 7° Que, pour l'intérêt de la religion, l'uniformité du culte et la facilité de l'instruction il n'y ait qu'un même catéchisme, même bréviaire et même liturgie. »

« 8° Enfin les sieurs chanoines s'en rapportent à la sagesse et à la religion du monarque, à l'équité et à la prudence des Etats généraux pour donner une meilleure et invariable constitution à l'Eglise et à l'Etat. »

« Ils demandent, en premier lieu, d'être conservés et appuient leur prière sur leur nécessité et leur utilité, fondées :

« 1° Sur les services essentiels que ses membres rendent à la paroisse qui, outre la ville composée de trois cent vingt-deux feux, renferme encore quarante-cinq villages ou hameaux, et environ cinq mille habitants sous un seul curé et deux vicaires. »

« Sur la ressource que trouvent dans ce corps dix-sept ou dix-huit paroisses voisines pendant la maladie ou l'absence de leurs curés ou vicaires, ny ayant dans cette ville ny aux environs aucun corps religieux auquel on puisse recourir dans ces circonstances.

« 3° Sur l'obligation de donner la messe à deux ou trois communautés de la ville, et d'acquitter les fondations faites à cette église.

« 4° On pourrait ajouter l'instruction que la plupart de ses membres est dans le cas de procurer à la jeunesse dans un pays éloigné des villes où il y a des écoles publiques. » *(Soc. Acad. du Puy.* t. XIV.)

des soldats nationaux qui vont au Puy prêter serment de confédération..... »

L'enseignement donné par les Collégiés de Saint-Médard auquel faisaient allusion les requêtes précédentes, avait subi, au cours des années, diverses phases, et n'offrait plus, depuis longtemps, l'importance ni la régularité d'autrefois.

Une fois réduite à vingt-cinq membres, la Collégiale ne compta plus que quatre ou cinq clercs, dont l'un était chargé de donner l'enseignement aux enfants de la ville. Cet état de choses semble avoir duré deux siècles environ. Il est probable que, conformément à l'article 9 de l'ordonnance d'Orléans, une prébende était affectée à ce clerc, à cette intention, car, pendant de longues années, dans les rôles des syndics, on le trouve invariablement signalé sous la brève rubrique « *clericus* » et on lit en regard la part de revenus qui lui était assignée.

Celui qui occupait cet emploi en 1633, Pierre Molynier, « régent et maistre d'escolle », n'était qu'un simple acolyte.

On a vu comment il donnait 150 livres pour que le « revenu d'icelle somme fut bailhé aux maistres et régens « d'escolle approuvés, et qui prendront les gaiges, à la charge « qui sera dict par leurs escolliers, tous les jours, après « l'oraison de l'escolle, le *requiem æternam* à son intention », et comment aussi il priait « de faire habiller et parer son « corps mort des habits ecclésiastiques et cléricaux de son « ordre. »

Ce double titre de régent et de « maistre d'escolle » n'indique-t-il pas qu'il donnait des leçons de latin à quelques élèves et qu'il distribuait, en même temps, seul ou assisté d'aides spéciaux, l'enseignement primaire aux enfants de la ville ?

Vers la fin du dix-septième siècle, le « *clericus* » ne figure plus au rôle des syndics, et dès lors des maîtres laïques durent être chargés de l'enseignement, car au registre des décès et dans les actes de notaire, on relève quelques noms avec l'indication de cette profession (1). Nous savons d'ailleurs, par les comptes consulaires, que la ville payait 66 livres 33 sols pour le tiers des gages d'un régent (1775).

(1) Le 26 avr. 1705, d^lle Braud fait son testament dans la maison de « M^ro Claude Méjan, vivant régent maistre d'escolle. » (Min. de J. Bonhomme.) Le texte n'indique point si ce Méjan était clerc ou simple laïque.

« Le 28 novembre 1778, il a été délibéré de faire venir
« M. Gazar de Langeac, pour être ici régent. »
« Le 16 janvier 1779, la communauté a consenti de céder
« la maison curiale à M. Gazar, en augmentation de ses
« gages ; j'ai à cet effet repassé le toict, et ai achetté pour
« deux livres douze sols thuilles, fermentes posées ou clef
« à la porte, 28 sols. » (Comptes d'Ignace de Lavalette,
consul.)

Vers 1780, le Conseil de ville décide qu'il votera la somme de deux cents livres pour l'entretien d'un régent qui donnera des leçons élémentaires de langue latine à ceux des jeunes gens qui voudraient se livrer à ce genre d'études.

Cette somme fut bientôt reconnue insuffisante, et dans une délibération postérieure, une augmentation nouvelle proposée :

« M. de Lavalette, premier consul, maire, a dit que depuis quelque temps la ville a demeuré sans régent propre à donner les principes de la langue latine à un nombre de jeunes gens qui voudraient cependant s'y adonner. »

« Mais le défaut d'avoir un maitre en cette partie fait que la plupart des jeunes gens sont privés d'avoir un état, attendu que les parents n'ont pas de quoi les tenir dans les villes voisines. »

« La raison pour laquelle cette ville se trouve dépourvue d'un régent, c'est que les gages qu'elle est dans l'usage de passer et de s'imposer sont trop modiques. Par conséquent il serait à propos d'augmenter ces gages d'une somme de deux cents livres. Cette somme, jointe à la rétribution que le régent retirerait de chacun de ses écoliers, ferait que la place ne demeurerait pas vaquante, et que les familles se réjouiront d'avoir des régents à talents, et d'avoir leurs enfants auprès d'eux jusqu'à un certain temps. »

« L'assemblée alors est entrée en délibération et a unanimement arrêté qu'il fallait augmenter les gages de la somme de deux cents livres, ce qui donnerait quatre cents livres, et pour cela elle a donné plein et entier pouvoir à MM. les Consuls d'aller devers l'Intendant pour en obtenir la permission ; les frais à faire pour cela seront pris des deniers de la Communauté. Août 1786. » (Doc. de Mlle Hébrard.)

Pendant la Révolution, les autorités locales s'occuperont aussi de l'instruction des enfants de la commune.

Le 25 avril 1790, le conseil est d'avis qu'il soit demandé au Directoire du Puy l'autorisation de détourner les fonds destinés aux gages du maître d'école, pour les réparations de la fontaine, y ayant assez d'ecclésiastiques pour donner des leçons de latin (1).

Le 2 janvier 1791, Vergèzes étant maire, le conseil décide qu'il y aura deux maîtres d'école, l'un pour le latin, l'autre pour la lecture et l'écriture, aux gages de 200 livres pour les deux (2).

La rétribution scolaire de chaque élève devra suppléer à l'insuffisance de la somme accordée.

Et le 18 sept. de cette même année le conseil nomme, au scrutin individuel, les deux maîtres d'école qui sont : Antoine Rouquet, pour le latin, et Médard Molinier, pour le français (3).

Enfin, le 11 floréal an II (1er mai 1794), dans la salle des délibérations du conseil, un registre est ouvert où viennent s'inscrire tous ceux qui veulent se livrer à l'enseignement. Puis, parmi les noms inscrits, le choix, fait au suffrage, se porte sur J.-Antoine Rouquet (4). Le local adopté est la chapelle des Carmélites.

Depuis 1603, les jeunes filles possédaient une école tenue par des religieuses.

« Une sœur de Louise de Langlade, de Beauregard, « avait fondé, dans la ville de Saugues, une maison des « premières Ursulines qui ne gardaient point la clôture, « pour vaquer avec plus de liberté à l'instruction des per- « sonnes du sexe, à quoy elles étaient principalement « dévouées par les règlements de leur Institut (5). »

Les premières religieuses sortaient du peuple, c'étaient : Catherine Planchette, fille de Claude Planchette, not. royal à Saugues (24 juin 1603), Ysabeau Chassefeyre, de la Clause, Jehane Olier, de Nozeirolles, et Jehane Pasqual, du Vernet, paroisse de Saugues. (Reg. des Ursulines, p. 1 et 2.)

Dès le début, elles s'appliquèrent avec beaucoup de zèle et de dévouement à l'éducation des jeunes personnes qui leur furent confiées. Et même l'on fit venir du couvent du Puy (1622) deux religieuses plus expérimentées pour donner à l'enseignement une impulsion nouvelle et une plus parfaite direction.

Malheureusement le personnel, aux premières heures, n'était pas suffisant, et l'école payante, de sorte que, dans

---

(1) (2) (3) (4) Registres des délibérations du conseil. Archiv. municipales de Saugues.

(5) P. LOUVRELEUL, *Hist. de la mère Marguerite du Villars*, p. 3.

une localité relativement populeuse nombre de jeunes filles ne purent être admises à bénéficier de cette institution.

Plus tard, deux pieuses demoiselles formèrent le projet de se dévouer entièrement à l'instruction de celles qui n'avaient point leur entrée au couvent, et pour ce, elles prirent, en 1779, un appartement à l'hôpital.

« Bientôt, dit un mémoire, leurs soins reçurent la
« récompense la plus flatteuse pour elles, plusieurs person-
« nes de premier état leur confièrent leurs enfants, le nom-
« bre des élèves s'augmenta considérablement, et, pour
« lors, il fut imposé une taxe de douze sous par mois sur
« celles qui pouvaient la supporter pour fournir ce qui était
« nécessaire à celles qui étaient dénuées de toutes ressources
« et à païer le loyer de la salle pendant deux années. Bien-
« tôt cette salle ne peut plus suffire. La douce satisfaction
« que goûtaient les demoiselles Boulangier et Molherat de
« voir leurs leçons produire les meilleurs effets les porta
« à acheter une maison qu'elles jugèrent propre à leur
« établissement.

« Tout promettait le plus grand succès ; une des insti-
« tutrices s'était rendue auprès de Mgr l'Evêque de Mende
« pour le prier de vouloir bien, par sa puissante interces-
« sion, faire accorder des lettres patentes à cette école. Ce
« prélat voulut bien le leur promettre. Mais au moment qui
« laissait l'espoir le plus flatteur, ces demoiselles virent
« périr cette maison payée en partie aux dépens de leur
« travail et tout ce qu'elles y avaient de meubles et effets ;
« de laquelle elles doivent encore 1.800 livres à divers
« particuliers qui avaient prêté cette somme pour favoriser
« cet établissement. »

« La perte qu'éprouvent ces demoiselles s'élève à une
« somme trop considérable pour qu'elles puissent jamais la
« réparer sans le secours de Mgr l'Evêque, elles en mettent
« sous les yeux le total :

« Maison. . . . . . . 5.000 livres. ⎫
« Réparations. . . . . 1.000 livres. ⎬ 8.000 livres.
« Meubles, effets, livres. . 2.000 livres. ⎭

« Comme la ville de Saugues a le plus grand intérêt à
« ce que cet établissement soit protégé, et qu'elle est,
« d'après la perte immense qu'elle vient d'éprouver par le
« plus désastreux incendie, hors d'état de porter le moindre
« secours, Mgr l'Evêque de Mende est très humblement
« supplié de vouloir bien prendre sous sa protection, et

« de faire reconstruire le bâtiment nécessaire. » 1788.
(Doc. de Mlle Hébrard.)

La Terreur et les événements qui suivirent ne permirent pas à l'Evêque de donner satisfaction à la demande qui lui était adressée.

Les campagnes avaient la ressource des Sœurs des Tiers-Ordres du Carmel et de Saint-Dominique, qui, les unes depuis environ l'an 1650, les autres avant 1700, « s'adon-
« naient surtout à l'instruction de la jeunesse de leur sexe
« et la formaient aux principes de la religion, lecture et
« escriture, au travail et autres devoirs de la Société. »
(Requête à l'Ev. de Mende. 1749.)

Ces Sœurs, jadis en plus grand nombre qu'aujourd'hui, et dont quelques-unes appartenaient aux meilleures familles, rendaient d'appréciables services dans les villages épars. Dans la mesure de leurs faibles connaissances, elles faisaient pénétrer au milieu de la classe si sympathique des travailleurs des champs les éléments primordiaux de lecture, d'écriture et d'instruction religieuse.

La Révolution traversée, elles se réorganisèrent et continuèrent, comme par le passé, leur modeste enseignement.

CHAPITRE XXXIII

SAUGUES & LA RÉVOLUTION

 Les causes qui allaient provoquer dans toute la France le mouvement révolutionnaire, n'avaient point eu le temps de produire un effet suffisant sur les populations attardées du vieux Gévaudan. Les doctrines malsaines et sceptiques des philosophes, le spectacle dissolvant de la corruption qui régnait en haut lieu, et le poids un peu lourd de la pression fiscale que le luxe exagéré de quelques grands seigneurs maintenait sur leurs vassaux, n'avaient point exaspéré les habitants du pays de Saugues qui n'étaient pas encore mûrs pour une Révolution.

 A ce que cette époque apporta de libertés nécessaires et fit disparaître d'abus et d'usages surannés, vinrent se joindre des désordres regrettables qui, à Saugues même, — l'évidence en ressort des faits accomplis, — furent presque uniquement l'œuvre du Directoire du Puy. Celui-ci, par ses émissaires journellement envoyés, par ses lettres virulentes et ses apostrophes déclamatoires, par ses décrets tyranniques, bouleversa cette terre paisible et chercha à lui inoculer le goût de ces nouveautés. Il trouva pourtant un certain écho et quelque concours chez ceux qui avaient intérêt au succès de ce changement de régime, chez les acheteurs de biens nationaux. Ceux-là tenaient, on le comprend, à voir se continuer ce régime qui les avait si facilement enrichis. Enfin quelques forcenés, comme en possèdent toutes les villes, mais en bien petit nombre, essayèrent de lever la tête et d'accentuer le mouvement, mais leur audace trouvait peu d'écho et faisait contraste avec le calme de la majorité de la population.

 C'est ce qui explique la facilité avec laquelle vingt-quatre prêtres environ purent se cacher dans la commune, pendant toute cette période, nonobstant les perquisitions multiples ordonnées par le Directoire, et les peines terribles édictées contre ceux qui les recélaient. C'est ce qui explique encore comment les cloches de Saint-Médard, demandées et redemandées maintes fois par le comité du Puy, ne sortirent point de la ville, tandis que celles des paroisses voisines furent pour la plupart confisquées et emportées ; comment les chanoines Boulangier et Bonhomme, réclamés si souvent par le district, pour être jugés et condamnés, furent gardés à Saugues dans une feinte réclusion et sauvés ainsi d'une mort inévitable ; comment encore les vieilles croix d'argent purent échapper à la rapacité des Sans-culottes ; comment, enfin, le clocher ne fut pas démoli suivant les injonctions reçues.

L'ère nouvelle s'ouvrit par une réforme d'un caractère tout pacifique.

Au moment de la formation de la France en départements, Saugues voulut se détacher de Mende, pour être joint au Velay et dépendre du Puy.

« *10 Déc. 1789.* » « L'assemblée convoquée à la manière ordinaire à la diligence de MM. les Consuls, M. Vernet de Digons, premier consul, maire, a dit avoir appris que la province du Languedoc a été divisée en 6 départements, et que, par cet arrangement, le Gévaudan avait été réuni au Rouergue ; si cela est, il est impossible que la ville de Saugues puisse être de ce département, à cause des deux montagnes qui la divisent de cette province, que celle de la Margeride est impraticable pendant six mois de l'année, et celle d'Aubrac pendant huit mois, qu'en conséquence il est de notre avantage de conférer et de nous unir avec la ville du Puy... »

« Sur quoi il a été unanimement délibéré d'envoyer deux députés, à l'effet de se transporter dans la ville du Puy, et conférer, s'unir et agir conjointement avec les Messieurs qui composent le comité de ladite ville..... tous les suffrages se sont réunis sur Messieurs Vernet de Digons, et Belledent, avocat, et ont tous les délibérants signé à Saugues, ce 10 décembre 1789. Vernet, 1er consul, maire, De Labretoigne-Dumazel, avocat, Digons....., Engelvin de Roziers, Vernet de la Mudat, Belledent, avocat, Paparie, Coste, Beraud. Hébrard, Torrent, Torrent jeune, Guilhe de Fraicenet, Bonhomme, notaire royal, Torrent, Martin, Giron, la Bretoigne, Court, du Meynial. Bonhomme, Torrent, greffier, de Lavalette, docteur-médecin, Masson. »

(Arch. de la Haute-Loire, AA. I.)

Et à l'appui de cette délibération, un mémoire fut dressé où l'on exposait les motifs qui justifiaient cette requête. La difficulté d'accès et l'éloignement de Langogne et de Mende, la distance considérable de Saugues à Brioude, et le passage périlleux de l'Allier que l'on devait traverser deux fois en bateau, faute de ponts, faisaient que cette ville de Saugues devait être naturellement rattachée au Puy. De plus, les paroisses voisines, encloses par la Margeride et l'Allier, n'ayant de commerce et de relations qu'avec la ville de Saugues, devaient suivre celle-ci, et, comme elle, se rattacher au Puy.

Cette requête et ce mémoire, signés du Corps de justice, du Conseil de ville et des principaux notables, obtinrent l'effet désiré.

« Mais à peine cette délibération fut-elle connue qu'elle
« excita les plus vives réclamations chez les paroisses voi-
« sines..... Le premier cri qui se fit entendre fut l'indigna-
« tion, et la première résolution prise fut celle d'aller châtier
« une ville qui avait cru pouvoir disposer arbitrairement du
« sort des paroisses qui l'entourent. »

« La nouvelle qui parvint dans ce moment, que cette
« délibération avait eu son effet, acheva d'exalter cette pre-
« mière effervescence ; Saugues fut dans le plus grand
« danger. » (1)

Aussitôt, en effet, Chanaleilles, Thoras, Vazeilles, Croisances, Grèzes, Venteuges, Cubelles, etc., réclamèrent énergiquement contre cette demande et voulurent rester attachés au Gévaudan, suppliant qu'on séparât leur cause de celle de Saugues. Langogne, Mende et le reste du Gévaudan, qui voyaient à regret ce coin de terre se séparer d'eux, les poussaient à cette démarche. Mais les commissaires du district du Puy ne lâchèrent pas une proie si facile : après diverses lenteurs, vers la fin de juillet 1790, Saugues avec les paroisses qui l'entourent fut à tout jamais détaché du Gévaudan, et joint au Velay, pour former le département de la Haute-Loire.

Cette modification était incontestablement avantageuse au point de vue administratif et commercial, la proximité et la facilité d'accès rendant la solution des affaires plus rapide et moins dispendieuse. Malheureusement cette même proximité, qui facilitait la poursuite des procès, flattait aussi la manie processive des indigènes, et les mettait, comme cela s'est vu, dans l'occasion prochaine de laisser dans les labyrinthes de Thémis, le plus clair de leur fortune.

(1) Mémoire de Langogne contre l'attribution de Saugues au département de la Haute-Loire. *Soc. d'Agric. de la Loz.*, ann. 1882. p. 52-53.

Malheureusement encore, cette annexion donnait une sorte de main-mise sur Saugues aux membres du Directoire du Puy qui allaient nous enlever, pour les couper, des têtes innocentes, et nous terroriser, sans trêve ni merci, alors que dans toute la France les têtes ne se coupaient plus et que la terreur avait depuis longtemps vécu.

Mais n'anticipons pas sur les événements.

A Paris, la Révolution avait déjà parcouru de longues étapes. Les trois ordres érigés en Assemblée constituante avaient voté de nombreuses réformes : la Bastille était prise, la nuit du 4 août avait vu la Noblesse et le Clergé renoncer à tout jamais à leurs privilèges et consacrer, par le fait, l'égalité de tous les citoyens. Bientôt les insurrections et les troubles commençaient, et s'ouvrait l'émigration. La Constitution civile du Clergé était promulguée, qui supprimait les ordres religieux, confisquait au profit de l'Etat les biens ecclésiastiques, et faisait des prêtres de simples fonctionnaires.

A Saugues, les décrets et les réformes s'exécutaient. Les Ursulines disparaissaient, les Tiers-Ordres et les Pénitents s'effaçaient, et la Collégiale de St-Médard, après environ six siècles d'existence, était supprimée par l'iniquité de la loi. Ses membres toutefois, comme simples particuliers, jouaient un certain rôle ; deux d'entr'eux faisaient partie de la municipalité, Hyacinthe Bouquet et Bonhomme ; celui-ci occupait même les fonctions de procureur de la commune.

A travers toutes ces innovations, le bon ordre régnait toujours dans la ville ; les jeunes gens arboraient impunément la cocarde blanche, et des prêtres étrangers, que la persécution chassait de leurs foyers, venaient chercher auprès de nous une hospitalière sécurité.

Deux conseils avaient été créés : le *Conseil général* et la *Société populaire*. Le premier, formé de ce qu'il y avait de meilleur dans la ville, autant qu'il fut en son pouvoir, par de sages lenteurs, mit un frein aux rigueurs des mesures tyranniques édictées par le Comité du District. La Société populaire, moins bien composée, émettait des vœux, et les faisait apporter, séance tenante, par deux de ses membres au Conseil général, pour que celui-ci, après les avoir ratifiés, en assurât l'exécution.

Pour éviter une encombrante prolixité, à raison de l'abondance des matières, il nous suffira de signaler simplement les faits les plus saillants de cette période (1).

7 mai 1790. Le conseil vote l'achat d'armes et de munitions, suivant les ordres reçus, afin de pourvoir à la sécurité publique. Création de la garde nationale (2).

1791

15 fév. Prestation de serment du curé de Saugues, Annet Prolhac, de ses vicaires, Vernon et Rougeyron, et de Bessière, curé de Servières.

« Je soussigné, curé de la ville et paroisse de Saugues,
« promets de prêter le serment requis avec toutes les con-
« ditions et restrictions que ma conscience me dictera, pour
« n'adhérer à rien de ce qui pourrait être opposé à l'Eglise
« catholique, apostolique et romaine. le jour qui nous sera
« indiqué par m^{rs} les officiers municipaux de cette ville.

« A Saugues, ce 15me février 1791. » Signé, PROLHAC.

20 fév. Cette même formule du serment promis est prononcée par les susdits devant la municipalité.

19 avril. Division de la commune en huit sections :
1° de Saugues. 2° de la Seuge. 3° de Lespérin. 4° de Pouzas. 5° de Verdiange. 6° de Domezon. 7° de Beauregard. 8° de la Roche.

4 juillet. Une lettre véhémente du Directoire du Puy accuse la municipalité de Saugues :

1° D'avoir toléré certains jeunes gens qui arboraient la cocarde blanche et tenaient des assemblées.

2° De supporter que les vicaires fissent des discours incendiaires.

3° De tolérer dans ses murs trois prêtres étrangers venus de Saint-Flour.

La municipalité décide d'envoyer un exprès pour se disculper et pour affirmer qu'une perquisition a été faite chez M. d'Apchier, soupçonné d'avoir des armes et de tenir des réunions dangereuses.

11 Juillet. La municipalité, informée de l'arrestation de M. d'Apchier, à Chambelève, demande son élargissement, garantit son patriotisme, et envoie M. Bonhomme, prêtre et procureur de la Commune, demander sa liberté au district du Puy.

(1) L'historique plus détaillé de la Révolution au pays de Saugues, fera l'objet d'une publication particulière.

(2) Ces notes sont le sommaire des principales délibérations des municipalités de Saugues, sous la Terreur. Ces délibérations sont conservées dans les Archives municipales de la ville.

— 251 —

2 Août. Vente au tribunal du Puy, par lots séparés, 1° des domaines des Ursulines; 2° des biens du chapitre; 3° du Pré de Madame, et du Pré du Glout dépendant de l'église des Plantats.

4 Août. La municipalité achète pour la ville, les biens nationaux, savoir : le pré du Seigneur, 6.000 livres; le four banal, 150; les prisons et le grenier, 260. Les murs et l'emplacement de la chapelle St Antoine, près de la Tour, rétrocédée par J. L. Vincent Masson, pour agrandir la place, 105 livres.

4 Décemb. L. Dumont, curé constitutionnel, vient montrer ses lettres de nomination, et demande au valet de ville de réunir le Conseil. Les conseillers refusent de se réunir.

12 Décemb. J. L. Vergèses, maire, et 80 notables réunis à la mairie, protestent contre l'envoi, par le district du Puy, de ce curé constitutionnel « homme couvert de honte et méprisable. »

Deux phrases du discours du maire :

« Nous sommes très fermement attachés et sans ré-
« serve à la religion de nos pères et à la communion avec
« le St-Siège, nous n'admettons les intrus sous aucun rap-
« port.. Nous désirons conserver notre légitime pasteur à
« nos frais... (1) »

12 déc. Pour recevoir l'intrus quelques personnes disposent, dans l'église, un drap funèbre et des têtes de mort.

Les boulangers refusent du pain à l'aubergiste qui l'a reçu ; on menace même d'incendier l'auberge où il est logé. Des simulacres de potence sont dressés pour lui, avec des écriteaux indiquant leur destination. Dumont vient se plaindre au conseil.

1792

Janvier-Mai. Luttes intestines entre la population et le conseil d'une part, et l'intrus de l'autre.

5 juin. L'intrus s'absente le jour du décès des sieurs Duclaux et Coste. Le conseil fait procéder à l'enterrement par un prêtre de la ville.

12 sept. Le conseil voulant faire jouir certains prêtres infirmes, MM. Bonhomme et Boulangier, de l'exception portée à leur égard par l'art. 8 de la loi du 26 août 1792, délègue les citoyens Ignace de la Bretoigne de la Valette et

(1) J.-L. Vergèses devait, quelques mois plus tard, payer de sa tête le discours qu'il venait de prononcer.

J.-B. Agulhon, médecins, pour constater les infirmités des susdits prêtres.

28 oct. La Société populaire va tenir ses séances dans une des salles du ci-devant couvent de cette ville.

31 oct. Font déclaration de domicile à Saugues, six religieuses dont quatre étaient ci-devant professes à Sainte-Marie de Langeac, parmi lesquelles Laurence et Louise Lyon.

21 nov. - 3 déc. Le conseil délivre un certificat de civisme au maire de la ville, J.-L. Vergèses.

Vergèses donne sa démission de maire et est élu juge de paix par le conseil. Il prête serment.

3 déc. Lettre virulente d'Olagnier, commissaire du pouvoir exécutif du Puy, aux habitants de Saugues :

« Enveloppés sous le voile épais de préjugés, l'esprit
« public ne fait pas de grands progrès chez vous..... Reve-
« nez de vos erreurs, et joignez-vous à vos frères du Puy,
« qui sont à cent lieues plus loin que vous en Révolution. »

Lettre semblable à J.-L. Vergèses, à cause de son élection à la justice de paix.

8 déc. Nouvelle lettre du citoyen Liogier.

Pour se défendre contre ces accusations d'incivisme, la municipalité fait planter dans la ville et au faubourg de la place un arbre de la liberté, portant ces mots : République Française, au haut duquel est attaché le bonnet de la liberté, au milieu une pique, et le drapeau de la République en sautoir.

Dimanche, 9 déc. La Société populaire fait prendre des mesures contre les citoyens Espeisse et Pouille qui ont négligé d'assister à la fête civique, et qui ont paru sur la place en veste et en uniforme, et contre certains autres qui se sont montrés sans cocarde

16 déc. Des impiétés ayant été commises dans l'église constitutionnelle, les pères et mères sont priés d'empêcher leurs enfants d'insulter le citoyen curé constitutionnel et de tenir contre lui des propos moqueurs et injurieux. Désormais l'on enverra quatre hommes de garde à l'église constitutionnelle pour empêcher les désordres.

27 Déc. Nouveaux démêlés du Conseil avec le curé qui refuse d'enterrer les enfants qu'il n'a pas baptisés, et les personnes qu'il n'a pas administrées.

1793

3 Janv. Séance de la Société populaire. Un membre dénonce

trois ci-devant chanoines : Bonhomme, oncle, Manson, Enjelvin, neveu, qui avaient prêté le serment de liberté et d'égalité et qui viennent de le rétracter avant hier. Ils seront surveillés.

13 Janvier. Promesse de la part de tous les frères de la Société populaire, de veiller à ce qu'il ne soit fait ni injures ni grimaces au citoyen curé constitutionnel.

Février. Le conseil général députe le citoyen Giron au Puy pour se laver du reproche d'incivisme.

18 Avril. Arrivée d'un commissaire, Olivier, et ses deux gendarmes, venant du Puy pour faire à Saugues des réquisitions et des recherches. Toute la garde nationale de la commune est mise en réquisition permanente.

Par ordre du Directoire, le citoyen J. L. Vergèses avait été destitué de sa charge de juge de paix, depuis le 1ᵉʳ de ce mois.

20 Avril. A une enquête faite par le Directoire sur les Tiers-Ordres de Saint-Dominique et du Carmel, le conseil répond que « ces ci-devant religieuses ont quitté leur costume, leur vie commune et qu'elles sont hors d'état de nuire à la République. Les dominicaines sont environ 60, les carmélites 80.

« Elles n'ont pas encore prêté le serment de liberté et d'égalité, la municipalité ne connaissant aucune loi qui exige le serment des femmes ne leur en a point demandé. »

Le citoyen Riou, émissaire du district, est dans nos murs pour de nouvelles perquisitions et des mesures de rigueur contre les suspects (1)

30 Mai. La garde nationale de Saugues reçoit l'ordre d'aller faire des perquisitions dans la commune de Thoras et de fouiller les bois avoisinants.

Un second détachement doit, avec les gardes nationaux de Venteuges et Cubelles, explorer la Scuchère et le Bois noir pour y surprendre les aristocrates.

Vazeilles et Saint-Préjet doivent fouiller également les bois de leur commune.

---

(1) A Paris, les massacres des prisonniers aux Carmes, à la Force et à la Conciergerie, les prisons remplies de suspects et la mort de Louis XVI sur l'échafaud (21 janv. 1793) avaient inauguré une période tristement ensanglantée.

A Saugues, depuis l'arrivée de Riou, chacun commence à trembler pour sa sûreté personnelle ; aussi, à l'exemple des Vendéens, les nobles et les suspects se réfugient dans les bois et se coalisent pour défendre leur vie menacée.

— 254 —

Même jour. — Comparution et prestation de serment de J. André Chazal, vicaire de Beaulieu, vicaire constitutionnel de Saugues.

10 juillet. Le commissaire Riou fait dénoncer et arrêter Hyacinthe Bouquet, pour propos inciviques.

22 juillet. Rassemblements à Thoras, dissipés par les brigades de la Lozère. Une proclamation saisie engageait les habitants, au nom du Roy et du Régent, à se rendre à Saugues, et sur les bords de l'Allier, pour y renforcer l'armée chrétienne et royale.

Lecture publique, sur la place, de l'Acte constitutionnel et de la Déclaration des Droits de l'homme, suivie de chants et de farandoles.

21 août. Création d'un comité de Salut public, composé de quatre membres, pour s'occuper des recherches et des mesures de sûreté publique.

Riou ordonne de faire, sur-le-champ, le recensement de tous les hommes, dans la ville de Saugues et dans toutes les municipalités. En cas d'absence de tout citoyen, un procès-verbal sera dressé et apporté dans les 24 heures.

17 sept. Assassinat de Riou.

La municipalité de Saugues reçoit du Puy les ordres suivants :

1° d'envoyer des troupes dans la direction de St-Privat;

2° de dénoncer tous ceux qui sont regardés comme suspects par leurs opinions inciviques ;

3° de faire descendre et convoyer au district les cloches de la ville et des communes voisines.

21 sept. Enterrement solennel et civique de Riou. Olagnier et Arnaud viennent exprès du Puy et font de patriotiques discours.

Un comité de sept membres est institué qui portera le nom de « Comité de Surveillance » (1).

(1) Par l'institution de ce comité, faite sur les Ordres du District, la Révolution, à Saugues, va entrer dans une phase nouvelle.

L'Eglise est, par essence, la gardienne vigilante du bon ordre, c'est pourquoi les régimes révolutionnaires l'ont toujours considérée comme leur pire ennemie et se sont acharnés contre elle, tantôt par des procédés sanguinaires, tantôt par une persécution sourde et latente, mais tenacement persévérante. Aussi, à dater de cette période et jusqu'à la fin de la Révolution, dans toute la France et par ricochet au pays de Saugues, une rage satanique va s'attaquer sans relâche à tout ce qui a un caractère religieux. Les ordres monastiques sont déjà supprimés, leurs biens confisqués et vendus, le culte interdit, les églises fermées,

Le juge de paix et autorités constituées doivent rechercher les auteurs de cet assassinat.

Le frais et dépens occasionnés par les fréquentes rébellions du canton de Saugues et des municipalités circonvoisines seront désormais à la charge des habitants desdits lieux.

9 frimaire, an II (30 nov. 1793). On érige l'autel de la Patrie. Suivant l'ordonnance de la loi, on apporte devant lui, sur la place publique, pour les faire brûler, deux chars de titres, papiers, parchemins et terriers relatifs à la Féodalité.

12 frimaire (3 déc. 1793). Nouvelles perquisitions pour arrêter les prêtres réfractaires.

« La loi du 22 germinal, relative à ceux qui reçoivent « des prêtres et des ecclésiastiques, prononce « *la peine de* « *mort et la confiscation de leurs biens* », dans le cas que ces « prêtres seront condamnés à mort. » (Lettre du comité du Puy au conseil de Saugues, 4 floréal.)

Erection de l'église paroissiale en temple de la Raison. L'or, l'argent et les ornements servant au culte seront incessamment remis à l'administration du département.

21 frimaire (12 décembre) Le conseil arrête que les effigies en bois qui existent dans la ci-devant église seront enlevées et remises, comme bois à brûler, à la maison d'hospice de cette ville.

Décadi de la 1re décade de nivôse (31 déc.) Le chœur de la ci-devant église paroissiale sera brûlé comme feu de joie.

On fait enlever les fleurs de lis et les croix que les paysans portent sur leurs manteaux.

Un membre de la Société populaire demande que les orgues de la ci-devant église soient converties en balles.

Duodi de nivôse (22 déc.). Il est décidé que toutes les croix de la ville seront enlevées et vendues, que sur les routes et dans tous les villages les croix existantes seront détruites (1).

les prêtres proscrits et leur tête mise à prix ; tout ce qui rappelle cette religion va subir les avanies minutieusement combinées d'impitoyables persécuteurs, et ni les œuvres d'art, ni les objets de prix, s'ils ont un caractère religieux, ne seront épargnés dans cet accès d'implacable destruction et de sauvage barbarie.

(1) C'est là l'origine de tous ces tronçons de croix mutilées que l'on rencontre sur les routes et aux abords de tous les villages de la commune. Ces croix, espacées sur le parcours, indiquaient l'endroit où devaient se reposer les porteurs du corps, dans les convois funèbres.

Il sera fait des recherches pour retrouver les croix d'argent et « autres ustensiles » appartenant aux cordonniers et tisserands.

1794

Les cloches des communes, ainsi que l'argenterie de leurs églises, sont redemandées; l'ordre est donné d'abattre *tous les clochers*. Le conseil de Saugues décide qu'il sera sursis au nivellement de celui de la ville, jusqu'à nouvel ordre. *(8 germinal, an II - 29 mars 1794.)*

Dans une séance ultérieure, *21 germinal* (10 avr. 1794), on décide de faire venir un architecte pour étudier la démolition de la tour et du clocher.

11 floréal, an II (1er mai). Le conseil ordonne l'observation d'un carême civique dans toute la commune (1).

22 prairial (11 juin). Les ci-devant chanoines Boulangier et Bonhomme, détenus à Saugues, sont redemandés par le citoyen Guyardin, commissaire du Puy. Les médecins Lavalette et Benoit déclarent que les infirmités de ces ci-devant prêtres rendent leur transport absolument impossible.

4 messidor (23 juin). On fait des perquisitions sur les rives de l'Allier pour capturer les réfractaires et les brigands qui s'y cachent.

Atermoiements du conseil pour l'envoi des cloches au Puy. Il fait, en attendant, parvenir au chef-lieu quarante livres de cordages provenant du clocher.

9 thermidor (27 juillet) (2). Envoi de troupes au

---

(1) Les citoyens qui ne fêtent pas ostensiblement le décadi sont notés comme suspects : Antoinette Montel, fanatisant un ci-devant dimanche, est emprisonnée pour ce méfait. On propose même d'aposter un citoyen pour salir avec une éponge le linge blanc de ceux qui en auront mis au jour du ci-devant dimanche.

On le sait, le dimanche n'avait plus le droit d'exister. Pour supprimer jusqu'à la dernière trace du culte d'autrefois, la Convention avait remplacé, par un nouveau, l'ancien calendrier; l'année était changée, changés aussi les mois; le dimanche remplacé par le décadi, et les noms de saints par des noms de légumes et de plantes diverses.

Les villes et les villages portant des noms de saints furent débaptisés : Saint-Préjet s'appela Rive-d'Ance; Saint-Privat, Privat la Roche; Saint-Étienne, Armeville, etc.

Dieu lui-même, à Saugues comme ailleurs, fut remplacé par la déesse Raison, une fille, souvent une impudique, que l'on promenait dans les rues sur un brancard pavoisé.

(2) En ce même jour, à Paris, la Terreur est finie par la chute de Robespierre et son exécution (10 therm.). Les prisons s'ouvrent, les

Villard pour attaquer les Morangiès et autres qui s'y tenaient en embuscade et avaient mis à mort un patriote.

2 vendémiaire, an III (22 sept.). A cause de la disette régnante, le Directoire du Puy prend diverses mesures vexatoires pour arrêter l'exportation du grain. On fait le recensement des blés chez les cultivateurs. On veut obliger les communes à porter leur récolte dans un magasin public, au chef-lieu de canton.

8 vendém. (30 sept.). Le conseil de Saugues arrête qu'il sera observé à l'administration du district que l'emmagasinement du superflu des grains des cultivateurs du canton dans le chef-lieu offrirait trop d'inconvénients, à cause des troubles qui pourraient naître du concours de tous les manouvriers du canton.

Taxes diverses du prix des grains en cette période *(Brumaire,* octobre 1794). Le blé seigle à 6 livres le carton, le froment à 6 livres 13 sols, l'orge à 5 livres, le ras avoine à 2 livres 6 sols.

En 1790, les prix étaient les suivants : Blé seigle, 3 liv. 12 sols le carton ; froment, 4 livres ; orge, 3 livres ; avoine, 1 liv. 7 sols.

3 brumaire (25 oct.) Assassinat du gendarme Guilhot, au passage du Trauquet.

3 frimaire (24 nov.) Mesures sévères prises par le Directoire du Puy contre les communes de Rive d'Ance (Saint-Préjet) et Croisances, à raison de leurs opinions contre-révolutionnaires. Le maire, l'agent national et les dix plus forts imposés viendront au Puy pour y rendre compte de leur conduite et de leur défaut de surveillance sur les malveillants qui y ont commis deux assassinats.

Les volontaires de Langogne viennent surveiller Rive

captifs sont rendus à la liberté. 1400 victimes avaient été guillotinées en 47 jours, dans la capitale seulement.

A Saugues et au Puy, la Terreur continue de plus belle.

Au commencement d'août, un prêtre, « Joachim Ganilhe », âgé de 68 ans, ancien professeur de théologie au collège de Saint-Flour, ne se sentant plus en sûreté à proximité de Saugues, va se réfugier au petit hameau de la Rouffiage. Là il tombe malade et meurt huit jours après.

« Il est décédé dans la maison du sieur Romeuf (corr. Barthomeuf),
« dit Pointu, audit lieu de la Rouffiage ; les citoyens Chambon et Cubi-
« zolles attestent lui avoir donné leurs soins, et ensuite fait eux-mêmes
« l'inhumation dudit Ganilhe, dans un champ situé derrière la grange
« dudit Romeuf, et qui fut couvert par un pignon de bled, à cause du
« moment de terreur. »   (Regist. de Saugues.)

d'Ance ; ceux de Monastier arrivent à Saugues et sont renforcés par un bataillon de Phocéens, qui doit être disséminé dans le canton.

1795

13 nivôse (3 janv.) Le conseil de Saugues demande la suppression de ces troupes qui finissent d'affamer le pays, et envoie les citoyens Boulangier et Lavalette pour exposer leurs doléances au citoyen Pierret, actuellement au Puy, représentant de la Convention.

25 ventôse, an III (14 mars). Le conseil, « considérant que d'après la loi du 3 ventôse, qui établit le libre exercice du culte religieux, le désir du peuple de notre commune devient tous les jours plus vif pour jouir du bénéfice de cette loi...... arrête qu'il sera envoyé des commissaires autorisés à faire toutes pétitions, »

« 1° Pour que le culte religieux puisse être exercé dans l'édifice national, ci-devant église paroissiale..... »

« 2° De solliciter la mise en liberté des sieurs Boulangier et Bonhomme, ci-devant chanoines, infirmes et reclus à Saugues, pour qu'ils aient la liberté autant que leurs infirmités pourront le permettre de donner la messe au peuple. »

« 3° De faire aussi telles démarches requises pour retirer de l'obscurité certains autres prêtres, qui procureraient au public un secours essentiel pour l'exercice de son culte. »

Et en attendant le succès de ces démarches, les chanoines sus-nommés célébrèrent la messe en public, dans l'église elle-même.

Quelle ne fut pas la surprise du conseil et de toute la population de recevoir, au lieu de l'autorisation demandée, l'arrêt suivant :

« 9 germinal, an III (30 mars 1795).

« Le Directoire, faisant droit aux réquisitions de l'agent national..... arrête :

« Art. 1er. La délibération du conseil général de Saugues est cassée et annulée comme contraire à la loi du 3 ventôse. »

« Art. II. Le bâtiment national ci-devant église sera fermé de suite par le juge de paix et les scellés y seront posés. »

« Art. III. Le maire, l'agent national et les deux premiers notables se rendront à l'administration dans le délai de trois jours pour y rendre compte de leur conduite. »

« Art. IV. La municipalité fera descendre les cloches et les fera transporter à l'administration dans le plus bref délai, à l'exception d'une seule que la commune pourra retenir, conformément à la loi. »

On retardait singulièrement au district ! Depuis environ huit mois, la Terreur avait pris fin, la liberté succédait à une odieuse tyrannie ; au Puy on semblait ignorer la face nouvelle des évolutions accomplies, et l'on terrorisait toujours. Mais l'élan était donné, et le conseil de Saugues ne tint aucun compte de l'arrêt du Directoire.

Aussitôt les prêtres sortirent de la cachette qui les dérobait, depuis bientôt trois ans, aux perquisitions des émissaires, et à dater de ce jour, vingt-quatre certificats de résidence sont donnés par le conseil à des ecclésiastiques recélés par la pieuse charité des habitants de la commune.

Les registres locaux ne mentionnent point ceux de nos compatriotes qui portèrent leur tête sur l'échafaud et qui sont :

Jean-Louis VERGÈSES, ex-maire et juge de paix de Saugues, âgé de 42 ans (1).
J.-B. CARLET, laboureur de Saugues.
LACOSTE, gendarme de Saugues.
L.-Alexandre TORRENT, chanoine de Saugues.
Jacques BOUDOUSSIER, né à Croisances, vicaire à Monistrol-d'Allier, arrêté le 24 fructidor, an II (11 sept. 1794), conduit au Puy le 25 et condamné à mort le 26 (2).
Ignace-Alexandre PROLHAC, prêtre de Saugues, âgé de 64 ans, décapité le 23 sept. 1794.
L'abbé PAPAREL, curé de Vabres.

Les *proscrits* furent plus nombreux : les uns sauvèrent leur tête par l'émigration, les autres se dissimulèrent dans les campagnes, d'autres enfin durent subir l'emprisonnement ou la déportation. Voici leurs noms :

BERAUD P., chanoine de Saugues.
BERAUD Aug., de Saugues.

---

(1) *Les Municipalités du Puy, pendant la période révolutionnaire.* Alb. BOUDON. t. III, pag. 306, 312, etc.

(2) Voy. *Notice sur l'abbé Boudoussier*, par M. FREYCENON, curé de Monistrol-d'Allier. Freydier. 1876. — On ne comprend pas que l'abbé Boudoussier et l'abbé Prolhac n'aient pu être sauvés de la mort, alors que depuis deux mois, au moins, le règne de la guillotine était fini.

BLANQUET Jacques, curé de Thoras.
BONHOMME F^{ois}-Gabriel, chanoine de Saugues.
BOULANGIER F^{ois}-Guillaume,   id.
BOUQUET J.-B.,   id.
BOUQUET Hyacinthe,   id.
CHASTEL DE SERVIÈRES J.-F^{ois}.
CHATEAUNEUF-RANDON J.-Jos., père et fils.
COSTON Dominique, chanoine de Saugues.
CROUZET Joseph, né à Vazeilles en 1762, vicaire à Saint-Préjet, déporté en 1794, sur le vaisseau « *Le Républicain* ».
DU BUISSON D'OMBRET (Victor).
DUPRÉ J.-B., curé de Monistrol-d'Allier.
ENJELVIN Joseph, chanoine de Saugues.
ENJELVIN Hilaire,   id.   déporté.
ENJELVIN Alexandre, chanoine au Puy.
GAILHARD, vicaire à Chanaleilles.
GIBERT Antoine, curé de Saint-Préjet.
GUILHE J.-Antoine, de Monistrol-d'Allier, chartreux.
HERMET Simon, chanoine de Saugues.
DE LOBÉRIE, fils, de Saugues.
MANSON, chanoine de Saugues.
MEYNARD J.-Claude, prieur de Prades, en réclusion, puis détenu au fort du Hâ.
MEYRONNENC J.-Claude, cultivateur à Saugues.
MILHET Dominique, fils de Joseph, teinturier à Saugues.
MOLHERAT Aug., chanoine de Saugues.
MONTVALLAT J.-B., chanoine de Saugues.
PROLHAC, fils, de Saugues.
PROLHAC Ant.-Annet, chanoine et curé de Saugues.
RAMPAND Louis, ex-curé d'Esplantas.
RICHARD Vital, chanoine de Saugues.
ROMIEU Jacques, curé de Saint-Vénérand.
ROUGEYRON Louis, ex vicaire de Saugues.
ROURE Pierre, ex-vicaire de Vazeilles, près Saugues.
CHASTEL DE SERVIÈRES J.-Jos., chanoine au Puy.
TARDIEU Guill., prêtre, ancien curé de Saint-Vénérand.
TEYSSIER Vital, prêtre de Cubelles.
THOMAS DE DOMANGEVILLE, sgr. de Meyronne, émigré, puis condamné à mort (1).

(1) Extrait des *Municip. du Puy sous la Terreur*. Alb. BOUDON. t. II, p. 281 et suivantes.

Mentionnons aussi Jean et J.-P. Portal, Jos. Arnaud, Jacques

Rougeyron, curé de Venteuges.
Jean Vernon, vicaire à Saugues (1).
Laurent Durand, curé de Vazeilles.
Mathieu Bernard, curé de Saint-Christophe.
Pierre Bonnal, vicaire de Saint-Christophe.

Quelques prêtres étrangers, également proscrits, qui s'étaient cachés dans la commune, durant cette période, reçoivent du conseil de Saugues un certificat de résidence (2) :

François Dumas, 53 ans, curé de Langeac.
J.-Fois Croze, curé de Salzuit, 44 ans.
Pierre Nozière, 51 ans, prêtre et principal du collège de Saint-Flour.
J.-P. Laurens, 37 ans, attaché à la chapelle des fonts baptismaux du Puy.
Ant.-L. Martin, 46 ans, curé de Mazeirac.
Vincent Oriol, 46 ans, curé de Saint-Vidal.

Plusieurs autres personnages reçoivent un semblable certificat, entr'autres Clément-Louis Molette Morangiès, ci-devant brigadier de la gendarmerie. « s'étant caché dans « la commune depuis le 11 ventôse (3) dernier, jusqu'à ce « jour (9 messidor an III), pour se soustraire aux persécu- « tions du régime tyrannique. »

L'impulsion une fois donnée, et l'église ouverte au culte, le service paroissial commença à s'organiser pied à pied, et mit un certain temps à retrouver son fonctionnement normal.

On lit dans un registre des archives de Saint-Médard :

« *Par la bonté et la miséricorde de Dieu, la persécution* « *suscitée contre l'Eglise de France ayant enfin cessé, après avoir* « *duré quatre ans, nous avons commencé aujourd'hui, 15 juin* « *1797, à recevoir dans la Confrérie du Saint-Sacrement.* »

Les dernières réceptions dataient du 26 juin 1792.

Le 24 novembre 1806 furent mises en vente les chapelles des Pénitents, des Dominicaines, des Carmélites, de Saint-Etienne de Douchanès, de N. Dame d'Estours, et d'un

---

Quatrebras, Marguerite Laurent et Madeleine Vacheron, arrêtés à Chazaloux comme receleurs ou complices de l'abbé Boudoussier, et emprisonnés au Puy jusqu'au 23 déc. 1794.

(1) (2) Registres de Saugues, n° 8.
(3) **2 mars 1794 au 28 juin 1795.**

champ et d'un pré appartenant à la cure de Saint-Vénérand.

Les acquéreurs des chapelles les rendirent à leur primitive destination.

La Révolution a été singulièrement discutée et diversement appréciée. Elle a eu le tort de faire couler des torrents de sang innocent, de s'attaquer sans distinction d'âge ni de sexe à tout ce qui représentait la noblesse, et d'essayer de supprimer sans merci tout ce qui rappelait le culte de nos pères ; on lui reprochera toujours les moyens employés : la spoliation, la prison, la guillotine.

Toutefois, on ne peut nier qu'elle n'ait apporté d utiles libertés et fait disparaitre bien des abus (1). Dans la nuit du 4 août, la noblesse et le clergé abandonnent eux-mêmes leurs privilèges, et semblent ainsi consacrer l'égalité politique et civile de tous les citoyens. Désormais il ne sera plus question de privilèges de caste, ni de commendes, ni de pluralité de bénéfices, ni de patronages.

. . . .

Cette évolution finie, la paroisse de Saint-Médard avait subi une transformation complète et allait être régie par une organisation nouvelle. Elle avait perdu sa Collégiale et ses vingt-cinq membres disparus à tout jamais (2).

(1) L'on essaie encore, dans certaines circonstances, de brandir aux yeux du peuple le spectre menaçant de l'ancien régime, mais ce procédé n'est guère autre chose que l'exploitation malhonnête et intéressée de la crédulité populaire. Les privilèges de caste sont choses mortes qui ne revivront jamais, et les trois monarchies qui se sont succédé en France depuis la Révolution n'ont pas eu plus d'envie de les faire revivre que le peuple n'en avait de les supporter.

(2) Un petit nombre d'objets et quelques usages ont survécu pour perpétuer le souvenir de cette antique communauté :

1° *La croix d'argent* que l'on porte aux grandes processions.

2° *Le reliquaire de Saint-Médard*, dont on fait vénérer les reliques au jour de la fête de ce saint.

3° *La sonnerie* qui se fait encore à deux heures et qui semble appeler aux vêpres les chanoines qui n'y viennent plus.

4° *Le chant de Complies* aux jeudis de l'Avent et du Carême, reste survivant de la fondation de J. de Fortunie.

5° *La récitation des Petites Heures* faite naguère aux grandes solennités de l'année, avant la messe paroissiale.

6° *Le feu de S. Jean*, allumé par les prêtres en chape sur la place de la Bédouire, la veille de la fête de S. Jean-Baptiste. Cet usage devait

Disparus encore les domaines et les terres, les fondations et les revenus qui assuraient la subsistance de tous ces prêtres ; disparues également les dotations diverses des chapelles multiples de la ville.

Le prieur et ses moines claustraux s'étaient effacés, et avec eux disparaissaient les liens de dépendance qui rattachaient le prieuré de Saugues au monastère de Lavoûte.

Les Ursulines avaient sombré corps et biens dans cette tourmente, et de leur patrimoine rien n'avait pu être sauvé.

Les autres communautés : Tiers-Ordres et Pénitents, plus heureux, reparaissaient à la lumière, mais combien appauvris et amoindris !

On sait comment, en 1801 (15 juillet), dans un Concordat avec le Souverain Pontife, Pie VII, le premier consul Bonaparte, pour donner une juste compensation aux églises dépouillées, et en même temps pour que fussent validées les ventes faites et rassurée la conscience des acheteurs, assura à tout jamais, d'une manière irrévocable, à titre d'indemnité obligatoire et non point facultative, le traitement servi aujourd'hui par l'Etat aux curés et desservants. C'est là, pour l'Eglise catholique de France, l'origine du budget des cultes actuel de France.

La paroisse allait être désormais desservie par un curé assisté de trois vicaires.

Les curés qui se sont succédé à Saugues depuis lors sont :

PROLHAC, Ant. Annet	1803
BONNEFOI,	1806
ENJELVIN,	1820
CUSSINEL,	1830
SAUGUES,	1841
DANTHONY,	1870-1895
TRÉVIS,	1895

Le remaniement des diocèses et sa séparation d'avec Mende, avait fait déchoir Saugues de son ancienne splendeur et ne lui laissait que le titre de doyenné, possédant dans sa circonscription les paroisses suivantes :

avoir quelque relation avec l'église de St-Jean, et se rattacher à quelque fondation échappée à nos recherches.

7° *Enfin les archives paroissiales* de St-Médard, qui nous ont fourni pour cet ouvrage les renseignements les plus précieux et les plus abondants,

1° Champels (1), érigée postérieurement.
2° Chanaleilles,
3° Croisances,
4° Cubelles,
5° Esplantas,
6° Grèzes,
7° Monistrol d'Allier,
8° St-Christophe d'Allier,
9° St-Préjet d'Allier,
10° St-Vénérand,
11° Servières (2),
12° Thoras,
13° Vabres,
14° Saugues,
15° Vazeilles,
16° Venteuges.

En 1897, sous l'épiscopat de Mgr Guillois, évêque du Puy, dans le synode de septembre, Saugues fut érigé en Archiprêtré et eut pour circonscription, avec les paroisses déjà citées, celles de :

Cayres, doyenné,
Alleyras,
Costaros,
Le Bouchet St Nicolas,
Ouïdes,
St-Didier d'Allier,
St-Jean Lachalm,
Séneujols.

. . . .

Là s'arrêtera notre rôle, et pour rester fidèle à notre programme nous ne pousserons pas plus loin l'étude des faits politiques locaux dont la recherche est facile et la conservation assurée par les progrès de la publicité contemporaine.

Nous n'ajouterons plus que quelques notes sommaires sur les monuments curieux, et sur les communautés diverses qui ont vécu ou qui existent encore dans cette ville.

(1) Champels appartient à la commune de Monistrol-d'Allier.
(2) Servières fait partie de la commune de Saugues.

CHAPITRE XXIV

Saugues avant 1788. Les rues et les places. Comptes divers. Statistique.

Le vieux Saugues comprenait deux parties distinctes : l'enceinte et les faubourgs.

L'enceinte, circonscrite par les remparts, s'arrêtait à la rue des Tours Neuves, des Fossés, place Clémence, rue Orbe (aujourd'hui rue du Nord), place Antique, rue Leguilheric (du puits des Roches à la place Antique), place Saint-Roch ou des Roches, rue de Chastelviel et portail Saint-Louis.

Le reste des habitations formait les faubourgs :
des Roches,
des Farges,
du Mas ou de la Gardette, appelé plus tard la Borie,
de Clémence,
de la Place.

Au delà des faubourgs se trouvaient les terroirs des Maures, de Cominal, dans lequel était le pré appelé « **pré du gour de Pilate** » ; le terroir de la Malouteyre, le terroir des Chincheires (ou Chaussières, c'est-à-dire des tanneries), le terroir de Merdanson, près du chemin allant au Trauquet, etc.

L'enceinte était percée de six portes :

Le portail Saint-Louis, avec deux meurtrières, à côté de la fontaine de la Bédouire.

La porte de Badefont, sur la place Antique, avec ses deux meurtrières ; sa démolition fut votée et les matériaux vendus à François Atger, au prix de 51 livres 10 sous, le 21 av. 1790. (Regist. des délib.)

La porte du Mas, avec des meurtrières et une échauguette pour surveiller l'ennemi : de là peut-être le nom de Gardette donné à ce faubourg ; sa démolition fut votée en juin 1793.

La porte de Clémence. Cette porte était double, avec un pont-levis et une tour. En 1600, « la tour tenant le pont-

« levadis et le fossé, entre les deux portes de la ville appe-
« lées Clémence », appartiennent à J. Basset et P. Lafont,
ainsi que la maison y joignant, par contrat de vente faite à
leurs auteurs en 1476.

Le portail Saint-Roch ou des Roches ; sa démolition est votée le 15 août 1793, parce qu'il gênait l'entrée des chars de foin.

Le portail Dubourg.

Ces deux derniers étaient dépourvus de meurtrières.

Autour de l'enceinte régnait un fossé, creusé en partie dans la roche vive ; on a vu comment. devenu inutile à l'extinction des guerres civiles, il fut inféodé par le duc de Vendôme, et, après avoir été comblé, servit à diverses destinations : jardins, champs de foire ou cours d'habitations.

Un compoix ou cadastre, commencé le 3 mai 1600, sur l'initiative de J. de Langlade, Ysaïe Vergèzes et J. Chambefort, consuls de Salgue (1), et divers cahiers de reconnaissances nous donnent, par les confins qu'ils énumèrent, le nom des rues et des places de la ville avant l'incendie de 1788 :

Rue de la Prison,
Rue du Four,
Rue de Pouzarot,
Rue appelée « del Charreyron », près la rue du Four,
Rue des Fossés,
Rue Neufve,
Rue du Prieuré,
Rue des Prêtres,
Rue Papillon,
Rue de la porte du Mas,
Rue de Lalle (sic),
Rue de la Clause (parallèle à la rue des Tours-Neuves),
Rue de la porte St-Louis, appelée « del pourtallet »,
Rue de la Bédouïre,
Rue de Clémanse (sic),
Rue de Chastelnaü,
Rue Orbe,
Rue des Aldos (à côté des Carmélites),
Rue des Maures (de la place au puits des Maures),

(1) Nous devons communication de ce document à M. Tixier, notaire à Saugues.

Rue Basse,
Rue et terroir « das Paros », } au faubourg de la place,
Rue de la Place,
Rue de Leyguilherie (on écrit aussi Leguilherie),
Rue de Merdanson (au faubourg des Roches),
Rue de Chastelviel,
Rue des Farges.

Dans la rue de la Clause, et dans le clos de la ville, existait alors la tour dite « la tourneufve », tenue par Pierre Longhon.

Près de la Tour du Seigneur se trouvait l'église Saint-Antoine qui fut entièrement dévorée par l'incendie de 1788.

Les places étaient les suivantes :

Dans l'enceinte :
Place Caillade, où l'on débitait le fruit,
Place de la Halle, où se vendait le blé (1),
Place du Pouzarot,
Place du Prioret, de très petite étendue,
Place du Pourtal (ou plutôt rue del pourtal).

En dehors de l'enceinte :
Place Antique,
Place du Puits des Roches,
Place de la Bédouïre,
Place de Clémanse (on écrit aussi Clémence).

Les constructions élevées, depuis l'incendie, sur de nouvelles délimitations, ne permettent pas de se représenter avec exactitude et précision la configuration des rues avant ce désastre.

Les portes disparues n'ont point laissé de traces, si ce n'est le portail du Mas, dont l'existence se décèle par une légère échancrure faite à la maison Gibert (dit Martrou) qui le supportait d'un côté.

L'ensemble des habitants de la ville et des villages de la paroisse formait ce que l'on appelait alors la communauté de Saugues, ce que l'on dénomme aujourd'hui la commune de Saugues.

Dans une requête présentée par les consuls en 1638, à très-honorés seigneurs tenant la cour des comptes, aydes et finances de Montpellier, on voit que, par une coutume de tout temps observée, Saugues avec sa paroisse, composée de 42 villages ou hameaux (d'autres requêtes disent 43),

(1) Archiv. de l'Hérault. C. 2974.

Place de la Halle au Blé en 1850 (*Reproduction d'un dessin de l'époque*)

formait un seul corps pour toutes les impositions qui advenaient de la part du diocèse, pour le logement des gens de guerre, pour l'entretien de l'église, et que ces charges retombaient environ pour deux tiers sur la paroisse et pour un tiers sur la ville.

Dans les comptes collecteurs (1677 à 1740) on trouve les impositions et dépenses suivantes :

Saugues, impositions : pour les villages, 4272 liv. 4 s. 2 den.
— — pour la ville, 2623 livres 19 sols.
Capitation et industrie : 1533 livres et 17 sols. M. de Mercœur, sgr. du lieu, y contribue pour 416 livres ; M. de Saint-Paul, pour 47 livres ; de Lobérie, juge, 18 livres ; Mlle des Plantats, 15 ; M. de Domezon, 16 ; Mlle Louise d'Apchier, veuve de M. de Meyronne, 41 livres (1708).

(Archiv. de la Lozère. C. 1051.)

Dépenses ordinaires (1) :

3 livres au tambour pour la convocation des assemblées.
18 livres pour la livrée consulaire.
3 livres pour les flambeaux.
10 livres au messager pour porter au bureau de Langeac les lettres destinées à Riom et à Paris.
10 livres au Prédicateur, et 50 livres provenant de la fondation.
27 livres pour les violons et les trompettes, les trois jours de fête de Saint-Médard (1677-1740).
6 livres pour le valet consulaire (1746).
30 livres pour le greffier (id.)
25 pour l'horloge (id.)
40 pour les fontaines (id.) (2).
Pour les habillements des miliciens, 58 livres, 6 sols.
Pour les garnisons, 163 livres, 17 sols.

---

(1) Ces chiffres variaient quelquefois avec les années.

En 1696, on paye : « A M. de Saint-Paul qui avait adscisté aux Etats particuliers de Gévaudan, suivant la coutume... 40 sols. »

« Pour l'homme qui porte les cartels de chaque village, 30 sols. »

En 1775... pour la taille : 523 liv. 12 sols ; le talhon : 163 liv. Pour les garnisons : 196 liv. 17 sols. Pour les étapes : 159 liv. 15 s. Pour les menus habillements des troupes : 42 liv. 12 s. Pour les gages des consuls : 16 liv. Pour le tiers des gages d'un régent : 66 liv. 33 sols. (Compt. consul.)

En 1702 les impositions sont de 6.127 liv. 3 sols. En 1703, de 6.381, etc.

(2) Inv. somm. des Archiv. de la Loz., *passim*.

On signale, comme ayant tenu garnison à Saugues, les compagnies de cavalerie suivantes :

La compagnie du sieur de Risampt,
— du sieur de Plésian,
— du sieur de Chabrillac, régim^t de Mérinville,
— du sieur de la Moirie, régiment de Vierville,
et enfin la compagnie de chevau-légers de M. le Cardinal de la Valette, logée à Saugues pendant le dernier quartier d'hiver de 1639.

En 1708, la paroisse comptait 599 contribuables, savoir : les villages, 306 ; la ville, 261, et les Plantats, 32. Les familles pauvres ne payaient pas l'impôt. Vers cette époque, la communauté était composée de 621 feux, et chaque feu d'environ cinq personnes.

« D'après un dénombrement officiel, la communauté
« comprenait :

« Le seigneur du lieu, le duc de Mercœur, parce que,
« bien qu'il n'y résidât pas, il y payait sa capitation.

« Un juge et un procureur d'office, nommés par le
« seigneur.

« Cinq gentilshommes.

« Trois bourgeois vivant de leurs revenus sans faire le
« commerce.

« Trois avocats.

« Deux notaires royaux et trois pourvus par le seigneur.

« Trois praticiens.

« Un sergent (huissier).

« Six marchands.

« Trois cent quarante-cinq artisans ouvriers.

« Cent cinquante-cinq artisans journaliers.

« Trente métayers.

« Dix-huit ménagers.

« Trente servantes,

« Cinquante valets de labour, etc., etc.

« En réponse aux questions posées pour ce dénombre-
« ment, il est dit qu'il n'y avait dans la Communauté aucun
« fabricant, point de domestique supérieur comme valet et
« femme de chambre, point de valet et servante à livrée,
« rien que des tisserands fabriquant des étoffes et des toiles,
« les burats et les cadis, dont le prix à la vente était de
« douze sous l'aune. »

(*Soc. d'Agr. du Puy*, t. XIV. L'époque où se fit ce dénombrement n'est pas indiquée.)

« Il y a quelques moulins bâtis sur la rivière de Sège. »

« Le lods (droit sur les ventes et mutations) se paye
« dans la ville au denier onze et dans le reste de la paroisse
« au denier huit. »

« Il y a un grand pâtus dont on paye la redevance au
« sgr. de Mercœur. »

« Il y a un four banal qui appartient à MM. du Chapitre. »

« On possède quelques autres pâtus. »

« Le procureur d'office de M. de Mercœur y fait cache-
« ter les mesures aux armes dud. Seigneur. » (Arch. de la
Loz. G. 63. Etat dressé entre 1689 et 1702. Comm. de M.
André.)

Enfin un relevé (1) des impositions de 1789 des municipalités distraites du Gévaudan et réunies au département
de la Haute-Loire, permet d'établir une comparaison avec
celles payées actuellement.

	En 1789 :				*En 1899 :*	
Saugues. . . .	17686 liv.	10	sols	10 den.	42185 fr.	14 c.
Ventuejols. . .	5029	10		9	9242	67
Grèzes.	4122	7			6902	05
Cubelles. . . .	3048	19		2	4231	82
Monistrol. . . .	3605	9		3	9560	67
Chanaleilles. .	3305	2			7032	35
Croisance. . .	403					
Vereirolles. . .	280	16			{ 2288	18
Esplantas. . .	1736	4			2292	77
St-Christophe.	4296	14			5533	88
St-Préjet. . . .	3494	11			6250	55
St-Vénérand. .	1367	3			2168	48
Thoras. . . . { Vazeilles. . . {	5376	9			9194,76 2167,29	{ 11362,05
Vabres. . . .	500	13			2032	81

(1) Archiv. de la Loz. Commun. par M. Lascombe.

CHAPITRE XXV

La Tour du Seigneur. Le Porche. Le Clocher et les cloches anciennes.

Le principal monument de la ville, le grand donjon, était appelé autrefois « *la tour du Seigneur* » (1).

« C'est, dit M. Thiollier, une œuvre d'architecture militaire de tout premier ordre. »

Il est certain qu'il n'en existe guère d'analogues qui soient surtout en aussi bon état de conservation.

Un rapport, fait au siècle dernier, le décrivait ainsi :

« Comme le bâtiment de l'ancien auditoire n'est pas
« suffisant, on a jugé à propos d'employer aux prisons la
« tour appartenant à Mgr le comte d'Artois, qui n'est
« actuellement d'aucune utilité. Cette ancienne tour de
« fortification, située dans une place vague, attenant le
« bâtiment précédent, est construite en gros murs de pierre
« de taille de cinq pieds d'épaisseur, bonne et solide, n'ayant
« qu'une brèche dans un angle aux meurtrières, et quelque
« remaniement à faire aux murs de face extérieure. »

« Le rez de chaussée est couvert d'un mauvais plancher
« de deux toises cinq pieds au-dessus du sol ; le premier
« étage est couvert d'une très bonne voûte en pierre de
« taille, élevée à 4 toises, quatre pieds. »

« Au second étage est une voûte élevée à 4 toises 2 pieds.
« Sur cette voûte est une terrasse également en pierre de
« taille qui termine la tour. »

(1) Branche s'exprime ainsi au sujet de cette tour : « Je signalerai comme curieuses, sous le rapport architectonique, les forteresses élevées jadis au sein des deux villes de Blesle et de Saugues. Ces deux tours, de forme hexagone (l'auteur se trompe, celle de Saugues est nettement quadrangulaire), à grand appareil, garnies de mâchicoulis et de créneaux, ont été construites par les sires de Mercœur. Ce sont les deux monuments militaires de la féodalité les plus intéressants que je connaisse dans cette partie de la Haute-Loire. Je puis y joindre la tour Clémentine qui servait jadis de forteresse au monastère de la Chaise-Dieu. »

(Rapp. sur les monum. de la H.-Loire. *Bullet. monumental*, t. VII.)

« Pour arriver au premier étage, on est obligé de se
« servir d'une échelle, (aujourd'hui remplacée par un esca-
« lier en bois). Un escalier à vis Saint-Gilles, situé dans
« l'épaisseur du mur, conduit au second étage ; à l'aide
« d'une échelle et d'un autre escalier dans le mur, on par-
« vient enfin sur la terrasse. »

La Tour

« Au haut de la terrasse et de chaque côté, il y a des
« meurtrières saillantes, dont parties sont détruites, et parties
« se détruisent journellement, tellement qu'il y a quelques
« années il en croula une partie sur la maison du nommé
« J. Pierre Vivain, et qui lui écrasa une partie de sa maison,
« pensa tuer une jeune fille, et que journellement il s'en dé-
« tache qui occasionne le même dégât. »

(Rapport de M. Hébrard.)

Le grand appareil domine dans tout l'édifice, à l'intérieur comme à l'extérieur, si l'on en excepte quelques recoins plus cachés, où l'on a fait usage de l'appareil moyen. Le mortier qui relie les moëllons est extrêmement consistant, car dans les parties extérieures du sommet, particulièrement exposées à la rage des autans, il ne s'est aucunement effrité sous les efforts des hivers et des années.

Les recherches les plus minutieuses n'ont amené la découverte d'aucune date, d'aucune inscription qui put livrer son acte de fondation, et les documents, d'autre part, gardent sur ce point le silence le plus obstiné.

Depuis l'incendie de 1788, des maisons se sont adossées à la tour, l'ont masquée, ont rendu sombres et obscurs l'escalier et le vestibule du premier étage en aveuglant les ouvertures qui l'ajouraient.

Pendant la tourmente révolutionnaire, quelques énergumènes de la Société populaire, en vertu du principe d'égalité, voulaient la niveler, ainsi que le clocher, à la hauteur des maisons voisines. Mais la majorité du Conseil, plus sage et plus avisée, fit observer le danger qui devait résulter, pour le voisinage, d'une semblable démolition, et les deux monuments furent épargnés. Toutefois la tour, soit par mesure de sécurité, soit par haine de tout ce qui rappelait l'ancien régime, fut découronnée de ses créneaux dans la majeure partie de son pourtour.

Elle n'est plus aujourd'hui qu'un vestige imposant du puissant système de défense qui gardait la ville contre les envahisseurs, et son rôle plus pacifique et bien diminué se borne à supporter l'horloge, à garder les bancs du marché et à donner à la cité un aspect belliqueux, dernier reste de son importance aujourd'hui disparue.

Est-il besoin de répéter ici que cette tour n'a point été bâtie par les Anglais et n'a rien de commun avec ces ennemis héréditaires de la patrie, sinon qu'elle a servi peut-être plus d'une fois à repousser leurs attaques et braver leurs assauts, et à défendre contre le pillage et la brutalité des soudards mercenaires la population des campagnes venue chercher un abri sous son égide tutélaire ?

LE PORCHE, LE CLOCHER ET LES CLOCHES

L'église, par elle-même, offre peu d'intérêt, ainsi qu'on le verra plus loin, mais il n'en est pas de même du clocher qui faisait partie du monument primitif.

« C'est une très-belle œuvre d'architecture du milieu
« ou de la fin du XIIme siècle. »

« Ce clocher s'élève au-dessus d'un porche abritant une
« porte sans tympan ni linteau, entourée de quatre voussures,
« dont les trois extérieures sont de profil torique, la plus
« intérieure décorée de bâtons brisés d'angle très-ouvert
« s'appuyant sur des colonnettes refouillées. Les trompes
« ménagées à l'intérieur permettent de passer du rectangle
« du porche à l'octogone du clocher. »

Sur les chapiteaux des colonnettes sont sculptées des feuilles d'acanthe, autant qu'il est possible d'en juger par ce qui reste.

L'ancien édifice était roman ; or, si l'on tient compte de cette règle générale que les églises romanes étaient orientées, et tout ensemble de la découverte faite en ce siècle de larges fondements se prolongeant perpendiculairement au flanc est de l'église actuelle, on peut en conclure que le porche était probablement autrefois sur la façade du monument primitif, remanié depuis sur de nouvelles bases.

Toutefois cette hypothèse offre encore une anomalie : la position du clocher sur la façade elle-même.

« La tour du clocher comprend deux étages de fenêtres
« séparés par une corniche. Le premier est ajouré de lon-
« gues et étroites baies géminées divisées par un pied-droit
« sans chapiteau ; le second d'une série de baies en plein
« cintre, à claveaux alternativement de teinte claire et
« sombre. Une flèche en pierres assez mal appareillées
« ajourée sur chaque face d'ouvertures triangulaires cou-
« ronne le monument. » (M. N. Thiollier.)

La sonnerie de l'église de Saint-Médard jouissait d'une certaine célébrité. Elle se composait de sept cloches ; la seconde et la troisième étant fêlées et hors d'usage, furent envoyées à la refonte avec les quatre plus petites, en 1889, par M. Danthony alors curé de la paroisse. A l'aide de ce métal augmenté d'une certaine quantité, quatre cloches furent moulées, qui harmonisées avec la plus grosse que l'on avait conservée, forment la sonnerie actuelle.

Pas n'est besoin de s'occuper des cloches nouvelles qui n'ont point assez d'âge pour offrir un intérêt historique, et qui d'ailleurs par leurs inscriptions fraîches et brillantes livrent à tout venant le secret de leur naissance. La grosse cloche et celles disparues seront seulement décrites, afin de garder leurs inscriptions à titre de vestiges d'un passé que rien ne rappellerait plus si l'on délaissait les éléments qui en font revivre le souvenir.

Première cloche (1)

Diamètre, 1^m50. Hauteur, 1^m 27.

En haut, sur deux lignes, inscription en caractères latins d'environ 0^m 08 de hauteur :

† Sono laudo dominum et omnibus suadeo ut laudent eum. †. A fulgure et tempestate libera nos domine.

Au-dessous, dans le pourtour : « Ave Maria », en caractères gothiques d'environ 0,02, et plusieurs fois répété.

Plus bas, entre deux cordons distants de 0,07, la date *1580* (2), symétriquement inscrite de l'autre côté.

Entre les deux dates s'entremêlent et alternent avec une tête de Christ uniforme cinq fois répétée, des médaillons de la Vierge, de Saint-Médard, de la Mort et de Saint-Michel ; chacun de ces médaillons est entouré de feuilles de sauge.

Un peu au-dessous, sur trois lignes, en caractères gothiques de 0,02, on lit :

Ora pro nobis mentem sanctam, honorem Deo, patriæ liberationem. XRS vincit, XRS regnat XRS imperat XRS ab omni malo nos defendat (3).

---

(1) On lit dans la brochure de M. Léon Germain : « *Les anciennes cloches de Saugues* » (Sidot. Nancy), la mention suivante : « On a laissé « dans le clocher une septième cloche, la plus forte de toutes : elle pèse « environ 2.000 kil., donne le ré bémol ; elle est placée de telle manière « qu'il n'y a pas actuellement possibilité de l'examiner de près. »

(2) Le seul côté par où l'on pouvait autrefois, quoique difficilement, étudier la cloche, par suite d'un défaut du métal, présente la date 1380. En l'examinant de très près, et avec le contrôle de l'inscription symétrique, on voit qu'il faut lire 1580. La cloche a été depuis lors changée de place et l'examen en est facile aujourd'hui.

(3) Les origines de cette cloche seraient intéressantes à connaître, à raison des préoccupations que trahissent ses inscriptions.

Les feuilles de sauge qu'elle porte sont peut-être un vestige des éléments qui entraient dans les armes de la ville. (Voy. p. 107, en note.)

En la plus haute cloche du petit campanier de l'église N. Dame du

Quelques ⌐ entremêlés servent de ponctuation.

Enfin, au-dessous de la date, de chaque côté, est gravée une croix de 0.25, avec de délicats fleurons sur les quatre marches qui la supportent, la quatrième portant écrit en gothique : *Ave Maria.*

Aucun nom de parrain ni de marraine, aucune sigle de fondeur.

Anciennes cloches (1) *envoyées à la refonte*

Cloche Sainte Barbe. 1532

Seconde cloche. Poids, 1517 kilog. Diamètre, 1ᵐ 34. Epaisseur, 0ᵐ 097. Métal très cuivreux d'apparence, (81 de cuivre sur 19 d'étain). Très bien ornée, mais fêlée et coupée dans le bas.

« Inscription en gothique fleuronné de 0,45 de haut, sur « une seule ligne, à l'exception des cinq derniers caractères » :

Sancta barbara ora pro nobis. Christus vincit Christus regnat Christus imperat Christus ab omni malo nos defendat. L'an MCCCCCXXXII.

Puis, dans un rectangle, un cœur et un A, chacun entre deux fleurs de lis et séparés par une ligne horizontale.

Au dessous, formant ceinture : « *Te deum laudamus* », répété sept fois.

Les décors : un petit crucifix encadré, une vierge, puis au bas, une croix latine remplie des mots « *Te deum laudamus.* »

Cloche Saint Médard. 1507

« Troisième des sept choches, fêlée, du poids de 571 kil. Diam , 0,93 Epaisseur, 0 062. »

Vers le haut, entre deux cordons, en caractères gothiques de 0,045, et avec les abréviations de l'époque :

✝ *l'an MCCCCC et VII sancte Medarde ora pro nobis. Christus rex venit in pace. homo factus est* ✝ (2).

Puy se lisait cette même inscription : « *Mentem sanctam spontaneum honorem Deo et patriæ liberationem.* » (MÉDICIS. *Chroniques.* I. p. 138.)

---

(1) Nous empruntons en partie les notions qui suivent à l'ouvrage déjà cité de M. Léon Germain.

(2) Et dans le même campanier de l'église N. Dame dont parle Médicis :

« En la première des deux plus haultes y a :
« *Christus rex venit in pace, Deus homo factus est.* »
(MÉD. *Ibid.*)

En ceinture *Te deum laudamus*, répété sept fois.

Sujets : Christ en croix, avec la Vierge et saint Jean, saint Paul, sainte Barbe, saint Michel et la Vierge portant l'Enfant Jésus.

Au bas, croix latine sur trois degrés, faite de frises découpées.

Cloche Sauveterre. 1507

Quatrième cloche. Poids, 485 kil. Diamèt., 0,88. Epaisseur, 0,061.

Inscription sur une seule ligne, entre deux cordons ; caractères gothiques de 0,035 de haut :

† *l'an MCCCCC et VII. Jésus autem transiens per medium illorum ibat. Calvaterre me fais nominer* (1).

Plus bas, en ceinture, le mot : *Te deum laudamus*, répété sept fois.

Sujets décoratifs : Crucifix encadré, Vierge avec l'Enfant-Jésus, saint Pierre, croix, saint Paul, fleur de lis, saint Michel.

Cloche Saint Jacques. 1717

Cinquième cloche. Poids, 134 kil. Diam., 0,61. Hauteur, 0,46. Epaisseur, 0,043.

Inscription sur une seule ligne, entre deux filets ; caractères latins de 0,02 de haut :

IHS Benedicam dominum in omni tempore. ✠ semper laus ejus in ore meo. IHS Ste Jacobe et Beate Francisce Regis Orate pro nobis.

Plus bas, deux médaillons rectangulaires, diamétralement opposés : dans l'un, l'image de N. S. avec les instruments de la Passion ; dans l'autre, saint Michel.

En ceinture, la date : 1717. Au dessous, une croix, formée de frises, et plus bas, autour d'une cloche, le nom du fondeur : d'un côté, *Claude*, de l'autre, *Surrot* (2).

(1) L'inscription envoyée à M. Germain par le fondeur est celle-ci : « *Calvaterre metais nominer.* »

(2) Ce Claude Surrot était fondeur à Clermont-Ferrand. Sur une cloche de Moissat-Bas (Puy-de-Dôme), datée de 1758, on lit, placés en ogive autour d'une petite cloche, ces mêmes mots : « *Claude Seurot* », et en face, diamétralement opposés, autour d'une seconde petite cloche : « *Guillaume Seurot* ».

Dans la paroisse de Ravel (P.-de-Dôme), une cloche de 1816 porte cette inscription : *Seurot fondeur à Clermont. 1816.*

Cloche Saint Médard. 1774

Sixième cloche, poids 96 kil.; diamèt. 0,53; haut. 0,42; épaisseur 0,036.

Inscription dans le haut en caractères latins de 0,02, entre deux filets sur quatre lignes :

IEAN CHARLES LOVIS FILS A MESSIRE DVBVISSON DOMBRET (1) ET DE DAME DE ROSAN [P]ARIN LOVISE ENRIETTE FILLE A MESSIRE DE BEAVLIEU ET DE DAME DE BENISTANT MARAINE SANCTE MEDARDE ORA PRO NOBIS LAN 1774.

Au milieu : IAY ETE FAITE AVX FRAIS DE LA MARGVILLERIE.

« Pas de sujets ni d'ornements. »

Cloche Saint Claude. 1613

Septième cloche. Poids, 63 kil.; diam. 0,46; haut. 0,45; épaisseur 0,029.

En haut, inscription en caractères latins de 0,02, sur trois lignes :

✝ IHS. MA. S. CLAUDI ORA PRO NOBIS HOROLOGII PULSA GALLI CANTV SONITVQUE CAMPANE TVA LAVS PVLSIT CANAT ET SONET IN ME 1613 (2).

En bas la marque du fondeur G B (3) et pour ornement une croix sur deux degrés formée de frises découpées.

Cette cloche était celle de l'horloge autrefois placée dans la tour du clocher et souvent mentionnée dans les comptes consulaires.

Telle était avant 1889, c'est-à-dire il y a dix ans à peine, la sonnerie de Saugues, que l'on comptait au nombre des curieuses sonneries de France.

La chapelle des dames de la Congrégation possède

---

(1) Jean-Charles-Louis du Buisson d'Ombret, clerc tonsuré et chanoine de Saint-Médard, mourut le 27 février 1783, à Clermont-Ferrand, où il continuait ses études.

(2) M. Germain rétablit ainsi cette inscription : *Jésus Maria — Sancte Claudi, ora pro nobis. — Horologii pulsu, galli cantu, sonituque campanæ tua laus pulset, canat et sonet in me.* (Jésus, Marie, S. Claude, priez pour nous. Qu'au timbre de l'horloge, au chant du coq, au son de la cloche, ta louange (Seigneur) vibre, chante et résonne en moi.)

(3) Le même auteur semble appliquer les initiales G B. à Gédéon Béguin, fondeur en la ville de Tours et signalé en 1589.

aussi une petite cloche, placée dans une ouverture du grand donjon. On y lit les inscriptions suivantes :

Sancte Claudi ora pro nobis.
De inimicis nostris libera nos Deus noster.
REFAITE AUX FRAIS DES DAMES DE LA CONFRÉRIE
ANNÉE 1743.

A cause de sa position, il est très difficile de l'examiner dans tout son pourtour et par suite d'en décrire les décors.

Les paroisses du mandement de Saugues avaient autrefois plus de cloches qu'aujourd'hui, dont un certain nombre ont été emportées par la tourmente révolutionnaire.

Ainsi le petit campanile de Cubelles en possédait quatre qui furent envoyées au Puy, sur les ordres venus du District. Deux seulement lui ont été rendues, l'une de 1518, l'autre de de 1526. Il n'y a pas lieu d'en donner ici la description.

CHAPITRE XXVI

L'église, les vitraux, les chapelles avant la Révolution. Les croix de Saint-Médard, de Saint-Crépin et de Sainte-Anne. Personnages remarquables. Bibliographie.

« L'église de Saugues (1) est un monument assez banal, voûté au XV° ou XVI° siècle, mais construit sur des débris d'un édifice roman dont il existe à l'intérieur quelques traces, sans intérêt, du reste. »   (N. THIOLLIER.)

M. Branche, parlant du temps où les hommes n'ont point épargné les beaux vitraux, ajoute :

« On en trouve encore des fragments, à la Chaise-Dieu,
« à Brioude.... Mais les seuls qui méritent d'être visités sont
« ceux de Saugues et qui, je le crois, doivent être comptés
« parmi les plus beaux du département. Ils représentent les
« actes de la vie de Saint-Médard, évêque de Noyon, patron
« de cette église. Il y a entr'autres verrières celle sur la-
« quelle est peinte (sic) le portrait du saint prélat qui est
« admirable de coloris » (2).

Ces vitraux, depuis un quart de siècle ont disparu et ont été remplacés par d'autres. Un seul a pu être reconstitué et recomplété, c'est précisément celui dont l'auteur cité fait un éloge particulier : il est à droite de l'autel, côté de l'épitre, et contraste par la profondeur de son coloris avec les teintes claires des créations actuelles.

Autour de l'église rayonnent de nombreuses chapelles irrégulièrement espacées et n'ayant entr'elles aucune ressemblance, les unes plus élevées ou plus larges, les autres plus basses ou plus étroites. Ce manque absolu d'uniformité semble indiquer qu'elles ont été le résultat de constructions successives faites en dehors de tout plan préconçu.

---

(1) « L'église de Saint-Médard de Saugues, qui peut être étudiée avec fruit, présente les caractères les plus frappants de la transition du style roman au style ogival. »
(BRANCHE. *Rapport sur les monum. hist. de la H. Loire*. p. 20.)

(2) *Ibid.*, p. 25. Ce rapport est inséré dans le *Bulletin monumental*, t. VII.

L'une d'elles, en face du porche, porte la date 1605, et fit partie du remaniement et des réparations signalées au commencement du XVIIe siècle.

D'après un dénombrement antérieur à 1789, les chapelles de la ville et de la paroisse étaient les suivantes :

« Dans l'église de paroisse :
« La chapelle de Saint-Jacques,
«   —   Saint-Jean,
«   —   Sainte-Catherine,
«   —   du Saint-Esprit, avec deux chapelains.

« Celle du Rosaire. Il y a un chapelain qui en acquitte les messes.

« Celle de Sainte-Anne. Il y a un chapelain nommé par Mme des Chazes qui a la permission d'acquitter les messes ailleurs.

« Celle de Saint-Régis. Il y a un chapelain qui acquitte les messes ailleurs.

« Celle de Notre-Dame.

« On célèbre la messe dans toutes les susdites chapelles et on supplie Monseigneur d'en continuer la permission. »

Chapelles interdites dans la même église.

« Celle de Saint-Blaise. Il y a quatre chapelains nommés par M. d'Apchier. » (En 1650, elle était signalée comme bien ornée et n'était point encore interdite.)

« Celle de la Croix.

« Autre appartenant à Mme d'Ombret, dédiée à l'Annonciation.

« Celle de Saint-Joseph, en très mauvais état.
« Celle du Saint-Crucifix   id.

Chapelles dans la ville où l'on célèbre.

« La chapelle des Religieuses (Ursulines).
« Celle des Pénitents.
« Celle de la Congrégation (1).
« Celle des Dominicaines.
« Celle des Carmélites.
« Celle de Saint-Antoine, fondée et dotée par M. d'Apchier. Il y a un chapelain. On ignore si les messes sont acquittées, la chapelle est interdite. »

Chapelles domestiques où l'on célèbre :
« Celle de M. de Saint-Paul, à Beauregard.

(1) La Congrégation, fondée en premier lieu dans l'église Saint-Antoine, s'était ensuite élevé une chapelle particulière.

« Celle de M. d'Ombret, à Ombret.

« Celle de M. du Luchadou. Il y a des réparations à faire. »

Chapelle domestique interdite :

« Celle de Madame de la Mégerie, à Pouzas. »

« A Beauregard, il y a une autre chapelle dédiée à saint Roch. Il y a un chapelain qui y acquitte les messes. M. de Saint-Paul y nomme.

« A la Gardette, il y a une chapelle dédiée à saint Claude. On y célèbre la messe. Il n'y a point de chapelain.

« A Esplantas, une annexe où il y a un chapelain.

« A Servières, une annexe où il y a un chapelain. »

Cette note ajoute : « Il n'y a point d'aumônes dans la paroisse de Saugues qui sont fondées. Le prieur donne 18 setiers seigle, qui autrefois étaient distribués aux pauvres par le curé et les consuls ; mais à l'occasion de quelque contestation entr'eux, sur cette distribution, ladite aumône tourne aujourd'hui au profit de l'hôpital, par ordonnance de Mgr. l'Evêque, depuis environ dix ans. »

(*Tabl. du Velay*, A. LASCOMBE. p. 239 et suiv.)

A cette époque avaient déjà disparu depuis longtemps les deux chapelles, de Saint-Jacques, sise au terroir de Chastelvieil, et celle de Saint-Jean.

La chapelle du seigneur était du côté de l'épître et avait une porte d'entrée spéciale, s'ouvrant sur l'ancien cimetière, et dont les vestiges subsistaient encore avant les dernières réparations faites à l'église, en 1875.

On peut signaler, dans l'église Saint-Médard, l'autel, style ogival, tout en beau marbre blanc, mais d'un intérêt relatif, à cause de sa moderne construction ; la chaire, en lourde pierre du crû ; la Vierge noire, vénérée dans la chapelle du côté de l'Evangile ; les orgues, antérieures à la Révolution ; et enfin la belle croix de procession, qui mérite une description particulière.

Les croix de Saugues.

Avec la croix processionnelle, deux autres se trouvent aussi dans la ville, possédées, l'une par la confrérie des tanneurs et cordonniers, l'autre par les tisserands, qui seront décrites à leur tour.

I. *La croix de Saint-Médard*. Le *Guide dans la Haute-Loire* (MALÈGUE, p. 365) s'exprime en ces termes : « La première, « la croix processionnelle..... est en chêne et couverte de « lames d'argent. La figure du Christ et celle de la Vierge

« adossée sur la seconde face sont en haut relief et au re-
« poussé. Des médaillons émaillés et ciselés ressortent d'un
« fouillis de fleurons en rinceaux, de fleurs et de fruits fine-
« ment estampés aux quatre extrémités de la croix, dont
« l'ensemble, avec ses proportions correctes et ses contours
« franchement dessinés, paraît s'allier à une heureuse
« combinaison des effets de lumière que doivent produire
« au soleil l'ornementation et l'éclat du métal. »

CROIX DE L'ÉGLISE DE SAINT-MÉDARD

Ces médaillons sont au nombre de quatre de chaque côté. Du côté du Christ, le médaillon droit représente la

Sainte-Vierge, celui de gauche Saint Jean, celui du bas les donateurs qui ont fait faire cette croix. Celui du haut porte une inscription gothique sur quatre lignes, suivies de la date sur deux autres, que M. l'abbé Mercier lit ainsi :

> *Vos qe sesta sancta crois adorez*
> *de la pation aies memoire*
> *pries pour les bonpars trespassez*
> *que lont fet ferre selon oratoire*
> *de may le jo[r] 9*
> *lan de grassa 19.*

Le côté de la Vierge montre, dans les médaillons, les quatre Evangélistes.

Cette croix, qui mesure 0,94 sur 0,54, a été faite au Puy, dont elle porte le nom, poinçonné dans les fleurons, sur l'initiative de la famille Bompar, qui devait jouer alors un certain rôle dans la ville.

II. « La deuxième, la croix des cordonniers, tanneurs et « mégissiers est pareillement l'œuvre d'un orfèvre du Puy « et remonte aux premières années du seizième siècle, à en « juger par la forme des lettres, le style des figures du « Christ, de la Vierge et de l'Enfant Jésus, et les gracieux « ornements de cette pièce. Les médaillons sont remplacés « par des feuilles d'argent repoussé et doré en partie à la « face de la Croix. Le revers est décoré aux quatre extré- « mités des symboles des quatre Evangélistes. Cette croix « a 0,55 au-dessus du pommeau. » *(Ibid).*

La largeur, d'une extrémité à l'autre des deux bras, est de 0,32 centimètres.

D'un côté, un beau Christ, d'anatomie un peu exagérée, mais à la draperie savante, accompagné de quatre médaillons.

1ᵉʳ médaillon : Sainte Vierge, dont la tête a disparu.

2ᵉ médaillon : un saint évêque, dont la tête disparue a été remplacée par une tête de chérubin.

3ᵉ, Saint Jean. Le 4ᵉ médaillon, au bas de la croix, montre saint Crépin avec une auréole et dans le costume du temps.

La seconde face porte une belle Vierge, de l'école du Nord, avec quatre médaillons où sont figurés les symboles des quatre Evangélistes. Ce côté est beaucoup moins maltraité que le premier.

III. « La troisième, la Croix des tisserands, est une imi- « tation de tronc d'arbre, une croix ébranchée, suivant un

CROIX DE SAINT-CRÉPIN   DE SAINTE ANNE

« usage assez commun au XV⁰ siècle. Elle a la hauteur de
« la précédente et présente une variété étrange de ce genre
« de composition. On ne saurait faire compliment à l'artiste
« pour le Christ et le portrait de sainte Anne, mais les pro-
« portions de la Croix et quelques heureux détails rachètent
« ces imperfections. » *(Ibid.)*

Ces deux croix sont plus petites que celle de Saint-Médard, et la dernière est d'un travail moins délicat et moins fini que les deux autres (1).

Personnages remarquables. Bibliographie.

Ce coin de terre du vieux Gévaudan n'est point fécond en illustres célébrités, ni en auteurs de grand renom ;

---

(1) Cubelles possède aussi deux croix en argent fort intéressantes. L'une d'elles, très petite, faite également au repoussé, semble du même âge et sortie de la même main que celle de Saint-Médard. Elle porte le même cachet d'origine : « PVY ».

l'aridité naturelle du terroir semble avoir déteint sur la production intellectuelle de ses habitants.

On a vu déjà mentionnés le troubadour GUÉRIN D'APCHIER et DONA CASTELLOZA DE MEYRONNE ; au sujet de cette dernière, un auteur local (1) écrit les lignes suivantes :

« CASTELLOZA (DONA), troubadour (2), surnommée dame
« d'Auvergne, XIII° siècle. Elle était femme de Truanus de
« Meyronne, et habitait le château de ce nom, commune de
« Venteuges, près de Saugues. Les biographes contempo-
« rains des troubadours ont négligé de donner les dates de
« sa naissance et de sa mort ; ils se contentent de dire
« qu'elle était issue d'une famille noble d'Auvergne, qu'elle
« aimait éperdûment le seigneur de Bréon qui se montrait
« insensible à ses chaleureuses avances. Cependant ils font
« de Castelloza un portrait fort aimable ; elle était « mout
« « gaia, mout bela et mout enseignada ». Ce dernier éloge :
« « bien enseignée », avait aux yeux des historiens des
« XII° et XIII° siècles une grande importance. Ce sont les
« dames qui parvinrent à polir les mœurs trop rudes des
« chevaliers et à imprimer à la civilisation un progrès ra-
« pide. Les vers de Dona Castelloza, devenue poète dans
« l'exaltation d'un amour malheureux, sont cités par M. de
« Rochegude dans le « Parnasse occitanien », avec ceux de la
« comtesse de Die, comme les chefs-d'œuvre des dames
« troubadours. On trouve dans ces poésies, autant et mieux
« peut-être que dans les chroniques du moyen-âge, le tableau
« des mœurs aux XII° et XIII° siècles Raynouard a repro-
« duit, dans son « Choix de poésies originales des troubadours »,
« deux des chansons d'amour de la Sapho d'Auvergne
« (t. III, p. 368 et suiv.). On trouve au recueil des poésies des
« troubadours, mss. des fonds français, n° 854, trois chan-
« sons commençant chacune par un des vers qui suivent :

Amics sius trobes avinen. (fol. 125.)
Ia de chantar non degr' aver talen.
Mout avez faic lonc estaje.

« Ces chants ne manquent ni de grâce, ni de sentiments
« délicats, et révèlent une âme tendre, un caractère paisible.

(1) *Bibliographie du Velay et de la Haute-Loire,* par M. Louis PASCAL (en préparation).

(2) Son nom est orthographié de diverses manières : Gastelloza, Castelloza, Castellosa.

« Ils sont dédiés à celui que dona Castelloza aimait d'un
« amour sans espoir. Voy. mss fonds français, n° 854, Bibl.
« nat. n° 12.473 (ancien supplém. français n° 2.032) etc.... »

On trouve, dans la chapelle de la Congrégation, un tableau médiocre, mais curieux, où se voit représenté, à droite, un chanoine revêtu de l'aumusse, ayant devant lui un livre sur lequel se détache le mot « *Bassus* ».

Au dessous du chanoine on lit, quoique rongée en partie, l'inscription suivante :

« *Deo optimo Maximo Claudius Plantinus Salguiensis in sacro regiæ symphoniæ choro canonicus et exarchus necnon perpetuus musicæ sacello ... Harlay in summo Galliarum senatu summi Præsidis ipsa æde canonicus hoc Beatæ Mariæ elogium... [ob]servantiæ ei debitæ monimentum posuit dicavit, consecravit anno ætatis* XXXIV. CIƆIƆC (1).

Le tableau est signé : *Quesnel maistre peintre à P(aris)*.

Le chant de louange commence ainsi :

« *O Maria quæ stella latine maris vocitaris*
Omnigenis hominum linguis succurre pudica
Solamenque tuum mereamur habere perenne....
Sancta Dei Genitrix.. ... »

Claude Plantin était maitre de chapelle, et c'est probablement dans la musique qu'il y avait adaptée plutôt que dans la poésie elle-même que gisait le mérite du chant de louange dont il est question. Toutefois, cette dignité glorieuse et recherchée, obtenue à l'âge de 34 ans, ne pouvait manquer de donner, à son heure, à notre compatriote, une notoriété qui mérite bien d'être ici signalée.

JEAN-JOSEPH DE CHASTEL DE SERVIÈRES (1716-1798), né le 4 mars 1716, à Servières, en cette paroisse de Saugues, commença, sous l'un de ses oncles, chanoine de Saint-Médard, son éducation, qu'il vint continuer au collège des Jésuites du Puy, puis obtint une lieutenance au régiment de Poitou, où trois de ses oncles paternels étaient officiers.

Bientôt il quitte l'armée pour entrer dans les Ordres,

(1) Au Dieu de puissance et de bonté, Claude Plantin, de Saugues, chanoine et chef de la symphonie du roi, et chanoine aussi perpétuel du chœur de la chapelle de ... Harlay, président du Parlement de France, a fait, dédié et consacré, en témoignage du dévouement qui lui est dû, cet éloge de la B. Vierge Marie, en la 34me année de son âge, l'an 1600.

reçoit la tonsure à Clermont et vient étudier au Séminaire du Puy. Nommé chanoine de Saugues, il devient bientôt le syndic du collège. C'est lui qui obtint le dernier règlement donné en 1756 à la collégiale de Saint-Médard.

Il est chargé de la direction des Ursulines de Saugues, et, à ses heures, donne des missions et des retraites à la Canourgue, Sainte-Enymie, Mende, Marvejols, etc...

M. de Cumignat, chanoine du Puy, qui l'avait appelé en cette ville pour le faire prêcher, se démit en sa faveur de l'office de panetier qu'il possédait outre son canonicat. Mgr. de Pompignan lui conféra ensuite une prébende. J.-Joseph de Chastel devint bientôt supérieur de St-Joseph et de St-Charles, directeur de l'Hôtel-Dieu et de l'Hôpital-Général. Ces dernières fonctions avaient été antérieurement occupées par M° Ignace de Labretoigne, chanoine de Notre-Dame.

Le chanoine de Chastel perdit presque entièrement la vue peu de temps avant sa mort arrivée le 4 janvier 1798.

Une notice, sans nom d'auteur, attribuée à M. Pouderoux, a été publiée avec ce titre : *Eloge historique ou abrégé de la vie et des vertus de M. J.-Jos. de Chastel de Servières, chanoine et panetier de Notre-Dame du Puy*. A Paris, chez les libraires associés.

Le personnage le plus remarquable qu'ait produit le pays de Saugues est celui dont une plume autorisée fait l'éloge en ces termes :

« JOACHIM BARRANDE (1), (1799-1883). »

« Barrande n'a pas occupé de situations officielles. Il n'a voulu être d'aucune académie, et sa boutonnière est restée vierge de toute décoration. La foule a ignoré son nom, et la France qu'il honorait ne l'a que rarement tenu dans ses frontières. Il n'en a pas moins conquis une renommée universelle auprès des deux seules catégories de gens dont l'opinion lui importât : les hommes de science et les hommes de cœur. »

« Né à Saugues, dans la Haute-Loire, en 1799, Joachim Barrande entrait à l'école polytechnique à l'âge de vingt ans pour en sortir le premier en 1821..... Ayant choisi les Ponts et Chaussées, Barrande fut envoyé à Decize où la construction d'un ouvrage difficile lui valut de légitimes

(1) On lit dans la *Géographie de la Haute-Loire*, d'Ad. JOANNE (p. 36), dans la liste des personnages remarquables : « Joachim BAR-RANDE, un des meilleurs géologues de notre temps, né à Saugues, a passé la plus grande partie de sa vie en Bohème. »

compliments. C'est dans cette résidence qu'il eut l'occasion d'être présenté au duc d'Angoulême, et le jeune ingénieur fit une telle impression sur l'esprit du Dauphin, que ce dernier, avec l'approbation de Cauchy, désigna Barrande au choix de Charles X pour suivre l'éducation scientifique du comte de Chambord. Cette haute mission fut acceptée avec joie et déjà un laboratoire de physique et de chimie s'élevait, pour l'usage du jeune prince, au Palais des Tuileries, quand survint la Révolution de 1830.

« Barrande n'hésita pas sur la conduite à tenir, et donnant sa démission, il suivit son royal élève dans l'exil, d'abord en Ecosse, puis à Prague. Autour de cette ville il fit de nombreuses promenades pour l'instruction du comte, et aussi pour celle de sa sœur, la future duchesse de Parme. On y recueillait de tout, plantes, insectes, reptiles, minéraux, et le précepteur, qui avait suivi, à Paris, les leçons de Cuvier, de Brongniard, de Jussieu et de Constant Prevost, en savait assez pour répondre à l'intelligente curiosité de ses disciples. Une seule matière demeurait obscure, à savoir la structure de l'écorce terrestre, dans cette région tant de fois bouleversée. Il était réservé à Barrande d'éclairer ce point d'une vive lumière.

« En 1833, on avait entrepris la construction entre Prague et les bassins houillers de Radnitz et de Pilsen, d'un chemin de fer à traction de chevaux. Heureux de mettre à profit ses connaissances techniques, Barrande, à qui son préceptorat faisait déjà de suffisants loisirs, s'était chargé de la détermination du tracé. Une tranchée, en mettant à découvert un riche gisement de fossiles, éveilla la curiosité scientifique de l'ingénieur. Il se mit à l'œuvre, étendant peu à peu ses explorations. Toute une équipe d'ouvriers fut embrigadée par lui, et l'on vit pour la première fois ouvrir des carrières dans le seul dessein d'y trouver des fossiles. Sur ces entrefaites, eut lieu en 1839, la publication des premiers travaux du géologue anglais Murchison, sur ce qu'il appelait le système Silurien. Barrande distingua du premier coup, parmi les figures des espèces anglaises, plusieurs types caractéristiques des environs de Prague. Il reconnut de plus que l'ordre de distribution de ces types obéissait aux mêmes lois dans les deux contrées, et dès ce jour, il résolut de faire connaitre à son tour, à la gloire du pays qui l'avait accueilli, les richesses paléontologiques, longtemps insoupçonnées du district où le hasard des événements venait de le jeter. »

« Telle est l'origine du *Système Silurien du Centre de la Bohême*, publication monumentale, dont les vingt-deux volumes devaient se succéder de 1852 à 1881 avec tant de régularité. L'entreprise était immense, et ni les ressources personnelles de l'auteur, ni l'aide d'une société savante n'eussent suffi pour en mener à bien l'exécution, surtout avec un tel luxe ; car Barrande n'a pas décrit moins de cinq mille espèces, figurées sur trois cent soixante planches in-quarto, qui toutes ont été dessinées sous sa direction immédiate. Heureusement la discrète munificence du prince se chargea toujours de rendre le fardeau supportable. Pendant ce temps, tout entier à la science, Barrande poursuivait ses fouilles, dont les produits venaient s'entasser méthodiquement dans son modeste appartement de Prague, si bien encombré de tiroirs, qu'après avoir parcouru toutes les pièces, sans distinguer autre chose que des meubles à collections, les visiteurs qu'il accueillait avec tant d'obligeance se demandaient où pouvait bien être le lit, dissimulé pendant le jour par un châssis qui servait de support à des brochures. »

« L'apparition de l'ouvrage de Barrande fit sensation parmi les hommes compétents. On ne savait ce qu'il fallait le plus admirer, de la masse des matériaux accumulés, de la sagacité déployée par l'auteur, du soin qui avait présidé aux descriptions, de l'immense érudition qui s'y laissait voir, enfin de la fidélité et de la parfaite exécution des dessins. De ce jour, la réputation du savant devint universelle…. »

« Vénéré des géologues du monde entier, avec lesquels il était en perpétuelle correspondance, tant on avait besoin de ses lumières, Barrande fut un fervent et inébranlable disciple de Cuvier. »

« Inflexible dans ses opinions, en science comme en politique ou en religion, il était, vis-à-vis des autres, d'une tolérance et d'une courtoisie qui ne se démentaient jamais. La société géologique de France qu'il fréquentait durant ses trop courts séjours à Paris, a gardé de cette figure si grave et si sérieuse une impresssion profonde. Austère dans sa vie comme dans sa tenue, il imposait à tous par son grand air, ainsi que par sa dignité froide mais bienveillante, et nul n'eût osé franchir à son égard les marques du respect.

« Le comte de Chambord avait pour Barrande une affection et une confiance sans limites. Après l'avoir eu, durant toute sa vie, pour administrateur de ses biens, il le désigna, en mourant, comme son exécuteur testamentaire. Mais l'ancien et fidèle précepteur avait alors quatre-vingt-quatre ans, et bien qu'en ce moment il fût encore en possession de toute son énergie morale et physique, il ne devait pas survivre plus de six semaines au prince dont il partageait depuis si longtemps la destinée. La mort le prit à Froshdorf, le 5 octobre 1883. La ville de Prague, héritière de toutes ses collections, a construit pour les abriter dignement, un musée qui porte le nom du donateur. et l'engagement formel a été pris d'achever son œuvre. Mais la France, au bon renom de laquelle il a travaillé si efficacement, ne saurait oublier sa mémoire, et les Polytechniciens lui doivent une place dans leur livre d'or... » A. de Lapparent.

(Livr. du Centenaire de l'Ec. Polytechn. p. 389 et s.)

Auteurs divers

MALIGE, prêtre du canton de Saugues :
« Le Chrétien dirigé dans les voies du salut. » (Soc. d'Agr. du Puy. Bibliog. p. M. Sauzet, t. XVIII, p. 279 et suiv.)

ROUJON, prieur de Saint-Vénérand, 1720.
« Réflexions, consolations et prières sur les affections présentes. » (Ibid.)

DANTAL PIERRE, né dans le canton de Saugues, mort à Lyon, où il exerçait le professorat avec distinction. Il a composé beaucoup d'ouvrages sur les classiques. (Ibid., p.281.)

DE LABRETOIGNE. Quelques pages de notes historiques sur Saugues, dans le tome XIV de la Soc. d'Agr. du Puy.

AUG. BOMPARD, prêtre, de Saugues :
Fleur des Montagnes ou Marguerite de Salgue, roman, 1880, Marchessou.

Le R. P. HENRI DE GRÈZES (DE LA BILHERIE), religieux de Saint-François, définiteur provincial et custode général de l'Ordre, mort en 1897, à l'âge de 63 ans, après 45 années de vie religieuse. Eloquent prédicateur et écrivain intéressant. Principaux ouvrages :

Vie et missions du P. Honoré de Carmes. 1895. (Poussielgue.)
Vie du Révérend P. Barré. (Id.)
Histoire de l'Institut des Ecoles Charitables. (Id.)
Vie de saint Vernier. (Id.)
Le couvent des Capucins de Tarascon. (Id.)
— — de Saint-Tropez. (Id.)
Vie du P. Félix de Nicosie. (Delhomme et Briguet.)
Le Sacré-Cœur de Jésus (Id.)
Et quelques brochures de moindre importance.

CHAPITRE XXVII

Le monastère des Ursulines. Le Tiers-Ordre du Mont-Carmel. Le Tiers-Ordre de Saint-Dominique.

Le Monastère des Ursulines de Saugues (1)
1603-1792

Nul, en la ville de Saugues, ne garde aujourd'hui mémoire du couvent d'Ursulines autrefois abrité dans nos murs. Seuls, quelques lambeaux de parchemins, quelques titres épars, relatent le peu que l'on sait de son existence, de ses membres, et des événements qui remplirent sa vie d'assez courte durée.

Le Père Louvreleul, dans l'*Histoire de la Mère Marie-Marguerite de Villars* (page 3), rapporte « qu'une sœur de
« Louise de Langlade (de Beauregard) avait fondé, en la
« ville de Saugues, une maison des premières Ursulines qui
« ne gardaient point la clôture pour vaquer avec plus de
« liberté à l'instruction des personnes de leur sexe. »

On retrouve encore de cette institution une sorte de registre ou « livre concernant les réceptions et entrées, de
« l'an et jour quels ont esté reçues en la dévote compaignie
« des vierges religieuses esrigées en la présante ville de
« Salgues et authorisées par Mgrs nos évêques de Mande,
« que aussi leur profession. »

La deuxième page s'ouvre en ces termes :

« Ce jourd'huy vingt quatriesme juing, jour et feste de
« la Nativité de Sainct Jehan-Baptiste, mil six cens et trois,
« fust instituée la dévote Compaignie des Vierges reli-
« gieuses de Madame Saincte Ursule et ses compaignes en
« la présante ville de Salgues, admises et rescues en icelle
« honestes filhes Catherine Planchette, eâgée de trante ans
« ou environ, filhe légitime de feu honorable homme
« M. Claude Planchette notaire royal son père, de Salgues,
« et d'honeste fame, Anthoinette Peyson. »

« De plus, Ysabeau Chassefeyre, eâgée de vingt-sept

(1) *Sem. Relig. du Puy*, 14 fév. 1890.

« ans ou environ, filhe légitime de Jehan Chassefeyre, labo-
« reur du villayge de la Clause, paroisse de Grèzes, diocèse
« de Mande, et de..... Granier, sa mère. »

« Que aussi Jehane Olier, eâgée de quarante ans, filhe
« légitime de Vidal Olier, laboreur du vilayge et paroisse de
« Nozeyrolles, diocèse de Sainct-Flour, et de Agnès du Fau
« sa mère. »

« Et de même Jehane Pasqual, eâgée de trante-cinq
« ans ou environ, filhe légitime de feu Médard Pasqual
« laboreur du vilayge de Vernet de la présante parroisse de
« Salgues et de Magdelaine Martin sa mère. » Suivent les
signatures de « Catherine Planchette, Ysabeau Chassefeyre
« et Médard Jehanene, protecteur spirituel, prêtre. »

Vient ensuite la formule d'inscription des postulantes admises à faire profession dans le monastère :

« Ce jourd'huy, dix-huictiesme octobre mil six cent et
« seze, jour et feste de sainct Luc, Evangeliste, a esté ad-
« mise et resçue en la dévote compaignie des Vierges reli-
« gieuses instituées et esrigées en la présante ville de
« Salgues, a l'honeur de la glorieuse Vierge Marie et de
« Madame Saincte Ursule et ses compaignies les onze
« milles vierges, vertueuse damoizelle Thoynette de Lan-
« glade, filhe légitime à Monsieur Messire Jacques de Lan-
« glade, docteur es-droit et juge local de la présante ville
« de Salgues et de honeste fame, feu damoyselle Bourgine
« de Fontunye, ladite filhe eâgée de dix-huict ans environ. »

Les vœux de profession étaient ainsi qu'il suit formulés :

« Je sœur, N... en vostre présance, mon Dieu, et de
« toute la cour céleste, quoyque très-indigne de m'y pré-
« senter, me confiant en vostre bonté, vous promes et vous
« voue et à la glorieuse Vierge Marie, au bienheureux Sainct
« Augustin, à la bienheureuse Vierge Saincte Ursule, aux
« onze miles Vierges ses compaignes, et à vous, ma véné-
« rande mère, et à toutes les mères vos successeresses,
« pauvreté, chasteté, obeissance et closture, selon le sainct
« concile de Trante, et de persévérer en ses miens vœux
« iusques à la mort, à la compaignie, de Saincte Ursule,
« suivant la règle de sainct Augustin, et les constitutions
« de ce monastaire, aprouvé par Monseigneur de Mande,
« prian Dieu de m'en faire la grâce. »

« Vingt quatriesme jour du moys de ..... mil six
« cens ..... dans notre monastaire de saincte Ursule de
« Salgues. En foy de quoy ai signé N.... »

Ce même livre embrassant une période de 38 années (1), relate seulement trente-six réceptions, parmi lesquelles on relève vingt religieuses de haut lignage.

Voici quelques noms :

« 1611. Resception de Jeanne de Fontunie (2), veuve de Benoit Bonhomme, fille de feu noble Guérin de Fontunie, sgr. des Salettes et du Meynial, âgée de 54 ans. »

« 1616. 18 octob. Resception de vertueuse filhe damoyselle Catherine de Langlade (sœur de Thoynette de Langlade), eâgée de seze ans. »

« 1621. 21 novembre. Resception de vertueuse filhe Claude d'Oumbret, filhe de honorable Monsieur d'Oumbret, dict de Morangiès, et de noble Blanche d'Oumbret sa mère. »

« Id.... Benoite de Thilier, fille de Monsieur le Thilier, et de dame Anne d'Ourellie d'Alleret. »

« 1629..... Damoyselle de Diguons. »

« 1632..... Noble damoyselle Françoise de Couloun, fille de messire de Couloun, et de noble dame Marguerite de Bressolles de Cheminades. »

« Id..... Catherine d'Apchier. »

« Id..... Nobles filles Angièle et Thérèse de Couloun, sœurs de la précédente damoyselle Françoise de Couloun. »

« 1633..... Anne de Touranc, fille de noble Claude de Touranc, sgr de Cheyliaguet. »

« 1634..... Anne de Beaumont, fille à noble de Beaumont, sgr de Bessèget, et de noble dame de la Tour. »

« 1634 .... Noble fille Angélique du Roure, fille à messire Barthezar du Roure. »

« Id..... Marguerite de la Rochette. »

« 1635..... Louise de Narbonne, fille à noble Jean de Narbonne, sgr de Redoussac. »

« 1636..... Anne d'Auzolle, fille de Jean d'Auzolle, sgr de Serre. »

« 1639..... Noble fille Marie du Roure. »

« Id..... Nobles damoyselles Gilberte et Anthoynette de Montgranat, filles à noble François de Champredonde et feue damoyselle de la Gardelle. »

« 1640 .... Marguerite du Miet. »

« 1641..... Colombe de Cluny, fille à noble Christophe de Cluny, et de noble dame de Falcon. »

---

(1) 1603-1641. (Ce livre est en la possession de Mme de Labretoigne, à Domezon, près Saugues.)

(2) Jeanne de Fontunie était supérieure en 1616.

D'autres noms sont signalés ailleurs :

1704..... Damoyselle Jeanne d'Apchier (1).

1711. (Juillet.) Jeanne du Saint-Esprit Gérenton, supérieure; Antoinette de la Fage, sœur des Anges, assistante. Gabrielle de Belvezet (de la Fagette), procureuse. Marie de Saint Augustin de Saint-Haon.

1737..... Gabrielle de Langlade de la Rode. J. de la Fagette, supérieure.

« 1757-1780... noble dame de Brun, dame Bruno de Lobérie, dame de l'Hostel, dame de Servilanges, dame de Chastel de Servières. »

Le monastère, une fois fondé, traversa les épreuves périlleuses qui guettent à son début toute nouvelle institution. Tout d'abord les sujets manquèrent et le personnel ne se recruta qu'avec beaucoup de difficulté : les huit premières années donnèrent en effet trois postulantes seulement.

Et quand l'enceinte du couvent se fut peuplée, le dénûment et la misère vinrent à leur tour peser sur la communauté.

On fit appel à la charité publique, qui par des dons et des secours de diverse nature pourvut à la subsistance des religieuses.

D'autre part une délibération du Conseil de ville, de février 1614, les déchargea des tailles publiques et toutes autres charges, à condition qu'elles réciteraient à chaque jour un *Inviolata* ou un *Stabat Mater,* à perpétuité.

Allez donc aujourd'hui solliciter pareille faveur!

La duchesse de Mercœur, suzeraine de Saugues, leur accordait une lettre d'amortissement de cens et autres charges, le 13 novembre 1614. Mre Despinchal leur amortissait diverses censives, à condition qu'elles seraient tenues, à l'avenir, de dire tous les lundis de l'année un *Veni Creator*

---

(1) Le 19 juill. 1704, damoyselle Jeanne d'Apchier détenue de maladie corporelle, dans le cloître des dames religieuses de Sainte-Ursule de la ville de Saugues, fait son testament ainsi qu'il suit : ..... Elle veut être enterrée dans le tombeau desdites dames religieuses, voilée comme une religieuse dudit couvent.....

Elle donne à lad. communauté la somme de 1200 livres, payables 200 livres par an, et pour le regard de ses honneurs funèbres s'en remet à la discrétion de son frère Henri-Louis, comte d'Apchier, sgr. de la Garde, la Clause, Thouras, en son château de Besque ;

Plus à d^{lle} Marie Rose de Brun, sœur de Sainte-Rose, novice dud. couvent 30 liv. de pension annuelle.....

Présente..... dame Françoise de Langlade, supérieure.

(Min. de Couret. Etude de Me Edm. Bonhomme.)

Spiritus, et le *Salve Regina* ou l'*Inviolata,* chacun samedi de chacune semaine, le tout après Complies, dans leur chapelle.

De plus, elles avaient obtenu, de M. le prieur de Charaix, la concession à perpétuité de la chapellenie de Saint-Martin de Monistrol-d'Allier, d'environ huit à neuf setiers de revenu, pour l'entretien de leur confesseur et père spirituel qui était alors Médard Johanenc. Cette donation, datée du 11 sept. 1613, fut ratifiée par Mgr l'Evêque de Mende le 28 mai 1614.

Les Etats de Gévaudan, dans la session de 1625, votent la somme de 600 livres, dont une partie doit être affectée aux Ursulines de Saugues.

Par son testament du 3 mars 1633, P. Molynier, acolyte et « régent d'escolle » à Saugues. lègue aux religieuses Ursulines, dix livres pour la fondation d'une messe basse dite annuellement à leur autel, le 25 nov., fête de Sainte Catherine (1).

Le 3 sept. 1647, Claire de la Rode, dame de Brangeirès, et femme de noble Annet de la Roue, baron d'Usson, leur lègue la somme de 30 livres, payables par une fois, pour dire l'office des morts trois fois l'année, à tel jour que bon leur semblera (2).

Dans cet intervalle on avait tenté une fusion des Ursulines avec les filles de N. Dame du Puy.

« La troisième maison de N. Dame qui est sortie de
« celle du Puy fut d'abord établie dans la petite ville de
« Saugues, en Gévaudan. Les Ursulines qui voulurent
« encore, cette fois, se rendre filles de N. Dame, comme
« elles l'avaient fait avec succès à Béziers et au Puy, s'adres-
« sèrent pour ce dessein à la mère de Roux (supérieure du
« Puy). Elle leur envoya pour supérieure la mère Marthe de
« Labat, Gabrielle Portal pour mère seconde, et une fille
« séculière, Marie Beraud, les accompagna, qui prit le voile
« à son arrivée, avec deux filles de la Congrégation de
« Sainte Ursule. Celles-ci furent les seules qui changèrent
« d'état en embrassant l'Institut de N. Dame ; les autres
« rétractèrent leur parole et ne purent jamais se résoudre
« à prendre la Règle qu'elles avaient demandée. Elles ne
« firent que fournir de la matière à la patiance *(sic)* des
« Religieuses du Puy, par de grandes contradictions pen-
« dant deux années entières. Le P. Mercier, Jésuite, excel-
« lent prédicateur, qui était à Saugues, pour quelques

(1) Archives de l'Hosp. de Saugues.
(2) Titres de Jos. Palhière de Brangeirès.

« affaires de l'évêque de Rhodez, Bernardin de Corneillan,
« voyant que les travaux de ces filles étaient inutiles, leur
« conseilla de se retirer dans la ville épiscopale ; il leur
« ménagea toutes les permissions nécessaires. Les deux
« Mères laissèrent les Ursulines dans leurs anciennes pra-
« tiques, et partirent pour Rhodez avec les trois Novices,
« qui firent, à leur arrivée, les vœux de Religion, au mois
« d'octobre 1626 » (1).

Le gouvernement de cette maison n'allait pas sans difficultés. En 1663, la supérieure, Claude du Roure, se plaint à l'Evêque de Mende du désordre qui règne dans sa Communauté.

Le P. Lemoyne, prieur de Pradelles, après information faite, écrit à Monseigneur : « J'ai vu et ouy toutes les reli-
« gieuses de Saugues, ainsi que votre Grandeur me l'avait
« ordonné, et je n'ai pas connu que leur Communauté fut
« en si grand désordre, ny dans une si générale désunion,
« comme on l'a représenté à votre Grandeur. (1663). »

(Archiv. de la Loz. H. 371.)

Une puissante influence avait sans doute recommandé ces religieuses à la bienveillance du Roy, car le 3 Avril 1731, l'Evêque de Mende écrivait à la Supérieure : « Le Roy par
« une libéralité vrayement royale accorde à votre commu-
« nauté, Madame, une grâce qui doit vous engager à
« redoubler vos vœux et vos prières pour sa conservation...
« .... La grâce que Sa Majesté vous accorde est une rente
« de trois cents livres payables chaque année, à Paris, par
« M. de Sézille, trésorier de ses aumônes, en deux termes
« égaux, dont l'un est le premier avril et l'autre le premier
« octobre. »

« Cette rente est viagère, et divisée sur la tête de dix
« Religieuses les plus anciennes de votre Communauté, à
« raison de trente livres sous le nom de chacune. Quoy que
« la rente soit partagée sur la tête de ces dix religieuses, et
« que sa qualité de rente viagère la fasse diminuer de la
« quotité de chacune des mêmes religieuses que Dieu

---

(1) *Hist. de l'Ordre des Religieuses Filles de N. Dame*, t. II, page 139.

On lit encore dans cet ouvrage : « Une sœur compagne, de la ville de Saugues, Marguerite Merle, fut un des premiers ornements de la fondation de Rodez.... Il est signalé comme un miracle, ou à peu près, qu'au moment de sa mort, à minuit, toutes les religieuses se trouvèrent réunies dans sa chambre, sans avoir été prévenues. » (page 141.) Elle mourut le 22 août 1663.

« retirera de cette vie, elle ne doit pas être employée aux
« usages particuliers de chaque religieuse, mais aux besoins
« de toute la Communauté. Ainsy elle sera touchée par la
« supérieure et la dépositaire qui en donnera quittance. »
(Doc. de Mme Sapet-Estaniol.)

Grâce à ces bienfaits divers, grâce aussi au douaire qu'apportaient les postulantes devenues plus nombreuses, le monastère, naguère dans la gêne, se vit bientôt à la tête d'une dotation qui pouvait suffire aux besoins de tous ses membres.

Les Ursulines avaient déjà fondé, en faveur du chapitre de Saint-Médard, le 4 novembre 1614, « une messe en hault,
« avec diacre et soubz-diacre pour estre dite en leur cha-
« pelle, le jour de sainte Ursule, checune année, plus une
« autre messe basse, les premiers mercredys du mois. »
(Arch. de Saint-Médard.)

Le 26 septembre 1720, elles achètent de noble dame Marie de Retz de Bressoles, veuve et héritière de noble François de Lescure, sgr. de Combettes, par l'intermédiaire de Mre Vital Dangles, vicaire général du diocèse de Mende, et leur procureur, deux métairies sises en la paroisse de Saugues, l'une appelée des Roches, au faubourg dudit Saugues, et l'autre au village des Salles-Jeunes, au prix de 7000 livres les deux. (Doc. de Mme Sapet-Estaniol.)

« Le 4 mai 1747, elles achètent de noble Claude-Hyacinthe Favy, s. de Domezon, assisté de Louis Privat son curateur, et de dame Marguerite de Virville, veuve de J. F^ois Favy, sa mère, un pré et un champ, joignant ensemble, appelés des Echavels, ou Rif Saint-Jean, lesdits pré et champ destinés pour être joints à leur cloître, moyennant la somme de 6500 livres. Dans cet achat passé au parloir dudit monastère, la communauté était représentée par dame de Saint-Bruno de Lobérie, supérieure, dame de Saint-Joseph de Chastel de Servières, zélatrice, dame de Sainte-Rose Brun de Bonnoïo, dame de Saint Louis de Saint-Haon, officiaires. »

« Le 11 sept. 1767, dame Jeanne-Philippe Terrasson, veuve de Claude Hyac. Favy, sieur de Domezon, et son héritière testamentaire, ratifie la vente faite vingt ans auparavant par son mari, et se désiste de toute restitution de fruits et jouissances qu'elle pourrait exiger. L'acte en est dressé en présence de Mre Hilaire-Alexis Bernard, chanoine de Saint-Médard, Mre Ant.-Annet Prolhac, doct. en théol., chanoine et curé de Saugues, et J.-F^ois Croze, écuyer, avocat en parlement, controlleur ordinaire de guerres, habitant à Brioude. » *(Ibid.)*

Les sœurs composant alors la communauté étaient :

Dames :

des Anges de Brun, sup^{re},
de Saint-Bruno de Lobérie, assistante,
de l'Assomption Brunel, procureuse,
de Sainte-Angèle Polge, officiaire,
de Saint-Paul Cairoche,
de Saint-Pierre Cairoche,
de la Conception, Torrent,
de Saint-Laurent Béraud,
de l'Incarnation Morangiès,
de la Nativité Bertrand,
de Saint-Ambroise Guilhc,
de Saint-Privat Carlet,
de Sainte-Madeleine Bertrand,
de Saint-Sauveur Manson.

D'après les reconnaissances faites en 1760, à Mgr le Prince de Conty, et à messire J. Randon de Châteauneuf-d'Apchier, elles possédaient le bâtiment de la communauté avec grange, prés, cour et jardin, jouxtant la porte du Mas, le pré du Torrat, un domaine au terroir de la Gardette, attouchant le domaine du Chapitre, le domaine des Salles, une maison aux Roches avec basse-cour et jardin, plus cinquante parcelles de champs, buges et prés sises au terroir de Peutchamp.

Quand vint la Révolution, une loi, et quelle loi ! supprima leur existence civile, s'appropria leurs biens qui provenaient des douaires successifs des religieuses admises, et les vendit au plus offrant.

Leur monastère n'était autre que la demeure occupée aujourd'hui par les religieuses de la Présentation.

On voit dans la chapelle de la Congrégation un tableau représentant sainte Angèle de Mérici, la fondatrice des Ursulines, avec une série de médaillons représentant les faits principaux de sa vie. Il est probable que cette peinture provenait du monastère des Ursulines, et qu'elle était une des dernières épaves sauvées du naufrage, dans la tourmente où sombra cette Communauté.

LE TIERS-ORDRE DU MONT-CARMEL

I.

On ne sait point en quelle année précise fut fondé, en la ville de Saugues, le Tiers-Ordre du Mont-Carmel.

Un mémoire, de date assez récente, raconte fort au long que les titres d'établissement se trouvaient entre les mains du directeur dudit Tiers-Ordre, l'un des chanoines de la Collégiale de Saint-Médard. Or, en septembre 1788, dans l'incendie qui dévora la majeure partie de la cité, l'habitation de ce chanoine devint la proie des flammes et les titres qu'il gardait ne purent être sauvés.

Quoi qu'il en soit, à l'aurore du siècle précédent, la communauté du Mont-Carmel, fondée de toutes pièces, recrutait ses novices et son personnel comme l'atteste la profession suivante :

« Je, Marie Boulanger, sœur Marie de l'Incarnation,
« fais ma profession dans le Tiers-Ordre de la B. V. Marie
« du Mont-Carmel, promés obéissance et chasteté, selon
« l'état où je me trouverez le reste de mes jours à Dieu
« tout puissant, en présence de Monsieur Pradon, chanoine
« de la collégiale de Saint-Médard de Saugues, député, et
« aiant tout pouvoir des révérands père prieur des Carmes
« de la ville de Mende, ce que nous lui promettons et à ses
« succcesseurs, selon la même règle et jusqu'à la mort.
« Faict et signé ce 15ᵐᵉ octobre 1702. »

(Registre du T.-O. du M.-C.)

Comme on le voit par le document précité, nos Sœurs tertiaires relevaient des Carmes de la ville de Mende, et choisissaient leur directeur spirituel parmi les chanoines de Saint-Médard.

Ainsi, l'on trouve pour directeurs de 1702 à 1788 :

MM. Pradon, chanoine.
    Chabanel,   id.
    Molherat,   id.
    Manson,   id.
    Annet Prolhac, curé, chanoine...

Après la Révolution, la direction échut généralement à l'un des vicaires de la paroisse.

Le directeur recevait les professions, veillait au maintien du bon ordre et à l'observance fidèle des statuts.

De ces statuts, remaniés suivant la nécessité des temps, on remarque les articles suivants :

Art. I. — Les Sœurs de N.-D. du Mont-Carmel, réunies à Saugues, ont pour objet :

1° Le soin des malades et des infirmes à domicile,
2° La visite des pauvres honteux et leur soulagement,
3° L'éducation des jeunes personnes du sexe.

Art. III. — Après deux ans de noviciat, elles font des promesses simples, mais dont elles peuvent être dispensées, et qui ne les obligent plus dès qu'elles abandonnent la communauté. (Regist. dud. T.-O.)

Le personnel jadis comprenait :
Une supérieure,
Une maitresse des novices,
Une sous-maitresse,
Quatre conseillères,
Une infirmière,
Une sous-infirmière,
Une sacristaine,
Une sous-sacristaine,
Une trésorière.

Les deux premières étaient élues à la pluralité absolue des suffrages des sœurs composant la communauté. (Art. VI).

Aucune d'elles ne pouvait être élue supérieure si elle n'avait 30 ans d'âge et 3 ans de profession. (Art. VII)

Primitivement les hommes étaient admis dans le Tiers-Ordre du Mont-Carmel : la formule des vœux par eux prononcée et le rite de la profession, conservés par les registres sont à peu près identiques à ceux des Sœurs. En 1725, Joseph Bonhomme fait sa profession et prend le nom de frère de saint Joseph. Après la Révolution on retrouve quelques admissions d'hommes : Jean Laurent, Prolhac, tonsuré, 1805. Louis Despeisse, tonsuré, 1810. Ce sont les derniers.

Il ne paraît pas que les hommes fussent immiscés à l'administration temporelle de la communauté. Un seul, Médard Molinier, est désigné comme sacristain. Il est possible que la tribune que l'on voit encore dans la chapelle des carmélites ait été élevée à l'intention des Frères de l'Ordre, afin qu'ils eussent une place fixe et un local convenable, pour assister aux réceptions et cérémonies diverses qui ont lieu dans le cours de l'année.

II.

Cette institution fut, à son début, accueillie avec satisfaction par les habitants de la cité : les sujets abondèrent et les meilleures familles fournirent leur contingent, les registres nous signalent, en effet, comme professes en ces jours-là : MM^{lles} Boulangier, Dorson, de la Bastide, Chirac, Torrent, du Mazel, etc , etc....

Bientôt affluèrent, soit de l'autorité supérieure, soit des simples particuliers eux-mêmes, de nombreux témoignages de bienveillance relatés dans les documents dont suit l'énumération.

« Du 26 mai 1709. Mgr Baglion de la Salle, évêque de Mende, accorde aux Sœurs du Tiers-Ordre du Mont-Carmel de Saugues, la permission d'exposer le Saint-Sacrement le 16 juillet et le 15 septembre, jour de sainte Thérèse, pour dix ans seulement » (Tit. dud. T.-O.)

« Du 20 décembre 1735. Marie Roche et Marguerite Michel, par devant Mᵉ Beraud, notaire royal, font en faveur dudit Tiers-Ordre, la fondation d'une grand'messe, avec diacre et sous-diacre au jour de saint Joseph. Cette grand' messe devra être célébrée dans l'église paroissiale de Saint-Médard, J.-B. Blanquet et Hyacinthe Vernet, syndics du chapitre, acceptent au nom d'icelui. »

« Du 27 décembre 1744. Messire Lafaige de Ribes, permet aux sœurs tertiaires Carmélites de faire dresser un balustre en sa chapelle du Saint-Esprit, pour y faire leurs prières ordinaires, à condition que ceci ne fera nulle peine à M. l'abbé de la Grange, chapelain du Saint-Esprit. » (ibid)

Les sœurs du Mont-Carmel n'avaient donc point encore de chapelle particulière : celle du Saint-Esprit était l'une des chapelles latérales de l'église paroissiale de Saint-Médard.

« Du 20 mars 1749. Par devant maitre Torrent, not. royal, J.-B. Blanquet, prêtre, chanoine de Saugues, fait la fondation d'une grand'messe annuelle, au jour et fête de sainte Madeleine de Pazzi, 25 mai, en faveur des sœurs du Mont-Carmel, acceptant dame de la Bastide, supérieure. » (Tit. du T.-O.)

« Du 19 juin 1749. Permission d'exposer le Saint-Sacrement le 19 mars et le 16 juillet. »

« Du même jour, approbation par Mgr G. Florent de Choiseul Beaupré, des règlements et statuts, avec confirmation dudit Tiers-Ordre, établi en la présente ville de Saugues. Donné en cours de visite pastorale. » (ibid)

« Du 16 novembre 1756. Sœur Dorson, supérieure, reconnait tenir de très-illustre messire Joseph Randon de Châteauneuf et d'Apchier, baron d'Apchier et de Thoras, seigneur de la Clause, une maison sise au faubourg de Saugues, rue des Aldos. » (ibid.)

« C'est en cette maison que fut construite la chapelle actuelle des Carmélites. Mention en est faite pour la première fois en 1778. Messire Manson, chanoine, syndic de Saint-Médard, déclare que le Chapitre est tenu d'acquitter une fondation le 15 novembre de chaque année, à perpétuité, dans la chapelle des Sœurs Carmélites de Saugues, 16 nov. 1778. »

Le février mil sept cent huitante, l'Ordre achète de ses deniers, du sieur Enjelvin, une maison au prix de six cent neuf livres, par acte reçu M⁰ Torrent, notaire. Cette maison était contiguë à la première.

« En 1786 (1ᵉʳ mai). J.-B. Beraud, de la ville de Saugues, se charge de dorer le tabernacle de la chapelle des Carmélites, les colonnes et les chapiteaux, ajouter des figures et quelques fragments de sculpture, rafraîchir le ciel de l'autel et faire deux grands tableaux composés d'un sujet de deux ou trois figures moyennant la somme de deux cent cinquante livres. »

« Par un bref du 22 août 1788, le saint Pontife Pie VI, accordait pour le jour de la fête du Mont-Carmel, une indulgence plénière à tous les membres de la Confrérie érigée en la ville de Saugues. »

« Et par un nouveau bref du 26 mars 1789, de nouvelles indulgences furent accordées aux fêtes de la Circoncision, de la Présentation, de saint Laurent et des saints Anges-Gardiens. » (*ibid.*)

III

Nos Sœurs ne purent longtemps jouir en paix des faveurs spirituelles qui venaient de leur être accordées. La Révolution survint qui les dispersa, ferma leur chapelle qu'elle s'appropria, et mit la main sur tout ce qui put être saisi d'objets ayant quelque valeur.

Le sanctuaire pendant quelques années servit de salle d'école. Enfin le 24 nov. 1806, la chapelle fut mise aux enchères et adjugée à Médard Molinier pour la somme de 155 francs. Cette acquisition était faite au nom des Sœurs.

Celles-ci purent dès lors reprendre la vie commune et leurs exercices ordinaires de piété. Depuis le 1ᵉʳ juin de la même année (1806), à la suite d'une retraite prêchée par MM. Enjelvin et Molherat, elles avaient élu pour supérieure Sœur Marie Flandin, en présence de M. Manson, leur directeur, et Bonnefoi, curé de la paroisse.

Appauvrie par la spoliation révolutionnaire, cette Communauté n'aurait pas de sitôt retrouvé la prospérité relative des anciens jours, si elle n'avait été puissamment aidée par la pieuse générosité de deux prêtres originaires de la paroisse.

L'un d'eux, l'abbé Louis Despeisse, membre dudit Tiers-

Ordre depuis 1810, d'abord desservant à Croisance, puis à Saint-Didier-d'Allier, mourut en ce dernier lieu vers 1869. En 1857, il faisait à la Communauté donation d'une somme de 680 francs ; et à sa mort il lui laissait encore nombre d'ornements sacrés, de livres et d'objets divers pour le service de la chapelle.

Le second, M l'abbé Joseph Barrande, mort premier vicaire à Saint-Sulpice de Paris, ne cessa de prodiguer à la Communauté les témoignages de sa bienveillance et de sa générosité. A son décès, (1872), il lui léguait un calice, un nombre considérable d'ornements sacrés, et divers tableaux signalés dans un document conservé parmi les titres dudit Tiers Ordre.

Nos Sœurs avaient, en cette période, pour supérieure une sainte fille dont le souvenir est gravé dans la mémoire de la population. On lit, sur l'un des registres, cette note écrite à son sujet :

« Agnès Vigouroux, pendant toute sa vie a mérité
« l'estime, la confiance et l'affection de toutes les Sœurs.
« C'est par son zèle que la Communauté se trouve dans
« l'état de prospérité où on la voit, que plusieurs des objets
« ont été procurés à la chapelle et à la maison. Elle était à
« juste titre la mère des Carmélites. Elle est morte en odeur
« de sainteté le 8 août 1856, après être restée longtemps
« supérieure ; elle a été regrettée et pleurée de toutes ses
« Sœurs et de toute la ville de Saugues qui conserveront
« longtemps le souvenir de sa piété, de sa douceur, de sa
« bonté, de sa charité, de sa patience au milieu des épreuves
« qu'elle eut à soutenir dans les derniers temps de son
« administration, de son humilité et de sa mort édifiante.
« Signé : FARISIER, vicaire. 1er novembre 1856. »

Le dernier fait qui mérite d'être signalé est une requête adressée, vers la fin de 1858, au gouvernement, par les Sœurs du Tiers-Ordre, à l'effet d'être reconnues et autorisées comme Communauté. Cette requête provoqua le décret suivant :

« Napoléon, par la grâce de Dieu et la volonté natio-
« nale, empereur des Français.... avons décrété et décrétons
« ce qui suit :

« ART. 1er. L'association religieuse des Sœurs du Tiers-
« Ordre du Mont-Carmel, existant à Saugues (Haute-Loire),
« est autorisée comme Communauté dirigée par une Supe-
« rieure locale, à la charge de se conformer aux statuts

« approuvés par notre décret du 6 novembre 1854, pour la
« Communauté des Sœurs du Tiers-Ordre de Saint Domi-
« nique, à Langeac, et que cette association a désiré
« adopter. »

« Art. 2 Notre ministre secrétaire d'Etat au départe-
« ment de l'Instruction publique et des cultes, est chargé
« de l'exécution du présent décret qui sera inséré au *Bulletin
« des Lois*.

« Fait au palais des Tuileries, le 3 mai 1860.

« Signé : Napoléon. »

. . . .

Aujourd'hui, cette Communauté suit paisiblement et sans bruit le cours habituel de sa vie ordinaire.

Ceux de ses membres, qu'un âge avancé ou que les forces épuisées contraignent au repos, vivent en commun dans la maison que l'Ordre possède dans la cité.

Les autres, éparses dans les villages et les hameaux les plus reculés du canton, donnent aux jeunes enfants les premiers éléments d'instruction, aux malades leurs soins, et leur vie toute entière à une tâche sainte et laborieuse que Dieu seul saura dignement récompenser.

Le Tiers-Ordre de Saint-Dominique

Une requête adressée par elles à Mgr l'évêque de Mende, nous apprend que les sœurs du Tiers-Ordre et de Saint-Dominique firent leur apparition en cette ville de Saugues de 1650 à 1660.

« C'est, dit la requête, le père Chastanière qui establit
« cette communauté, suppliant Sa Grandeur d'otoriser leur
« establismen et en conséquence leur permettre de sasem-
« bler pour faire leurs priers et leur travail en comunoté. »

Il fut accédé à leur demande, et ordonné « que les
« suplientes représenteroit leurs estatuts à la première
« visite du grand-vicaire ou de l'archiprestre ; les dits statuts
« ont été depuis trois ans présentés à M. l'abbé de la Roche-
« Aimon, et sur la présantation d'iceulx, il eut la bonté de
« faire lui-même lection de la supérieure, et a continué
« depuis à l'exception de la présente année »

« S'adonner surtout à l'instrucion de la jeunesse de
« leur sexe, tant de la ville que de la paroisse, sans excep-
« tion de personnes, et la former aux principes de la religion,
« lecture et escriture, au travail et autres devoirs de la

« charité et de la société, sans aucune rétribution que celle
« qu'on doit espérer de Dieu, l'édifier par leurs exemples
« de piété, et la régularité de leur conduite, ainsi qu'elles
« l'ont fait par le passé, prier chaque jour le Seigneur pour
« la conservation de l'Eglise et de tous les ordres de l'Etat,
« ce sont les seuls objets qu'on a eus en vue dans l'établis-
« sement dudit Tiers-Ordre (1) »

Aux premières heures, Messire Annet de Langlade, sgr. de Saint-Paul et de Beauregard, qui n'était peut-être pas étranger à leur introduction dans la cité, les prit sous sa protection, et s'offrit à leur servir de père temporel.

L'offre venait à point nommé, car les bonnes sœurs n'ayant point leurs lettres patentes d'approbation, se virent malmenées par le sénéchal d'Auvergne, « qui leur faisait
« défanse à l'avenir, d'exiger aucun légat en leur faveur,
« estant inhabiles et incapables de les accepter, si ayant
« aulcuns tiltres ni patantes de Sa Majesté ; en conséquence
« voir dire et ordonner quelles seront condamnées en la
« restitution de ceux quelles ont receus et que défances leur
« soyent par celuy faites à l'avenir d'en exiger le payement
« de ceulx qui restent à payer..... que deffances soient faites
« audit sieur de Saint-Pol, de prendre la qualité de père
« temporel de lad. prétendue cammunauté, et auxdites filles
« de s'ériger en communauté, ni faire aucunes assemblées
« sans lettres patantes de Sa Majesté ; ce faisant que les
« légats faits en leur faveur, et autres biens qui en peuvent
« dépendre, demeureront unis et incorporés au chapitre de
« Saint Médard, pour estre employés en aumosnes et en
« prières. 27 février 1704. »   (Archiv. de St-Médard.)

Nonobstant cet arrêt, et les mesquines tracasseries qui le suivirent, nos sœurs se trouvèrent assez bien fournies pour acheter au 15 juillet 1714, une maison sise dans l'enclos de la ville, rue du Prioré. avec le jardin y attenant par derrière, du côté du fossé de la ville. L'acte en fut passé par devant MM. Enjelvin et Vergèses, au nom de la supérieure dud. Tiers-Ordre. Bientôt, par leurs soins, une chapelle fut construite en cette maison, simple et modeste, assez spacieuse pour donner place, non-seulement à la communauté, mais encore aux diverses personnes que la pieté pouvait attirer en ce lieu.

Sur ces entrefaites, le R. P. Thomas Bouniol, des Frères Prêcheurs, et supérieur du Tiers-Ordre de Saint-Dominique,

(1) Titres dud. Tiers-Ordre.

leur avait donné pour directeur particulier Dominique Géranton, doct. en théologie, chanoine de Saint-Médard, avec pouvoir de recevoir leur profession, instituer les supérieures et les destituer, suivant le cas, 7 juin 1712.

Et le 8 sept. 1733, F^{ois} Bousquet, prieur du couvent de Saint-Laurens, de l'Ordre des Frères Prêcheurs de la ville du Puy, confirmait et renouvelait dans cette même dignité le susdit chanoine.

Lorsque Mgr de Choiseul-Beaupré eût été promu à l'évêché de Mende, sur l'humble représentation qui lui fut faite par le sieur Géranton, « que Mgrs. Piencourt et de la « Salle, ses prédécesseurs (1), avaient permis auxdites sœurs « du Tiers-Ordre de faire exposer le T. S. Sacrement les « jours de feste de sainte Catherine de Sienne et de saint « Dominique, avec salut et bénédiction », il renouvela la même permission, jusqu'à nouvel ordre. 4 avril 1733.

Lors de sa visite pastorale en la ville de Saugues, au mois de juin 1749, les bonnes filles de Saint-Dominique lui adressèrent la requête suivante :

« Supplie très humblement Marguerite Prolhac, mère
« des Sœurs du Tiers-Ordre de Saint Dominique, en la ville
« de Saugues, et remontre à votre Grandeur qu'il y a envi-
« ron un siècle que la fondation des suppliantes a esté
« faite, et qu'elles se sont employées tant à la ville qu'à la
« campagne, depuis ce temps-là, à l'instruction de la jeu-
« nesse, tant pour les prières nécessaires que pour la
« doctrine ordonnée dans le diocèse, et qu'aucune n'ayant
« osé prendre la liberté de demander à Nosseigneurs vos
« prédécesseurs la confirmation de leur Ordre, elles ont
« aujourd'hui l'honneur de vous présenter leur très-humble
« supplique. »

« A ce qu'il vous plaise, Monseigneur, vouloir les auto-
« riser et leur accorder votre protection. »

(Tit. dud. T.-Ordre.)

Monseigneur fit droit à leur demande :

« Ayant égard à la requête du T.-Ordre de Saint-Do-
« minique de la ville de Saugues, nous avons approuvé et
« approuvons en tant que de besoin leur confrérie, leur
« permettons de continuer à y agréger toute sorte de per-
« sonnes, à la charge par elles de se conformer à leurs
« statuts et règlements. »

(1) De Baudry de Piencourt, évêq. de 1677 à 1707. De la Salle, évêq. de 1707 à 1724.

« Donné à Saugues, pendant le cours de notre visite
« pastorale ce 19 juin 1749. Signé Gabriel Florent, év. de
« Mende » (*Id.*)

Au mois de septembre 1788, quand éclata le sinistre qui désola la cité, cette communauté fut englobée dans le désastre, et vit sa maison et sa chapelle complètement détruites par l'incendie. Il ne resta, dit un titre, que le chazal de « la maison pouvant valoir aux environs de cinq cens livres. »

La maison et la chapelle furent rebâties quelque temps après, par la coopération de M. Bonhomme, prêtre et chanoine, leur supérieur.

En 1806, la Révolution vendit la chapelle au plus offrant ; les sœurs la firent acheter en leur nom, et l'ont depuis tranquillement possédée jusques en 1896. A cette date, elles cédaient leur demeure à l'hospice, et venaient établir leur communauté dans un immeuble, sis sur la place jadis appelée « place du puits des Roches. »

Comme les sœurs du Tiers-Ordre du Mont-Carmel, celles de Saint-Dominique donnent aujourd'hui l'instruction religieuse élémentaire aux petits enfants des hameaux divers de la paroisse.

CHAPITRE XXVIII

Les Pénitents Blancs. L'Hôpital Saint-Jacques.

Les Pénitents Blancs (1).

I.

« Noble Antoine de Langlade, sieur de Courrejon, Jacques de Langlade, sieur de la Valette, et Jacques Langlade, notaire royal à Saugues, sollicitèrent de Mgr Silvestre de Marcillac, alors évêque de Mende, l'autorisation de se réunir en confrérie de Pénitents. Le prélat leur accorda cette permission le 14 mai 1652, et, au 15 novembre suivant, une Bulle du pape Urbain VIII venait confirmer cette érection » (2).

Est-il besoin d'ajouter que ces fondateurs durent, de leurs propres deniers, faire face aux dépenses que nécessitait une première installation, sans parler des dons supplémentaires qu'ils firent plus tard à cette institution ?

En ces temps de foi vive et de croyance héréditaire, cette confrérie prit rapidement une grande extension : le peuple en foule se fit inscrire, les notables eux-mêmes ne rougirent point de revêtir l'aube et le capuchon blancs et d'accepter les dignités de la société du Confalon ; les registres portent encore les noms des meilleures familles de la cité : Bonhomme, Boulangier, Torrent, notaire, de la Bretoigne, Masson, etc.

Le Conseil comprenait :

Un directeur,
Un recteur,
Un sous-recteur,
Deux maîtres de cérémonies,
Deux trésoriers,
Deux choristes,

---

(1) Voy. *Sem. Relig. du Puy.* 10 sept. 1886.
(2) Nous devons cette note à l'obligeance de M. Paul Le Blanc.

Deux sous-choristes,
Un secrétaire,
Deux auditeurs des comptes,
Douze conseillers,
Deux infirmiers,
Un sacristain,
Deux portiers.

Les ressources de la Confrérie se composaient de la cotisation individuelle de chaque membre, des offrandes faites à la messe du dimanche et de chaque jour, des sommes prélevées pour assister au convoi funèbre des personnes étrangères à la société, et surtout des legs pieux à eux faits par quelques âmes charitables.

Ainsi, « noble messire Anthoyne de Langlade, par son
« testament du vingt-cinq juin mil six cens huitante et cinq,
« lègue à la frérie des pénitans de la ville de Saulgues la
« somme de quatre-vingts livres de rante annuelle pour
« estre prêché dans ladite chapelle une octave des morts,
« annuellement et à perpétuité, ou pour l'entretien d'une
« lampe, et pour la célébration de deux messes basses cha-
« que semaine de l'année. » (1).

« Laquelle fondation fust homologuée par Mgr l'évêque
« de Mande, le dix-neuf may mil six cens nonante trois, se
« réservant le choix du prédicateur, et pour les vacations et
« prédication elle avait taxé annuellement la somme de
« trante livres, le surplus employé suivant l'intention du
« fondateur. » (2)   (Anc. regist. des Pénit.)

Le 30 janvier 1657, Annet de la Roue, baron d'Usson et seigneur de Giberges, par acte testamentaire, lègue aux Pénitents de Saugues, « ayant l'honneur d'estre du nombre des confrères », la somme de trente livres pour prier Dieu pour son âme (3).

---

(1) Par ordonnance de Mgr. Arnaud de Castellane, du 23 septembre 1776, « les huit sermons de l'Octave des Morts furent réduits à deux, le premier pour le dimanche de la Sexagésime, le second pour celui de la Quinquagésime. On laissait subsister l'obligation de faire donner la bénédiction tous les jours de l'octave et de faire les prières ordonnées par la fondation du sgr. de Langlade.   (Archiv. de St-Médard.)

(2) En 1719, cette mission fut prêchée par le père Gardiès, des capucins de Langogne, et en 1756 par le père Chrysostome, capucin, de la maison de Florac.

(3) Test. de Mre Annet de la Roue, docum. appartenant à Jos. Palhière de Brangeirès.

Quelques années après, « damoiselle Jeanne-Marie Vernet, par contrat reçu M⁰ Amargier, notaire royal, en date du 1ᵉʳ septembre 1710, fondait deux cent cinquante-sept messes, en basse voix, dans la chapelle de ladite frérie, savoir cinq pour chacune semaine de l'année, pour lesquelles aurait establi la rente annuelle de 90 livres, au capital de 1800 livres ».

Plus tard encore, Jean Johanni, tisserand de la ville de Saugues, lègue à ladite chapelle un champ situé aux appartenances des Salles (2 déc. 1746.)

Enfin, on lit la fondation faite par François Laurent, d'une messe qui sera dite le 1ᵉʳ janvier de chaque année (1749).

Ces fondations diverses, ces legs pieux et ces dons mirent bientôt la confrérie dans une sorte de prospérité matérielle qui lui permit de s'édifier une chapelle pour son usage particulier. Mention en est faite, pour la première fois, en l'an 1681.

En 1723, « l'assemblée des Pénitents décide que les fonds
« actuellement disponibles seront employés à la faction (sic)
« d'une sacrestie, la chapelle n'en ayant aucune pour placer
« les ornements et pour le prêtre qui célèbre journellement
« la messe ».

En 1744, on arrête qu'il sera acheté une chape ou pluvial avec un dais pour porter le Saint-Sacrement aux malades, et six chandeliers pour l'autel.

Enfin en 1749 « la confrérie ayant de l'argent de reste,
« et n'ayant aucune réparation urgente à la chapelle, on
« juge à propos de la décorer et de l'embellir... faire dorer
« le cadre du tableau de l'autel, et faire faire deux autres
« tableaux avec telle représentation de l'histoire de la Vierge
« qu'il conviendrait ».

II.

Au spirituel, la confrérie était dirigée par l'un des chanoines de la Collégiale de Saint-Médard. Ce directeur présidait aux délibérations annuelles, aux exercices de chaque dimanche et venait acquitter ou faisait acquitter par un autre membre de la Collégiale les messes de fondation.

De plus, « certains confrères se plaignant de ce qu'ils
« ne pouvaient se confesser et communier dans la chapelle
« les jours de fête de Notre-Dame et autres fêtes solennelles,
« il fut représenté par M Antoine Boulangier, recteur de la
« frérie, qu'il serait à propos de prier un des messieurs
« prêtres et chanoines du chapitre de cette ville, de vouloir

« bien prendre la peine de se transporter les veilles des
« jours de fêtes, pour entendre à confesse les confrères, et
« qu'il sera passé une somme convenable..... Il a été déli-
« béré qu'il lui serait passé la somme de 40 livres, et M.
« Bonhomme, chanoine, a été choisi et accepté par cet
« office. » (1ᵉʳ août 1744.)

M. Bonhomme mourut l'année suivante et fut dans cette fonction remplacé par M Eymard (22 août 1745)

Depuis la peste de 1721, par suite du vœu fait, les Pénitents se rendaient, chaque année, en procession au sanctuaire vénéré de N -D. d'Estours, le lundi de la Pentecôte.

Jusqu'à nos jours, si ce n'est aux heures sinistres de la Révolution, la Confrérie s'est fait un honneur d'accomplir ce vœu, et l'on ne relate, dans le cours des temps, aucune infidélité. Seulement, au lieu de se faire au lendemain de la Pentecôte, ce pieux pèlerinage, depuis 89, a été ajourné au dimanche de la Trinité.

En ce jour là, le recteur était tenu de donner à ses frais un repas aux officiers de la Confrérie ; par suite, cette charge devenant onéreuse pour ceux dont les ressources étaient médiocres, il fut, en 1738, délibéré « qu'à cause des
« dépenses qu'occasionne cette dignité, il sera passé à M. le
« recteur la somme de 10 livres, chescune année... »

Le 17 mars 1781, il fut également « délibéré qu'à la
« procession de Notre-Dame des Tours, le recteur en charge
« ne pourra donner qu'une simple collation dans celui des
« villages de la Vialle ou d'Andruejols qui luy sera le plus
« commode, sans pouvoir rien plus offrir à aucun confrère,
« le long du chemin, ni dans aucun village, ce que la Con-
« frérie a jugé à propos d'abolir pour cause de décence
« légitime. »

Un peu de licence, en effet, n'avait pas tardé à s'introduire dans ce pèlerinage ; aussi, en certaine délibération,
« le directeur conjurait tous les pénitents, et espérait d'eulx,
« qu'aucun, pour faire son halte le jour que la chapelle rend
« le vœu fait par nos prédécesseurs à N. Dame d'Estours,
« ne se rendrait au repas que donnent ordinairement les
« habitants des villages voisins, où la dissolution des étran-
« gers qui s'y trouvent peut être une pierre d'achoppement
« et un sujet de dissipation. »

Sur ces entrefaites, les agents du fisc firent observer au directeur de la Confrérie que celle-ci n'était point apte à posséder, n'étant point patentée conformément aux édits de Sa Majesté.

« Sur quoy a été délibéré (21 août 1774) par les confrères
« qu'il n'y a rien de plus intéressant pour le culte divin que
« cette confrérie soit confirmée, comme étant fondée depuis
« l'année 1633 (1), et avoir payé les droits de mortissement,
« que pour parer le coup, le trésorier envoie à Riom telle
« personne qu'il trouvera à propos, et généralement faire
« tout ce qu'il conviendra pour que la communauté subsiste
« à l'avenir. » (2)

Les démarches faites eurent le succès voulu, et les Pénitents purent désormais recevoir en toute sécurité les largesses des fidèles.

La confrérie ne se composait pas seulement des Pénitents de la ville, mais elle recevait encore ceux des paroisses voisines.

Le 8 janvier 1777, on reçoit « Ant. de Sinzelles, d'Esplantas, qui n'a rien payé pour sa réception, attendu un bienfait qu'il a fait en faveur de la chapelle ».

Le même jour : Michel Martin, de Thoras, maréchal à Besque, Etienne Claux, du Chaila.

En 1791, Michel Fabre, de la Vacheresse, qui ne paie rien pour sa réception, son neveu ayant fait l'aigle du lutrin.

Quelques chanoines faisaient partie de la confrérie, ainsi que des prêtres étrangers, comme J.-P. Thomas de Lausiers, prieur de Brousse, de Saint-Chély.

De grands seigneurs, comme le baron d'Usson, déjà mentionné, ne craignaient pas de se faire inscrire, et parmi les recteurs on relève les meilleurs noms de la ville :

Antoine Pouzols,	1722	Jos. Bernard, chanoine,	1736
Dominique Géranton,	1723	J.-P. de Labretoigne,	1738
Guill. Boulangier,	1724	Bruno Vernet,	1745
J. Rimbal,	1725	Hyac. Bonhomme,	1753
J. Couret,	1726	Ignace de la Bretoigne,	1754
J.-B Amargier,	1727	Ant. Torrent,	1762
Jos. Eymard,	1730	P.-Laurent de Lobérie,	1765
Annet Prolhac,	1731	Basile Lyon,	1766
Benoit Paparic,	1732	Etienne Estaniol,	1769
Jos. Sardret,	1733	J.-Paul Limozin,	1771

(1) Cette date est probablement fautive, le secrétaire ayant pu facilement, dans les titres anciens, lire 1633 au lieu de 1652, date de la Bulle d'Urbain VIII. Nous nous en tenons à l'opinion de M. P. Le Blanc.

(2) Anc. registr. des Pénitents de Saugues.

III.

La Révolution vint entraver la marche et les exercices ordinaires de la Confrérie ; les dernières réceptions avaient eu lieu le 5 avril 1792, depuis lors les Pénitents durent s'effacer et faire disparaitre leur grande croix et les emblèmes de la Passion. Les fondations furent supprimées, et la chapelle devint la propriété de l'Etat : elle servit de salle de réunion au conseil général pendant les journées orageuses de la Terreur. Le 24 novembre 1806, à onze heures du matin, elle fut mise en adjudication et vendue au sieur L. Vincent Masson, moyennant la somme de 315 francs. Celui-ci l'avait acquise pour le compte des Pénitents.

Plus heureux que le Chapitre de Saint-Médard et le couvent des Ursulines, les Pénitents survécurent à cette époque malheureuse. Même au plus fort de la tourmente, de loin en loin, et dans l'ombre, ils avaient pu tenir leurs clandestines réunions et nommer les officiers de l'année courante. Ce ne fut qu'en 1803, qu'ils se risquèrent au grand jour : le 13 mars de cette année M. Molherat fut nommé leur directeur.

L'on fit ensuite apporter du Puy le rétable remarquable qui orne le chœur de la chapelle actuelle : une quittance du 14 mai 1805, atteste que le sieur Jacques Leire, voiturier, avait reçu du sieur Milhet, teinturier, la somme de 455 livres tournois pour le rétable qu'il avait apporté (1).

Ces boiseries, achetées par Alexandre Torrent, plusieurs fois Recteur, provenaient du couvent de Sainte-Marie, et étaient l'œuvre de l'illustre sculpteur Vaneau, qui avait travaillé pour ce monastère (2).

Ce magnifique rétable, dont l'effet est un peu diminué par la peinture et les dorures qui le recouvrent, représente la Vierge montant au Ciel sur des nuages, puissamment emportée par deux anges, tandis que deux chérubins lui soutiennent les bras. Au dessus, sur la corniche, deux anges se prosternent et adorent, et tout autour des têtes ailées de chérubins accompagnent dans son vol vers les Cieux la Mère de Dieu. De chaque côté une statue : à droite de la Vierge, saint Bernard, en costume de cistercien, tenant à la main gauche une page sur laquelle on lit : QVI REGVLÆ VIVIT DEO VIVIT ; à gauche, saint Ignace élevant de la main droite un cœur enflammé et montrant de l'autre ces mots : AD MAJOREM DEI GLORIAM.

(1) Registre des Pénitents.
(2) Note communiquée par M. Paul Le Blanc.
Peut-être s'agit-il de la maison de N. Dame ?

Le Rétable des Pénitents *(Œuvre de Vaneau)*

Cette œuvre, où les personnages sont de grande taille, est un haut relief d'une parfaite exécution, et qui méritait mieux que la place modeste qu'il occupe depuis bientôt un siècle.

Au-dessous, sur la face antérieure du tombeau de l'autel, on voit sculpté en bas relief, et dans de moindres proportions, un tombeau ouvert autour duquel stationnent les Apôtres.

. . . .

On sait quel est le règlement ordinaire des Pénitents, quelles sont leurs réunions, et leurs usages : nous n'avons donc point à en parler.

Pour finir, nous signalerons leur procession du Jeudi-Saint qui, sans doute, se fait partout où existe une confrérie, mais on trouve rarement ailleurs un concours ausi assidu de Pénitents et de Congréganistes en costume. Ce recueillement pieux des uns et des autres, cet effet imposant des flambeaux, des robes blanches et des mystères, ces hommes aux pieds nus, ces chants pénétrés, cette lourde croix péniblement portée ne laissent pas de toucher jusqu'à l'âme ceux-là même pour qui ce spectacle n'est point nouveau.

L'Hôpital Saint-Jacques (1)

I.

Une œuvre hospitalière, pour le soulagement des nécessiteux, existait à Saugues en 1382. En cette année, par son testament du 26 sept., Vidalette Cubière, de Venteuges, lui lègue 12 deniers. (Archiv de Saint-Médard. 279.)

Par qui avait-elle été fondée et sous quelle forme existait-elle ? Nous ne le savons point.

Nous savons seulement, qu'aux siècles suivants, on trouvait, dans l'église Saint-Médard, l'œuvre dite « du bassin de la Charité ». Cette œuvre avait ses « bailes » qui avec les quêtes faites à certaines époques prévues, pourvoyaient au soulagement des malheureux. Les sommes qui provenaient de ces quêtes, avec les legs déjà faits, devaient être probablement capitalisées et placées en rentes, car, en 1513, le terrier des rentes annuelles et perpétuelles « du bassin de la Charité de l'église Saint-Médard » fut dressé par Ant. Planchette, en présence de J. Umbret et d'Ant. Vergèzes.
(Invent. des Arch. de l'Hôp. de Saugues.)

Et d'après une « Liève des cens reconnus aux quatre « bassins d'aulmosnes qui se donnent annuellement en « l'Esglise Saint-Médard pour l'aulmosne de la Charitat », ces rentes reposaient sur les villages de la Rouveyre, Giberges, Salles Jouves, Védrines et les Salettes. 1632. *(Ibid.)*

Nous savons encore que l'Hôpital de Saugues était affilié à l'ordre de Notre-Dame du Mont-Carmel et Saint-Lazare de Jérusalem, dont le ministre Louvois était, en 1678, grand directeur général et le marquis François de Sales, bailli général et grand prieur en Languedoc. Le 9 novembre 1678, Pierre Carrière, avocat, et procureur du commandeur dudit ordre, au nom d'icelui, est mis en possession des revenus de l'Hospice de Saugues, par Laurent de Lobérie, juge au bailliage de Mercœur, siège de Saugues. (*Ibid.* Série A.)

(1) Ce vocable est donné à l'Hôpital de Saugues dans le procès-verbal de visite par F^{ois} du Puy, archiprêtre et curé de Thoras, en 1650.
(Archiv. de la Lozère. G. 722.)

Ce mode de fonctionnement n'existait plus aux siècles suivants.

En 1752, un édit du roi fut promulgué qui défendait aux communautés d'accepter les dons des fidèles, si elles n'étaient pourvues de lettres patentes.

Aussitôt, les directeurs de l'hôpital entrent en délibération, 11 mars 1752, et arrêtent « qu'ils feront les démarches
« nécessaires pour satisfaire à l'édit de Sa Majesté, et se
« pourvoir de lettres patentes, car dans les archives de la
« maison l'on n'a pu retrouver ces lettres, sans lesquelles
« on ne peut accepter les dons des fidèles »

Le conseil politique, et même Mgr de Choiseul-Beaupré, évêque de Mende, s'intéressèrent à cette démarche qu'ils promirent de favoriser.

Un membre du conseil fut choisi pour dresser une requête et un mémoire où seraient exposés le passé de l'Hospice, sa position actuelle, ses ressources et ses espérances. Ce mémoire, rédigé quelques années plus tard, commence en ces termes :

« L'existence de l'Hôtel-Dieu de la ville de Saugues en Gévaudan, est antérieure de plusieurs années à l'édit du roi Louis XIV, de 1687, qui veut que, dans toutes les villes et bourgs du royaume, il y ait des hôpitaux. »

« Il conste par la donation qui lui fut faite le 17 may 1594, d'un petit corps de domaine dont il jouit encore et qui fut insinué à Riom le 17 août de la même année que cet établissement est encore plus ancien.

« Cependant malgré les recherches les plus exactes on n'a pu découvrir ni dans ses archives, ni ailleurs, qu'il ait été autorisé par des lettres patentes, à moins que comme plusieurs titres dudit hôpital se sont égarés, elles n'aient eu le même sort, ce qui est assez probable, soit à cause des différentes mutations que les circonstances ou le plus grand nombre de pauvres, ont obligé de faire de leur asile, soit à cause des révolutions du dernier siècle, ou des incendies qu'il a soufferts en divers temps …. il est donc d'une aussi grande importance que l'est l'utilité, et même l'indispensable nécessité de cet hôpital, d'en obtenir de nouvelles, non-seulement pour satisfaire à l'édit du roy faisant défense aux gens de main-morte d'acquérir à titre de donation ny autrement sans lesdites lettres patentes, mais encore pour seconder les pieuses intentions des personnes qui n'ayant ny des enfants, ny des proches parents, ont paru vouloir faire du bien à cette maison qui quelqu'utile qu'elle soit, et à tous les pauvres et passants qui sont en grand nombre et qu'elle reçoit avec zèle, et à tous les infirmes et orphelins de plus de 45 hameaux et villages considérables circonvoisins qui n'ont que cette faible ressource dans leurs extrêmes besoins, ne saurait néanmoins subsister longtemps, s'il ne lui est permis d'accepter en meubles et immeubles les libéralités des fidèles Elle ne demandera t pas d'amples richesses, ce que ne comporte pas même la stérilité et la misère du pays où elle est située, qui supporte cependant sans murmure, autant qu'aucune autre partie du Languedoc, les charges de l'Etat, mais uniquement de quoy fournir tant en santé qu'en maladie aux plus pressantes nécessités de tous les indigens et les malades qu'elle admet sans distinction dans son sein : voyageurs, soldats, domestiques, femmes, enfants, vieillards, tout y est également servi. »

« Saugues est situé au passage du Lyonnais, du Forez et du Puy à Saint-Jacques, ce qui procure un grand nombre de pèlerins ou pauvres passants, que, par le mémoire que l'on a tenu le nombre se porte environ à deux cent septante par an, auxquels on donne à souper et à coucher. »

« D'ailleurs, il faut noter que Saugues est à l'extrémité du diocèse, à neuf lieues de Mende la capitale ; que pour y aller il faut passer une montaigne qui par la grande quantité de neige qui y tombe, rend ce chemin impraticable. Qu'il faut passer la montaigne pour aller aux autres villes du diocèse, et que la paroisse de Saugues est une des plus grandes et des plus pauvres.

« D'ailleurs l'hôpital est chargé de dix-huit ou vingt pauvres vieux ou infirmes de la ville ou paroisse qui sont nourris audit hôpital. L'on y reçoit les soldats malades qui sont en quartier dans la ville, comme aussi les domestiques tombant malades dans la ville ou paroisse, comme les autres paysans malades..... »

..... « Les titres les plus anciens sont une donation qu'un certain Roux, de la Rouveyre, paroisse de Saugues, a faite le dix-septième may mil cinq cent nonante quatre, et par laquelle il donna aud hôpital un petit corps de domaine situé en ladite paroisse, duquel l'hôpital jouit encore. »

« Un livre journal des trésoriers dud. hôpital où sont les comptes de chaque trésorier, divisés en chapitre de recepte et dépanse, clôturés par le bureau, chacun dans leur temps, ils commencent l'année mil six cent douze, et finissent le 19 juin mil sept cent quarante-sept sans discontinuer. »

« Et dans le même livre il y a des contrats de vante et d'achapt, que l'hôpital a fait par délibération de ville, l'an mil six cent onze, des contrats de rente en faveur de l'hôpital en mil six cent vingt-un. »

« Des obligations dud. tempz, des sommaires apprises, des réparations faites à l'hôpital, de mil six cent dix-neuf, avec la quittance auprès. »

« Des délibérations de ville pour la nomination du trésorier, en mil six cent vingt et un et plusieurs autres titres renfermés dans ledit livre, le tout en original. »

« En cayer séparé il y a l'hommage que le Trésorier rendit à Mgr. le duc de Vendôme, du fond que l'Hopital tenait, relevant de la duché de Mercœur, l'année 1640. »

« En 1616, fut fait un inventaire des papiers et documents dud. hôpital, desquels papiers qui sont rappelés dans ledit inventaire, on ne trouve que la donation dud. Roux, et le livre journal, ce qui donne lieu de croire que s'il y avait eu des lettres patentes, elles pourraient avoir eu le même sort que les autres titres. »

« 3° Les fonds annuels et revenus de cet hôpital peuvent être regardés comme revenus fixes ou casuels, ou pensions. »

« Les revenus fixes consistent en rentes constituées en argent sur certains particuliers de la ville et paroisse, ou des environs, par contrat, ou au produit d'un petit domaine que l'hôpital fait à moitié grains, et en l'afferme de quatre prés. »

« Le produit des rentes va à 368 liv. 1 sol, cy. 368 l. 1 s.
L'afferme de quatre prés venant à 62
L'afferme du fond du domaine à 17
La pension en grains à 24
Le produit des grains que l'on cueille, année commune, va à 92 cartons, scavoir :
    Seigle, 60 cartons à 20 sols, 60 liv.
    Orge, 16 cartons à 15 sols, 12
    Avoine, 12 ras à 10 sols le ras, 6

« Il faut remarquer que tous les grains se consument à l'Hôpital et qu'il faut en acheter encore, ainsi que l'on expliquera au chapitre de la dépense. »

« Les revenus casuels sont en des petits dons que des personnes charitables font par leur testament à l'hôpital, ce qui peut aller chaque année à trente livres. »

« Et une bûche que l'hôpital a droit de prendre sur chaque charretée ou charge de bois, qui est exposée en vente dans la ville, cet objet peut valoir soixante livres. Lequel bois se consume à l'hôpital. »

« Tous les revenus tant fixes que casuels dudit hôpital vont année commune à 639 liv. un sol. »

« Les pauvres sédentaires ne font aucun travail, attendu que ce sont des infirmes ou gens vieux qui passent 80 ans. Il n'y a pas d'aumônes fondées audit hôpital.

« Etat de la dépense. Année commune : 699 liv. 8 sols 2 deniers.

« Il y a audit hôpital vingt-neuf lits garnis pour les pauvres sédentaires, malades ou passants.

« Ledit hôpital a deux objets qui sont l'entretien des pauvres infirmes ou vieux de la ville et paroisse, et de recevoir les pèlerins ou pauvres passants. Les vieux et les infirmes ne s'occupent à rien.

« On ne sait pas qu'on ait fait aucune réunion audit hôpital.

« Le bureau dud. hôpital est composé de MM. le Curé, Maire et Consuls, du Juge, du Procureur fiscal et du greffier, qui sont les directeurs nés, et le Corps de ville assemblé a nommé deux chanoines de la Collégiale, deux gradués ou bourgeois pour conseillers, et un directeur qui fait la fonction de trésorier, lequel reçoit les revenus dud. hôpital, fournit à la dépense et poursuit les affaires tant en demandant que défendant. Il est obligé de rendre compte, il tient une feuille pour le chapitre de recette et une autre pour le chapitre de dépense, de ce qu'il a reçu et baillé chaque mois. Il fait clôturer son compte par MM. du bureau rassemblés dans une chambre de l'hôpital, laquelle clôture il va porter au livre journal de l'hôpital, afin de faire clôturer son compte chaque année.

« Il y a de plus, un administrateur qui habite l'hôpital et prend soin du détail de la maison et des pauvres.....

« Ce n'est donc que de la magnificence et de la bienfaisance du Roy qu'ils attendent ces lettres patentes..... dès lors, leur indigence diminuera à proportion que les aumônes seront faites avec plus d'abondance et de durée.

« La désolation qui règne dans les campagnes cessera.... une multitude d'enfants qui vivent dans l'oisiveté, qui gémissent dans la misère, et qui pour se procurer un peu de pain s'*exposent tous les jours à devenir la proie de la bête féroce* qui ne discontinue pas de faire les plus cruels ravages en ces cantons, sera recueillie et entretenue. On les élèvera selon leur état, on en fera des citoyens utiles à leur patrie, fidèles à leur Roy, et tous, de concert, adresseront au ciel les vœux les plus sincères pour la conservation de Sa Majesté et de son auguste famille. » (Arch. de l'hôpit. de Saug. A. I.)

Le roi se rendit aux sollicitations du Conseil et fit droit à sa juste demande. Les lettres patentes arrivaient en 1768 :

« Louis, par la grâce de Dieu.....

« A nos chers et bien amés les Maire, consuls et principaux habitants de la ville de Saugues en Gévaudan.....

..... « Après nous être fait rendre compte plus particulièrement de l'utilité dudit hôpital, ensemble des biens qui forment actuellement sa dotation, de l'avis de notre conseil....... de notre grâce spéciale, pleine puissance et autorité royale, nous avons approuvé et confirmé, approuvons et confirmons par ces présentes signées de notre main la fondation dudit Hôpital En conséquence voulons et nous plait qu'il jouisse à l'avenir de tous les privilèges et prérogatives dont jouissent les autres hôpitaux de notre royaume. Validons en tant que besoin les donations et dispositions de dernière volonté qui ont été faites jusqu'à présent en sa faveur et qui ont reçu leur pleine et entière exécution. Permettons audit hôpital de recevoir et acquérir en effets seulement permis par notre édit du mois d'août mil sept cent quarante neuf, jusqu'à concurrence de quarante mille livres de principal, indépendamment du revenu dont il jouit déjà. Voulons aussi qu'il continue d'être régi et administré comme par le passé. Si donnons en mandement à nos âmés et féaux conseillers les gens tenant notre cour de Parlement à Paris, et à tous autres nos officiers et justiciers qu'il appartiendra que ces présentes ils aient à faire registrer, et du contenu en icelle jouir et user ledit hôpital de ladite ville de Saugues, pleinement, paisiblement et perpétuellement, cessant et faisant cesser tous troubles et empêchements à ce contraires. Car tel est notre plaisir, et afin que ce soit chose ferme et stable à toujours avons fait mettre notre scel à ces dites présentes.

« Donné à Versailles au mois de Décembre l'an de grâce mil sept cent soixante huit et de notre règne le cinquante quatrième. Louis. » (*Ibid.*)

Après que le Parlement de Paris eut enregistré ces lettres, on fit dresser une enquête, le conseil de ville y donna son adhésion, les officiers du bailliage la ratifièrent, les marguilliers et le curé y apposèrent leur signature, et les formalités remplies, l'hôpital fut mis en possession, de ce titre si impatiemment convoité.

L'Hôpital n'avait point alors cet ensemble de bâtiments qu'il possède aujourd'hui. Un rapport de M. Hébrard, expert, nous le peint en ces termes :

« Cette maison est fort petite, il n'y a qu'une ou deux
« chambres remplies de lits ou de malades..... il serait fort
« à propos d'y joindre une grange appartenant au sieur
« Boulangier, qui se trouve attenante audit Hôtel-Dieu, au
« moyen de laquelle on ferait une salle qui fournirait un
« local assez spacieux pour contenir les pauvres qu'il y a et
« pourrait y avoir, eu égard aux revenus dont cette maison
« jouit. »

L'exiguité de son local ne le sauva point du désastre qui frappa la cité au mois de septembre 1788. L'incendie, dans ses progrès rapides, enveloppa de flammes le malheureux établissement, les solives craquaient, des tourbillons de flamme et de fumée léchaient les murs, et se tordaient vers le ciel avec un sifflement strident ; tout fut dévoré.

« M. Louis Antoine Manson, prêtre et chanoine de
« Saugues, trésorier administrateur de l'Hôpital de cette
« ville, nous a dit et déclaré qu'au moment qu'il s'aperçut
« que l'incendie menaçait l'Hôpital, il s'y transporta assisté
« de la d^{lle} Dufaud, à l'effet d'en extraire les archives et
« qu'au même instant ayant été enveloppé par la flamme
« et la fumée, il n'avait pu, ainsi que la d^{lle} Dufaud, ne
« s'occuper que du soin de conserver leurs jours, que ce-
« pendant il parvint à conserver les lettres patentes de
« l'Hôpital ; ajoute que la pharmacie et les meubles meu-
« blant avaient péri, qu'il n'était resté que pierre sur
« pierre (1).... »

Mais, comme le phénix, l'hôpital renaquit de ses cendres. La commisération s'apitoya sur son malheureux sort : les bourses s'ouvrirent et les dons affluèrent de toutes parts.

Comme on l'a déjà vu, les Etats de Gévaudan votèrent et firent imposer une somme de 12.897 livres dont une partie devait revenir à l'hôpital, et le reste à la ville ; le roi lui alloua 3.600 livres sur sa cassette particulière. (Archiv. municip. regist. de 1790.)

Grâce à ces bienfaits, grâce aussi à de larges aumônes

(1) Procès-verb. de l'incendie de 1788 par M. de Lobérie, lieutenant-général au siège de Saug. Communic. de Mme Sapet-Estaniol.

en nature faites par les habitants, l'on put procéder à une nouvelle réfection des bâtiments en 1790. Cette reconstruction fut confiée à un architecte de Langeac, Jean Coutarel, au prix fait de 13.500 livres, qui devaient lui être versées à raison de 1000 livres par mois (Archiv de l'Hôpit.)

Sous la Révolution, de nombreuses offrandes lui furent faites, envoyées par le civisme du Conseil général : les stalles du chœur, les statues et boiseries de l'église et des chapelles lui furent attribuées comme bois à brûler.

Les blés, les grains saisis aux accapareurs, toutes les denrées vendues au-dessus du maximum furent confisqués à son profit. Bref, cette période ne passa point sans ajouter à ses revenus et contribuer à sa prospérité.

Mais le malheur semblait s'acharner sur lui comme l'oiseau de proie sur sa victime : le 18 mars 1817, à 11 heures du matin, un nouvel incendie se déclara qui fit dans cet établissement de sérieux ravages et jeta une foule de pauvres sur le pavé. Cette fois encore l'on se tira de peine, les pertes et les dégâts furent réparés, et un procès-verbal d'une session ultérieure du Conseil s'exprimait ainsi :

« ..... La maison a été reconstruite. Elle est bâtie
« entre cour et jardin, vaste et bien distribuée, elle est très
« saine, et le jardin procure aux malades l'avantage de
« saines promenades. »

« Des dons faits par les citoyens de cette ville ont opéré
« le rétablissement de cet hospice, dont les revenus étaient,
« avant la Révolution, de 2.800 livres, réduits par la sup-
« pression des droits féodaux à 1500 livres. »

« M. Manson, ex-chanoine de Saugues, directeur de
« cette maison, vient de lui donner un pré en valeur de
« 6.000 francs. »

« Les pauvres, qui sont ordinairement au nombre de
« trente, sont soignés par Mlle Vernet, aidée de quelques
« filles dévotes. »

« Cette respectable demoiselle consomme dans cette
« maison les revenus de sa dot. »

« Cet hospice fournit encore à la nourriture et entre-
« tien de 4 ou 5 enfants naturels, reçoit encore des mili-
« taires, et cet établissement, avec de si modiques revenus,
« se soutient par les soins de cette pieuse fille, qui met
« souvent à contribution les âmes charitables de la ville de
« Saugues et des environs. » (Archiv. de l'hôpital.)

Vers l'an 1829 furent confiées aux religieuses Trinitaires la direction de la maison, l'éducation des enfants pauvres et la création d'une petite pharmacie, qui depuis lors a pris une extension plus considérable.

II.

Il serait injuste de laisser dans l'oubli la mémoire de ceux qui, au cours des âges, furent miséricordieux et compatissants aux déshérités de la vie.

« Le 17 mai 1594 (1), Pierre Roux de la Rouveyre donne à la maison-Dieu de Salgues, et aux pauvres d'icelle, une grange, chazal, et autres immeubles, joignant ensemble au lieu du Cros, présents et acceptant, P. Lobérie, procureur d'office, et Benoit Bonhomme, bourgeois, premier consul. » (2)

Ces biens furent vendus le 12 juillet 1614, partie à M. de Fontunie, seigneur des Salettes, pour 5 livres de rente annuelle, et partie à Ant. Echaubard, du Cros, pour 17 livres 10 sols de rente.

« Le 3 mars 1633, P. Molynier, acolyte et régent d'école en cette ville, donne par testament à l'hôpital, 15 livres pour acheter des chalits ou autres meubles. »

Dans son testament, fait à Giberges, en cette paroisse, le 30 janvier 1657, messire Annet de la Roue, baron d'Usson et seigneur de Giberges, lègue à l'Hôtel-Dieu de Saugues, la somme de mille livres tournois payables dans l'an après son décès (3).

« Le 25 janvier 1679, Vincent Enjelvin donne à l'Hôtel-Dieu, où il se retire, la somme de 540 livres. Le 21 mars 1701, G. Mazaudier, curé de Saugues, Annet de Langlade, seigneur de Saint-Paul, La Rodde et Beauregard, et maire de la ville, J. Bompard, apothicaire et premier consul, et J. Molherat, chanoine, administrateur de l'hôpital, font cession à J. Lonjon du Pinet, de 210 livres prises sur la donation précédente, moyennant un revenu annuel de 10 liv. 10 sols. »

« Le 23 mars 1704, Marie Torrent, veuve de J. Enjelvin, donne de son vivant à l'hôpital, un pré et un champ, au terroir de Saugues, appelé de la Combe. »

---

(1) La disparition d'une partie des archives ne permet pas, pour retrouver le nom des bienfaiteurs de l'Hôpital, de remonter au-delà du XVI° siècle.

(2) Ce document et les suivants, sauf ceux qui ont une désignation spéciale, sont extraits de l'inventaire des titres de l'Hôpital.

(3) Tit. appartenant à Jos. Palhière de Brangeirès.

« En 1713, Anne de Labretoigne, veuve de Michel Laurent, donne à l'hôpital 1000 livres, dans laquelle somme se trouve compris tout ce qu'elle et son mari peuvent devoir audit hôpital. »

« Le 10 février 1729, Marie Bompard, de Saugues, donne à l'Hôpital toutes les créances qu'elle a sur Eymeric de Langhac, sur le seigneur et la dame de Saint-Privat, et sur la maison de Combriaux. »

« Le 6 juillet 1742, Claude Chassaing, de Recoules, lègue 299 livres à l'Hôtel-Dieu de Saugues. »

« Le 24 novembre 1750, P. Laurent de Giberges lui donne tous ses biens présents et à venir, à condition qu'il sera entretenu et nourri sa vie durant, et recevra en sus la somme de 25 livres pour en disposer suivant son bon plaisir. »

« François Laurent avait donné 1 000 livres à l'Hôpital. Son héritier testamentaire, F^{ois} Bruno, sieur de la Muda et de Fô, maire de Saugues, le 14 octobre 1755, concède un acte de rémission de cette somme audit Hôpital, à condition que celui-ci fournira la nourriture et l'entretien, sa vie durant, à Anne Gévaugues, mère de F. Laurent, ainsi qu'il avait été stipulé dans la précédente donation. »

« Jeanne Couston, veuve de P. Brunel, lègue une maison qu'elle possède dans le clos de la ville, près la porte Saint-Louis, moyennant 100 livres destinées à faire dire des messes. 31 janvier 1758. »

« Le 30 août 1763, P. Blanquet, soldat aux gardes de Paris, donne 72 livres. »

« Le 30 octobre 1769, P. Aldon des Rosiers lui laisse 1.000 livres à prendre sur divers habitants des Roziers, et 87 livres 7 sols sur Louise de Sinzelles. »

« J. Claude Bouquet, ancien lieutenant de maire, donne 50 liv., le 6 février 1771. »

« Marie Savy, veuve de P. Arnaud du Puy, résidante à Saugues, donne à l'Hôpital tous ses biens, à condition que celui-ci payera ses honneurs funèbres, ses dettes passives et les divers légats qu'elle fait par son testament du 18 juillet 1772. »

« Marg. Vialla lui fait don de 75 livres, le 6 mars 1775. »

« L. Ant. Manson, prêtre et chanoine de Saugues, institue l'Hôpital pour son héritier universel et général, par son testament du 10 juillet 1780. »

« Le 25 juillet 1786, Jos. Bringier, marchand de Saugues, donne une maison sise au faubourg. »

« Le 30 floréal, an V (20 mai 1796), Antoinette Médard lègue 1200 livres, moyennant une pension annuelle et viagère de 30 livres. »

« Le 24 messidor, an XI (13 juillet 1803), F^{oise} Béraud, carmélite, donne tous ses biens à l'Hôpital. »

« Le 1er thermidor, an XII (19 juillet 1802), Ant. Annet Prolhac, curé de Saugues, institue l'Hôpital son héritier général et universel, sous la réserve que toutes ses dettes seront payées par le donataire. »

« Enfin on trouve Mlle Jeanne Verdezun donnant à l'Hôpital tous ses biens ; J. Bouquet, desservant de Paulhac (Lozère), lui léguant 400 francs, et P. Jules de Saignard de Sasselange, lui faisant donation de tout ce qu'il possède, moyennant certaines charges, par acte reçu Chauchat-Rozier et Reboul, notaires à Langeac, en 1838. »

Nous arrêtons là nos citations : les bienfaiteurs postérieurs appartiennent aux historiens à venir.

CHAPITRE XXIX

Etablissement des Religieuses de la Présentation et des Frères des Ecoles chrétiennes. Le F. Bénilde.

I.

LES RELIGIEUSES DE LA PRÉSENTATION

La suppression des Ursulines, comme aussi la disparition de l'institution des demoiselles Boulangier et Molherat, laissaient en souffrance l'instruction des jeunes filles de la ville.

Pour parer à cette nécessité, M. Enjelvin curé de la paroisse, de concert avec MM. du Mazel, maire, de Lavalette, médecin, et autres autorités locales, résolut d'attirer dans nos murs une communauté enseignante.

La ville possédait l'ancien couvent des Ursulines : il était facile, à l'aide de quelques réparations, de le faire servir au but que l'on désirait atteindre, et d'y installer les religieuses à qui on voulait confier l'enseignement.

C'est pourquoi, dans la séance du Conseil du 2 mai 1820, « sur le rapport verbal de MM. Limozin et Bonhomme, nommés pour vérifier les opérations à faire... le Conseil autorise M. le maire à faire à la maison du couvent appartenante à la ville, toutes les réparations nécessaires pour y recevoir l'institution de Tueytz dont les Sœurs sont attendues incessamment... » Signé : Bonhomme, Bataille, Vernet, Lavalette, Estaniol, Lyon, Béraud, Dumazel, maire, etc. (1).

C'est pourquoi encore, M. Enjelvin, curé de Saugues, le 10 juin 1820, écrivait à sœur Xavier, de la Présentation, directrice de l'établissement de Saint-Chély, la lettre suivante :

..... « Depuis très longtemps jaloux de vous posséder
« dans ma paroisse pour l'éducation chrétienne et civile du
« sexe, et en même temps espérant de votre zèle pour la
« gloire de Dieu que vous voudrez bien vous rendre au
« vœu des autorités constituées de notre ville et de tout le

---

(1) Registre des délibér. Archiv. municip. de Saugues.

« canton, je viens vous prier et vous solliciter de vouloir
« bien établir dans notre cité une maison d'éducation
« comme vous en fondez en beaucoup d'endroits. En con-
« séquence nous vous présentons une maison très spacieu-
« se, bien aérée, avec trois sorties, où vous pouvez loger
« au moins cent pensionnaires...... Notre canton vous
« fournira, je crois, beaucoup de sujets pour alimenter votre
« célèbre et intéressante Institution. »

« Je viens d'apprendre que Mlle Rivier, votre supérieure
« générale, est dans son cours de visites, peut-être même
« l'accompagnez-vous ; ce serait le cas qu'elle se donnât la
« peine de venir à Saugues : elle verrait la localité et tran-
« sigerait avec l'autorité compétente. Je vous prie, après
« lui avoir présenté mes devoirs, de l'engager à venir à
« Saugues, et même de l'accompagner, si c'est possible ;
« notre maison devant dépendre de la vôtre, instituée à
« Saint-Chély. Je suis persuadé que quand vous aurez vu
« notre maison, elle vous plaira, ayant été bâtie et distri-
« buée pour une maison d'éducation. »

Et en post-scriptum il ajoutait :

« Ayez la complaisance de me tracer la conduite que je
« dois tenir pour pouvoir réussir, outre mon désir, je suis
« harcelé par les autorités, depuis la délibération prise à ce
« sujet. »

Selon le vœu de M. Enjelvin et de la municipalité, la vénérable Mère Rivier se rendit effectivement de Saint-Chély à Saugues au mois d'août 1820.

« Elle y trouva tout parfaitement disposé, une vaste et belle maison, et surtout beaucoup de bien à faire, un grand nombre d'enfants à instruire, les institutrices des nombreux villages qui composent cette commune à former, à surveiller, à diriger. » (*Vie de la V. M. Rivier*, p. M. Hamon.)

Le 9 octobre 1820, M. le Curé de Saugues écrivait encore à sœur Xavier : « C'est avec impatience que vous
« êtes attendues dans ce pays par toutes les personnes qui
« s'intéressent au bien de la religion et au bien public, vous
« y serez accueillies comme vous le méritez. »

Sœur Xavier conduisit à Saugues, le 4 novembre 1820, les nouvelles institutrices, au nombre de quatre. Sœur Marie Joachim fut choisie pour directrice.

Le 21 décembre suivant, dans une nouvelle lettre à sœur Xavier, M. le Curé s'exprimait ainsi : « Depuis votre
« départ, votre et notre Institution a pris grande faveur,

« Déjà, il y a plus de cent élèves, et vraisemblablement, au
« commencement de l'année, il y en aura plus de cent vingt-
« cinq. Sur ce nombre il y a au moins quinze internes, et je
« suis persuadé que ce nombre s'accroitra.... »

« Toute la ville voit avec satisfaction l'ordre qui règne
« dans votre maison ; personne qui ne bénisse le Ciel de
« nous avoir accordé un si précieux bienfait. Les enfants
« sont les premières à solliciter leurs parents pour les
« mettre au Couvent. Aujourd'hui, Mme de Lobérie, ma voi-
« sine, a conduit trois demoiselles. Riches, pauvres, habi-
« tants des campagnes, en général tout le monde se félicite
« de posséder vos Sœurs. Ecrivez nous que vous avez une
« Sœur de prête et nous l'enverrons chercher au jour que
« vous nous indiquerez »

« Madame Rivier, dit encore M. Hamon, plaça quatre
Sœurs dans l'établissement de Saugues, et le bien qu'elle
espérait ne tarda pas à se réaliser. Les classes furent très
fréquentées ; le Curé donna aux Sœurs la surveillance et la
direction des institutrices des villages ; et ces bonnes filles,
acceptant la Sœur directrice comme leur supérieure, lui
obéissaient en tout comme à leur mère, venaient faire sous
elle leur retraite de chaque mois et leur retraite annuelle et
prenaient ses avis pour l'enseignement. Celle-ci avait l'œil
ouvert sur chacune d'elles, leur faisait connaître leurs
devoirs et reprenait celles qui s'oubliaient. Elle leur tra-
çait des règles de conduite et les encourageait dans leurs
petites difficultés. »

Le 11 mars 1823, dans un rapport au Recteur de l'Université de Clermont, M de Lavalette s'exprimait en ces
termes :

« L'enseignement primaire relativement aux filles est
« dans une situation avantageuse ; avant l'installation du
« comité j'avais formé ici une maison dirigée par les dames
« de la Présentation, dites « *dames de Thueix* » ; elles sont
« en nombre suffisant pour satisfaire aux besoins, et leurs
« succès dans les nombreux établissements qu'elles ont
« formés nous garantissent ceux que nous attendons de
« leur zèle et de leur capacité. » (1)

Bien que la rétribution fût modique, l'école était payante ;
seule, une classe spéciale faite pour les indigents était
absolument gratuite.

(1) Docum. de la famille de Lavalette ; nous en devons la communication à l'obligeance de Mlle de Lavalette, à Bon-Encontre.

Le succès obtenu dépassa toutes les prévisions : avec le nombre croissant d'élèves on fut obligé d'augmenter le nombre des Sœurs : bientôt une école enfantine y reçut les petits enfants, et tout compte fait, à ses heures de prospérité, en temps d'hiver, la Communauté recevait jusqu'à 350 élèves, tant de la commune que du canton.

Peu longue est la liste des supérieures qui se sont succédé dans cette maison :

1° Sœur Joachim, qui l'a gouvernée pendant 17 ans
2° Sœur Paule, — 28 ans
3° Sœur de la Charité, — 27 ans
4° Sœur Stanislas, — 1 an (intérim.)
5° Sœur St-Clémentin, — 5 ans
6° Sœur de l'Annonciation, la supér^{re} actuelle (avril 1898).

Est-il besoin d'exprimer ici, à ces modestes Sœurs, au nom de tous, nos remerciements sincères pour le bien qu'elles ont fait depuis 80 ans, pour le dévouement continu qu'elles ont montré, et pour les services qu'elles rendront encore, avec la facilité que leur en donne la vie religieuse, au point de vue, non seulement de l'instruction nécessaire, mais encore de l'éducation morale et de l'enseignement chrétien ?

LES FRÈRES DES ECOLES CHRÉTIENNES

D'après l'ordonnance du roi, du 2 août 1820, un comité cantonal d'instruction primaire s'était formé à Saugues, composé de MM. Enjelvin, curé, président; Dumazel, maire; Mercier, Ch. Pagès, Labilherie et Lavalette (1), doct. méd., secrétaire.

A la date du 11 mars 1823, le secrétaire écrivait au Recteur de Clermont la lettre suivante :

« Le Comité vous doit compte de ses travaux, et j'ai à
« vous faire connaître la situation de l'enseignement pri-
« maire dans ce canton.

« Jusques là l'enseignement avait été confié à un pro-
« fesseur unique ; le grand nombre d'enfants qu'il réunissait
« pendant la saison rigoureuse rendait la surveillance im-
« possible et ne lui laissait pas la faculté d'utiliser tout son
« zèle et ses soins ; d'autre part, la médiocrité des fortunes

---

(1) Les particules avaient été supprimées pendant la Révolution et cette suppression se maintint ensuite pendant une assez longue période, c'est pourquoi plusieurs des noms ci-dessus en sont dépourvus.

« le forçait de se restreindre à une mince rétribution qui lui
« donnant à peine de quoi vivre, ne lui permettait pas de
« s'adjoindre un collaborateur. Dans ces circonstances, le
« Comité crut devoir accueillir les Frères de Saint Jean de
« Dieu, dont le Noviciat était dans le département de la
« Lozère. Sûr de trouver en eux ce désintéressement que la
« Religion seule peut donner, en conséquence par sa déli-
« bération du 3 août 1821, il accueillit les offres qui lui
« avaient été faites, par le Supérieur de la Maison (1), de
« trois Frères, nomma des commissaires pris dans son sein
« pour procéder à leur examen et s'assurer de leur capacité.
« Sur le rapport favorable qu'ils nous rendirent, le Comité
« procéda à leur installation. »

« La charité et les vues de bien public qui les animent
« les porta à ne nous demander que le logement, les ali-
« ments et un faible entretien. Le Comité, pour faire face à
« ces besoins, n'ayant aucune ressource, se trouva forcé
« d'y pourvoir par la rétribution, qui fut fixée, par délibé-
« ration du 14 septembre 1821, pour la lecture à quinze
« sols, pour la lecture et l'écriture à trente sols, et à deux
« francs pour la grammaire et l'arithmétique. Cette rétribu-
« tion a fourni pendant toute l'année 1822 une somme de
« 700 francs, au moyen de laquelle le Comité a satisfait aux
« besoins des Frères ; du reste, il n'a eu qu'à se louer du
« zèle, de la douceur des Frères, qui, par leurs bons exem-
« ples et leur exacte surveillance ont amené toutes les amé-
« liorations désirables. » (2)

Pendant l'hiver de 1821, le nombre des enfants nécessi-
tant un surveillant de plus, un sieur Raymond fut admis
« par bienfaisance et sur sa prière » à partager les travaux
des Frères.

Ce Raymond se destinait à l'état ecclésiastique : comme
il n'avait pas de quoi subvenir aux dépenses nécessitées
par ces études, l'année suivante (1822) il ouvrit une école et
mit un rabais considérable à la rétribution scolaire des
enfants qui voulaient venir chez lui. C'est alors que le
Comité cantonal, dans sa délibération du 13 septembre 1822,
l'obligea à fermer son école, puisqu'il n'était point pourvu
d'un diplôme et n'avait pas l'âge requis par les ordonnances
royales.

(1) « Le P. Tissot de Piolenc, restaurateur de l'Ordre de Saint
Jean de Dieu. » (Lettre citée.)

(2) Communic. de Mlle de Lavalette.

Mais l'enseignement n'était point le but principal de l'Institution des Frères de Saint Jean de Dieu, c'est pourquoi ceux-ci ne conservèrent pas longtemps les fonctions qu'ils occupaient à Saugues.

Vers 1841, M. Lyon, maire, et M. Saugues, curé de la paroisse, résolurent de fonder une école durable où l'enseignement religieux serait entouré de toutes les garanties nécessaires.

C'est pourquoi, au mois de mai de la même année, le Maire, le Conseil municipal, le Curé et ses vicaires, et tous les notables de la commune prirent l'engagement suivant :

« Nous, habitants de la commune de Saugues, recon-
« naissant le besoin d'établir au plus tôt dans notre ville *les*
« *Frères des Ecoles chrétiennes,* pour donner à nos enfants une
« éducation solide et religieuse, et voulant y contribuer de
« tout notre pouvoir, nous nous obligeons par le présent
« acte et les signatures ci-contre à payer par nous-mêmes
« ou par nos ayants droit les sommes souscrites en trois
« paiements, dont le premier est fixé au troisième mois
« après leur arrivée ; le second au bout d'un an, et le troi-
« sième au bout de deux ans après la première époque,
« entre les mains du Percepteur de la ville, à condition que,
« des sommes produites par la souscription, il sera fait un
« capital reversé entre les mains de Monseigneur l'Evêque
« du Puy, pour être, par lui, constitué en rentes annuelles,
« qui seront exclusivement consacrées, à perpétuité, au
« traitement des Frères, avec toutes les garanties néces-
« saires pour que cette somme ne puisse jamais être, par
« aucune autre délibération, détournée à tout autre usage ;
« en sorte que, si les Frères, pour quelque raison que ce
« soit, cessent par suite d'instruire les enfants de Saugues,
« les sommes souscrites retourneront à nos héritiers, s'ils
« se présentent, et à leur défaut, à l'Hospice de cette ville,
« dont les administrateurs devront toucher le capital susdit,
« sans que l'Hospice ait besoin d'être par aucun acte judi-
« ciaire envoyé en possession, le présent acte lui servant
« de titre, à la charge, néanmoins, par l'Hospice ou nos
« ayants-cause, de faire célébrer un service solennel pour
« les susdits souscripteurs, et même de reproduire, entre
« les mains de Monseigneur l'Evêque du Puy, les mêmes
« fonds, sans intérêts pour le passé, du moment où les
« Frères seraient plus tard rétablis dans la commune. »

Et sur un registre, dressé à cet effet, chacun s'inscrivit

pour une offrande proportionnée à la quotité de sa fortune et à l'intensité de sa générosité. De tous les degrés de l'échelle sociale, du maire jusques au plus modeste prolétaire, les dons affluèrent, les uns donnant le superflu facile d'une situation aisée, les autres le fruit pénible de leurs sueurs et d'un travail de chaque jour. Pendant sept années consécutives les quêtes et les sollicitations furent continuées sans relâche par M. le curé et ses vicaires Paul, Danthony et Loubat, jusqu'à ce que les sommes promises ou données eussent atteint le chiffre de 40.720 francs.

Alors fut dressé par M⁰ Ménard, notaire, un acte d'acceptation (1) par les Frères, la Commune et l'Hospice, des sommes souscrites.

(1) *Acte d'acceptation.* — Pardevant M⁰ Alphonse-Claude Ménard, J.-B.-Félix Bonhomme et Bonaventure-Frédéric Boulangier, notaires à Saugues..... ont comparu :

1° M. Vital-André-Louis Boulangier, maire de la commune de Saugues (agissant au nom de ladite commune).

2° M. Pierre Romançon, dit Frère Bénilde, directeur de l'école chrétienne de Saugues, agissant en qualité de mandataire de M. Mathieu Bransiet, supérieur général des Frères, etc....

3° La commission administrative de l'Hospice de Saugues, représentée par MM. Boulangier, maire ; Martin, juge de paix ; Fᵒⁱˢ-Yves Limozin, Alexandre Imbert de Montruffet et Claude Saugues, curé, tous agissant en cette qualité.

Lesquels, en exécution de l'arrêté du Président du Conseil des Ministres, chef du Pouvoir exécutif, qui autorise les comparants à accepter, chacun en ce qui le concerne, la somme de quarante mille sept cent vingt francs et quarante-cinq centimes, montant des souscriptions reconnues faites par plusieurs habitants de la commune de Saugues et autres du canton, pour subvenir aux frais d'entretien de l'établissement d'une école des Frères des écoles chrétiennes, ladite somme déposée entre les mains de l'Evêque du Puy devant dans un cas déterminé par les souscripteurs être attribuée à l'Hospice de Saugues.

Cette somme sera placée en rentes sur l'Etat, pour les intérêts être employés, conformément au vœu des souscripteurs, à l'entretien d'une école dirigée à perpétuité par les Frères de l'Institution du Vénérable de la Salle.

Et après avoir pris connaissance dudit arrêté, les parties comparantes ont déclaré, chacune pour ce qui les concerne, accepter formellement la souscription ci-dessus relatée, et ce sous les conditions imposées par les souscripteurs et par l'arrêté ci-dessus.....

Fait et passé à Saugues, à l'Hospice, dans la salle des délibérations de la commission administrative..... l'an mil huit cent quarante-huit et le vingt-neuf novembre.

Suivent les signatures : MM. Boulangier, maire ; Limozin, d'Imbert

Suivant l'arrêté du Pouvoir exécutif (1) du 8 août 1848, les sommes fournies par la souscription furent placées en rentes sur l'Etat, avec une mention indiquant leur destination, et après diverses conversions, sur les derniers titres existants, cette même mention était ainsi formulée :

Renouvellement de l'Inscription N° 1673

Dette publique.....

2me titre — N° 2039 — Somme de rente : $\frac{430}{107,5}$

430 renouvelé 2752

M. Saugues *(la Commune)*

(Cette rente doit être exclusivement affectée à l'entretien des Frères de la dite ville, suivant délibération du Conseil municipal, en date du 22 nov. 1858, approuvée par M. le Préfet le 30 déc. 1858.)

A droit à la somme de *quatre cent trente francs à prendre*.....

Au Puy, le 15 mars 1883.

de Montruffet ; Romançon, dit Frère Bénilde ; Martin, juge de paix ; J. C. Saugues, curé ; Bonhomme, Boulangier, A. Ménard, notaires.
(Etude de M° Charrade, not. à Saugues.)

(1) Arrêté du Pouvoir exécutif :

Université de France — République Française

Le Président du Conseil des Ministres chargé du Pouvoir exécutif,

Sur le rapport du ministère au département de l'Instruction publique et des Cultes, vu l'avis du Préfet du département de la Haute-Loire ;

La section de l'Intérieur et de l'Instruction publique du Conseil d'Etat entendu ;

ARRÊTE :

Art. I. Le Maire de Saugues (Haute-Loire), au nom de cette ville ; le Supérieur général des Frères des Ecoles chrétiennes et la Commission administrative de l'Hospice sont autorisés, suivant les votes émis dans les délibérations du Conseil municipal et de la Commission administrative en date des 3 avril et 14 août 1847, à accepter, chacun en ce qui le concerne, la somme de quarante mille sept cent vingt francs quarante-cinq centimes, montant des souscriptions faites par plusieurs habitants pour subvenir aux frais d'établissement et d'entretien d'une école des Frères des Ecoles chrétiennes, ladite somme actuellement déposée entre

Les deux autres titres étaient l'un de 1419 francs, l'autre de 391 francs de rentes.

L'ensemble des rentes produites par la souscription était de deux mille deux cent quarante francs.

La Commune s'était montrée généreuse, car aux conversions successives effectuées dans le cours des années, elle avait par ses subsides comblé le déficit qui en résultait.

Le vénéré F. Bénilde, le signataire de l'acte d'acceptation, et le premier directeur de l'école, dans un court mémoire sur les origines de l'établissement de Saugues, affirmait que l'intention des souscripteurs était de donner à perpétuité le revenu de ce capital aux Frères tenant l'école et de constituer l'Hospice gardien fidèle de ce même capital, avec droit de jouissance des intérêts, si les Frères disparaissaient momentanément, pour le reproduire lorsque ceux-ci seraient rétablis (1).

Dans une réunion tenue en octobre 1841, présidée par le Frère Assistant, il fut décidé que l'on ferait appel à tout le canton, et que l'école serait ouverte et gratuite aux enfants mêmes étrangers à la commune, ce qui fut fait aussitôt.

Plus tard, en 1862, lorsque les enfants venus du canton affluèrent en si grand nombre que les Frères ne pouvaient suffire à la tâche, dans la séance du Conseil municipal du 22 mai, il fut question d'imposer aux enfants étrangers une modeste taxe. Cette mesure prise d'un commun accord par

les mains de l'Evêque du Puy, devant dans un cas déterminé par les souscripteurs être attribuée à l'Hospice.

Art. II. Cette somme sera placée en rentes sur l'Etat, pour les intérêts en être employés conformément aux vues des souscripteurs.

Le Ministre du département de l'Instruction publique est chargé de l'exécution du présent arrêté.

Fait à Paris le 8 août 1848.

Signé : E. CAVAIGNAC.

Le Ministre de l'Instruction publique et des Cultes,
    Signé : VAULABELLE.

---

(1) Le tribunal du Puy, par un arrêt du 14 mars 1895, confirmé par un jugement postérieur de la Cour de Riom, a décidé que le revenu n'avait point été donné aux Frères ; le capital seul avait été donné à la Commune ; par suite, la donation, à raison de la loi scolaire, devait être révoquée, et le capital attribué aux souscripteurs.

les Frères et le Conseil était une violation des conventions faites, aussi elle ne fut jamais appliquée, et l'école fut toujours ouverte et toujours gratuite à tous les enfants du canton.

Cette école, pour être ouverte, n'avait pas attendu que la souscription fût terminée.

Le 21 septembre 1841, trois maitres arrivèrent de Clermont, les frères Bénilde, Geslin et Géli.

Le 15 octobre, ils prenaient possession de la maison d'école. Il n'y eut d'abord que deux classes qui comprirent bientôt près de 300 élèves.

Le conseil réuni reconnaissant que deux classes étaient insuffisantes, résolut d'appeler un quatrième frère qui arriva peu de jours après.

Le local provisoire ne suffisant plus, un nouvel emplacement fut aménagé, dont la bénédiction eut lieu le 3 janvier 1842.

Le succès de la fondation était assuré.

Le premier directeur et, par suite, le fondateur fut le vénéré *Frère Bénilde*, qui dirigea l'école pendant 21 ans, et conquit l'estime et la confiance de tout le pays. A sa mort, arrivée le 13 août 1862, il laissait après lui un grand renom de vertu et de sainteté.

On lisait, à son sujet, dans la *Semaine Religieuse du Puy*, du 6 novembre 1896 :

« Par ordonnance de Monseigneur l'Evêque du Puy, « on vient de commencer dans le diocèse, le Procès ordi- « naire informatif sur la Réputation de sainteté de vie, les « Vertus et les Miracles du serviteur de Dieu, Frère Bénil- « de, directeur des Frères des Ecoles chrétiennes de Sau- « gues, né à Thuret (Puy-de-Dôme), en 1805, et mort à « Saugues, le 13 août 1862. »

« Le tribunal qui doit instruire le Procès a été constitué « le 23 octobre dernier, et il a déjà tenu plusieurs séances. »

« Nous sollicitons les prières de nos lecteurs pour le « succès de cette cause, chère à notre diocèse, et en général « à tous les amis de l'enseignement chrétien. »

Depuis lors, l'information faite suivant les rites usités, a été transmise en cour de Rome, pour y être examinée conformément aux règles qui régissent la procédure ordinaire en ce genre de matière.

Les Directeurs qui lui ont succédé sont :
Frère Rustule (Nicolas-Pierre)   1862-1873
Frère Galbin (Martin Veysseire)   1873-1875

FRÈRE BÉNILDE

Frère NAMASE, de Vienne (Théodore Lagrevol) 1875-1894
Frère NUMAT-JOSEPH (And. Marie Moulin) 1894...

L'école des Frères, toujours gratuite, nonobstant la suppression de la fondation, est aujourd'hui soutenue par la charité privée

Nous ne ferons pas ici l'éloge de cette communauté : la confiance des habitants qui leur envoient 200 élèves en moyenne, indique assez en quelle estime elle est tenue, et quelles sympathies elle a su conquérir.

Vers 1881, une maison de religieuses de Saint-François, pour l'assistance gratuite des malades, fut établie à Saugues, par M. Danthony, alors curé de la paroisse. La première supérieure fut Mère Augustin ; Mère Natalie en est la titulaire actuelle. La date trop récente de son établissement ne permet pas de retracer l'historique de cette petite communauté.

CHAPITRE XXX

SAUGUES AUJOURD'HUI

I. **Saugues, chef-lieu de canton. Superficie et population. Altitude, climat, physique des habitants. Relief et aspect de la contrée, régime des eaux, la Seuge, Suéjols, l'Ance, la Virlange et ses moules perlières. Nature du sol. Verrerie de Chamblard. Source d'Andruéjols. Curiosités de la Faune et de la Flore.**

II. **Isolement du pays de Saugues. Mœurs, langage, alimentation, habitations, croyances, vocations, costume, industrie, commerce, agriculture, embellissement de la ville.**

I.

Saugues est aujourd'hui un modeste chef-lieu de canton, à l'extrémité sud-ouest de la Haute-Loire, dans l'arrondissement du Puy, et à 44 kilomètres de cette ville.

Ce canton est borné au nord par ceux de Langeac et de Pinols, à l'est par ceux de Loudes, Cayres et Pradelles ; au sud et à l'ouest par la Lozère.

Il comprend quatorze communes qui relèvent de sa justice de paix, de ses bureaux de perception et d'enregistrement : Saugues, Chanaleilles, Croisance, Cubelles, Esplantas, Grèzes, Monistrol-d'Allier, St Préjet-d'Allier, St-Christophe-d'Allier, St-Vénérand, Thoras, Vabres, Vazeilles et Venteuges.

Le canton tout entier a une superficie de 36.182 hectares, avec environ 12.000 âmes de population. La commune de Saugues a seule 7 879 hectares, et approximativement 3 800 de population.

Les divers points de la commune y sont à des altitudes très diverses : la cote la plus élevée est le Montchauvet à 1486 mètres, tandis que la ville elle-même est à 969, et le moulin de Bourrienne à 800 mètres environ.

Si le climat y est délicieux et enchanteur aux jours d'été, par contre, au temps d'hiver, il est d'une rudesse et d'une sévérité indiscutables. La dure saison, en effet, y a des longueurs insolites, d'abord à raison de l'altitude elle-même, ensuite à cause de la position fâcheuse de la commune entière, étalée en plein nord, sur le versant des Margerides, qui semblent n'être placées là que pour nous dérober la tiède haleine des zéphyrs du Midi

Les habitants que l'accoutumance a endurcis à ce climat ne semblent pas en être incommodés : leur constitution est vigoureuse, leur taille moyenne, le corps bien proportionné, mais l'alimentation de qualité inférieure qui est leur partage, ne leur permet pas de donner tout le travail qu'avec leur constitution ils pourraient fournir.

On ne retrouve plus aujourd'hui ces cas d'extraordinaire longévité que l'on remarquait, il y a un quart de siècle ; les femmes atteignent un âge plus avancé que les hommes. ceux-ci fournissent un certain nombre de décès à la fleur de l'âge, à cause des refroidissements subits auxquels ils sont plus facilement exposés par la nature de leurs travaux, et le défaut de précautions hygiéniques.

Les familles, surtout à la campagne, y comptent de nombreux enfants : on en rencontre quelques-unes chez qui le repas du soir réunit autour d'une table longue tout un peuple de têtes blondes, où de l'aïeul au plus jeune enfant s'échelonnent tous les tons de la gamme des âges, comme aussi tous les degrés de la taille humaine.

Le relief de la commune de Saugues, du Montchauvet à Pouzas et à Bourrienne, n'est ni régulier, ni uniforme.

Un plateau rocheux, strié de plis plus ou moins profonds, offre à l'ouest. au point de jonction de la *Seuge* et de *Suéjols,* une large et irrégulière dépression sur la déclivité de laquelle s'étale la ville elle-même. Cette dépression se continue en amont de la rivière jusqu'à Esplantas, et sur elle viennent déboucher d'étroits vallons profondément encaissés, dérobant dans leur enfoncement tantôt un village, tantôt un simple hameau : les Salettes, le Cros, Longeval, le moulin Coulaud.

D'autre part, à Domezon, le terrain s'élève graduellement et devient passablement accidenté : on ne voit plus, de là jusqu'au Montchauvet, qu'étages successifs de bouquets de pins noirâtres, de collines aux champs pierreux couronnées d'énormes roches, encore des bois de pins et enfin les cimes désolées de la Margeride. Et là, dans un étroit mais pittoresque vallon, de Servières à Pontajou, bondissent et bouillonnent les ondes cristallines du *Suéjols*.

En aval de la *Seuge*. et à l'est sur les rives de la *Virlange,* les bords du plateau se terminent généralement par des pentes abruptes et tourmentées, de difficile accès.

La succession des saisons modifie singulièrement la physionomie de ce coin de terre. Au temps d'hiver et en automne, l'aspect en est sévère et semble triste à qui ne l'a point accoutumé : le paysage est dénudé, grisâtre, monotone, et le sol dépouillé de ses ornements laisse trop voir sa maigreur et sa pauvreté.

En retour la belle saison y renouvelle la face de la terre. Sitôt arrivées les chaudes journées de juin et de juillet, tout y pousse avec entrain, et cette variété de prés à la verte toison, de moissons dorées, de bois sombres et de roches grisâtres, jetés là sans ordre comme sans art, produit un effet saisissant. Cet effet n'est pas de longue durée : en peu de jours s'enlèvent les foins et les moissons, et octobre venu, l'on n'a plus sous les yeux que la physionomie décevante d'une terre qui va s'engourdir bientôt dans son long sommeil d'hiver.

Le régime des eaux est d'une extrême simplicité.

Le canton comme aussi la commune de Saugues s'étendent entre les Margerides dressées au sud-ouest et l'*Allier* au nord-est qui court parallèlement aux Margerides. C'est pourquoi tous les ruisseaux y coulent de l'ouest au nord-est, et vont uniformément se jeter dans l'*Allier* après un parcours plus ou moins long et plus ou moins régulier, suivant les obstacles que la nature du sol oppose à leur passage.

Le terroir est arrosé par la *Seuge* et le *Suéjols*, appelé aussi le *ruisseau de Pontajou*, par l'*Ance* et la *Virlange*.

« La *Seuge*, (33 kilom.) prend sa source dans la Marge-
« ride à 4 kilom. de Chanaleilles, au pied d'un mont de
« 1492 mètres, coule dans une vallée boisée qu'on appelle
» quelquefois la Suisse de la Haute-Loire, passe à Saugues
« où elle reçoit le ruisseau de *Pontajou*, descendu aussi de
« la Margeride, forme à 4 kilom. de Saugues la cascade de
« *Luchadou*, et tombe dans l'*Allier* à Prades (rive gauche)
« par 548 mètres d'altitude (1). »

Le *Suéjols* passe à Servières, Pontajou, le Rouve, Domezon, au moulin St-Aon, et Chabanette (jadis Bigorrette). Son débit, un peu moindre que celui de la *Seuge*, qui le reçoit au Moulin-Neuf, est plus uniforme et se ressent moins de la chaude saison.

A partir de la Ribeyre, la *Seuge*, qui coulait mollement à

(1) Ad. JOANNE : *Géogr. de la Haute-Loire*, p. 21.

travers de grasses prairies, va prendre les allures d'un torrent impétueux, tandis que ses rives changent de nature et d'aspect. Ses eaux se précipitent dans une course folle, à travers les roches éparses qu'elles polissent sans relâche.

Cascade du Luchadou

Ses berges sont quelquefois taillées à pic, mais toujours singulièrement escarpées. Sur ces bords affreusement convulsés, des blocs, à droite de basalte et à gauche de granit, surplombent, suspendus comme par un miracle d'équilibre, et semblent se menacer et se lancer un défi à travers le fracas assourdissant des flots qui écument. Puis s'échelonnent, disséminés dans le parcours, des moulins isolés qui se rapetissent dans le lointain, la superbe cascade du Luchadou, l'usine où se meuvent les générateurs de l'électricité, la silhouette pittoresque de Notre-Dame d'Estours, par intervalles des dykes effilés qui s'élancent dans le vide, et çà et là des sites délicieux dans le contraste des flots qui blanchissent et mugissent sous d'épaisses frondaisons dont la verdure fait tache sur la teinte grisâtre des parois qui les emprisonnent.

L'*Ance* et la *Virlange* ne font que cotoyer la commune. Celle-ci longe son territoire depuis Esplantas jusqu'au moulin de Pouzas où elle se jette dans *l'Ance*. Elle est ainsi mentionnée par le P. Louvreleul : « Il y a, en Gévaudan, « une petite rivière nommée *Virlange*, qui vient du pied de « la Margeride, près de Chanaleilles, et passe par Ombret, « dans laquelle, quand elle est fort basse, on trouve de véri- « tables perles avec leur nacre, durant l'espace d'une lieue, « savoir, depuis le village des Plantats, jusqu'au dessous de « la ville de Saugues. » (1)

« Une espèce de coquillage fluviatile, dit l'*Annuaire* de Pasquet (1835), l' « UNIO PICTORUM » se pêche dans *la Virlange* ; il renferme des perles qui, lorsqu'elles sont d'une belle eau, ont autant de prix pour les joailliers que celles qui viennent de l'Inde. »

Divers auteurs, Legrand d'Aussy (2), et Payan Dumoulin (3), ont parlé de ce coquillage et des perles qu'il produit.

Ce mollusque, d'abord appelé « *unio pictorum* », puis

(1) « On voit quelque chose qui n'est guère moins surprenant sur les frontières de l'Auvergne, du côté de Saugues. Près d'un lieu, nommé Plantat, coule un ruisseau dans lequel on trouve des huîtres que les paysans et les bergers ramassent en été pour en faire un mets assez délicieux. Ils ne vont à cette pêche que lorsque l'eau est fort basse. On découvre dans ces huîtres des perles de la grosseur d'un pois. Toutes donneraient quelque perle, si on ne les ouvrait point avant qu'elles fussent achevées de former. Si la coquille est ouverte avant que la perle ait commencé à se former, on trouve au milieu une figure ronde toute noire ; si elle a quelque commencement, cette couleur noire devient de la couleur de blanc d'œuf, et lorsquelle est dans sa perfection, elle prend la figure et la couleur des véritables perles. Un gentilhomme du voisinage, dans la longueur du temps, en avait ramassé un grand nombre dont il fit un collier qui fut estimé cinquante pistoles à Montpellier. »
Hist. d'Auv., par P. AUDIGIER. Edit. Bellet, I, p. 162.

(2) *Voyage en Auvergne*, t. II, p. 201.
(3) *Soc. d'Agric. du Puy*, t. XXIII.

« *unio margaritifera* » et enfin aujourd'hui *margaritana margaritifera*, (Dupuy), en attendant qu'on lui cherche plus tard un autre nom, se trouve en assez grande abondance dans l'*Ance*, moins commun dans la *Virlange*, et extrêmement rare dans la *Seuge*. La reproduction en est assez longue, et la cupidité des naturels, par des recherches continues, en a singulièrement diminué le nombre. Sa chair ne semble pas comestible, car pour avoir ouvert seulement quelques-uns de ces coquillages, les mains gardent une odeur tenace de nauséabonde fétidité.

D'après de nombreuses expériences personnelles, on peut s'estimer heureux quand après avoir éventré une centaine de ces mollusques, on est arrivé à trouver trois ou quatre perles seulement. Sur ce nombre, il est rare qu'il y en ait une seule qui soit irréprochable de forme et de couleur. Les plus belles n'ont pas l'orient des perles de l'Inde, leur teinte est plus mate et leur éclat plus éteint.

Il est possible que quelques unes de ces perles ne soient autre chose que des corps étrangers, introduits par accident entre les valves du mollusque, qui les recouvre de nacre, afin que ses tissus ne soient point blessés à leur contact, lorsqu'il ne peut les expulser. Les coquillages chez lesquels on a le plus de chance d'en trouver sont ceux qui ont été meurtris et déformés par le pied des animaux traversant la rivière, ou par tout autre accident. Nous avons rencontré de ces perles à toutes les périodes de transformation : les unes noires et irrégulières, les autres rougeâtres, d'autres enfin finement arrondies et d'un blanc laiteux. L'acharnement déployé depuis quelques années à cette pêche, aussi peu fructueuse que rémunératrice, semble faire prévoir qu'une époque viendra où il ne restera de ce mollusque guère autre chose que le souvenir.

Ce qui diminue également chaque année c'est la truite succulente que nous fournissent ces ondes, ce sont les écrevisses que l'on pêche dans le *Suéjols* et le cours inférieur de la *Seuge* : l'esprit mercantile qui fait monnaie de tout et le jeu facile de cette pêche que l'on préfère au travail de la terre, font que ces rivières se dépeuplent à grand train de leurs habitants.

Le sol, généralement granitique, fournit d'inépuisables carrières d'un granit gris bleuté d'une extrême dureté. Les blocs les plus estimés sont ceux qui se tirent des mamelons rocheux étagés au pied de la Margeride. Ceux de Giberges ont une certaine réputation, Servières, Pontajou, Grèzes,

Brangeirès ont leurs moindres éminences couronnées d'énormes roches qui profilent dans les airs leur masse imposante, et depuis de longs siècles attendent patiemment le marteau du tailleur de pierres.

A Sauzet, près Venteuges, d'après M. Malègue, on trouve de la serpentine verte.

Sur diverses hauteurs, à Montbourg, à Péchamp, à Peyre-Blanche, et sur l'arête qui descend de Servières à Pontajou, appelée le Rocher Blanc, se voient d'énormes gisements de quartz d'une blancheur irréprochable. C'est en ce dernier endroit que venait chercher ses matières premières la verrerie de Chamblard.

On sait que dans la première moitié de ce siècle une verrerie (1) existait dans la région de Chamblard et de Colany, à courte distance de Pompeyrenc et de la Besseyre, avec ses fours, ses creusets et l'outillage indispensable pour ce genre de travail. Ses produits, naguère très communs dans la contrée, sont aujourd'hui extrêmement rares. Elle fabriquait, entr'autres choses, une spécialité de verres et de coupes à anse, décorées sur les bords d'un filet bleu foncé, aux parois et aux formes un peu massives. La pâte d'un blanc terne renferme dans les parties plus épaisses de microscopiques bulles d'air. On voit, par les échantillons fournis que l'outillage n'était point des plus perfectionnés, ni l'habileté des ouvriers des plus consommées.

---

(1) « En ce moment (1787-1788), l'Auvergne a deux verreries établies
« en 1769, dont l'une est à 6 lieues de Brioude, dans la forêt de la Mar-
« geride.... C'est aux entrepreneurs de cette dernière que le citoyen
« Sage conseillait d'employer, pour matière de leurs bouteilles, les laves
« basaltiques dont le pays abonde

« Pour fondre les quartz et les diverses pierres vitrifiables dont on
« se sert habituellement, il faut y joindre quelques matières salines, qui
« rares en Auvergne deviennent fort chères par l'éloignement. »

(*Voyage d'Auverg.*, par LEGRAND D'AUSSY, III, p. 209.)

Une société dont faisait partie Mgr de la Tour-d'Auvergne, sgr. de la terre de Margeride, avait fondé cet établissement où l'on devait fabriquer le verre de bouteille et le verre blanc.

M. Bosc d'Antic, également sociétaire, proposait d'y créer une école gratuite de chimie. (Voy. *Une école des arts et métiers dans la Margeride*, par M. VIMONT.)

Mais vers 1772 ou 1773 la société périclita.

En 1777, M. de Bourboulon vint essayer de relever l'établissement.

Nous ne savons pas — pour ne l'avoir point élucidé, cette étude sortant de notre cadre — quelle parenté avait avec la première la verrerie que l'on retrouvait près de Chamblard, après la Révolution.

A cause de l'éloignement des grands centres de consommation, à cause du défaut de chemins praticables, l'écoulement des produits était dispendieux et difficile, d'autre part la longueur et l'âpreté des hivers sur ces hauteurs rendaient le travail pénible et dangereux : aussi cette verrerie n'a pu résister. Et un jour les fours se sont éteints, les demeures écroulées, le silence s'est fait, et la solitude a repris possession de ces lieux troublés un demi siècle par l'industrie de l'homme.

Dans la région du Luchadou, sur la rive droite de la *Seuge*, à Pouzas et à Montaure, jusqu'à Monistrol d'Allier, le granit fait place au basalte. Les masses basaltiques de la Madeleine et des rives de l'*Allier* sont d'un effet pittoresque et saisissant. C'est dans ces gisements volcaniques qu'ont été creusées les grottes de l'Écluzel, que l'on dit, on l'a déjà vu, avoir servi de demeures aux Celtes de l'antique Gaule.

En ce même lieu de Monistrol d'Allier, quelques mines d'antimoine, de fer sulfuré, etc., ont été naguère découvertes et partiellement exploitées.

Prouzet (*Hist. du Gév.*, p. 295) assure qu'il y avait des « mines d'argent auxquelles on travaillait en Gévaudan, au « milieu du quinzième siècle, dans la juridiction de Thoy-« ras (Thoras), près Saugues » (1).

Enfin Louvreleul (*Mém. hist.*, p. 7), Malte-Brun (*Départ. de la Haute-Loire*, p. 6), et Joanne (*La Haute-Loire*, p. 44), parlent d'une source minérale sise au terroir d'Andruéjols (2). Cette source, aujourd'hui à peu près tarie, ne vaut pas la réputation que lui font ces divers auteurs qui probablement en ont parlé par ouï-dire et sans connaissance de cause.

La faune et la flore sont celles de tous les terrains de même nature, situés à la même altitude, et l'énumération de tous les individus ne peut trouver sa place ici.

On y rencontre pourtant quelques sujets qui méritent une mention spéciale.

---

(1) Le défaut de connaissances techniques ne nous permet pas de renseigner plus amplement le lecteur sur la minéralogie locale.

(2) Comme cette source avait de fréquentes intermittences, une légende s'était formée à son sujet. On raconte que quand le seigneur d'Andruéjols venait à trépasser, elle cessait soudain de couler. Elle reprenait son cours lorsque, après les prières et les cérémonies de l'Église, la tombe s'était refermée sur la dépouille mortelle du défunt. (Notes manuscrites de M. de Lavalette, comm. par Mlle de Lavalette, à Bon-Encontre.)

Parmi la gent emplumée qui vole dans les airs, l'un des plus rares individus, le « *Tichodrome échelette (Tichodroma muraria*, de Linné) », fait son séjour estival aux alentours de Saugues, dans les gorges de la Seuge, en aval du *Luchadou ;* le « *Pic noir (Picus Martius)* », assez rare d'ailleurs, niche et se reproduit dans les bois de Montbourg et dans les hautes futaies qui avoisinent la Margeride.

Et dans un autre ordre, celui des Coléoptères, le « *Carabus hispanus* », aux rutilantes couleurs, dans les années pluvieuses, se montre en assez grand nombre, vers le milieu de mai, sur les coteaux orientés au sud du Villeret et des Sallettes.

Bien plus, et ceci peut sembler étrange aux naturalistes compétents, sur les sommets extrêmes de la Margeride, à près de 1.500 mètres d'altitude, à l'aspect du midi, pendant les deux ou trois heures les plus chaudes des journées caniculaires du commencement d'août, on voit de nombreux « *Chrysobotris affinis* » et diverses variétés d'« *Agrilus* » venir s'ébattre lourdement sur les troncs de hêtres récemment abattus, et faire étinceler au soleil le chatoiement métallique d'un corps resplendissant qui semble ruisseler d'or et d'argent.

Enfin, dans la flore locale, se trouve une plante remarquable, non point par ses formes et sa structure, plus que modestes d'ailleurs, mais par sa rareté même, puisque en France elle n'est guère reconnue que dans l'Aisne, et encore dans un rayon fort circonscrit.

Cette plante, le *Lysimachia thyrsiflora*, (1) n'est point rare sur les bords de la *Seuge*, moins encore dans certaines parties du cours de la *Virlange*, où elle fleurit, suivant les années, sur la fin de juillet ou au commencement d'août.

Elle n'est signalée ni dans la *Flore lyonnaise* de Cariot, ni dans la *Flore du Velay* d'Arnaud.

Dans les arbres de ce pays, bois taillis ou futaies, l'essence la plus commune est le pin sylvestre, puis le hêtre ;

(1) On lit dans le *Journal de Botanique*, du 1er déc. 1895, p. 452, sous la signature de M. Malinvaud, secrétaire général de la Société Botanique de France :

« J'ai signalé dans ce journal (N° du 16 nov. 1891), la découverte
« fort inattendue du *Lysimachia Thyrsiflora* au pays de Saugues
« (Haute-Loire). L'observateur à qui en revient le mérite, M. l'abbé
« Fabre, a bien voulu s'assurer si elle y était toujours abondante, et en
« étudier la distribution. Il nous a libéralement communiqué les résul-
« tats de son enquête, avec de nombreux échantillons à l'appui. »

en bordure on rencontre en premier lieu le frêne rustique, puis l'orme. Le tilleul y est d'une très belle venue ; dans certains vallons végètent quelques chênes, et dans les replis des contreforts de la Margeride comme dans les gorges creusées par l'*Ance* s'élancent de magnifiques sapins, tandis que des aulnes au feuillage reluisant ombragent en partie le cours des ruisseaux.

II.

Au point de vue social et politique, le mandement de Saugues s'est longtemps trouvé dans un état d'isolement particulièrement désavantageux.

Une fois détaché du Parlement de Toulouse pour être joint à la sénéchaussée d'Auvergne, depuis 1554, Saugues ne s'accommodait qu'avec peine de cette situation anormale qui le faisait ainsi relever de deux provinces différentes.

L'Auvergne ne s'occupait aucunement de Saugues, et le Gévaudan semblait ne s'intéresser que mollement, — les réclamations incessantes de nos consuls en sont la preuve — à ce coin de terre, depuis qu'avaient été rompues, en partie, les attaches qui le retenaient dans sa circonscription. D'ailleurs les dépenses plus considérables que nécessitait l'obtention de la justice et les difficultés qu'y ajoutait l'éloignement du Parlement de Paris, mettaient ce pays dans une condition inférieure qui devait nuire fatalement à sa prospérité.

Cet état de choses prépara de longue main la défection de Saugues, et décida nos pères à rompre sans remords et sans regret avec tous les liens du passé, avec des traditions plusieurs fois séculaires, à se séparer du Gévaudan pour être rattachés au Velay.

La distraction une fois faite, toutes les anomalies ne disparurent point, et l'on vit jusqu'en 1824, Saugues, avec tout le Velay d'ailleurs, dépendre du Puy au point de vue administratif, et de Saint-Flour au spirituel. Et quand cette situation défectueuse eut cessé par la restauration de l'évêché du Puy, il arriva ceci : les historiens du Velay ne s'inquiétèrent point du pays de Saugues (1) parce que Saugues ne faisait point partie du Velay, comme d'autre part les historiens de la Lozère ne s'occupent que peu ou point de

(1) Un seul érudit, M. Ad. Lascombe, conservateur de la Biblioth. et du Musée du Puy, a publié sur Saugues divers documents que l'on a vus cités en leur lieu.

nous, parce que nous n'appartenons pas à la Lozère.

La configuration elle-même du sol vient ajouter à cet isolement. C'est qu'en effet les monts de la Margeride, de difficile accès, durant une partie de l'année, et les berges infranchissables de l'*Allier* enserrent étroitement ce canton et lui font une barrière naturelle qui l'a gardé du contact des populations limitrophes, et a conservé longtemps à ses habitants la physionomie particulière de leurs mœurs, de leurs coutumes et du costume local.

Toutefois, à la suite des évolutions successives de la civilisation, par la création de voies nouvelles rendant plus faciles les communications et par l'introduction continue de l'élément étranger, sinon le caractère, au moins le type indigène a perdu de sa physionomie native et ne se retrouve plus guère que dans la population rurale.

Les mœurs qui, en général, ont une certaine relation avec la nature environnante et le mode de subsistance, sont simples, agrestes : c'est bien le milieu qui a deteint sur son habitant. Toutefois, de jour en jour, surtout dans la ville, elles s'adoucissent, se polissent et acquièrent sensiblement une appréciable urbanité.

L'idiome local, le patois du pays, possède une certaine affinité avec la langue d'oc. Un long commerce avec l'Auvergne en a dénaturé la prononciation, surtout celle des diphtongues, de telle sorte qu'il est malaisé de la rendre par l'écriture. Nous n'avons plus ni les expressions « *sui generis* », ni la prononciation vigoureuse, ni l'accent singulier de nos voisins de la Lozère. Toutefois ce patois garde encore nombre d'expressions saisissantes et imagées. Les idées abstraites n'y trouvent pas de termes correspondants.

La nourriture, sinon du citadin, au moins de l'homme des champs est simple, mais abondante : du laitage sous toutes ses formes, du pain de seigle, grossièrement fait, des légumes divers, du lard à certains jours, et quelquefois de la viande de boucherie ; pour boisson, de l'eau pure, excepté au temps des foins et des moissons où l'on demande au vin un surcroit de forces pour soutenir ce surcroit de labeur. La vie des champs est faite de luttes et d'efforts ; cette nourriture quoique abondante n'est point suffisamment réparatrice, aussi le paysan, après trente ans passés, devient maigre et osseux et son corps usé résiste moins aux assauts des maladies aiguës qu'il est facilement exposé à contracter au cours de son travail.

Les habitations, en solides moëllons de granit, y sont

à peu près uniformément bâties suivant le même type. La vie commune se passe au rez-de-chaussée, dans la cuisine ; les lits s'enfoncent tout autour dans des alcôves que dissimulent des coulisses fermées durant le jour ; et dans cette pièce commune, plus ou moins bien pavée, ont un facile accès la volaille et l'animal cher à Monselet, qui ne sortent point sans laisser quelque trace de leur passage. Les familles plus aisées ménagent, à côté de la cuisine, une pièce étroite mais proprement tenue, destinée à la réception des étrangers : c'est le salon. La propreté et l'hygiène, depuis un quart de siècle, ont fait des progrès ; elles ont encore beaucoup de chemin à parcourir pour atteindre un degré de perfection acceptable.

Nous ne raconterons ici ni les usages locaux, ni les légendes en vogue qui apporteraient à ces notes trop de longueur : le rural croit facilement aux jeteurs de sorts, aux maléfices, aux revenants et au « *drac* » qui revêt des formes si diverses. Ce travers ne peut être imputé entièrement à l'ignorance, mais plutôt à l'éducation reçue par l'enfant, qui, dès son jeune âge, entend chaque année raconter aux longues veillées d'hiver ces récits mystérieux dans lesquels se taillent un rôle ceux qui les narrent et qui les dramatisent afin de mieux frapper l'attention de leurs auditeurs. D'ailleurs le paysan n'accepte point ces superstitions ridicules qui sont l'apanage des classes intellectuelles : ni une salière renversée ni le nombre 13 ne le font frémir, et le vendredi ne l'empêche ni d'entreprendre un voyage, ni de traiter une affaire importante.

Les médicastres et les remèdes de bonne femme sont tenus en assez haute estime dans les campagnes. Qui ne connaît ces panacées aux ingrédients multiples, par eux-mêmes inoffensifs, qui fabriquées par certaines personnes affidées, ont la réputation de posséder une efficacité souveraine pour toutes sortes de maux et d'affections de nature diverse et de caractère bien différent ?

Ce qui se corrige de jour en jour, ce qui tend à disparaître, c'est l'esprit de chicane. Que de fortunes ont été par lui diminuées ! Aujourd'hui le Sauguin s'assagit, et nos pères, s'ils revenaient au pays de Saugues, ne s'y reconnaîtraient plus.

Est-il besoin de dire que, par tempérament, le Sauguin n'a pas l'esprit militaire ? On voit peu, très peu de vocations pour le métier des armes. Lorsqu'il faut payer sa dette à la patrie, malgré les excitations bachiques et les rodomontades traditionnelles dans la rue, drapeau flottant et tambour battant, aux journées qui précèdent le départ, le conscrit s'en va sans joie, et son temps fini revient avec plaisir retrouver son clocher.

L'état religieux, tout au contraire, y a trouvé jusqu'ici, dans l'un et l'autre sexe, de nombreuses vocations. Prêtres et Missionnaires, Religieux et Religieuses de tous ordres, Frères de la Doctrine chrétienne sont en nombre respectable et ne se comptent plus. Rien ne les arrête, ni l'intolérance de nos jours, ni la perspective des épreuves futures; ils vont gaiment et courageusement donner à Dieu leur vie, au prochain leurs forces et leur temps, et porter le dévouement et la bienfaisance en tous les coins de la France et jusque dans les pays étrangers. Il n'est guère de familles qui n'aient un représentant dans la vie religieuse, et ce don qu'elles font à Dieu d'un de leurs membres ne peut manquer de leur porter bonheur.

En sera-t-il longtemps ainsi? L'affaiblissement du sens religieux par des causes multiples et permanentes fait prévoir aussi une diminution inévitable des vocations dans l'avenir.

L'émigration se produit sur une échelle relativement restreinte et plus souvent par personnes isolées. Quelques jeunes gens, mais plus encore les jeunes filles, vont dans les villes se mettre en condition et trouvent là un salaire rémunérateur qu'à Saugues même elles n'obtiendraient jamais.

Par contre, l'élément étranger, en ce temps de cosmopolitisme, est venu occuper une large place en cette ville de Saugues. Les familles nobles, autrefois nombreuses, sont en majeure partie disparues, les unes éteintes, les autres émigrées sous des cieux étrangers.

La vieille race des Sauguins s'est, par la force des choses, sensiblement modifiée, comme aussi se perdent chaque jour les particularités traditionnelles du costume local.

Le costume d'autrefois était assez pittoresque : le type indigène ne se retrouve plus guère que dans les campagnes et ne conserve son intégrité que dans celles qui sont le plus éloignées du chef lieu·

La veste de bure grise, verte quelquefois, courte et étriquée, aux boutons bleu d'acier, se voit remplacée par ce vêtement maussade et trivial qu'on appelle la blouse.

Le pantalon n'a plus ni sa même forme, ni sa même

coupe ; les guêtres deviennent plus rares, plus rares aussi les sabots singuliers avec leurs fers particuliers. Le petit chapeau plat des femmes comme la lourde coiffure des hommes, de fabrication indigène, disparaissent successivement pour faire place à la banalité de formes et de produits de provenance étrangère. Mentionnons enfin l'inséparable tablier de cuir jaune qui semble faire corps avec l'homme des champs, et le lourd manteau traditionnel, en poil de chèvre, « le Sanlhe », qui en temps d'hiver ou de pluie est l'une des unités les plus indispensables du vestiaire individuel du sexe fort.

Le costume local disparaissant, les industries qui ne vivaient que par lui ont été vigoureusement atteintes, et le commerce a remplacé en grande partie la fabrication des étoffes et des chapeaux. Toutefois, l'usage que fait encore le rural de la bure d'autrefois, maintient dans une certaine mesure ce genre d'industrie qui suffit à la consommation locale.

Le tissage de la toile de ménage s'y pratique encore ; mais ses produits relativement grossiers ne peuvent rivaliser avec la concurrence étrangère, et ne donnent à ceux qui s'en occupent qu'une maigre rémunération.

Les tanneries, jadis prospères et joyeusement animées, aujourd'hui sont mornes et dépeuplées.

La dentelle, à ses heures de prospérité, était une ressource appréciable pour les mains inoccupées des jeunes filles et des femmes, aujourd'hui, à cause des caprices de la mode et la baisse des tarifs, elle ne peut plus entrer en ligne de compte.

L'on creusait autrefois quantité de sabots qui se vendaient partie sur place, partie dans les contrées voisines : aujourd'hui l'on taille surtout des planches qui s'expédient au loin. De plus les troncs bruts des bois rasés à blanc sont convoyés ailleurs pour servir à diverses destinations.

Malheureusement cette célérité d'abatages et d'expéditions a fait de si larges trouées qu'il sera difficile, au prix même d'une longue suite d'années, de combler ces vides désastreux.

Ce canton exporte des produits alimentaires. Chaque vendredi, les communes limitrophes viennent déverser sur le marché, du beurre, des œufs, des fromages, de la volaille et des champignons qui sont dirigés immédiatement vers les centres populeux de la France.

Les bestiaux, veaux, moutons et pourceaux s'écoulent

aussi en d'autres pays, et constituent aux indigènes l'une de leurs meilleures ressources.

Les moutons, en outre, par leur nombre, donnent une certaine quantité de laine, qui sert à la fabrication de la bure, ou qui se vend brute à certaines foires convenues.

Le gibier, autrefois commun, devient plus rare. La multiplicité des chasseurs et des braconniers, comme aussi la rigueur du climat, sont loin d'en favoriser le développement. L'arrière saison fournit beaucoup de grives, prises au piège, qui sont en grande partie achetées par des étrangers et emportées ailleurs.

Si l'agriculture ne s'y pratique pas avec la perfection désirable, on ne peut s'empêcher de reconnaitre qu'elle a fait de louables progrès. On accuse souvent la routine des méthodes et des instruments : il serait peut-être plus juste d'accuser l'ingratitude et la maigreur du sol, l'inclémence et la rigueur du climat qui ni ne secondent les efforts du travailleur, ni ne favorisent ses innovations. Cette terre est si vaste, le temps pour la travailler si réduit à cause de la longueur des hivers, qu'il semble malaisé d'en tirer davantage. D'ailleurs la mévente des produits de l'agriculture, comme aussi la progression toujours croissante des impôts, font la vie lourde à l'homme des champs. Il semble toutefois qu'une déperdition moins considérable des engrais et un soin plus minutieux de cet élément, assurerait à toutes ces terres un plus large rendement.

Le sol est maigre et pierreux ; la terre arable de minime épaisseur, en maint endroit exige des intermittences de repos pour produire même de médiocres récoltes. Aussi l'on ne cueille guère que du seigle, de l'orge, de l'avoine, des raves, et quelque peu de chanvre, en des lopins choisis, pour fabriquer la grosse toile de ménage. Les arbres fruitiers y sont en si petit nombre, qu'ils ne peuvent entrer en ligne de compte.

Ce qui fait la consolation de l'habitant, c'est l'abondance et la qualité du fourrage qui croit avec vigueur sur ce terrain granitique. De vastes et grasses prairies s'étendent à droite et à gauche des rives de la *Seuge* et de *Suéjols*; les moindres plis de terrain, creusés dans le plateau rocheux qui domine la ville, sont aménagés en prés excellents, dont le rendement peu sensible aux vicissitudes de la température, est généralement uniforme. Avec cette ressource à peu près indéfectible, le cultivateur nourrit son bétail, et par son bétail s'alimente lui-même. Ces animaux sont, le beau temps venu, de facile élevage, de vastes espaces incultes ou en friche fournissent de commodes pacages. Les communaux d'ailleurs y sont nombreux, et la ville elle-même possède l'immense pâtus de Mercœur, appelé la Cham, qui, arrosé par deux rivières, si l'amélioration pouvait en être entreprise, fournirait un gros rendement.

Depuis l'introduction de la pomme de terre et la création des voies ferrées qui en quelques heures peuvent déverser dans les régions appauvries le superflu des contrées plus fortunées, on ne relate plus, dans l'histoire locale, de ces famines désolantes qui laissaient jadis de si lugubres souvenirs. La condition des classes moyennes, des classes ouvrières, s'est d'ailleurs améliorée, et la vie, dans ce pays de Saugues, est facile, car, si l'on y gagne peu, l'on y dépense moins encore, grâce à une heureuse relation entre le salaire du travailleur et le prix des denrées. Aussi, si l'on excepte ceux que l'âge ou une trop grande infirmité empêche de se livrer au travail, il n'y a de vraiment misérables que ceux qui veulent bien se donner la peine de l'être, et qui trouvent bon, après s'être repus de paresse, d'aller extorquer une aumône forcée au pauvre paysan qui n'ose pas toujours la refuser.

On trouve peu de fortunes pouvant donner, sans un labeur quotidien, une large vie à leurs possesseurs. Les bourses modestes, s'aidant du travail, y forment la classe la plus nombreuse.

Toutefois ce supplément de ressources ne se demande pas toujours aux arts manuels, mais bien plus souvent au commerce. L'esprit mercantile, en effet, a gagné cette petite cité qui n'en est plus à compter ses cinq ou six marchands des siècles passés, et qui ne voit échelonnés le long de ses rues que boutiques et devantures, étalages et débits dans l'attente d'un client qui ne vient pas.

La ville elle-même ne pouvait échapper à l'influence des progrès de la civilisation contemporaine. Ses rues se sont élargies, ses maisons rajeunies, et l'aspect vieillot et le manque de confort et de propreté d'autrefois ne se voit plus que dans certains faubourgs, et tient plutôt à l'irrégularité des constructions et à la disposition des lieux, qu'au manque de bonne volonté des habitants.

Elle possède son poids de ville, sa halle, que projetait plus de cent ans auparavant Mgr le Comte d'Artois, elle s'éclaire à l'électricité, bref, elle n'est plus cette cité de jadis qui, au temps de Robert Dauphin, était fâcheusement réputée pour l'insalubrité de ses rues.

Est-il besoin d'ajouter que Saugues possède les officiers ministériels, le personnel administratif, le bureau de postes et télégraphe dont jouissent les chefs-lieux de canton? Les notaires, autrefois en plus grand nombre, n'y sont plus que trois aujourd'hui.

On a vu (p. 264), comment en 1897, et avec quelle circonscription, fut créé l'archiprêtré de Saugues, dont le titulaire actuel est M. l'abbé Trévis, chanoine honoraire.

Pour l'enseignement, en outre des institutions congréganistes, des écoles laïques pour les deux sexes ont été installées dans la ville, mais les premières sont plus fréquentées que les secondes, dont la création est encore trop récente pour offrir un intérêt historique. D'autres écoles laïques viennent aussi d'être instituées dans les gros villages de la commune.

De belles et blanches routes aboutissent à Saugues, et rendent facile, autant que peuvent le permettre la raideur et la longueur des côtes de ce pays accidenté, la communication avec les contrées limitrophes. Cette blancheur est due au quartz dont on se sert pour les empierrements. si ce n'est dans la direction de Monistrol où l'on emploie le basalte dont une carrière s'exploite sur le monticule qui domine le petit village de la Rode.

Là s'élevait, il y a à peine un quart de siècle, une imposante et vieille tour carrée qui commandait au large et au loin, et semblait brandir dans les airs les tronçons menaçants de ses parois délabrées. Par les excavations faites pour tirer du basalte, les fondements ont été ébranlés, et la tour renversée. Ainsi a disparu l'un des derniers vestiges des temps féodaux.

. . . .

Pour en finir, le Sauguin aime son pays : dans l'exil, son souvenir adoucit l'éloignement, et l'espérance de le revoir abrège la longueur de l'attente. On voit, à époques fixes, aux journées ensoleillées de la belle saison, ceux que leur situation ou leurs intérêts retiennent au loin, revenir respirer, avec les saines senteurs des pins, l'air pur et vivifiant de ces hauteurs, et visiter encore avec plaisir ces lieux ou s'écoulèrent les journées insouciantes de leur enfance. Tant il est vrai que toutes les terres, même celles qui semblent déshéritées, rivent au cœur de ceux qu'elles ont vus naître les chaines solides d'une profonde affection !

FIN.

ERRATA

Page 11, ligne 7, *au lieu de* Thermes, *lisez* Termes.
 51, 4, par exemple, le curé... *lisez* par exemple, et la prédication.
 52, 14, F^ois de la Bretoigne... *lisez* J.-B. de la Bretoigne.
 78, 6, MCCCL, *lisez* MCCCLXI.
 78, 35, civerses reprises... *lisez* diverses reprises.
 80, 2, perronne... *lisez* personne.
 85, 14, ... on cite Aimerigot... *lisez* on cite, dans la tradition locale, Aimerigot Marchez et Pierre de Galard, qui n'est mentionné dans aucun auteur.
 132, 2, (chap. XXIV), *lisez* (chap. XXVI).
 133, 2, (chap. XXIV), *lisez* (chap. XXVI).
 133, 23 et 39, Enjaloin, *lisez* Enjalvin.
 233, 8, les actes de notaire et les registres de catholicité... *lisez* les actes de notaire sinon les registres de catholicité...
 254, 2, vicaire de Beaulieu, *lisez* ex-vicaire de Beaulieu.
 285, 10, l'an de grassa 19... *lisez* l'an de grassa 1419.

TABLE DES MATIÈRES

	Pages.
CHAPITRE I	
Période celtique et gallo-romaine.	9
CHAPITRE II	
Invasions. Les Maures. Les sires de Salgue. Les Croisades, Bernard de Chanaleilles, Pons de Douchanès. Armand de Salgue, prieur de Monistrol. Reconnaissances diverses.	13
CHAPITRE III	
Contrats. Guérin d'Apchier. Dona Gastellosa de Meyronne. Méfaits commis à Pouzas par quelques habitants de Salgue. Le bailli Guillaume de Montchauvet. Les seigneurs de Mercœur, suzerains de Salgue. Questions de Justice. Paroisses diverses, 1294-1298.	22
CHAPITRE IV	
La Communauté des prêtres et clercs de Saint-Médard de Salgue, (1255.) Ses membres en 1311. Les prieurs	33
CHAPITRE V	
Organisation de cette Communauté : les syndics, mode de subsistance, recrutement, enseignement et formation de ses membres.	41
CHAPITRE VI	
Le service paroissial de l'église Saint-Médard de Salgue.	50
CHAPITRE VII	
Règlements et statuts divers de la Communauté des prêtres et clercs de Saint-Médard.	54
CHAPITRE VIII	
Contrats de la Communauté de Saint-Médard. Fondations. Noms de quelques seigneurs qui ont fait des fondations.	65
CHAPITRE IX	
Châteaux-forts autour de Salgue. Siège de la ville par les Routiers. Le monument vulgairement appelé « Tombeau du général anglais ». Lettre de l'Evêque de Mende. Le grenier de Thoras. Lettres de rémission accordées à Foulques Itier par le roi Charles VI.	74
CHAPITRE X	
Conséquence du passage des Routiers. Création des Behus. Dépopulation et disparition d'habitations. Hugues et Armand de Salgue. Lettre d'amortissement en patois.	86

CHAPITRE XI
Coutumes et choses diverses au XIVme siècle. 92

CHAPITRE XII
Les Bourguignons. Réduction de la Communauté de Saint-Médard. Bulle d'Eugène IV. Lettres d'affranchissement données à la ville par Robert Dauphin, évêque d'Albi. Le bailli du Seigneur. Chapelle Saint-Jacques à Chastelviel et à l'Hospitalet. Eglise Saint-Jean. Fondation d'une annexe aux Plantats et à Servières. 99

CHAPITRE XIII
Lettres de sauvegarde données à la communauté de Saint-Médard par le roi Charles VII. Le nombre de ses membres est augmenté jusqu'à vingt-cinq. Lettres d'amortissement de Loys de Bourbon. 116

CHAPITRE XIV
Trois lettres du roi Charles VIII. Le four banal. Accord entre le prieur et les habitants au sujet des offrandes. Arrêt du parlement de Toulouse entre le prieur et les Collégiés de Saint-Médard. 124

CHAPITRE XV
Corporations et confréries de Saint-Crépin, Saint-Eloi, Sainte-Anne, Saint-Joseph, etc. Salgue est détaché de la sénéchaussée de Beaucaire et Nimes et du Parlement de Toulouse pour ressortir à la sénéchaussée d'Auvergne et Parlement de Paris. Les ducs de Lorraine seigneurs de Salgue. Supplique aux Etats de Gévaudan. Noms des consuls de Salgue envoyés aux Etats. Rang de nos consuls. Contestations à ce sujet 130

CHAPITRE XVI
Salgue et les guerres de Religion
Premiers troubles, mesures diverses. Le capitaine Mas. Les coulevrines. Rôle de Salgue pendant la guerre civile. La Clause. Réclamations de nos consuls. Etats tenus à Salgue. Pillage du château de Servières. Lettre des consuls sur la misère régnante. Entreprises sur Salgue par P. d'Anzolle. 142

CHAPITRE XVII
Salgues et la Ligue
Etat des lieux occupés par les Ligueurs. Le comte d'Apchier chef de la Ligue en ce pays. Soumission de Salgues au parti du Roi. Refus de payer les impôts. Les mulets de Mézard Trémolière. Les Etats fermés aux consuls de Salgues. Le cadet de Sénenjols aux Plantats. Situation intérieure du pays. 156

CHAPITRE XVIII

Les malfaiteurs et demande d'archers pour la police. Ordinations à Salgues : noms des ordinands. Réparations aux remparts et à l'église paroissiale. Marie de Luxembourg et F^{oise} de Lorraine, duchesses de Mercœur. Hommages à elles rendus par divers seigneurs. Questions de justice. Les fossés sont inféodés. Encore le four banal. Relations de la Collégiale de Saint-Médard avec l'abbaye de Pébrac et le chapitre de N. Dame du Puy. Testament de P. Molynier, acolyte et régent d'école. Fondation d'une mission périodique. Autre fondation en 1718. Dévotions diverses à N. Dame de Quézac, à N. Dame de Beaulieu, à Saint-François Régis, à N. Dame d'Estours, à Sainte Madeleine.. 167

CHAPITRE XIX

Fabrication des cadis. Famine et mortalité de 1694. Querelles et réclamations. Usages divers. La peste de 1721 et la dévotion à Saint Roch. Projets de routes. Dépenses et menus faits. Derniers seigneurs de Saugues. Tableau synoptique 190

CHAPITRE XX

Saugues et la Bête du Gévaudan. 1764-1767

La BÊTE. — Le Théâtre de ses exploits. — Terreur des populations. — Les chasseurs et les méthodes employées. — Résultat des chasses. — Les victimes de la Bête dans la région de Saugues. 207

CHAPITRE XXI

Déplacement du cimetière. On demande les fossés pour agrandir les places. Requêtes pour obtenir des routes. Saugues érigé en prévôté royale. Querelles intimes. Les Etats de Languedoc réclament le retour de Saugues au Parlement de Toulouse. Vœu des habitants qui demandent à être rattachés au Puy et à Toulouse. Corps de justice. Justices seigneuriales. Pour les finances, Saugues dépend de la Généralité de Montpellier. 223

CHAPITRE XXII

Disette. Grand incendie de 1788. Noms des sinistrés. Déclaration des revenus de la Collégiale de Saint-Médard. Les titulaires en 1789. Cahier de vœux et doléances de la Collégiale. Requête pour sa conservation. Dernière délibération. L'enseignement depuis 1452 jusqu'à la Révolution. 234

CHAPITRE XXIII

Saugues et la Révolution. 246

CHAPITRE XXIV
Saugues avant 1788. Les rues et les places. Comptes divers. Statistique. 265

CHAPITRE XXV
La Tour du Seigneur. Le Porche, le Clocher et les anciennes cloches. 272

CHAPITRE XXVI
L'église, les vitraux, les chapelles avant la Révolution. Les croix de Saint-Médard, de Saint Crépin et de Sainte Anne. Personnages remarquables. Bibliographie. . . . 281

CHAPITRE XXVII
Le Monastère des Ursulines. Le Tiers-Ordre du Mont-Carmel. Le Tiers-Ordre de Saint-Dominique. 293

CHAPITRE XXVIII
Les Pénitents Blancs. L'Hôpital Saint-Jacques. 310

CHAPITRE XXIX
Etablissement des Religieuses de la Présentation et des Frères des Ecoles chrétiennes. Le F. Bénilde. 328

CHAPITRE XXX
I. Saugues chef-lieu de canton. Superficie et population, altitude, climat, physique des habitants. Relief et physionomie de la contrée, régime des eaux, la Seuge, Suéjols, l'Ance, la Virlange et ses moules perlières. Nature du sol verrerie de Chamblard. Source d'Andruéjols. Curiosités de la Faune et de la Flore.

II. Isolement du pays de Saugues. Mœurs, langage, nourriture, habitations, croyances, vocations, costume, industrie, commerce, agriculture, embellissement de la ville. . . 340

TABLE DES GRAVURES

		Pages.
1º	Saugues.	
2º	Ruines de Meyronne.	25
3º	Vue des Salettes.	72
4º	Monument vulgairement appelé « Tombeau du général anglais ».	79
5º	Les Plantats.	111
6º	Servières.	114
7º	La Clause.	144
8º	Emplacement de la Tour de Giberges.	150
9º	Eglise paroissiale de Saint-Médard.	173
10º	La Fagette.	176
11º	Château de Beauregard.	196
12º	La Bête du Gévaudan.	209
13º	Id.	221
14º	Place de la Halle au blé en 1859.	268
15º	La Tour.	273
16º	Croix de Saint-Médard.	284
17º	Croix de Saint-Crépin et de Sainte-Anne.	286
18º	Rétable des Pénitents.	316
19º	Frère Bénilde.	338
20º	Cascade du Luchadou.	343

DU MÊME AUTEUR :

Le Château de Croptes, près Lezoux (Puy-de-Dôme).
  Imp. U. Jouvet, Riom.

Le Château d'Ombret, près Saugues (Haute-Loire).
  Prades-Freydier, Le Puy. Prix (chez l'auteur) . . . 0,25

Venteuges, près Saugues.
  Prades-Freydier. Prix 0,40

Servières, près Saugues.
  Prades-Freydier. Prix 0,60

EN PRÉPARATION :

Cubelles, près Saugues.

La Révolution au pays de Saugues.

Les seigneurs de Meyronne, près Venteuges.

Les seigneurs des Salettes, près Saugues.

www.ingramcontent.com/pod-product-compliance
Lightning Source LLC
Chambersburg PA
CBHW050300170426
43202CB00011B/1762